腓特烈大帝

[英] 丹尼斯·肖沃尔特 著

无形大象 译

江苏凤凰文艺出版社

JIANGSU PHOENIX LITERATURE AND
ART PUBLISHING

图书在版编目（CIP）数据

腓特烈大帝 / （英）丹尼斯·肖沃尔特
(Dennis Showalter) 著；无形大象译 . -- 南京：江苏
凤凰文艺出版社，2021.1
　　书名原文：Frederick The Great: A Military
History
　　ISBN 978-7-5594-5403-4

　　Ⅰ.①腓… Ⅱ.①丹… ②无… Ⅲ.①弗里德里希二
世 (Friedrich Ⅱ 1712-1786) – 生平事迹 – 通俗读物 Ⅳ.
① K835.167=41

中国版本图书馆 CIP 数据核字 (2020) 第 227329 号

腓特烈大帝

[英] 丹尼斯·肖沃尔特　著　　无形大象　译

责任编辑　孙金荣

策划制作　指文图书

特约编辑　谭兵兵

装帧设计　王　星

出版发行　江苏凤凰文艺出版社

　　　　　南京市中央路 165 号，邮编：210009

网　　址　http://www.jswenyi.com

印　　刷　重庆长虹印务有限公司

开　　本　787毫米 × 1092毫米 1/16

印　　张　26

字　　数　410千

版　　次　2021年1月第1版

印　　次　2021年1月第1次印刷

书　　号　ISBN 978-7-5594-5403-4

定　　价　139.80元

江苏凤凰文艺版图书凡印刷、装订错误，可向出版社调换，联系电话 025-83280257

目 录
CONTENTS

导言

　　"为了掠夺他承诺过要保护的邻居，黑人在科罗曼德尔海岸打仗①，红种人则在北美五大湖畔相互剥头皮②。"麦考利写于 1842 年的《辉格党的谴责》，至今依然是英语世界针对普鲁士国王腓特烈二世的最为人熟知的评价。在三场大战③的背景下，这段评语得到了详细解读和深刻理解。这三场大战摧毁了一个大陆，重塑了一个世界，并且始终与腓特烈所创造的普鲁士的名字及相关比喻联系在一起。

　　这样的联系，当然不是板上钉钉的。即使在将近四分之三个世纪之后，腓特烈的形象和遗产依然富有争议。要将崇高的启蒙运动的机械理性主义和开明专制的自上而下的威权主义当作背景，来理解腓特烈的形象和遗产。作为一位统治者，腓特烈自视为统制主义的化身，并不擅长鼓舞人心。他的终极目标是建立一个"秩序井然的警察国家"，他的这个理想国甚至不需要腓特烈·威廉一世统治时期惯用的个人干预，要知道，在 1715 到 1740 年间，腓特烈·威廉会用他的权杖直接责打普鲁士的懒虫和违法者。①④为了实现这一目标，引发了历时超过四分之一个世纪的战争，使普鲁士崛起为一个强国，并让腓特烈成

---

　　① 指奥地利王位继承战争中，英法两国及其各自的印度盟友在印度科罗曼德尔海岸的战事。（本书脚注均为译者注，每章末的注释为作者注。）

　　② 指奥地利王位继承战争中，英法两国及其各自的印第安盟友，在北美五大湖周边发生的战争。红种人（red men）就是印第安人，他们有剥去敌人的头皮做收藏的习惯。

　　③ 就是本书要讲述和品评的三场腓特烈战争：奥地利王位继承战争、七年战争和巴伐利亚王位继承战争。

　　④ 腓特烈·威廉一世是腓特烈大帝的父亲，1713 到 1740 年间在位，作者说 1715 年是为了取整，凑成四分之一个世纪，下文所说的四分之一个世纪的战争，同样是为了取整。

为历史上最伟大的统帅之一。

详尽的考证进一步完善了这个说法。腓特烈作为统帅国王（roi-connetable），战争时期充当总司令，和平时期充当首相，这种说法不符合真实情况。——当时行政系统才刚刚开始出现。官方文件送达目的地的过程无章可循，通常一开始就掉进了小酒馆或小客栈，被各色人等阅读、讨论和传达，"被油脂、黄油或破布弄得肮脏不堪，一碰就浑身难受"。[2]

作为军人国王，腓特烈的遗产同样引人质疑。批评者宣称，腓特烈对训练和纪律的关注让军队丧失了主动性和灵感。腓特烈坚持认为，普通士卒应该畏惧长官甚于害怕敌人。他严密监控手下众将，以至于无人能得到国王的信任去独当一面。几十年来，他对各个兵团都心怀怨恨。对于各团在检阅和演习中的表现，他的评价反复无常，像折断火柴一样毁掉了许多人的前途。弗朗兹·绍博评价腓特烈道，作为沙场统帅，他的表现透出一种自我吹捧的虚荣心，这种虚荣心只会招致"军国浪漫主义……每一次军事上的成功都会引发更多失败……（普鲁士）奇迹般地生存下来，是历史上的反常现象，相当荒诞和神奇，简直不敢相信"。[3]

腓特烈不够英俊潇洒。他迅速苍老，魅力全无；对衣着漫不经心，使他那不讨喜的外貌更加黯然失色。由于对美术具有"不够爷们"的兴趣，他受到父亲的虐待，长大后成了一个实打实的悲观厌世者，对待自己的亲密伙伴们，他的苛刻疏远态度是一以贯之的，绝非偶尔如此。姐姐威廉明娜是腓特烈唯一没疏远的人。他的婚姻连"徒有其表"都谈不上，所以结婚之后，他的悲观厌世情绪变成了厌女症，即使对他的姐姐，他的尊敬态度也一天不如一天。

在一个把高级军官具备肉体上的英勇气概视为理所当然的时代，腓特烈两次——莫尔维茨和罗布西茨——在可疑的情况下脱离主战场。他在会战结束后的所作所为，也没有给战士们留下深刻印象。1757年科林失利后的最初几个小时内，他握着一根棍子，在泥地上漫无目的地画圈，随后宣称自己需要休息，把他的军队丢弃在战场上。1759年库勒斯道夫战役后，国王把指挥权交给一名部将，还装腔作势地宣称，他不会在这场灾难之后苟活下去。更加善良的后人也许会说这是创伤后的应激反应，18世纪的军队对这类行为有着更不客气的评价。

如果腓特烈不是普鲁士国王，那么他或许会变成一个疯子。约翰内斯·库尼施新近出版了一部关于腓特烈的传记，内容全面、入木三分。在这部书的结尾部分，库尼施温和谨慎地提醒读者，历史人物伟大与否，是个主观问题。[4]然而，这个把普鲁士引入三场残酷战争、监督它重建并确保它强国地位的人，伟大之处远远超过了缺点的总和。沙场老将、英军副总参谋长、杰出的军事历史学家大卫·弗雷泽爵士，把腓特烈描绘成与拿破仑同一层次的战争大师，英勇、仁慈又机智。[5]里德·布朗宁更加冷静，却也更加肯定地认为，普鲁士能够在腓特烈战争中生存下来，是"一项异常杰出的人类成就"。[6]萨沙·莫比乌斯提出了颇具说服力的观点：腓特烈的士兵，尤其是那些正牌的州区应征兵和职业军人，绝不是残酷无情的机器人。[7]

因此，其他深刻的分析著作把腓特烈描绘为一个"充满矛盾的复合体"，就不足为奇了。[8]本书试图通过介绍和分析腓特烈战争的总体和具体情况，为读者提供些许线索去解释他身上的矛盾，至少解释部分矛盾。近代初期的欧洲社会、经济和政治秩序，依赖于三十年战争之后出现的国家体系。一个国家的内部合法性，取决于该国保护臣民免受战争直接危害的能力。开明专制主义对社会稳定和经济发展的关注，不仅体现了人们对稳定和发展的正面认知，而且反映了人们将稳定和发展视为"安全国家"必备元素的观点：所谓"安全国家"就是一个能够捍卫其利益和民众的实体。

战争是近代早期欧洲的驱动轮。欧洲各国，无论大小，都认为自己是权力实体，与其他权力实体共存并互有关联。在理性时代，冲突被视为仲裁分歧的理性手段，哪怕是个人分歧。这种观念使外交成为各国关注的首要问题，也使发动战争成为无政府状态下零和游戏的合乎逻辑的结果。

这是一场事关生死的游戏。有人将18世纪解读为有限战争的时代，然而过去四分之一个世纪中，这种解读被事实彻彻底底地砸烂了。被社会边缘化的人在真空环境中作战，而同时普通民众还可以自由自在地生活，这样的画面，即使在教科书中也不复存在了。在外交层面上经常被人引用的"权力均衡"概念，体现了政策决议的变通性以及追求平稳的理念。1648年之后，欧洲的发展进入了被称为"列国共和"的阶段，即在一个拥有共同价值观的国际社会中，所有成员都被认定为拥有平等主权的国家，但这个观念并没有阻碍几乎连绵不断的关于剔除或消灭某些成员的讨论。西班牙、瑞典、波兰，在 18 世纪都时不时地成为惨遭肢解的主要候选目标。

对解决策略的追求，也表现在战争的行动层面。这在一定程度上反映了欧洲各国军队日益同质化的趋势：都适应了通用的训练、组织和战术模式。在创新方面，各国军队齐头并进，这主要是通过中层军官不断改换门庭来实现的。不同于组织架构差异很大的军队，旗鼓相当的对手很少为对方提供明显的机会窗口。要想击败与自己并无二致的对手，既需要战前谋划，也需要随机应变，何况在理性时代之前和之后，机会的得与失都向名将们提出过挑战。普鲁士国王腓特烈并不是第一个得出以下结论的人：要赢得战争，必须从战争一开始，就打破敌人的力量循环①，把敌人的优势变成劣势。⁹ 他只是这些人中间最成功的人之一。

腓特烈是一位作为国家和军队的形象代言人开始其统治的君主，在这个国家和国家军队中，领袖魅力是多余的东西，然而，尽管他本人并不情愿，他在去世之前成了第一个现代的个人崇拜活动中的偶像，这就造成了一个自相矛盾的悖论。1740 年的统帅国王和 1763 年的武士君主形象，在 1780 年统统让位于一尊偶像。——1806 年，这尊偶像在拿破仑的炮口下轰然倒地，一个世纪之后才得以完全修复。在这方面，与腓特烈的余生一样，都是"充满矛盾的复合体"。他身上融合了体制的与个人的领导力，融合了能力与魅力。这种融合，部分缘于他对不断变幻的环境做出的反应，部分缘于对抽象原则的反思。在很大程度上，"老弗里茨"② 形象是由他的士卒、臣民建立起来的，他是一位"特氟龙制成的君主"，没有任何东西能束缚他③，因为他是需要、欲望和神话的投影，与"真实的"腓特烈并无关系。¹⁰ 尽管如此，他的传奇和他的榜样作

---

① 胜利会让胜利者更强，从而更容易赢得下一场胜利，如此循环，强者愈强，赢得战争最终胜利的可能性越大。所以腓特烈认为，要战胜地大兵多的奥地利，必须先下手为强，从战争之初就打破奥地利人的力量循环。

② 西方人喜欢用名字中的某个音节作为全名的代称，例如德国人名中常见的汉斯（Hans）是约翰（Johann）的第二个音节。弗里茨（Fritz）是腓特烈（Frederick）的第一个音节，用以指代腓特烈。

③ 特氟龙是制造不粘锅的主要原料，特点是质地坚韧、耐高温。这里比喻腓特烈是一位坚韧不拔、永不言败的君主。

用在德国一直延续到 1945 年，这种强大的影响力也不会因时光转入 21 世纪而消失，哪怕在 1989 年之前，德意志民主共和国使尽浑身解数想要消解他的影响力。[11]

关于这个话题的最后一句话，与第一句话一样，还是留给麦考利吧：

我们不知道还有哪个人的力量和缺陷，会像这个傲慢、机警、坚决的蓝袜人① 的个性那样，引人注目和荒唐怪诞……他拿起武器与全世界为敌，一个口袋里装着一剂毒药，另一个口袋里装着一纸蹩脚的诗歌。[12]

无论毁誉如何、褒贬与否，普鲁士的腓特烈依然是腓特烈大帝。他作的诗也没那么蹩脚。

---

① 普鲁士军队的制服主色调是蓝色，俗称普鲁士蓝。当时贵族男性还喜欢穿着长筒袜，所以蓝袜人指代国王腓特烈。

本章注释

1. 这个概念在这部书中有完善叙述：Marc Raeff, *The Well-Ordered Police State: Social and Institutional Change through Law in the Germanies and Russia, 1600 - 1800* (New Haven, CT.,1983)。

2. Quoted in Christopher Clark, *Iron Kingdom: The Rise and Downfall of Prussia, 1600 - 1947* (Cambridge, 2006), p. 112.

3. Franz A. J. Szabo, *The Seven Years' War in Europe 1756 - 1763* (London, 2008), p. 427.

4. Johannes Kunisch, *Friedrich der Grosse: Der König und seine Zeit.*, 2nd ed.(Munich, 2004), p. 541.

5. David Fraser, *Frederick the Great* (London, 2000), pp. 624 - 628.

6. Reed Browning, 'New Views on the Silesian Wars', *The Journal of Military History*, 69 (2005), p. 534.

7. Sascha Möbius, *Mehr Angst vor dem Offizier als vor dem Feind?: Eine mentalitätsgeschichte Studie zur preussischen Taktik im Siebenjährigen Krieg* (Saarbruecken, 2007).

8. Theodor Schieder, *Friedrich der Grosse: Ein Königtum der Widersprüche* (Frankfurt, 1983).8.

9. 罗素·威格利研究了决定及其局限性，见于 *The Age of Battle: The Quest for Decisive Warfare from Breitenfeld to Waterloo* (Bloomington, Ind.: Indiana University Press., 1991)。Jamel Otwald, 'The "Decisive" Battle of Ramilles, 1706: Prerequisites for Decisiveness in Early Modern Warfare', *The Journal of Military History*, 64 (2000), 649 - 677，是现有的最出色的案例研究。

10. Eda Sagarra, 'The Image of Frederick II of Prussia in Germany in the Century before Unification', *European Studies Review IV* (1974), 23 - 32.

11. Karl Heinz Bohrer, 'The Lost Paradigm: Frederick II, Prussia, and July 20th, *Telos*, 143 (Summer, 2006), 109 - 126.

12. Timothy F. Stunt, 'Thomas Babington Macaulay and Frederick the Great', *the Historical Journal*, 23 (1980), 939 - 947，是关于这个主题的最新论述。

基础与可能性

在一个世俗的相对主义^①时代，辉格党^②和加尔文主义者^③依然主宰着军事史的研究。军事上的自由主义者将战争解读为一场进步与蒙昧主义的较量，无论是以技术、社会态度为代表的进步，还是以对战争原则的清晰理解为代表的进步，都势不可挡地取得了胜利。加尔文主义者将胜利和失败解读为对军事正义性的评判，从而进一步深入地采用了这套方法。那些踏上笔直而狭窄道路的将军、军队和社会，被允许进入学者构筑的瓦尔哈拉圣殿^④。而那些没有意识到战争揭示的真相并采取相应行动的人，被抛进了黑暗的无底深渊。

理性时代的战争模式

这些思维定式在18世纪的战争研究领域中，表现得最为突出。对于自由主义者而言，马尔伯勒、欧根^⑤和腓特烈的时代，充其量是从1793年开始的"真

---

① 相对主义认为真理并非绝对，需要用其他事物作参照才能加以判断。

② 英国辉格党产生于17世纪末，19世纪中叶演变为英国自由党，这里泛指自由主义者。

③ 16世纪基督教宗教改革后出现的一个教派，以其创建者加尔文命名，这里泛指改革主义者。

④ 据北欧神话，主神奥丁有三处宫殿，其中之一名为瓦尔哈拉（英灵殿），它有540个大门，每个门宽可容800位战士并排进出。正门上方有一个野猪头和一只鹰；这鹰的锐目能看见世界各方。宫殿的四壁是由擦得极亮的矛围成的，所以光明闪耀。宫殿的顶是金盾铺成的。宫内的座椅上皆覆盖精美的铠甲，这是奥丁给客人的礼物。凡是战死的勇士，所谓恩赫里亚，为奥丁所器重，皆得入此宫为上客。

⑤ 马尔伯勒指英国名将马尔伯勒公爵约翰·丘吉尔，欧根指奥地利名将弗朗索瓦·欧根。二人在18世纪初的西班牙王位继承战争中联手，多次战胜路易十四统治下的法国，成为令太阳王黯淡无光的双子将星。

正"战争①的垫脚石。凭借全民动员、意识形态维护和强化民族认同的模式，法国大革命被视为成熟榜样，确立了此后一直遵循和进一步发展的规范。无论革命者原本的反军国主义言论是多么挚诚，他们最终都为发动一场全新的战争开发构建出了全新的军事组织模式。从那之后，对各国政府而言，政治上而非社会或文化上的毁灭，成了战败之后面临的常见风险。到了20世纪中叶，物质和肉体的毁灭已经成为失败者可能遭遇的命运。尽管自由主义者很少认为全面战争是可取的，但是直到核武器时代中期之前，全面战争的极端重要性实际上几乎没有受到过质疑。在这样的背景下，18世纪的冲突通常不过是一系列的加伏特舞曲，或者某种能剧，结局由其自身结构来决定。[1]

军事史学领域中的加尔文主义者，通常会满足于描述旧制度②下的军队在法国大革命／拿破仑的挑战面前崩溃，这些挑战无情地揭露了陈旧战争方式的所有缺陷。这些缺陷数不胜数。针对武装部队始终无法在战场上贯彻政府的战略和政治设计，大卫·钱德勒做出了阐释。马丁·范·克里费德声称，动脉硬化式的守城-围城心态③完全被虚假的后勤问题掩盖了。杰弗里·帕克认为，战争之所以会"使自己无限期打下去"，是因为军队规模的迅猛增长与国家社会相对无力供养军队之间的矛盾限制了战略思维。罗素·威格利提出了一个截然相反的观点，他描述了18世纪的人依然执迷不悟的战术焦点：各国军队都在寻找一座虚无缥缈的海市蜃楼，即一场在一天内歼灭敌军、决定战争结果的决定性会战。威格利认为，尽管各国为了追求这座海市蜃楼而倾家荡产，但战争依然会劳而无功。会战只会吞噬更多人命，会战本身什么都决定不了。[2]

当然，威格利有时坚信，只有永久性地解决国家内部冲突根源的办法，才值得被定义为"决定性的"。当然，他忽视了战败和获胜带来的更深远的后果，尤其是消极负面的后果。例如，1692年，一支法国军队占据了斯滕凯尔

---

① 指法国大革命爆发之后，欧洲列强剿法兰西共和国与拿破仑的法兰西帝国的战争，几乎整个欧洲都卷入其中，东方的印度、波斯，以及西半球的美洲等地，也以不同形式参战了。

② 旧制度，指16世纪晚期至1789年法国大革命爆发期间法国的社会和政治体制，亦指其经济体制。此处泛指法国大革命前的西欧各国的各种旧体制。

③ 指围城的一方想进城，被围的一方想突围的矛盾心态。

克战场①，但由于受到重创，未能实现占领列日的原定目标。腓特烈大帝在洛伊滕②和罗斯巴赫的辉煌胜利未能终结七年战争，然而，两场大捷确实鼓舞了普鲁士国王和普鲁士士兵即使在逆境中也要坚持到底，他们都相信总有一天这些胜利会重演。洛伊滕和罗斯巴赫大捷也激励着腓特烈的敌人把战争进行到底。能赢得这种双重胜利的国家和军队似乎太危险了，不能仅仅视之为外交小步舞的下一个普通舞伴而已，必须给予认真对待。

然而，威格利抛出了一个对理解18世纪战争至关重要的观点。将军和政治家都在谋求制定决策。指挥官和理论家都警告说，把军事行动建立在拥有某些堡垒或组建某些补给线的基础上，而忽视在野战战场上开展行动，是有风险的。这些精心策划的行动本身不是目的，而是为会战创造有利条件的一个开端。如果这些条件足够有利，可以让对手不敢冒险一战，实现"不战而屈人之兵"，那就"善之善者也"。³在外交领域，18世纪对权力平衡这一政治原则的承诺绝不能被夸大。一流和中等列强经常考虑并且经常尝试牺牲较弱和衰落国家的利益，以便让自己大规模扩张。波兰、瑞典、奥斯曼帝国，甚至西班牙，经常成为邻国扩张野心的牺牲品。

从实用主义的角度看来，即便是旧制度下最出色的武装力量，也不可能完全压制住对手，从而实现外交官谋划的宏伟蓝图。只有在民主革命时代，依靠肆无忌惮的战争女神贝娄娜③的庇佑，才能将地图上的边界、各国的命运，改变成、重塑成后人习以为常的样子。然而，在这种情况下探讨"限制"，纯属滥用了这个词汇，就像威格利滥用"决定性"一样。组织完善的政治体系之间，任何冲突都是有限的。即使在核战争的背景下，理想的战争目标也不包括完全消灭敌方人口和彻底摧毁敌方经济基础，因为征服者至少可以支配敌人的物质资源。因此，研究给予18世纪冲突特定限制的那些特定结构，是理所应当的。

---

① 斯滕凯尔克战役是大同盟战争（1688—1697年）期间的一次战役，法军获胜，但因为伤亡惨重，未能扩大战果。按照当时的惯例，占领战场的一方是胜利者，撤出战场的是战败者。

② 或译为鲁滕。

③ 或译为柏洛娜。罗马神话中的战神马尔斯对应希腊神话中的战神阿瑞斯，贝娄娜是马尔斯的妻子兼女战神，另说是马尔斯的乳母或妹妹。

在这个过程中，知识因素发挥了重要作用。每个时代都以自己的方式定义了各自的终极真理。19 世纪的生物决定论让位于 20 世纪的计算机打印结果。18 世纪的知识生活主要是关注第一原理，关注将社会现象整合到一套秩序之中，而这套秩序的基本原理借鉴自数学世界。不足为奇的是，军事理论家和实际作战的士兵都在试图控制这一充满混乱无序的过程。他们这么做的原因，与其说是将战争行为和军队举止置于人为限制之下，倒不如说是以军事机构所服务的社会和制度可以理解和接受的方式，对战争行为和军队举止加以表达。三十年战争标志着军事强人及其士兵们的短暂统治地位的结束。无论把军队置于政府管控之下的财政和道德成本有多高，此举都是最好的选择。这个过程产生了某些特定的互利互惠关系，因为士兵试图用通用术语而非具体的技术术语，向现已成了他们永久雇主的政府证明自己的存在价值。如果他们不利用"几何学精神"① 来做这件事情，那反而令人诧异了。[4]

从抽象难懂的理论到具体的构筑，防御工事对 18 世纪的战争样式影响很大。复杂而昂贵的工事系统始于"意大利棱堡"②，最后以沃邦③、库霍恩④ 和他们自己都不大熟悉的模仿者的奇特设计告终，而这些工事本身很少会成为战略目标，也绝非坚不可摧。即使最鬼斧神工的城防工事也会以开门投降告终。然而，堡垒不能简单地绕过去。直到 18 世纪，不够发达的道路网络产生了大量咽喉要道，而一旦咽喉要道落入敌手，对于一支依赖自己的仓储来获取补给且弹药需求量与日俱增的军队而言，后果将是灾难性的。开火迅速的燧发枪肯定需要大量的弹药补给，即使以现在的标准看来不算太大的需求量，也会给后勤系统带来前所未有的巨大压力。此外，人们经常会注意到，近代防御工事需要

① "几何学精神"是指以几何学代表的逻辑推论方式，与之相对的"敏感性精神"是指心灵的直觉或敏感，或者曰"直觉的精神"。前者适用于科学，特别是数学，而后者属于信仰，尤其是宗教信仰范畴。

② 当时意大利处于诸侯割据、群雄并起的分裂时代，各诸侯国都修筑城防工事，用于加强防御，其中以"意大利轮廓"（Italian Trace，意大利语为 trace italienne，正文中译作"意大利棱堡"）最为重要。它构筑有三角堡、半月堡等外围工事，最为完善的样式是星形堡垒。

③ 塞巴斯蒂安·勒普雷斯特雷·德·沃邦（1633—1707 年），法国元帅、著名军事工程师。

④ 库霍恩男爵（1641—1704 年，或译为科霍恩男爵），荷兰军事工程师，发明了库霍恩攻城炮。

越来越多的守军驻防，由此，把依然由敌军固守的防御工事留在本方前线后面引发的风险也更大了。即使是最消极怠惰的敌方工事守将，也可能对本方薄弱的阻隔或封锁部队构成严重威胁。

在中欧，无论军费预算还是地形地貌，都无法维持在低地国家、法国北部和意大利北部司空见惯的那种堡垒系统。普鲁士、奥地利和较弱小的德意志诸侯国的堡垒工事更偏传统样式：例如布拉格或德累斯顿这种城市的外围工事，或者像施韦德尼茨①、科尔贝格②或奥尔米茨③这样的城防支撑点。如果进攻方忽视这些偏传统样式的工事，会蒙受不小的损失。该地区比较有限的道路网络，到了 18 世纪中叶已经明显落后于该地区不断膨胀的军队规模，这意味着即使一座孤零零的堡垒，也可能成为一个要命的交通瓶颈。在基建更加完善的战场上，也不可能用运输其他物资一样的速度将攻城炮拉上前线。与之相关的一个问题是难以获得大量建筑材料，没有大量建材，就无法修筑精巧的堑壕、坑道系统，而堑壕、坑道是 18 世纪的正式攻城战中必不可少的。最后，俄罗斯、普鲁士和奥地利军队都不太重视自己的工兵部队。这些因素综合起来，尤其是在七年战争期间，使得人们普遍倾向于虚张声势和炮击城防工事④：格里美豪森⑤的侍从们发出的威胁，以及几乎是漫无目的地砸向城墙的数百发炮弹，都是如此。一个无惧言行威胁的要塞守将往往可以把数量不少的敌军钉死在城墙下，直到敌军身心俱疲，或者一支解围部队靠拢过来，再向敌军发起挑战，双方在开阔战场上一决雌雄。5

战斗就意味着移动，移动意味着补给。后勤在决定 18 世纪战争性质方面到底有多大作用，依然是一个富有争议的话题。马丁·范·克里费德以一种典型的方式，断然否定了仓储的决定性作用。他断言，军队之所以依靠乡村，是因为现有的交通运输技术最多能运送军队所需物资的 10%，如弹药、制服、医

---

① 希维德尼察的旧称。

② 科沃布热格的旧称。

③ 或译为奥尔穆茨。奥洛莫乌茨的旧称。

④ 意为尽量吓唬守军，让守军自己开门投降，而非真正动用大军武力破城。

⑤ 汉斯·雅各布·克里斯托夫·冯·格里美豪森（1622—1676 年），德国小说家，参加过三十年战争。

疗用品等非临时必需物资。以后世的标准来看，允许军官携带的行李数量似乎太多了，但这更多的是与社会问题有关，而非单纯的后勤问题，而且从绝对意义上来讲，这对补给线的拥堵没有什么影响。相反，范·克里费德断定，与之前的雇佣军和后来拿破仑时代的军队相比，18世纪的军队并不特别擅长依赖乡村生存。然而，这反映了另一个组织问题：没有建立一个能够在交战条件下供养大量军队的野战军需官制度。[6]

范·克里费德的众多批评者提出了一系列技术和制度性因素，这些因素使得为一支行动中的军队提供补给绝非"相对简单"的任务。[7]被征用的谷物通常需要打捆和烘焙。从食物供应的角度而言，18世纪是一个分水岭：人们充分意识到消化系统疾病的危害，因此煞费苦心地进行预防，但临时大规模生产食物的技术还不够成熟。面包烤炉和运输车队极大地限制了军队的行动。被征用的牛不能简单地现场屠宰，避免分发到士兵手上时，牛肉还在颤抖。蔬菜也需要制备：生蔬菜或半熟的蔬菜比没有蔬菜更糟糕。

在后勤物资周转过程中，心理因素的作用经常被忽视。18世纪的军队远比人们普遍认为的更具契约精神。士兵可能是在相当于设定绝对服役期限的条件下应征入伍的。在实际服役过程中，他们对自己的隐含权利有着非常明确的认识。吃得很糟糕的士兵可能会认为补给短缺是违反契约的行为，但他们或许不会为此而开小差。然而，他们确实可能患上形形色色的疾病，从让人痛苦不堪的疖子，到所有军队都畏之如虎的令士气低落的思乡病。值得注意的是，18世纪的欧洲人整体上并不健康。糟糕的饮食条件和明显的营养不良，加上从童年开始的繁重体力劳动，造就了看似健壮其实孱弱的士兵，同理，他们也容易患上形形色色的军营疾病。所有精明的指挥官都不会忽视一个显而易见的预防性措施：尽可能让士兵单靠配给的口粮就能吃饱。[8]

18世纪的战争模式，也是由18世纪军队的结构决定的。这些军队都是高科技的力量。相对于支撑军队的经济、管理和技术基础设施，理性时代的舰队和陆军，与现代发达国家所能实现和维持的总动员状态最为接近。舰队中最先进的舰船，是那个时代最精密复杂的技术产物之一，相当于航天飞机之类的顶尖科技产品，而非航空母舰。

关于地面战也可以提出类似的观点。尽管在自由主义背景下，燧发滑膛枪和插座式刺刀①缺点多多②，但这两种武器是18世纪军队的主要武器系统，提高了步兵的进攻和防御能力，自从罗马军团以来，欧洲第一次出现了单一兵种统治战场的局面。中世纪骑士即使在自己的巅峰期，也从未像腓特烈麾下的火枪手那样灵活。

与此同时，燧发枪是一个体系，要想充分发挥燧发枪体系的效力，就得让火枪手接受一定程度的培训，在战场上保持纪律，并许给他们相当于职业前景的承诺。考虑到平民社会，包括其中最好勇斗狠的阶层都日益缺少战场经验，人员和武器必须融为一体才能充分发挥威力。然而这只是第一步而已。火枪手在装弹和射击过程中应该专心致志，同时还应留心命令，及时反应。18世纪的士兵远非许多后世传说中的机器人，他们必须以今天坦克兵或步兵熟悉的方式，而非以两次世界大战中身穿制服的平民更加熟悉的方式，把机械技能和敏锐思维结合起来。

其他兵种，即骑兵和炮兵，也面临着类似的挑战。骑兵再也不能随心所欲地碾过敌军步兵，从而决定战斗的成败了。策马冲锋的时机决定了成败。什么时候发起行动，是无法精确计算出来的，全凭经验与洞察力来决定，但这两大要素在浮现或消逝的时候都具有毁灭性，要么全胜，要么惨败。这样的进攻在初始阶段取决于所有士兵的突然性和攻击性：既备受吹捧，又屡被嘲笑的"骑兵精神"。然而，当"集结"号响起时，骑兵需要克制肾上腺素分泌带来的冲动，依令行事。肆无忌惮地追杀已被击溃的敌人，或者陷入不那么壮观但更加常见的胶着的骑兵混战，都与过度谨小慎微一样，具有很高的战败风险。把武士和士兵的品质合二为一，绝非一个自然而然的过程，一直到拿破仑战争时期，英国军队依然没能掌握这种技巧。

在整个18世纪，炮兵依然主要是技术兵种。——由于技术人员在军中地位较低，这种情况进一步恶化了。然而到了七年战争期间，炮手在所有重大战役中都扮演了至关重要的角色。他们不仅要开炮，还得经常移动炮位，并经常

---

① 或译为套筒式刺刀。

② 大意是随着军事理论和技术的发展，军队管理和作战体制越来越严整，更像一部没有灵气的机器，所以不符合辉格党或自由主义者的理念。

为保卫火炮而战。简而言之，炮兵作为一个"有科技含量的"兵种而受到严密捍卫的地位，正受到作为一支战斗部队的崭新角色的挑战。[9]

如果上述因素还不够复杂，那么再介绍一个18世纪的军队面临的大困难——不够发达的指挥调度系统。团以上的战术编制实际上根本不存在。甚至"旅"也是频频在一次次行动中临时拼凑起来的。更高层级的编制完全是临时搭建的。为了记录时简便顺手，一般性文件经常使用"师""军"这两个专有名词。然而，这些术语颇具误导性，下文代之以"战斗群"和"特遣部队"，来更加清晰地表明相关作战单位的性质。

上述的这种不采用更加综合性、集成化的组织架构的决定，是18世纪军事史研究领域中几个主要的未被探究的消极面之一。在某种程度上，这反映了托马斯·库恩提出的一个观点：改变指挥模式的条件尚未成熟。例如，在17世纪50年代到18世纪50年代之间，军队规模在迅速并稳步地增长，但是，军队人数没出现爆发式的突然增长，所以，还没有必要考虑如何打破现有的编制架构，改变军队组织方式，以取得最佳效果。无论是理性时代的心态（mentalité），还是像蒂雷纳[①]和蒙泰库科利[②]这样的伟大统帅的睿智，都青睐从最高统帅的位置自上而下发号施令，即以个人意志塑造和指挥战役和会战。在某种程度上说，这是对三十年战争中取得的经验的回应，当时的战术控制往往在开火几分钟内就不复存在了。更笼统地说，华伦斯坦[③]的遗产依然存在，即使只是作为一个幽灵般的记忆，提醒人们警惕下属兵权过大的潜在风险。由依然自高自大、仍旧经济独立的贵族主导的军官团，也没能为建立复杂的指挥层级体系提供可造之才。[10]

---

① 亨利·德·拉图尔·奥弗涅（1611—1675年），蒂雷纳子爵，法国名将，法国历史上六位大元帅之首。

② 雷蒙多·蒙泰库科利（1608—1680年，或译为蒙特库库利），神圣罗马帝国名将，蒂雷纳子爵的劲敌。

③ 阿尔布雷希特·冯·华伦斯坦（1583—1634年），三十年战争期间神圣罗马帝国军队的总指挥，与新教阵营中的瑞典国王古斯塔夫·阿道夫并称三十年战争中的双雄。华伦斯坦的出身不明，几乎没有任何贵族背景的他，利用战争带来的天下大乱，拉起了自己的人马，进而靠战功和军队呼风唤雨，帝王、贵族都得向他赔笑脸，因此，他属于"以下犯上"，在一定程度上颠覆了当时欧洲的政治体制。

即使在普鲁士，这个问题也很突出，1717 年，普鲁士国王腓特烈·威廉组建了一支军官候补生队伍，其青少年成员都来自贵族阶层。国王的意图是把这些年轻人纳入国家体制内，即使有时候不得不动用武力强征他们入伍。至于对他们进行普通和专业教育的具体方案，都排在这个目标之后。最终结果是建立一个贵族子弟进入国家体制的模式。[11]另一个同样重要但意想不到的后果是，普鲁士军官团发展成了一个学院式的社会团体，在这个团体内，中尉和将军原则上都能以战友身份与国王对话。

阻碍普鲁士发展出复杂严密的军事组织的另一个因素，是高级军官团的相对多样性。在1740 到 1763 年间，腓特烈大帝的将军中有 1/6 来自普鲁士以外的国家。[12]在英国、法国这样的国家，将军的民族出身更为单一，但专业能力参差不齐。一位军官仍然被期待能通过结合直接的经验积累和自身的人格力量来掌握专业技艺。无论是就军官个人的绝对成就而言，还是相对于整个指挥系统而言，这个过程在团一级都是行之有效的，但在更高层级上的效果基本上靠撞大运。[13]不世出的天才与必然出现的庸才一样危险。在世事具有多重不可预见性的大背景下，通过减少战败的机会来减小风险是个比较符合常识的做法，尤其是当人们日益把会战视为斩断"永恒的战争"这个戈耳狄俄斯之结①的最佳手段时。②

促使普军接受僵化死板的指挥控制的最后一个因素，涉及 18 世纪军队的同步性。至少在西欧，各国军队的训练、装备和组织方式都大同小异。各国军队紧紧追随彼此的创新，不断流动的中层军官尤其有助于实现这一点。与在不同模式下发展起来的军队相反，同步发展的各国军队很少会给对手提供明显的机会窗口。

---

① 公元前 334 年，亚历山大大帝率大军来到了小亚细亚的北部城市戈尔迪乌姆。城中宙斯神庙里，有一辆献给宙斯的战车。在战车的车辀和车辕之间，用山茱萸绑结了一个扣，绳扣上看不出绳头和绳尾，它叫戈耳狄俄斯之结（Gordian Knot）。传说谁能解开它，谁就能做亚洲的主人。亚历山大凝视绳结，随后猛然拔出宝剑，斩断绳结。之后如预言所说，亚历山大征服了波斯帝国，成了亚洲的主人。戈耳狄俄斯之结比喻常规方法难以解决的问题。

② 大意是如果在团以上设置常备的指挥层级，那么一个国家的某支军队的规模就会扩大，一旦这支军队在会战中失败，这个国家将很难翻身。反之，减少层级意味着一战决定战争胜负的机会就少了，不用把一国安危系于一位将领之身。

近代早期的欧洲军事革命的输出，阐释了各国军队同步发展的过程，通过同步发展，交战双方都可能迅速获胜。布雷多克在莫农格希拉① 惨败和康华里在迈索尔② 大捷，是同一枚硬币的两面。[14] 然而，18 世纪上半叶的大国冲突，越来越预示着将出现新的战争模式——1914 年的人们很熟悉的战争模式。一支军队是有可能战胜与自己几乎一模一样的敌人的，前提是充分利用两军之间的细微差别。这就需要计划和控制，而非灵光一闪的即兴发挥。最重要的是，必须迅速行动，打破对手的力量循环，将其优势转化为劣势。另一种选择是消耗战：这种旷日持久、耗尽元气的战争，是任何近代早期的国家都无法承受的。

18 世纪中期的近代化军队，与其 20 世纪末的后继者极为相似。两者都严重依赖由高技能专业人士使用的眼下最先进技术。两者的结构都是为了尽快获胜，这主要是因为两者都无法吸纳大量未经训练、缺乏斗志的补充人员。而且，两者都对体制施加了几乎无力承受的长期压力，可军队之所以存在，表面上就是为了巩固、扩大体制的利益。

近代战争的根基在于金钱，但相对于金钱将要滋养的这棵树的大小而言，金钱之根本身是脆弱而浅薄的。[15] 自 16 世纪中叶以来，各国军队的规模大幅扩张了。关于这一现象的起因，近来已经有激烈而明晰的讨论。杰弗里·帕克聚焦于围攻一座由意大利棱堡加强的要塞所需要的兵力，这类要塞拥有繁复的堡垒系统，也需要越来越多的人充当守军。即使个别城镇守军不多，数量不断增加的近代防御工事也会占用大量军队，以至于希望同时拥有野战军和要塞守军的国家会发现，自己不得不大幅增加军队编制层级。[16]

帕克的批评者和修正者认为，欧洲军队规模的增长另有原因。近代早期的人口和社会的变迁，尤其是在西方，造就了数量与日俱增的这样一群年轻人：无论身处哪个社会阶层，他们不再受到耳熟能详的各种限制的束缚，同时他们在自己熟悉的环境中几乎看不到什么前途。随着传统的封建生产关系被削弱或

---

① 1755 年 7 月 9 日，英法两军在今天美国东北部宾夕法尼亚州境内的莫农格希拉展开会战，未来的美国首任总统乔治·华盛顿也参战了。结果法军获胜，英军主将爱德华·布雷多克（或译为布拉多克）身负重伤，在撤退途中死亡。

② 查尔斯·康华里（1738—1805 年，也译作康沃利斯），美国独立战争期间担任英军副总司令，1786 年担任印度总督，参加第三次英迈战争，战胜印度南部的迈索尔王国。

消失，传统的安全和庇护模式^①也在被削弱或消失，尽管这些模式已经很脆弱了。村落及城市都经历了复杂的阶层分化的过程，与平民主义神话中的和谐社区相去甚远，显赫家族或强势的村子与处于权力和影响力边缘的家族或村子之间，存在显著差异。找到稳定工作已是众所周知的难事，获得学徒身份或继承可用的土地就更加困难了，对抱有后一类憧憬的年轻人来说，不需要丰富的想象力就能看到留在家乡的未来实在是太黯淡了，任何改变似乎都能带来更美好的明天，或者至少提供了一种受到新型奴役的可能性。¹⁷

饥饿是最好的征兵官。尽管如此，近代早期的欧洲军队从不缺乏真正的志愿兵。从军能得到食物和衣服，还能得到现金收入——在一个逐渐全面走向货币经济的国家，这是很重要的收入，尽管军饷支付者实际上并不很可靠。少数幸运儿依靠从军发家致富了，或者将其社会地位提高到了平民百姓几乎不可能达到的高度。最重要的是，伴着战鼓声开启冒险生涯，是一条脱离眼下生活环境的出路。一位 17 岁的阿尔萨斯青年千里迢迢来到亚琛投身普鲁士军队，只是因为普军威名远播。虽然他的记述是从青少年的角度出发的，常常把积极向上的具体经历与一去不复返的青春活力混为一谈，但他竟然会把自己应召入伍的日子描绘成充满乐趣与游戏的一天，在士兵中间度过的光阴远比在家乡村子里的有趣。¹⁸

像这样决定自己未来职业生涯的事情是很普遍的，至少在和平时期，不到万不得已，不会征召彻头彻尾的罪犯，出于同样的原因，近代军队也不愿意用他们。在蓄意制造麻烦的群体中，他们占据了非常高的比例。他们也是军中持续不断的各种摩擦的来源。小偷、酒鬼和好勇斗狠之徒使他们那些品行端正的战友不得不过上了比原本要悲惨得多的生活，也让军官的日子很难过。另一方面，在土地产权或家庭关系等问题上与民政部门有矛盾的人，随便在哪支军队中都能找到自己的新家园。另一个常见的新兵来源，是那些陷入困境的工匠和专业人士。教师厌倦了一遍又一遍地把乱七八糟的知识灌输进不愿意学习的孩子的脑子。神职人员失去了从一开始就不稳定的工作。纺织工人发现生产任

---

① 指封建领主庇护农民，而农民为领主服役、纳税的传统封建关系。

务日益繁重，报酬反而日益微薄，为了吃了上顿有下顿和多少能按时发放的薪水，他们抛弃了壁炉和织布机。"颠沛流离者"，包括杂耍演员、戏子、木偶戏演员，可能会因为自己患上了风湿病，断了一只手，或者只是失去了让观众发笑、哭泣和打赏的表演感染力，而穿上了士兵制服。在过去，这些人通常尤其受官兵的欢迎，因为这样的同袍战友，既能祸福与共，又能在大家身处困境时让人开怀大笑，分散注意力。[19]

从社会人员摇身一变成为战斗人员，组成近代早期的欧洲军队的人，大体上是这些愿意在非直接保卫自己家园的条件下作战的人。仅凭这一点，相对于欧洲各国依然存在的各种民兵组织，他们就取得了巨大优势。把这种人招入军队不难，难的是把他们留在军中。用中央政府管辖的常备军取代临时招募的雇佣军及合同兵，主要原因就是财政问题。一支常备军不仅具有更高的效费比，而且更容易纳入国家预算。[20]

然而，这样的军队引发了另一种危机：各国坚持要组建规模超出自己供养能力的武装力量，口粮、军服和薪饷问题随之而来。例如，在路易十四的统治下，法军的官方编制不少于40万人，实际兵力也可能高达30万人。在近代早期欧洲，即使是拥有最高效政府的大君主国，也无力供养这么多军队，除非采取某些临时手段。其结果就是早期版本的"帝国过度扩张"。由于无力用自己的资源满足军事需要，也不愿意量入为出缩小军队规模，各国越来越多地靠战争来维持日益膨胀的武装力量。

即使对三十年战争研究得最漫不经心的学生，也熟悉这种形式极端的过程有何局限性。如果任由军队自行其是，军队破坏或浪费的资源会远远超过其实际消耗的。这种模式在《威斯特伐利亚和约》签订施行后依然长期存在。甚至在法国，太阳王①的士兵也通过残酷剥削人民，来弥补国家供应的给养与他们生存所需之间的缺口，而明面上征召士兵就是为了保卫人民的。这种模式很可能由于对社会制度的某种复仇欲望而得到了加强，因为这套社会制度给予了太多子民不够体面的社会地位。

---

① 指法国国王路易十四（1638—1715年，1643—1715年在位），法国专制君主，一度将法国推上了欧洲霸主的地位，因此被称为太阳王。

最初的解决之道是将约翰·林恩口中的"暴力税"替换为"贡献"。这些措施不过是有组织的敲诈勒索，最好从敌区或中立地区压榨，但在紧急情况下也可以从自己的人民那里盘剥。这些措施标志着军队的行为和战争资源动员效率的重大改善。然而，"贡献"最终在两个方面受到了限制。第一个方面涉及一种持续不断的诱惑，即给一块领土"放血"，使之无法恢复到高于糊口水平。七年战争期间出现了许多军队被迫迁移的例子，因为即使最行之有效、管控最严密的"贡献"和征用制度也会让占领区变成荒地。"贡献"制度的第二个缺点更为显著：只有在一个国家自己的边界之外才能适当地实行。这反过来又营造了一种对侵略性战争极为有利的国际环境，哪怕获胜希望低得可怜，也要出动日益庞大的军队。由此形成了一个恶性循环：最初打算解决的问题又产生了。因此，以战养战只能在最短期限内进行。到了 17 世纪末，无论统治者是基于自己的王朝还是国家背景来评估切身利益，短期利益在所有方面都让位于长期规划了。[21]

此时，故事变成了老生常谈。至少在西班牙王位继承战争结束时，欧洲各国正朝着查尔斯·蒂利[①] 所言的"从黄蜂到火车头'[②] 的方向稳步发展。[22] "压榨"是为了发动战争而对一个国家的合法公民进行系统性榨取的手段，既有胁迫，也有合作。农民、地主、店铺老板和国际商人可以被粗略地划入社会生产阶级，不能胁迫他们缴纳超过一定水平的赋税，否则他们就会揭竿而起。反抗不局限于佩雷斯·扎戈林[③] 的《反叛与统治者》等作品中记载的民众起义。[23]

---

① 查尔斯·蒂利（1929—2008 年），美国社会学家、政治学家和历史学家，著有许多关于政治和社会关系的书籍。

② 见蒂利的《990—1990 年的强制、资本和欧洲国家》第 96 页的"从黄蜂到火车头"一节。蒂利说："在过去的一千年里，欧洲各国经历了一个奇特的演变——从黄蜂到火车头（from wasps to locomotives）。长期以来，各国把注意力集中在战争上，把大部分活动留给其他组织，只要这些组织在适当的时间间隔内缴纳贡赋。与'其他组织'庞大的后继者相比，收贡国家（tribute-taking states）依然凶悍，但统治的严酷程度较低，'其他组织'会像黄蜂一样蜇刺人民，但不会把人民榨干。随着时间的推移，国家，甚至是资本主义国家，都用各种措施、权力和承诺来维持统治，而这些手段反过来又限制了国家。国家仿佛是在轨道上运行的火车头，靠的是平民百姓缴纳的资金和文职工作人员的维修；但如果脱离铁轨，火车头根本无法运转。"

③ 佩雷斯·扎戈林（1920—2009 年），美国历史学家，主要研究 16、17 世纪英国和英国的历史、政治思想、早期欧洲现代史以及文学和哲学的相关领域。

反抗还可能涉及一种政治/社会主张的合气道，即为了对抗国家意志而创建与现有国家武装力量一样的武装力量。

在勃兰登堡–普鲁士选帝侯国/王国，这个进程比在其他任何地方都更为深入。把普鲁士描绘为一种反常现象、一个发展到扭曲境界的专制国家，是时髦之举。但这样理解近代初期的普鲁士才更加准确：一个典型的，无论是好是坏，都成功将其武装力量所认定的需求与其臣民表达出来的利益诉求协调统一起来的国家。现在，我们就要去看看这个国家的发展历程。

普鲁士：一支拥有自己国家的军队？

三十年战争之后，勃兰登堡–普鲁士才作为一个小国开始了近代发展历程，该国的领土屡次遭到敌对军队的蹂躏，朝三暮四的外交政策又为该国赢得了不靠谱的名声。即使按照17世纪的标准来看，该国也缺乏地理上的完整性，各个省份零零散散地分布在整个德意志。经济和地理决定论者描述了随之而来的补偿性优势。该国的莱茵公爵领地，包括克里夫斯和马克地区，拥有重要的冶金业和纺织业，并且是南、北德意志之间的交通纽带。勃兰登堡地区横亘易北河与奥得河两岸，而这两条河都是德意志中部的南北商贸大动脉。普鲁士省是条顿骑士团留下的备受争议的遗产，该省首府柯尼斯堡① 是一个重要的波罗的海贸易港口，该省在一个政局日益动荡的地区提供了一个地缘战略方面的突破口，而这种政局不稳也为一个有能力、有意愿在波诡云谲的波兰和俄罗斯海域捕鱼的国家提供了相应的机会。

在17世纪中叶的战略和外交大环境中，勃兰登堡–普鲁士的这些潜在优势并不明显。在各国眼中，勃兰登堡–普鲁士远非一个地区强国，而是一个没有壳的牡蛎。瑞典，彼时还是个波罗的海沿岸强国，在欧洲大陆上的势力有限，竟在七年的时间里一直无视《威斯特伐利亚和约》将东波美拉尼亚划归勃兰登堡的规定。1655年，瑞典与波兰开战，勃兰登堡选帝侯腓特烈·威廉抛弃了

---

① 第二次世界大战之后，柯尼斯堡成为苏联领土，改名为加里宁格勒，今属于俄罗斯联邦，是加里宁格勒州首府。

对波兰王国的效忠①，让普鲁士投靠瑞典王国。为了达成交易，他向瑞典国王提供了一支军队。在波兰平原上的激烈野战中，这支军队一再证明了自己的价值。然而，事实证明，外交手段比动用武力更加重要。

霍亨索伦王朝的普鲁士与哈布斯堡王朝的奥地利，从未特别友好过。面对眼下的特殊情况，普鲁士愿意支持哈布斯堡王朝保有神圣罗马帝国皇冠，换取哈布斯堡王朝支持腓特烈·威廉取得普鲁士公国的完全主权。瑞典人对改变普鲁士的国际地位毫无兴趣，也不易受哈布斯堡王朝施加的压力影响。波兰就是另一种情况了。波兰国王和国会急于向异端瑞典人②复仇，因而同意普鲁士获得完全独立主权，以换取勃兰登堡的军事支持。1660—1661 年，《奥利维亚和约》将新国际秩序写入了国际法。

鉴于勃兰登堡选帝侯相对缺少影响外国宫廷的能力，他能取得这个成就是不小的胜利。类似的灵活手腕，甚至可以说是机会主义，塑造了腓特烈·威廉的外交方针，直到他的统治结束都未改变。1672 年，他与荷兰联手对抗法国，随后从荷兰的败局中解脱出来。③他派遣普鲁士军队加入反对路易十四的英奥联盟，因此得到了丰厚津贴④。1675 年，普鲁士军队在费赫贝林大破瑞典军队，四年后，在欧洲和平的大背景下，普鲁士又被迫吐出了由此役获得的领土收益。1675 年，西里西亚公爵乔治·威廉去世，维也纳罔顾一份将公爵的部分遗产划分给勃兰登堡的条约，派遣大军吞并了西里西亚。心怀怨恨的腓特烈·威廉寻求与法国结盟，结果发现路易十四是个自高自大的家伙，自己根本上不了人家的饭桌。到了 1688 年，选帝侯去世的时候，他的军队已经拥有能征善战的美名。然而，他的国家充其量是一个中等级别的德意志公国，如果不想仅仅是苟活下

---

① 普鲁士王国的前身是条顿骑士团，1466 年缔结的《多恩条约》规定，骑士团治下的普鲁士一分为二，西普鲁士并入波兰王国，东普鲁士仍由骑士团统治，但是骑士团对波兰国王称臣，由此，作为条顿骑士团继承者的普鲁士王国继续向波兰称臣。

② 马丁·路德的新教改革之后，瑞典、普鲁士都接受了新教，而波兰继续信仰罗马天主教。

③ 1672—1678 年间发生了法荷战争。一方为路易十四统治下的法国、瑞典、英国以及德意志境内的明斯特主教区和科隆主教区，另一方为荷兰共和国，以及后来加入的奥地利、勃兰登堡和西班牙。战争以法国获胜、荷兰失败告终，普鲁士站在荷兰一方，却依靠巧妙的外交周旋，没有蒙受什么损失。

④ 津贴是由英国提供的，换取普鲁士出兵对抗当时的欧洲第一强国——法国。

去，普鲁士的每一步发展都需要更强大的邻国的善意。

甚至勃兰登堡的赫赫军威都是以巨大代价换来的。该国的财税基础过于单薄，无力供养3万人的军队，而腓特烈·威廉认为，要是想让他的选帝侯国在外交谈判桌上说上话，3万人马是最低要求。外国津贴是不错的补充，但往往口惠而实不至。外国津贴还会令人上瘾。腓特烈·威廉不想成为法国或奥地利的永久附庸，也不打算让自己的继承人就这样危险而舒服地过下去。因此，这位大选帝侯①一方面谋求增强勃兰登堡的商业和工业，另一方面则在组建一套行政机构，以最大限度地利用私人资源为公共目的服务。[24]

在建立行政机构方面，他的努力获得了比增强工商业更大的成绩。地方机构和精英们依然是地方政府的重要组成部分。尽管如此，到了腓特烈·威廉统治末期，他的辽阔领土上，易动难安的贵族们实际上已经被排除在中央政府之外，这时许多勃兰登堡–普鲁士之外的人进入了中央政府，而他们往往拥有帝国专利权。靠着胡萝卜加大棒，将贵族们分而治之，加上一些精心策划的监禁和偶尔执行的死刑，起到了杀鸡儆猴的作用，贵族们的反抗被瓦解了。

大选帝侯手下的官员，本质上不是出身平民的官僚。他们中的许多人是贵族、没落贵族或将领，他们和大选帝侯一样，深信勃兰登堡首先需要一个强大的由中央财政供养的军事机构，来维持本国在德意志和欧洲的脆弱地位。增加财税收入是一种手段，而非目的。任何影响军队效率的事情，无论多么琐碎，都会成为腓特烈·威廉的军需部和战争部的头等大事，而这两个管理机构吸纳了选帝侯国各地的战争专员。勃兰登堡–普鲁士逐渐全方位受到社会和经济规章制度的制约。腓特烈·威廉的母系来自荷兰，因而采用了荷兰征集税收的制度，并使用更加稳定的机构以前所未有的严格态度来执行这些制度。然而，官僚们还没有学会如何让收获双叶黑麦的地方长出三叶黑麦，②或者如何提高手工织布机的生产效率，——即使纸面上也没成功。[25]

1685年，废除《南特敕令》而引发的革命，为勃兰登堡的经济带来了可

---

① 也作大选侯，腓特烈·威廉在费赫贝林战役后一跃成为最强大的选帝侯，从此被称为大选帝侯。

② 大意是获得更多收成或收入。

喜的提振。① 选帝侯张开双臂热情欢迎胡格诺派难民。作为回报，难民为新家园的商业和工业基础结构做出了卓越贡献。然而，这些贡献主要是人力方面的：由于法国对新教徒实施武力迫害，能带来大量投资资本的难民寥寥无几。[26] 选帝侯不断尝试建立殖民地和贸易公司，结果都是昙花一现，而勃兰登堡海军的规模从未超过小型岸防力量。

腓特烈·威廉在农业领域取得了更大成功。选帝侯的财政部大把撒钱，购买种畜和杂交种子。选帝侯的官僚们把种畜和种子分发给农民和地主。选帝侯的补贴和税赋减免政策，最初用于鼓励臣民在因三十年战争而荒废的土地上定居，之后用来鼓励臣民在普鲁士和勃兰登堡东部的相对荒凉的处女地上定居。

在工业领域，结果则一言难尽。选帝侯无法废除阻碍勃兰登堡-普鲁士商业发展的复杂的过路费制度。然而，他确实改善了道路、河流及运河等硬件网络。组建可靠的邮政系统，大大方便了中央集权的官僚管理。由于军队需要大量军服，羊毛产量增加了。铁和铜用于制造火炮。这些和其他新兴工业都是由严格的保护性关税制度和生产分配法规培植起来的。柏林大有发展，即使没达到世界性都市的水平，那也是个整洁的小国京城。尽管说大选帝侯的经济目标仍未实现，但腓特烈·威廉还是为国家的繁荣昌盛奠定了坚实基础。[27]

选帝侯的继承人腓特烈三世，往往被描绘为更关心权力的表象而非权力的实质。他最关心的是使自己成为艺术的赞助人，以及自己作为国王的权力地位。到他驾崩时，他的两个目标都实现了，而达成后一个目标主要是凭借普鲁士军队持续不断的卓越表现。民族主义者和保守派历史学家对腓特烈三世的评价偏低，他的聪明才智确实应该得到更多赞誉。他足够精明，不干涉军队事务；他足够敏锐，最大限度地发挥了军队作为获得津贴的附庸国武装力量的重要作用，尤其是在西班牙王位继承战争期间。

在大多数中小规模部队的效能被大幅削弱的背景下，普鲁士士兵及军官保持了一贯的战场表现水平，并且相较而言，他们的表现越来越出色。原则上，

---

① 1598 年，法国国王亨利四世签署《南特敕令》，承认法国境内的新教徒，即胡格诺派享有信仰自由，在法律上享有与天主教信徒同等的权利和地位。1685 年，亨利四世的孙子路易十四废除《南特敕令》，于是法国胡格诺派信徒大量出逃到新教国家，普鲁士就接纳了许多。

维也纳不允许在神圣罗马帝国境内出现国王，因为那样会打破哈布斯堡王朝在授予贵族头衔方面的宝贵且至关重要的垄断地位。尽管如此，为了把普鲁士战士网罗在自己麾下，哈布斯堡王朝的利奥波德皇帝①并不吝啬抛出一个国王头衔，只要这个头衔不在神圣罗马帝国疆域之内即可。②允许腓特烈三世自称"普鲁士境内的国王"是一个巨大让步，这一举动让人们更加关注腓特烈的行为和动机。[28]在这种局面下，选帝侯兼国王腓特烈认为，精心细致地展示王室尊严势在必行。然而，普鲁士精心剪裁的宫廷服饰、宏伟漂亮的公共建筑和近代艺术领域中最出挑的收藏品，都没有对维也纳的霸主地位构成显著挑战。

腓特烈三世的儿子兼继承人腓特烈·威廉一世，同样钟情军旅。尽管他对军队的改组其实是有限的，但其内在功效大于表面形式。制服简化了，国王卫队被削减到最小规模。即使最常被拿来说事的国王的军事癖好——"巨人掷弹兵"团，也是一个有用的实验平台，用来验证新训练手段、新装备。[29]

腓特烈·威廉一世从其父手中继承了 4 万军队。他认为，这支军队不足以施行最符合普鲁士需要的发展战略。腓特烈·威廉一世认为普鲁士不应该是奥地利的敌人，而应是奥地利的亲密战友，应是神圣罗马帝国的第二号强国。因此，普鲁士必须拥有行动自由。然而，普鲁士军队的规模相当尴尬：说小，没小到能被列强忽视，或被简单地视为一支领取大国津贴的武装力量；说大，没有大到能成为大国政治博弈盘面上的筹码。

这位普鲁士国王几乎没有什么明确的领土野心。他只想要斯德丁③，该城是瑞典的波美拉尼亚的主要城市，是控制奥得河的锁钥。腓特烈·威廉一世趁瑞典的军事劣势日益加剧的机会，以经常被各种通史忽视的手腕，利用大北方战争错综复杂的外交形势，于 1721 年经由《尼斯塔德条约》实现了他的目标。尽管几年前斯德丁就已经落入普鲁士之手，但腓特烈·威廉一世认为应该尽可能避免疏远他的邻国。他没有采取单方面行动，而是等到瑞典的首要敌人俄罗

---

① 利奥波德一世（1640—1705 年，1658—1705 在位），神圣罗马帝国皇帝。

② 勃兰登堡选帝侯国是神圣罗马帝国的组成部分，但普鲁士不是。之前普鲁士是波兰王国的一部分，脱离波兰之后成了独立王国，依然不属于神圣罗马帝国。

③ 斯德丁二战后划归波兰，按其波兰语名字改叫什切青。

斯缔结和约之后，才悠然自得地追随彼得大帝捡便宜，不仅得到了斯德丁，还得到了大部分原属瑞典的那部分波美拉尼亚，即西波美拉尼亚。

在剩余的统治岁月中，腓特烈·威廉一世扮演了一位心满意足的君主角色。他的亲帝国外交政策不完全是舍己为人，他希望通过他的忠诚换取好处：让哈布斯堡王朝支持霍亨索伦王朝对莱茵河流域的于利希和伯格公国的领土主张。这些地方毗邻普鲁士的克里夫斯和马克，有着复杂的法律纠纷史，因而刺激了各国的贪欲和妄想。腓特烈·威廉愿意满足于获得伯格，在1728年签署的《柏林条约》中，奥地利承诺支持普鲁士获取伯格，以换取普鲁士保证认可《国事诏书》，即在无子的查理六世皇帝驾崩之后，支持其女玛丽亚·特蕾莎[①]继承奥地利皇位。然而，奥地利外交部对普鲁士的进一步扩张野心日益警惕，所以从未将道义上的支持转化为外交行动。腓特烈·威廉强忍失望之情，继续支持哈布斯堡王朝。他认为，稳定的欧洲局势符合普鲁士的最大利益。对于提升与英国的关系，他并没有严肃考虑，而英国正在寻找盟友替代奥地利，即使在18世纪30年代，英奥同盟关系给英国带来的风险也大于收益[②]。[30]

在腓特烈·威廉一世统治期间，普鲁士能置身于欧洲外交所特有的战争和危机之外，很大程度上是缘于一支足够强大和有效的军队，足以打消别国迫使普鲁士在任何情况下选择某个阵营的企图。用今天的话来讲，就是腓特烈·威廉试图把他的军队转变成一支威慑力量。

在他看来，这种国际地位的首要前提是军队规模。如果他手中拥有的兵员再多一半就好了。如果有两倍的话，就更好了。但是，如何才能招募到并供养这样一支部队呢？从大选帝侯时代以来，普鲁士军队就依靠志愿入伍者。他们大多来自普鲁士本土，此外一直有不愿受约束的、绝望的或热衷冒险的人跑来加入，赚国王的塔勒[③]。在腓特烈·威廉一世的统治下，本土兵源面临着前所未有的压力。随着军队规模的增长，地主眼睁睁地看着他们手中的劳动力因为

---

① 或译为玛丽亚·特蕾西亚。

② 一直到拿破仑战争，英国的头号敌人都是法国，为此，英国长期拉拢法国的宿敌奥地利携手对抗法国，18世纪初爆发的西班牙王位继承战争就是如此。随着奥地利与法国双双相对衰落，两国关系有所改善，因此对英国来说，继续维持英奥联盟来反对法国的风险大于收益。

③ 德国铸造的银币，音译为塔勒，也是美元的词源。

从军入伍而减少。经济因素也不是唯一需要考虑的因素。看到当地的最后一个刺头去从军是一回事，失去对领地的稳定控制是另一回事。

国王青睐身材魁梧、体格健壮的士兵。大块头士兵可以更加轻松地操作步兵用长管滑膛枪，并更快地为之重新装填子弹。考虑到彼时营养不良是普遍现象，并且上尉和上校更关注征兵花名册是否真实，很可能忽略像双疝这样的小毛病，因此，把块头大小与健康状况挂钩是合情合理的。在需要交出更多、更健康的兵员的重压下，普鲁士的征兵官们越来越像抓丁拉夫队。公开的敲诈勒索司空见惯。一名男子会遭到拘捕，被宣布已经入伍了，而且只有在行贿之后他才会获释，而受贿者并不总是未经授权的官员。普鲁士的征兵官员历来都会到邻国活动，这是一种常见的德国式做法。到了 18 世纪 20 年代末，即使正直的军官也会公然抢人。1729 年，由于普鲁士人在汉诺威境内无法无天地抢人，汉诺威差点对普鲁士宣战。在其他国家，为普鲁士军队招兵与施行巫术和杀害父母一样，都成了一项死罪。

解决军队兵员问题的最佳办法，是长期、系统性地挖掘普鲁士自己的人力资源——不是要降低高死亡率和逃亡率，而是直接增加武装人员的数量，并提高他们的身体素质，同时开出足够高的入伍奖金来吸引强壮、健康的男性，因为这类人在民间劳动力市场上也能赚到高额薪酬。[31]

有现成的榜样供普鲁士效法。从古斯塔夫·阿道夫在位期间开始[①]，瑞典就通过"分配制度"[②]来招募步兵，根据该制度，一组农场（后来是两个农场）负责提供一名士兵，并为之提供一笔入伍奖金、一年的薪饷、食物和衣服，以及由其中一个农场提供的小块土地或生活空间。在和平时期，这名士兵在自己的土地上自食其力，并为其他农场提供劳动力；在战争期间，他的邻居帮助他的妻儿维持生计。如果这名士兵死了，这组农场得提供一名替补士兵。彼得大

帝统治下的俄罗斯引入了类似的制度，每20座应纳税的"炉灶"提供一名新兵，并在必要时提供替补，具体负责此事的是当地头号地主和村民委员会，后来由国家官方筹办，从1705年的法律规定有义务服兵役的农奴中遴选。[32]

1733年，普鲁士引入了"州区制度"，根据"炉灶"的数量，将王国划分为若干个区。每个团都被分配到一个特定的区，而该区又被细分为若干个州，州的数量与该团下辖的连的数量一致。所有年龄在18到40岁之间的健全男子都被登记入册，用于应征从军。由于步兵、骑兵和炮兵对兵员的身体素质要求差异很大，所以各个兵种可以共用一个区，兵种之间几乎不用争夺兵员。普鲁士的征兵策略是美国在20世纪50和60年代施行的选择性服役体制的雏形。无论普遍服役的理论价值是什么，实际操作上都无法实现。普鲁士的自给自足的农业经济，无法承受最精壮的劳动力有好几年时间不事生产带来的损失。军队也没有足够多的钱吸纳每个合格兵员，并为之提供适当的训练——欧洲各地的经验表明，把训练不足的士兵部署到步兵火线上是非常危险的做法。在国王腓特烈·威廉一世看来，随机选择兵员的过程不合理，刘易斯·赫尔希将军[①]和美国国会也有同感。因此，许多社会和经济团体免于服役，或者更恰当地说是推迟服役了，其中包括贵族、商人、地主、各种手工业学徒、纺织工人、神学院学生、第一代农业殖民者。——随着时间的推移，这份清单越来越长，每个行当都有自己的免役理由。

服兵役的重担完全落在小型农场劳动者、贫困农民和城市工人身上。——这一常见观点是正确的，但也颇有误导性，只因这一观点是把19世纪的标准挪用到了先前的时代。在18世纪的普鲁士，所有人都得为国效力。那些不能够提供物质服务的人，不仅被期待而且被要求服兵役。普鲁士的军事系统越来越庞大，影响了农民和市民的全部生活。税收和按季节支付的捐税，为军队基地提供粮食，提供军用牲畜，在普鲁士各地兴建崭新堡垒网络而摊派的强制劳役——这一切都有助于整合国家和臣民，腓特烈·威廉一世认为这对王国的未来至关重要。

---

① 刘易斯·布莱恩·赫尔希（1893—1977年），美国陆军上将，兵役局局长，选择性服役体制的第二任负责人。

在和平时期，普鲁士的农民兵绝对不是惹眼的怜悯对象。尽管士兵的服役期限并不固定，可一旦新兵学会了新技能，就有资格"休假"。——每年平均有 10 个月可以重返平民生活和从事平民行当，然后被召回军营参加短暂的复习训练。并非所有登记人员都会走进军营。从 1727 年到废除州区制度的 1813 年，只有不到一半的登记人员真正穿上了军装。——这个比例为谋求免服兵役的各色人等提供了足够的操作空间。因此，大多数州区应征兵即使并不甘愿从军入伍，似乎至少也是听话的士兵。

从国家的视角看来，州区制度使普鲁士能够维持一支强大的常备军，同时尽可能降低了这样一支军队通常所需的高额开支。鉴于拥有慷慨的休假制度，加上士兵偶尔会收到家乡寄来的包裹，州区应征兵几乎可以做到自给自足。从团级部队视角看来，州区制度也具有明显优势——提供了一个足够丰富的人力资源库，允许军队挑选兵员。与雇佣军相比，州区应征兵都是身材高大、体格健壮的青年，足以很好地满足训练和服役要求。作为一个阶层，他们稳定可靠。这可能在某种程度上得归功于路德宗信仰，东北德意志地区的路德宗的乡下支派，特别强调服从、忠诚和履行上级指派的职责。

也许不应该过于夸大普鲁士军队的虔诚程度。如果普鲁士军队在行军时唱赞美诗，与其说这反映了宗教热情，不如说是反映了歌曲的普及程度。第一次世界大战期间，英国军队使用赞美诗作为众多翻唱歌曲的基础，与其说是出自对阶级意识的亵渎，不如说是因为这些曲调耳熟能详。在确保州区应征兵服从命令方面，更加有用的办法是尽量指派在应征兵身为平民时管理他们的人充当指挥官。这使士兵有充分理由表现出一种积极的态度，尤其是本地士兵叛逃或开小差，对指挥官来说，比跑了一个外国士兵更能影响他的前途命运。

尽管对普鲁士和德意志而言，民族认同还是属于遥远未来的事，但州区制度确实在连和团中产生了至关重要的教区性和地域性团结。军中出现州区应征兵也唤起了军官的封建义务感，在军官团中，封建义务感还远没有消亡。与那些随机招募来的仿佛无根之萍的世界主义者相比，如果一个人的父亲和祖父曾经为你的父、祖服役过，那你肯定会更容易关心他的福祉。在认知层面上，越来越多的普鲁士军官受到启蒙运动影响，认为人人都有尊严和理性。在更加现实的层面上说，即使是最粗暴、最傲慢的中尉，一想到要在憎恨他的士兵们的 100 支子弹上膛的滑膛枪前面步入战场，都不可能心情舒畅。[33]

　　普鲁士军事史上最普遍和最具误导性的神话之一，是腓特烈·威廉一世的军队由于逃兵和死亡而平均损失了 20% 的兵力，其中士兵死亡往往被归咎于虐待。魏乐德·范恩追溯这种高得难以置信的流失率的根源，发现是马克斯·莱曼在 19 世纪犯下的一个错误，这个错误被许多历史学家重复了很多次而变成了事实。这种不加批判的说法也符合 19 和 20 世纪普鲁士旧军队的生活观念，这种观念既粗野又可憎，但历时也足够短暂。范恩证实，事实上总体逃亡率为每年 1.9%，水平适度；死亡率甚至更低，不到 1.4%，与公认的统计不完善的平民死亡率相比，军队中的数字还是比较漂亮的。[34]

　　范恩的证据与大量轶事证据相符，这些轶事表明，在腓特烈·威廉一世的军队中服役，绝非完全是一场噩梦，尤其是在那些对军旅生活毫无兴趣的人看来。军旅职责的要求会很高，但薪饷能够定期发放，而且军服非常结实耐穿。普鲁士军队在和平时期对逃兵的关注是一种预防性措施。训练有素的士兵是极为稀缺的商品，价值高到值得保留下来。众所周知的处罚制度——士兵之间互相监视，对抓获逃兵的人给予慷慨的奖赏，对逃兵处以严厉的官方惩罚——更像一套威慑制度，而非一套切实可行的惩罚机制。此外，他们还通过一系列积极的奖励措施实现了奖、惩平衡。腓特烈·威廉稳步延长了休假时间，尤其是在收获季节。士兵们也被鼓励在执勤时间之外找份工作，部分缘于需要促进普鲁士的经济发展，部分原因在于国王相信，即使一双手不够快乐，只要让这双手忙碌起来，总会是一双满足的手。他认为，无聊的生活和空荡荡的钱包，与直接虐待一样，都会促使士兵逃跑。

　　士兵，尤其是新兵遭受的也不是无法无天的暴虐。1740 年 10 月 28 日，腓特烈大帝下达命令，建议只有在努力尝试唤起普通士卒的善良本性但仍旧徒劳的时候，才可以使用"肉体"教导手段，这条命令绝非一个言不由衷的文件。普鲁士士兵接受的是一种个人层面的缓慢而耐心的训练，这是后来几个世纪中每年都有大量新兵入伍的应征兵部队，所不可能实现的训练。一种常见的做法是把初来乍到的青年交给一位可靠的老兵照管，后者通常会为新兵蛋子提供衣着和举止方面的基本教导，通常新兵得把带来的东西或家里寄来的东西分一些给他。更加精细的训练细节和着装条例，交由更资深的士官来传授。这些士官就算不是总能做到和颜悦色，他们也被要求耐心指导那些基本认真上进的新兵。

就像在所有军队中一样，过多的惩罚落在了相对较少的人群头上：头脑愚钝的、多嘴多舌的、郁郁寡欢的以及凶恶狠毒的人。18世纪的普鲁士军队就像半岛战争①中的英国军队，头脑清醒、品行端正的人往往倾向于认同有必要对脑子不清、不守规矩的人实施严厉惩戒。集体惩罚不是普鲁士军队的常见特征。而这个事实也有助于减少同情那些被认为是由于他们自己的疏漏而招致惩罚的人。[35]

在《战斗的面貌》一书中，约翰·基根反复提出一个问题：当自我保护的常识驱使士兵逃之夭夭时，他们为什么还要战斗？即使在对战败之敌穷追猛打并不常见的18世纪，逃跑往往是比主动进攻或被动防御——留在原地，更加危险的反应。对于杀掉一个驯服的同类，智人似乎没有明显的生理不适；相反，他会很享受杀戮的过程。战术进攻的终极目标不是就地消灭敌人，因为那是一个代价高昂的任务，而是压迫及恫吓敌人，使之逃跑，**然后**在追击中干掉敌人。追杀逃敌是18世纪骑兵的专长，而这一点在很大程度上引发了步、骑两大兵种之间长期敌对。如果说一支步兵死战不退会伤亡惨重，那么在敌人面前溃散的结果很可能是全军覆没，——尤其是苦战结束之后，敌军不大可能严格遵守战争法的规定，宽大处理投降的士卒。一个多世纪以来，熟练使用火枪并掌握相关进攻手段，对单兵而言，都是比直接逃跑更有效的生存机制，更容易保住性命。

18世纪的战斗训练兼具复杂性和灵活性，充当着一种社会纽带。关于主要肌肉的协同运动是否确实会激发原始的群体狩猎的本能，人类学家可以争辩不休。当然，训练过程适用于有自己的社团和地位结构的18世纪军队。掌握军人仪态和军事动作要领的基层士兵，往往因此感到自豪。此外，能否有机会获得上级的赏识，比如擢升为士官，主要取决于他在新集体中表现出来的能力。这些标准并不比平民世界中的更矫揉造作，而且可以说这些标准更加注重求生

---

① 半岛战争（1808—1814年）是拿破仑战争中的一场主要战役，发生在伊比利亚半岛，交战方分别是西班牙、葡萄牙、英国和拿破仑统治下的法国。战争从1808年法国军队占领西班牙开始，至1814年第六次反法同盟打败了拿破仑的军队才宣告结束。

保命。军事团体的前程福祉取决于每个成员的技能。在18世纪的战线中，笨拙、愚蠢和不愿打仗的士兵对战友造成的危害可能比给自己造成的更大。当火枪手列队开火射击时，一支滑膛枪偏离射击方向几英寸就意味着枪口前方的士兵会被震破鼓膜。在火枪手前进途中，如果一个人掉了队，他就可能成为敌军击溃整个步兵营的第一个突破口。

18世纪的军纪通常表现为自上而下的强制，腓特烈大帝的格言——普通士卒应该畏惧长官甚至害怕敌人，就反映了这一点。但也必须记住，对于队列中的人而言，掌握训练手册的内容是一种战场生存机制。士兵因缺乏经验或无能而受罚，让人同情，可一想到正是他们的笨拙才使他们的战友陷入险境，这份同情很可能就会大打折扣。因此，上级实施的惩罚直接或间接地得到了队伍中其他人的强化。

普鲁士军队的许多规章条令显然琐碎又烦人，但这也表明在过去的几个世纪中，他们付出了巨大代价才汲取了若干教训——有必要让集中起居的人保持高度的清洁和卫生，毕竟这些人的平民经历对养成适当的行为习惯几乎没起什么作用。缝纫和洗衣是妇女的工作。疾病会像野火一样在军营中蔓延，他们必须遵守定期使用公共厕所等首要原则。即使在驻防时，腓特烈·威廉的普通士卒也能像所有时代的士兵一样，找到戕害自己的手段，其中酗酒和女人是最显而易见的。[36]

这些问题的背后是一个往往被现代学者忽视的事实。集体运动、工厂制度和义务教育所产生的基层合作形式，对理性时代的普通民众来说都是稀罕物。由于他们在等级制度中地位低微，向乡绅和牧师鞠躬是必须的和可以理解的。然而，服从与自己社会地位相当、年龄接近的人下达的命令，却是难以接受的事情，尤其是在那些由于对传统社会的限制忍无可忍才入伍的男丁之中。同理，士官监管军队日常事务的权威也不能被视为理所应当的了，尤其是因为18世纪的战术没有赋予士官低级战斗领导者这一角色，这一点与近代士官不同。所以，士官必须以即使喜欢挑事的后排士兵也不会误解的方式，事事处处维护和强化自己的权威。[37]

就普鲁士军队的纪律，克里斯托弗·达菲提出了最后一个相对陌生的观点。普军的军纪不是一个从早到晚、一周七天的成型制度。不当值的普军士兵可以自由行动，其自由度是 20 世纪 70 年代之前的英军和美军都不可想象的。普军士兵可以随心所欲地穿衣服，找份私活或者游手好闲。——他们大部分时间都不当值。由于大部分士兵的大部分时间是在民宅等临时安置点中度过的，与大量士兵住在基地外的私人公寓或住宅里面的 20 世纪军队一样，普鲁士军队也很担心士兵"平民化"问题。许多经常被提及的问题都涉及遵守阅兵仪容条令，然而举行阅兵似乎是为了弥补以前在着装和个人仪表方面的疏忽和错漏。

所有这一切并不是说腓特烈时代的普鲁士士兵的命运是幸福的，只能说是可以忍受的，只是各种切实可行的职业中的一个可以接受的选择而已。腓特烈·威廉的普鲁士军队，并没有演变成由精神力量维系起来的军事团体。然而，这支由州区应征兵和雇佣兵混编成的部队，为知道如何最充分有效地运用手中的合成化军队的优秀指挥官，提供了坚实的事业基础。

有效使用军队的基本先决条件当然是行之有效的管理。考虑到普鲁士军队很有可能会采取大规模行动的那些战场，有效的管理尤其重要。萨克森、西里西亚、波西米亚都拥有比较繁荣的乡村，但还没有富庶到能够供养军队打好几年仗。在其他三个战略方向①上，当地的后勤支撑能力颇为有限。这片土地不能像曾经支持路易十四的土地那样，支持腓特烈·威廉一世的战争。

普鲁士国王的对策是组建他的国家行政机构，让他能从鬼魂身上剥下一层皮来②。最初，最高统帅委员会是最高权力机关，它从雏形阶段的高级指挥机关发展成为税务和福利事务的协调中心；财务管理总部负责管理辽阔的王室领地。官场内部的争权夺利，导致国王将这些机构合并到一个机构名头之下，它的名字有多种译法，一个很长的德语名字叫作"最高财政、战争和领地总部"，通常简称为"最高总部"。这个机构以一种更庞大的国家和更松散的政府都不可能做到的方式，将领土、职能与合议原则结合起来。它下辖的四个部门既管理王国中的某几个省份，也承担某些全国性职责，③部长及其顾问们就具体政策做出集

体决定。已经基本荒废的地方庄园完全丧失了残存的税收能力，被迫将其大部分行政职能移交给中央政府设置的地方管理机构。未来发展到最完善程度的战争和领地总部，会同样从城镇和村庄、从王室领地和一般性税收中汲取收入。

结果，一方面是前所未有的权力集中；另一方面，迅速扩大的官僚机构的大部分成员来自既得利益集团内部，而风头吹向他们的某些同党的时候，他们大多能够出面缓颊。用草根阶层的术语来描绘这一结果的话，最适当的词汇是"不满情绪的平衡"。没有哪个集团占据主导地位，因为一个团体的不满通常会被另一个团体获得的好处所抵消。这套体制运转得不错，尤其是考虑到虔诚主义在普鲁士的重要性逐渐增强，加上虔诚主义强调以牺牲自我为代价对集体负责。[38]

一个最为重要的问题依然没有解决：由政府招募和供养的军队究竟要做什么事情呢？鉴于腓特烈·威廉一世统治的最后十五年，普鲁士外交相对风平浪静，这个问题似乎没什么意义。满足一个显然注定不会被用到的机构的需求，似乎确实产生了某种机构性自豪感。[39] 1740 年，腓特烈·威廉一世去世，开创了一个新局面。

年轻的腓特烈，1712—1740 年

腓特烈大帝的形象复杂多变：从一个爱做梦的孩子，被严酷的父亲逼迫到病态的厌世状态，到成为普鲁士和德国的象征，守护着自己的臣民和国家的严厉而仁慈的"老弗里茨"。腓特烈被描绘为一个好战成性的人，托马斯·巴宾顿·麦考利的描绘最具说服力：

腓特烈的头上流淌着多年来在世界各地肆虐的战争中流出的所有鲜血——丰特努瓦纵队[①]的血，在卡洛登惨遭屠杀的英勇山民[②]的血。在那些不

---

① 指奥地利王位继承战争中，1745 年 5 月 11 日打响的丰特努瓦战役，法国元帅萨克斯以少胜多，大破英国、荷兰、奥地利联军。

② 指奥地利王位继承战争中，1746 年 4 月 16 日打响的卡洛登战役，英国政府军战胜苏格兰人和法国人组成的詹姆斯派叛军。英勇的山民指生活在苏格兰高地的苏格兰人。詹姆斯派是在 1688 年英国光荣革命之后，拥戴被推翻的英王詹姆斯二世之子詹姆斯·斯图亚特为国王的政治派别。

知道普鲁士为何物的地方，人们都能感觉到这些罪恶行为造成的恶果；为了掠夺他承诺过要保护的邻居，黑人在科罗曼德尔海岸打仗，红种人则在北美五大湖畔相互剥头皮。[40][①]

腓特烈也被描绘为一个不情愿拔剑出鞘的统治者——很少有比格哈德·里特尔[②] 的描述更有说服力的了。在他看来，七年战争是"对（腓特烈的）国家力量的最后一次决定性考验，开启这场战争不是出于轻率的征服冲动，而是源于对确保、捍卫和挽救普鲁士的大国地位的担忧"。[41]

如果聚焦于一个人的性格和动机的话，即使此人是个专制君主，也有可能掩盖了最重要的问题。除了道德问题外，普鲁士的地理脆弱性和经济劣势使它无论在何时决定独立发挥作用，都不得不采用防御性的大战略。大选帝侯承认了这一点，他的两位继承者也公开肯定了这一点，最终腓特烈大帝也认可了这一点。[③][42] 但是，正是这种受到限制的国家才必须密切关注战略、行动和战术级别的进攻。一支只考虑防御的军队，必然会丧失精神和肉体方面的主动性。该国注定总是被动应对，它观察形势、等待时机、发动反击，最终还得退却。即使基于 1861 年到 1918 年的经验，认为进攻会造成无谓的牺牲，这一观点也显然充满误导性。[④] 犹豫彷徨和过度谨慎可能产生类似于徒手反复测试电锯转速的效果：一系列微小损失固然能够相应地换来一鳞半爪的收益，但是这些小损失可能迅速积少成多汇集成为一场灾难，同时毫无正面成果可言。

在普鲁士，通过大选帝侯与普鲁士国王腓特烈一世统治时期汲取的经验，这些老生常谈深入人心。除了支持奥地利帝国与土耳其人的战争，以及向反对法国的大联盟提供特遣队之外，勃兰登堡军队还在东方先与波兰、后与瑞典打

---

① 引文中提到的四场战事都发生在奥地利王位继承战争期间，而这场战争是由腓特烈大帝发动的，所以麦考利认为，腓特烈应为所有死者负责。

② 格哈德·里特尔（1888—1967 年），德国民族主义保守派历史学家。

③ 四代普鲁士–勃兰登堡君主的世系：大选帝侯腓特烈·威廉→普鲁士国王腓特烈一世（即腓特烈三世）→普鲁士国王腓特烈·威廉一世→腓特烈大帝。

④ 1861 年，美国南北战争爆发；1918 年，第一次世界大战结束。由于军事技术的发展，在 1861—1918 年之间的战争中，进攻坚固的既设阵地是代价高昂的行为，即使能够获胜，也要付出极大代价，所以有人认为，进攻得不偿失，不如坐待敌人进攻。

了仗。相对于投入沙场的普军兵力，战场范围非常辽阔，因此防御思维是通往灾难的大门。瑞典依靠其军队快速行军和猛烈进攻的能力，才维持住波罗的海帝国。波兰即使在走下坡路期间，它的强悍的骑兵依然能让最坚定的步兵阵脚大乱。就这个问题而言，在马尔伯勒公爵麾下服役的普鲁士特遣队所取得的经验，也不可能鼓励普鲁士人奉行"小规模战争"的概念，不可能视之为最终比决定性会战代价更小的选择。

在继位的九年之前，腓特烈首次对普鲁士的外交政策进行了全面反思，他认为，普鲁士必须根据一个系统性的长期规划来扩张领土。普鲁士的极端分裂，① 使该国不可能长期支撑腓特烈·威廉一世的威慑政策，尤其是考虑到普鲁士王冠下的各块领土缺乏共同的文化传统和历史经历。除非普鲁士能完善其边界，否则它会不可避免地卷入欧洲各地的几乎所有冲突。腓特烈把西普鲁士、依然在瑞典统治下的波美拉尼亚西北角、莱茵河流域的于利希和伯格公国视为主要目标。这些目标，一个在德意志西部，一个在中欧东部，一个介于前两地之间，这绝非偶然。[43]

腓特烈声称自己在使用"客观"的措辞来分析问题，现在这可能叫作"智库分析"。要实现他在著作中提到的目标，会遇到道德和实践方面的问题，这些问题他也避而不谈。六年后，这位王储再次探讨了普鲁士的未来。此时，腓特烈已经解决了导致他与父亲发生争吵的问题，② 并且成了军旅生活的狂热分子。1732 年，王储受命担任一个步兵团的指挥官，他以出人意料的精力和成功完成了自己的职责。他的部队在年度演习中表现出色。他走访了附近的费赫贝林战场，听取了他父亲手下的高级官员的意见和建议。1734 年，腓特烈在奥地利的欧根亲王手下参战，把理论付诸实践。一场围绕波兰王位的争端，使奥地利及其德意志盟友和附庸与法国开战。整个夏季，敌对的双方军队都在装

---

① 当时普鲁士王国分为互不接壤的两大块，东部的普鲁士王国和西部的勃兰登堡选帝侯国，中间隔着波兰的西普鲁士，大致相当于一战后、二战前的波兰"但泽走廊"。国家的分裂状态令普鲁士军队周转、呼应相当困难。

② 腓特烈在父亲"士兵国王"腓特烈·威廉一世严格、强硬的军事教育下长大，而腓特烈却深受启蒙思想的影响，憎恶父亲的持家、治国方式。1730 年，腓特烈企图与挚友汉斯·赫尔曼·冯·卡特逃往英格兰，但以失败告终。腓特烈·威廉一世把他们囚禁在德波边境上的小镇屈斯特林（科斯琴的旧称）。在这里，卡特被处决，据说腓特烈被迫目睹了卡特之死。此后，腓特烈与父亲和解，他自己也成了军国主义者。

模作样地跳加伏特舞，却毫无结果可言，这让腓特烈对老迈年高的欧根①及其代表的作战方式大失所望。离开战场时，王储坚信，如果给他一个施展拳脚的机会，他会干得更加出色。

就当下而言，这个机会似乎遥不可及。腓特烈被提拔到高于团级的指挥官之后，在远离柏林的地方置下了独立住所。在梅克伦堡边界上的莱茵斯贝格②，这位王子尽情享受他对书籍和音乐的爱好。他也赞扬了腓特烈·威廉一世所做的贡献——为他预计在不久的将来普鲁士要参加的战争提供了必要的资源。目前还不清楚他是否已经在考虑侵吞奥地利的西里西亚省。然而可以肯定的是，王储十分清楚拥有这块地盘的好处，西里西亚的物质和地理条件肯定会使普鲁士摆脱眼下的尴尬立场——"名为王国实为选帝侯国的双性国"。[44]

1738 年，法国、奥地利、英国及荷兰组成了联盟，迫使腓特烈·威廉一世同意了他的竞争对手对长期存在争议的贝格和于利希公国的主张，此后腓特烈便认定普鲁士"不为刀俎即为鱼肉"。在腓特烈看来，这起事件凸显了普鲁士的孤立状态，确认了普鲁士二流国家的地位，也坚定了他要发挥独立外交作用的念头。当然，在英国反对，甚至连迅速衰落的荷兰都反对的情况下，其父秉承的与奥地利哈布斯堡王朝长期合作的政策，没有带来任何实际的好处。[45]

对于自己的年轻和缺乏经验，尽管腓特烈没有明言，却也心知肚明。作为普鲁士王储，他顶多为继承王位做了零星的准备工作。他认为普鲁士对莱茵兰的主张显然是站得住脚的，那些漫不经心地否定这一主张的列强，在处理眼下由普鲁士统治的领土时，难保不会依然肆无忌惮。驻柏林的外国外交使团在这一点上也让他忐忑不安：没有一个大国会特意把高级人才往一片土豆田中的死水坑里面送。③简而言之，在父亲去世前的几个月，腓特烈似乎已经承认普鲁士最终必须通过吞并邻国来实现扩张，这种吞并不是建立在 1738 年就已经被证明为徒劳无益的王朝主张基础上的，而是建立在"国家理由"基础上的，

---

① 欧根亲王时年 71 岁，仅剩下两年寿命。

② 或译为莱茵斯堡。

③ 意为列强派往柏林的使节都是二三流人物，说明列强并不把普鲁士当回事，随时可以把普鲁士当作二三流弱国任意处理掉。

在这种必然的扩张需求面前，所有的法律桎梏不复存在。腓特烈认为国际关系需要服从于理性的考虑。在 1738 年写就的《对欧洲当前政治格局的反思》一书中，他认为各大强国的行为本质上是一致的，都反映了一些永恒不变的原则，而普鲁士能够以钟表匠修理钟表的方式来学习和使用这些原则。[46] 在 18 世纪启蒙运动中，这是一个人们熟悉的画面。那些在权力边缘徘徊但尚未行使权力的人，甚至更加熟悉隐藏在这个画面后面的思维方式。王储、上次选举的落选者和脱口秀专家们，往往认为当权者夸大了这个过程的随机性，其实，这样的想法是一种执拗。还有一种说法认为，时年 26 岁的腓特烈还无法认真思考这样一个观点：他未来的发展路径可能是随机的，如果说他的未来之路不是由意外后果定律① 支配的话，至少也是由这条定律塑造的。普鲁士承受不起这样随机的过程，腓特烈同样不行。其父日益恶化的健康状况很快就会把发展国家的千钧重担交到他的肩膀上，加强自我克制是他克服恐惧、扛起重担的一个办法。

　　理解了这些忧虑，才能透彻理解腓特烈最著名的早年著作。1740 年，《驳马基雅维利》匿名出版了。然而，作者身份之谜不久就揭晓了，尤其是因为这部书强调了法律和道德对国际关系的重要性，而这似乎与腓特烈在战争与和平时期的实际举措大相径庭。王储既非嫉世愤俗，也不是伪君子。他对马基雅维利的批判反映了他的信念——那位佛罗伦萨人② 认为统治者的利益与国家利益是一致的。除此之外，至少在腓特烈看来，马基雅维利的见识受限于文艺复兴时期的意大利小国纷争。鉴于意大利小国林立，权力游戏的成本相对于收益是不合算的。大国关系则是另一回事，与米兰和比萨、德累斯顿和慕尼黑之间的争执大相径庭。腓特烈认为，只有强大的王国才能保障其臣民的福祉，增进人类的幸福。在这种情境下，一位真正开明的统治者也会被迫发动战争，即使战争违背他的意愿。众人的最终福祉可能超过个人目前的欲望。[47]

　　1740 年 6 月 1 日，腓特烈登上王位，他准备在国际舞台上兴风作浪。他

---

　　① 有些出发点很好的做法，却会带来一些意外的后果，就是意外后果定律。例如，一个人为了避免被砸而绕开梯子，却不小心被车撞了。

　　② 指的就是尼科洛·马基雅维利（1469—1527 年）。他是意大利佛罗伦萨共和国政治思想家，著有《君主论》《佛罗伦萨史》等名作。

暂时还不确定自己的目标是什么，因此，我们可以在这里适当说说腓特烈打算用来扩张的主要工具——军队的若干详情。[48]

腓特烈继承王位之际，普鲁士军队的核心是步兵：31 个团，每个团的战时标准兵力为 1700 人，下辖 2 个营。腓特烈在位期间又增加了 24 个步兵团，其中大多数步兵是从西里西亚和西普鲁士的新省份中招募的。他们被称为"轻燧发枪手"，国王用这个词来表达他对新编部队的看法：其中的兵员身材更小、体质更弱，忠诚度低于从战前的"旧王国"招募的部队。1740 年，国王专门指派了 4 个"驻防营"保卫普鲁士的各处要塞。在腓特烈战争期间，这些二线部队将增加到多达 17 个团；随着普鲁士的人力资源日渐枯竭，其中一些人被派往野战战场上。每个战线步兵团和大多数驻防团都下辖 2 个连的掷弹兵，在和平时期每个营各管辖 1 个掷弹兵连。一般来说，在战争开始阶段，每 2 个团会把这 4 个连的精锐突击部队合并为 1 个营。这些营的编组在一场战役开启之前通常不会改变。其中一些掷弹兵营在七年战争中取得了相当于独立作战单位的战绩，而且为自己取得的战绩颇感自豪。

与大部分外国同行相比，1740 年的普鲁士军队根本没有轻步兵——既没有正规的轻步兵连，也没有与之相当的部队，当时奥地利和英国军队的战斗序列中，分别有克罗地亚人和苏格兰高地人部队充当轻步兵。普鲁士军队也没有步、骑兵混编的"兵团"，而混成团深受法国元帅莫里斯·德·萨克斯[①] 器重。腓特烈也没有类似法国非正规部队的散兵战斗群，法国非正规军在 1745 年丰特努瓦战役中粉碎了英军，在 1747 年的劳费尔德顶住了对手的进攻纵队[②]。普鲁士甚至缺少大多数德意志国家的战斗序列中都有的特种部队，包括线膛枪手、狙击手和神枪手。1740 年，腓特烈组建了第一支猎兵部队，与其说它是一个军事编队，不如说是不超过 60 人的向导队伍。四年后，才只有 2 个猎兵连。直到 1760 年，猎兵才达到营级规模，而且只参与过零星几场战斗。[49]

---

① 莫里斯·德·萨克斯（1696—1750 年），波兰国王奥古斯特二世的私生子，12 岁从军，1719 年转入法军，1743 年升任法国元帅，1745 年赢得丰特努瓦战役的胜利，1747 年晋升为"国王陛下的大元帅"，成为法国历史上的六位大元帅之一。

② 指 1747 年 7 月 2 日打响的劳费尔德战役中，法国元帅萨克斯战胜英、荷、奥、汉诺威联军。此役属于奥地利王位继承战争。

国王对散兵战不屑一顾，因为他不相信普通士卒会在没有军官指挥的情况下自愿作战。这也反映了他坚信任何形式的"小规模战争"都纯属浪费时间，而时间是普鲁士在战略和战术层面上都没有的东西。普鲁士军队无力消耗敌人，否则自己也会被拖垮。相反，腓特烈登基时的战争理念强调墨西哥革命将军潘乔·比利亚^①口中的雷霆打击（golpe terrífico）：雷霆一击的能力、精心备战，而后一气呵成地实施打击。

普鲁士骑兵也采用了类似策略。1740 年，普军有不下 13 个重骑兵团，由配备胸甲的铁骑组成；另有 10 个龙骑兵团。龙骑兵是一种中量级骑兵，除了随身携带的卡宾枪和刺刀之外，当时已经与原型——骑马步兵毫无关联。龙骑兵和胸甲骑兵团的正常编制是每团下辖 5 个中队，满编时约有 870 名军官和士兵，实际人数通常会少 100 到 200 人。至于轻骑兵，腓特烈只从父亲手中继承了 9 个骠骑兵中队，其中大部分是毫无军纪可言的臭名昭著的匪徒。1741 年，腓特烈将骠骑兵扩充为 5 个团，起初是期待他们在 18 世纪的战争条件下，通过自由驰骋取得战果。

至于炮兵，在普军中即使不是后娘养的，也是低人一等的兵种。1740 年，普军的野战炮兵只有 1 个包含 6 个连的营；1741 年，腓特烈组建了第二个炮兵营。他们携带 3 个基本型号的火炮参战：6 磅炮和 3 磅炮作为近距离支援火力被分散在步兵之中，12 磅炮承担了发起会战和消耗敌军步兵的繁重工作。为了节约，只有在战争爆发之后，马匹和车夫才会被动员起来，这个决定大大降低了火炮的作战效能。

即使在统治初期，腓特烈也颇为重视火炮作为战场武器的作用。然而，与之前和之后的许多将军一样，他最初倾向于强调火炮的机动性而非火力。1742 年引进的一款新式 3 磅团属炮，射程和威力都很差劲，以至于在第二次西里西亚战争中，步兵经常在没有掩护的情况下挺进。于是腓特烈下令设计弹道性能

---

① 潘乔·比利亚（1878—1923 年），也叫弗朗西斯科·比利亚，1910—1917 年墨西哥革命中的著名农民领袖，墨西哥民族英雄。1910 年在奇瓦瓦州领导起义，1913 年与卡兰萨联合推翻乌埃尔塔的独裁统治。1914 年进入首都墨西哥城。1915 年因卡兰萨进袭而败退入北部山区。1923 年被暗杀。

更佳的重型火炮。1755年，新式6磅炮开始服役，从七年战争之初，就成了奥地利远程火炮的打击目标。尽管如此，腓特烈及其大多数将军依然认可营属火炮作为直接火力支援的作用，并且让它们充当行动集结点。1758年，普鲁士军队开始使用射程更远的改良版3磅炮和6磅炮。普鲁士炮兵越来越多地使用短管、高抛弹道的榴弹炮，7磅炮和10磅炮的霰弹及内装小弹丸的大炮弹在近距离作战时往往被证明是无价之宝。

两场西里西亚战争结束后，腓特烈引进了一款新型重炮。1756年，普鲁士炮兵携带一款12磅炮参战，这款炮的设计宗旨是牺牲火力来换取机动性，但在这两方面都做得不够好。这些不堪用的新炮大多在战争早期的败仗中遭到抛弃，取而代之的是较老、较重的12磅炮，它们被从堡垒上拆下来，安装在临时组装的野战马车上。这种权宜之计也反映了普鲁士炮手中间的某种巨炮主义，他们只对更重的火炮感到贴心。他们的布鲁默炮在洛伊滕战场表现优异，撕开了奥地利军队的阵地，并为步兵提供了至关重要的心理支持，在战斗开始时步兵以为自己得再次充当炮灰，他们有这样的疑虑也是可以原谅的。在七年战争的剩余时间里，普鲁士军官都秉承着一个信条：有重炮可用时，士兵们会打得更加出色。

普鲁士野战部队中的炮兵比例稳步上升，在七年战争的最后阶段，达到了每1000支火枪就有6门炮的程度，这是腓特烈针对手下步兵越打越少而采取的弥补措施，并非他对"远程武器"的认可。为了运送炮弹、维持供应，重炮需要的挽马和重型车辆，超过德意志任何地方通常能提供的量，因为炮弹本身既不能征用，也不能临时制造。即使在旱季，大型火炮车队对未铺设路面的道路的破坏，也会进一步限制军队的行动。

普鲁士发展火炮的另一个重要障碍是高昂的成本。战争开始时使用过轻的3磅炮、6磅炮和12磅炮并在战争中对火炮进行有限的改良，是一个错误，这意味着火炮不断被召回，花费大笔金钱回炉重铸。腓特烈特别担心卷入与俄罗斯和奥地利的战时军备竞赛。他坚信，普鲁士不可能赢得军备竞赛，因为单场战役消耗的枪炮弹药，就是这个国家年生产能力的三倍。[50]

腓特烈手下的工程师的地位，甚至低于炮兵在正式和非正式的普军等级序列中的地位。与其说这是社会偏见的表现，不如说是缘于资源分配的不公。

腓特烈认为，普鲁士承担不起陷入攻城泥潭的代价，因此，他拒绝在军中发展工程技术能力和增加技术尖子。对他而言，普鲁士自己的要塞更像是坚固的补给基地，而非系统性防御链条上的环节。腓特烈把国家前途的赌注压在了他的野战军上，依靠士兵而非要塞。

士兵需要指挥官。1740 年，在腓特烈的高级将领中间，有一个人及其家族脱颖而出——安哈尔特–德绍亲王利奥波德。他从 12 岁起就穿上了勃兰登堡军服，在反对路易十四的战争中赢得了令人艳羡的美名，成了腓特烈·威廉一世的心腹——既是君主身边最亲密的朋友，也是国王在军事领域中最依赖的人。

纵观利奥波德的军旅生涯，至关重要的一点是他对于身为一个步兵的自我定位和认知。在一个骑兵依然是最重要兵种的时代，利奥波德却站在火枪步兵一边。在很大程度上，他负责制定战术原则，后来这些原则成了腓特烈时代普鲁士军队的操练条令的基础。他在 18 世纪 30 年代为王储准备的关于军事指挥的备忘录，可能从未被送到腓特烈的手中。然而，备忘录中的原则在军中尽人皆知。尽管利奥波德的社交能力并不出众，但他坚持人道主义军纪，减少咒骂和殴打，并坚持系统化和公正的管理，确保士兵的衣食符合规定、不被克扣。最重要的是，利奥波德断言，士兵应该受到领导而非驱使。他强调军官和士官应起激励作用，他坚持认为操练只是达到目的的手段，这些观点足以与 20 世纪许多关于领导力的论述相提并论。[51]

到了 1740 年，利奥波德成了"德绍老头"。他不仅年逾六旬，而且三个儿子都当上了普鲁士将军。其中一人会在 1750 年退役。另一位是利奥波德·马克西米连亲王，死于 1751 年。第三个儿子莫里茨是个毁誉参半的人物。与之后的卢梭一样，利奥波德没有让莫里茨接受正规教育。莫里茨既不是传说中的文盲一个，也不是传说中的乡野流氓。他似乎被塑造成了一个粗犷豪迈的人物，一个没有被烦冗精致的文明所腐化的单纯的沙场老兵。他之所以能够一直领兵征战，似乎缘于腓特烈认为有这么个人在军官队伍中很有趣，至少在大多数时间内都是这样认为的。[52]

无论是天生的孩子气，还是有意识地装腔作势，在对手眼中，莫里茨更像一位典型的战士而非指挥官。我们将在本书中看到其他几位将领：谦逊而仁厚的库尔特·冯·什未林①；还有齐滕②和赛德利茨，他俩将率领普鲁士骑兵赢得自中世纪以来前所未有的辉煌战绩；像弗里德里希·冯·萨尔登这样的新人将在七年战争中得到认可，并在1763年后重塑普鲁士军队。有些将军更具异国风范。詹姆斯·基思是苏格兰人，在俄罗斯扬名立万，随后西去普鲁士碰碰运气。亨利·德·拉·莫特–富凯是法国胡格诺派移民的后裔。腓特烈的高级军官队伍，有时很像席勒③在《华伦斯坦的阵营》开场几幕中展现的多样化队伍。但与戏剧不同的是，这些现实生活中的将军都听命于同一个最高统帅，他就是在和平及战争时期都坚持实施他们的大部分想法的人：国王腓特烈二世。

---

① 或译为库尔特·冯·施维林。

② 或译为齐腾。

③ 约翰·克里斯托弗·弗里德里希·冯·席勒（1759—1805年），德国18世纪著名诗人、哲学家、历史学家和剧作家，德国启蒙文学的代表人物之一。

本章注释

1. Geoffrey Best, *War and Society in Revolutionary Europe, 1770－1870* (New York, 1986)，以及 John Keegan, *A History of Warfare* (New York, 1994)，都是这种观点的充分翔实、为人熟知的典范著作。

2. David Chandler, *The Art of Warfare in the Age of Marlborough* (London, 1976), pp. 19－20; Martin van Creveld, *Supplying War: Logistics from Wallenstein to Patton* (Cambridge, 1977); Geoffrey Parker, *The Military Revolution* (Cambridge, 1988); Russell Weigley, *The Age of Battles: The Quest for Decisive Warfare from Breitenfeld to Waterloo* (Bloomington, Indiana, 1991).

3. 相关分析见 Jeremy Black, *European Warfare: 1660－1815* (New Haven, Connecticut, 1994)。

4. Thomas F. Arnold, 'The Geometry of Power: War in the Age of the Early Modern Military Revolution, 1500－1800', 这是他向军事历史学会 1994 年年会提交的论文。

5. 最出色的宏观分析是 Duffy, *The Fortress in the Age of Vauban and Frederick the Great, 1660－1789* (London, 1985)。

6. Van Creveld, *Supplying War*, pp. 26 ff.

7. See particularly John A. Lynn, 'The History of Logistics and Supplying War', in *Feeding Mars: Logistics in Western Warfare from the Middle Ages to the Present*, ed. J. A. Lynn (Boulder, Colorado, 1993), pp. 9－27.

8. Marcel Reinhard, 'Nostalgie et service militaire pendant la Révolution', *Annales historiques de la Révolution française*, XXX (1958), pp. 1－15.

9. Cf. B. P. Hughes, *Firepower: Weapons Effectiveness on the Battlefield, 1630－1850* (New York, 1974); Chandler, *Art of Warfare in the Age of Marlborough*; and Christopher Duffy, *The Military Experience in the Age of Reason* (London, 1987), especially pp. 104 ff. and 197 ff.

10. Thomas Barker, 'Armed Forces and Nobility: Austrian Particulars', in *Army, Aristocracy, Monarchy: Essays on War, Society, and Government in Austria, 1618－1780* (New York, 1982), pp. 37－60. 这是一篇不错的案例研究文章。

11. J. K. Zobel, *Das preussische Kadettenkorps. Militärische Jugenderziehung als Herrschaftsmittel im preussischen Militärsystem* (Frankfurt, 1978).

12. Christopher Duffy, *The Army of Frederick the Great* (New York, 1974), p. 30.

13. Martin van Creveld's phrase, 'the stone age of command', is particularly apt: *Command in War* (Cambridge, Mass., 1985), pp. 52 ff.

14. Parker, *Military Revolution* pp. 115 ff.; Bruce P. Lenman, 'The Transition to European Military Ascendancy in India, 1600－1800', in *Tools of War: Instruments, Ideas, and Institutions of Warfare, 1445－1871* ed. J. A. Lynn (Urbana, Illinois, 1990), pp. 53－73.

15. R. Bonney, *The King's Debts: Finance and Politics in France, 1589－1661* (Oxford, 1981); J. Brewer, *The Sinews of Power: War, Money and the English State, 1688－1789* (London, 1989); and Dietmar Stutzer, 'Das preussische Heer und seine Finanzierung in zeitgenossischer Darstellung 1740－1790', *Militärgeschichtliche Mitteilungen*, XXIV (1978) pp. 23－48.

16. Parker, *Military Revolution*, pp. 24 *passim*.

17. Cf. the survey in Frank Tallett, *War and Society in Early−Modern Europe, 1495－1715* (London, 1992), pp. 69 *passim*; and John Lynn, 'The Trace Italienne and the Growth of Armies: The French Case', *Journal of Military History*, LV (1990), 297－330.

18. J. D. Dreyer, *Leben und Thaten eines preussischen Regiments－Tambours* (Breslau, 1870).

19. Tallett, *War and Society*, p. 87; Duffy, *Military Experience*, pp. 89 – 90.

20. Charles Tilly, *Coercion, Capital, and European States, AD 990 – 1990* (Oxford, 1990), pp. 68 ff.; M. S. Anderson, *War and Society in Europe of the Old Regime 1618 – 1789* (London, 1988), pp.99 ff.; John A. Mears, 'The Emergence of the Standing Professional Army in 17th–Century Europe', *Social Science Quarterly* (1969), 106 – 15.

21. John A. Lynn, 'How War Fed War: The Tax of Violence and Contributions during the Grand Siècle', *Journal of Modern History*, LXV (1993), 286 – 310.

22. Tilly, *Coercion*, p. 96.

23. Perez Zagorin, *Rebels and Rulers, 1500 – 1660*, 2 vols (Cambridge, 1982).

24. Volker Press, *Kriege und Krisen: Deutschland 1600 – 1715* (Munich, 1991)，在德意志背景下讨论普鲁士的发展经历。Cf. as well Ernst Opgenoorth, *Friedrich Wilhelm. Der Grosse Kurfürst von Brandenburg: eine politische Biographie*, 2 vols (Göttingen, 1971 – 78).

25. Hans Rosenberg, *Bureaucracy, Aristocracy, and Autocracy: The Prussian Experience 1660 – 1815* (Cambridge, Mass., 1958) 依然是标准的一般性记载。Cf. as well Edgar Melton, 'The Prussian Junkers, 1600 – 1786' in *The European Nobilities in the 17th and 18th Centuries*, vol. II, *Northern, Central and Eastern Europe*, ed. H. M. Scott (London, 1994), pp. 71 – 109; and F. L. Carsten, *A History of the Prussian Junkers* (Aldershot, 1979).

26. H. Erbe, *Die Huguenotten in Deutschland* (Essen, 1937); Meta Kohnke, 'Das Edikt von Potsdam zu seiner Entstehung, Verbreitung, und Überlieferung', *Jahrbuch für Geschichte des Feudalismus*, IX (1985), 241 – 75.

27. Cf. H. Rochel, *Die Handels–, Zoll–, und Akzisepolitik Brandenburg–Preussens bis 1713* (Berlin, 1911), for details; and Wolfgang Neugebauer, 'Zurneueren Deutung der preussischen Verwaltung im 17. und 18. Jahrhundert. Eine Studie in vergleichender Sicht', *Jahrbuch für die Geschichte Mittel– und Ostdeutschlands*, XXVI (1976), 86 – 128.

28. Linda Frey and Marsha Frey, *Frederick I: The Man and His Times* (New York, 1984) 是关于这位选帝侯／国王统治的新近的修正性研究著作。Cf. J. P. Spielman, *Leopold I of Austria* (New Brunswick, NJ, 1977); and older but still useful, A. Berney, *König Friedrich I und das Haus Habsburg, 1701 – 1707* (Munich, 1927).

29. Helmut Schnitter, 'Die "langen Kerls" von Potsdam', *Militärgeschichte*, XXIX (1990), 457 – 63. Cf. Kurt Zeisler, *Die 'LangenKerls'. Geschichte des Leib und Garderegiments Friedrich Wilhelm I* (Frankfurt/Berlin, 1993).

30. 关于此人及其政策，参考 W. Venohr, *Der Soldatenkönig. Revolutionär auf dem Thron* (Frankfurt and Berlin, 1988); Gerhard Oestreich, *Friedrich Wilhelm I: Preussischen Absolutismus, Merkantilismus, Militarismus* (Göttingen, 1977); and Heinz Kathe, *Der 'Soldatenkönig' Friedrich Wilhelm I. 1688 – 1740. König in Preussen – Eine Biographic* (Cologne 1981)。

31. R. Schrötter, 'Die Ergänzung des preussischen Heeres unter dem ersten Könige', *Forschungen zur brandenburgischen und preussischen Geschichte*, XXIII (1910), 403 – 67; Willerd R. Fann, 'Foreigners in the Prussian Army, 1713 – 56: Some Statistical and Interpretive Problems', *Central European History*, XXIII (1990), 76 – 85; and the overview in John Childs, *Armies and Warfare in Europe, 1648 – 1789* (New York, 1982), pp. 52 ff.

32. Cf. Alf Oberg, 'The Swedish Army from Lützen to Narva', in *Sweden's Age of Greatness, 1632 – 1718*, ed. M. Roberts (New York, 1973), pp. 265 – 87; and Christopher Duffy, *Russia's Military Way to the West: Origins and Nature of Russian Military Power, 1700 – 1800* (London, 1981), pp. 38 ff.

33. Curt Jany, *Geschichte der preussischen Armee*, 2nd edn rev., 4 vols (Osnabrück, 1967), I, pp. 549 ff., 依然是关于普鲁士军队系统的细节资料的最佳来源。

34. Willerd Fann, 'Peacetime Attrition in the Army of Frederick William I, 1713‑1740', *Central European History*, XI (1978), 323‑34.

35. Duffy, *Army of Frederick the Great*, pp. 57 ff., 是一部优秀的现代总结性著作，强调了普鲁士兵役制度的消极一面。Jany, *Preussischen Armee*, vol. I, pp. 700 ff., 强调了积极的一面。为了便于比较，请参看 J. A. Houlding, *Fit for Service: The Training of the British Army, 1715‑1795* (Oxford 1981); and Rodney Atwood, *The Hessian Mercenaries from Hessen‑ Kassel in the American Revolution* (New York, 1980)。有些著作没有试图为腓特烈式的纪律涂脂抹粉，关于普鲁士军队的许多生动记载，来自那些喜欢以荣誉和相互尊重为基础的纪律的军官，或者那些因上当受骗或武力胁迫才入伍的士兵。这样的著作有 Ulrich Bräker's *Der arme Mann im Tockenburg* (Zürich, 1789: reprint edn Munich, 1965)，此书经常被引用，用于描述七年战争前夕普鲁士军队的日常生活。不过，对于这类著作，最好是采取一定的批判态度。Willerd Fann, 'On the Infantryman's Age in 18th Century Prussia', *Military Affairs*, XLI (1970), 165‑70，强调外国人和老兵在各自的团里普遍具有的根深蒂固的地位。

36. Duffy, *Military Experience* pp. 96 ff., 是对 18 世纪军队动态的扎实可靠的总体性概括。

37. Cf. Michel Foucault, *Discipline and Punish: The Birth of the Prison*, trs. A. Sheridan (New York, 1979); and Lynn Hunt's provocative *The Family Romance of the French Revolution* (Berkeley, Cal., 1992), pp. 1 ff. 我非常感激我的同事苏珊·阿什利，她向我推荐了上述资料，而且在这个广义概念方面给了我不错的建议。

38. Reinhold Dorwart, *The Administrative Reforms of Frederick William I of Prussia* (Cambridge, Mass., 1953)，依然是最出色的英语评述文章。Cf. as well Richard L. Gawthrop, *Pietism and the Making of 18th‑ Century Prussia* (Cambridge, 1993).

39. K. R. Spellmann and K. Spellmann, 'Friedrich Wilhelm I und die Preussische Armee. Versuch einer Psychohistorischen Deutung', *Historische Zeitschrift*, 246 (1988), 549‑89, 把国王在外交折冲和发动战争过程中的谨小慎微，归因于他个人的病态心理。

40. Thomas Babington Macaulay, *Life of Frederick the Great* (New York, 1885), p. 32.

41. Gerhard Ritter, *The Sword and the Scepter: The Problem of Militarism in Germany, vol. I, The Prussian Tradition 1740‑1890*, tr. H. Norden (Coral Gables, Florida, 1969), p. 30.

42. Gregor Schöllgen, 'Sicherheit durch Expansion? Die Aussenpolitischen Lagean‑alysen der Hohenzollern im 17. und 18. Jahrhundert im Lichte des Kontinuitäts‑problems in der Preussischen und Deutschen Geschichte', *Historisches Jahrbuch*, 104 (1984), 22‑45.

43. Frederick to K. D. von Natzmer, Feb. 1731, in *Die Werke Friedrichs des Grossen*, ed. G. B. Volz, 10 vols (Berlin, 1912‑14), VII, pp. 197 ff.

44. 引文出自 *Histoire de mon temps*; the citation is to the German translation in *Werke*, II, pp. 58‑9。

45. Leopold von Ranke, *Preussische Geschichte*, vol. II, ed. A. Andreas (Wiesbaden, 1957), pp. 43 ff., 清晰易懂，颇有助于理解这个问题的复杂细节。

46. 'Considérations sur l'étatprésent du corps politique de l'Europe' in *Œuvres de Frédéric le Grand*, ed. J. D. E. Preuss, 30 vols (Berlin, 1846‑56), vol. VIII, pp. 3 ff.

47. L'Antimachiavelou Examen du prince de Machiavel, *Œuvres*, vol. VIII, pp. 55 ff. Cf. the analysis in Theodor Schieder, *Friedrich der Grosse. Ein Königtum der Widersprüche* (Frankfurt, 1983), pp. 102 ff.

48. Duffy, *Army of Frederick the Great*, 69 passim; and Jany, *Preussische Armee*, vol. II, pp. 3 ff., 依然是关于腓特烈在位初期普鲁士军队的组织和装备细节的最佳史料。Martin Guldat, *Grenadiere, Musketiere, Füsiliere. Die Infanterie Friedrichs des Grossen* (Herford, 1986)，是关于国王的步兵的扎实史

料。Günter Dorn and Joachim Engelmann, *The Infantry Regiments of Frederick the Great*, tr. E. Force (West Chester, Pennsylvania, 1983); and *the Cavalry Regiments of Frederick the Great*, tr. E. Force (West Chester, Pennsylvania, 1989)，为普鲁士军队中的主要团队撰写了简明扼要的发展史。

49. Cf. Peter Paret, *Yorck and the Era of Prussian Reform* (Princeton, NJ, 1966), pp. 21 ff.; and Johannes Kunisch, *Der kleine Krieg. Studien zum Heerwesen des Absolutismus* (Wiesbaden, 1973).

50. Frederick II, 'Das militärische Testament von 1768', *Werke*, vol. VI, pp. 225 ff.

51. See F. von Oppeln-Bronikowski, *Der alte Dessauer. Studien seines Lebens und Wirkens* (Potsdam, 1936).

52. M. Preitz, *Print Moritz von Dessau im siebenjährigen Krieg* (Munich, 1912)，是一部叙述性的史书，讲述了"德绍老头"的戎马生涯和品德个性，即使算不上一部短篇专著，至少也是一篇不错的学术文章。

西里西亚战争:
1740—1745 年

1740 年 10 月，奥地利皇帝查理六世突然驾崩，他的女儿玛丽亚·特蕾莎继承帝位，腓特烈的机会来了。按照普遍接受的准则，这番权力交接本可以顺利完成。早在 1713 年，高瞻远瞩的查理六世就颁布了《国事诏书》，确认了哈布斯堡家族财产的统一，并且规定如果家族中没有男性继承人的话，就由女性来接班。然而，这些规定没有扩展到神圣罗马帝国。女性无法继承皇帝头衔，可是，崇高的皇位是哈布斯堡家族压制众多竞争对手的主要手段。霍亨索伦王朝正是哈布斯堡王朝的对手之一，它的发展壮大早已让维也纳坐立不安了。

席卷西里西亚省

相应地，让哈布斯堡王朝在奥地利的统治根基足够坚实，以确保哈布斯堡的影响力在选举下一任皇帝时居于统治地位，同样是至关重要的事情。二十年来，查理六世不遗余力地争取国内外认可女性继承帝位。在此过程中，他向他世袭领地上的地区议会做出了让步，因而大大削减了帝国中央政府的权力，在税收权方面尤其如此。为了换取英国签字认可，他牺牲掉了总部位于奥斯坦德的一家前景看好的海外贸易公司。以大量鲜血和金钱赢得的意大利领土，被交换给当地诸侯和西班牙波旁王朝。[①] 为了换取俄罗斯帝国的垂青（beaux

---

① 西班牙王位继承战争后，路易十四的孙子费利佩五世当上了西班牙国王，但是原属西班牙王国的两西西里，划给了奥地利哈布斯堡王朝。两西西里包括西西里岛和亚平宁半岛南部的那不勒

yeux），奥地利甚至与奥斯曼帝国打了一场毫无必要的战争。

当时学术界的批评者指责查理牺牲奥地利的安全和未来，换来一大堆即使签了也无用的羊皮纸协约。帝国最杰出的将军——萨伏伊的欧根抱怨道，最完善的条约体系也不如一支精良的军队来得可靠。然而，查理绝不是个傻瓜。不能夸大其词地说他本人构想了一个宏大计划，但他的确洞察到了一个基本事实：奥地利的福祉，乃至奥地利的存续，都依赖于不可动摇的、绝对的帝位继承。查理意识到，为了满足这个必要条件，只好在政治、经济和外交方面做出牺牲。他还意识到，这些损失最终还是可以得到补偿或恢复的。内政井然的奥地利，受益于 18 世纪 20 和 30 年代温和而稳定的经济增长，能够维护这些条约的规定，而且也许最终能修订这些条约。相反，在一个庞大而动荡的国家里，依靠军事力量和中央集权治国，是根本行不通的。也许查理不是黎塞留①或梅特涅②，但查理足够精明强干，没有让"最好"成为"好"的敌人，没有一味追求完美。[1]

接着，普鲁士的腓特烈突然冒出来，横插一杠。得知查理六世的死讯之后，他召见了什未林和外交大臣海因里希·冯·波德维尔斯。探讨了奥地利人在贝格–于利希继承问题上的举动之后，腓特烈推翻了与维也纳的现有全部协议，宣布他打算采取一切必要的手段拿下西里西亚。在其后的几年，国王解释了他为何这样做：他拥有一支训练有素的军队、一座充盈的国库，以及对建功

（接 47 页脚注①）斯地区。1735 年，波兰王位继承战争期间，奥地利军队在意大利吃了败仗，查理六世只得又把两西西里划入西班牙波旁王朝，作为交换，费利佩五世则把幼子、帕尔马公爵卡洛斯的领地——意大利北部的帕尔马公国交给奥地利，失去帕尔马领地的卡洛斯被父亲册封为两西西里国王。1759 年，卡洛斯的哥哥去世，他又成了西班牙国王卡洛斯三世。

① 阿尔芒·让·迪普莱西·德·黎塞留（1585—1642 年），法国国王路易十三的宰相，红衣主教，第一代黎塞留公爵。他在法国政务决策中具有主导性的影响力；三十年战争中，他通过一系列的外交努力，让法国获得了相当大的利益，为日后法国两百年的欧陆霸主地位奠定基础。在他当政期间，法国王权专制制度得到完全巩固，为日后太阳王路易十四时代的兴盛打下了基础。同时，为巩固中央集权制度，黎塞留镇压胡格诺派起义，收买御用文人。尽管如此，他还是被誉为出色的政治家、外交家，与德国铁血宰相俾斯麦齐名。

② 克莱门斯·冯·梅特涅（1773—1859 年），是 19 世纪著名的奥地利外交家。从 1809 年开始任奥地利帝国的外交大臣，1821 年起兼任奥地利帝国首相，在任内成为"神圣同盟"和"四国同盟"的核心人物，反对一切民族主义、自由主义和革命运动，在欧洲形成以"正统主义"和"大国均势"为核心的梅特涅体系。

立业的渴望。因此，第一次西里西亚战争就变成了年少轻狂的高涨激情与放纵这些激情的机会共同造成的结果，20世纪晚期的光头党、黑帮和足球流氓身上也常常见到这种激情与放纵的结合，然而关于这个时期的许多通史著作，依然是从肤浅的层面上解读此战起因。当然，这种解释得到了一些额外的证据支撑：1740年夏季，腓特烈成功运用具有压倒性优势的武力，解决了与列日主教之间的领土小纠纷。腓特烈对女性的憎恶，可能也在他的决策过程中发挥了重要作用。迄今为止，身为年轻的女皇，玛丽亚·特蕾莎的公众形象一直是贤妻良母，对一个鄙视女性能力的男人来说，这几乎是一种无法抗拒的心理诱惑，引诱腓特烈对奥地利开战。2

腓特烈的行动是源自长期策划，还是短期机会主义呢？这依然是一个富有争议的问题。一方面，他在自己的一个侍从面前把皇帝驾崩说成小事一桩，将自己采取的行动说成是执行心中酝酿已久的计划；3另一方面，在这个时期的信函中，他鲜少提及西里西亚。无论腓特烈的计划酝酿了多久，鉴于西里西亚是极具价值的大奖，腓特烈攫取这片土地肯定是经过精打细算、冒着巨大风险的行为。西里西亚拥有150万人口，而普鲁士的现有人口只有75万。西里西亚发达的纺织工业和正在开发的矿产资源，在深受重商主义经济学影响的国王眼中，同样颇具魅力。

此外，腓特烈完全相信，在查理驾崩之后，《国事诏书》很快就会沦为一纸空文。他希望，即使哈布斯堡帝国免遭瓜分、肢解，它的各处边界也都受到挑战。腓特烈的看法是正确的。皮埃蒙特从未签署《国事诏书》，该国首相多次声称这份文件毫无效力。西班牙政府已经准备好一份表达立场的文件，为其国王费利佩五世继承哈布斯堡王朝的大部分遗产这事提供辩护。4在这样的局面下，早已枕戈待战的普鲁士军队从两个方面看，都是王牌力量。首先，普军有能力迅速席卷西里西亚。其次，普军也能保卫此次吞并行动的成果，尤其是在发生全面战争的大背景下，腓特烈相信，玛丽亚·特蕾莎继位必定会引发全面战争。

腓特烈在1740年深秋和初冬做的军事准备工作，比同时期与奥地利谈判的细节更加重要。若一国的军队引人注目，那该国的备战工作是不可能瞒过别国的。普鲁士军队动员的速度和流畅程度令人坐立不安，在欧洲，战争的相对规模，在很大程度上是通过各国军队蓄力和出拳所用的时间体现出来的。普鲁士准备在六个星期后发动进攻。腓特烈抛出了外交烟幕弹，声称普鲁士的备战工作是为了夺取久受争议的于利希和贝格公国。他前往莱茵斯贝格，回到他最喜欢的别墅。他抱怨自己健康状况不佳，在这方面他没有欺骗任何重要人物。[5] 尽管如此，随着关于战争的流言蜚语越来越多，腓特烈甚至在将军们面前也三缄其口。他的一位老教师针对战争问题谨慎地询问了他，引发了一番著名的交谈。当被问及能否保守秘密时，老学究说："当然了。"腓特烈答道："我也能。"[6] 就算这个故事是虚构的，也值得相信。在剩余的统治岁月中，普鲁士国王一如既往地守口如瓶，无论结果是好是坏。

12 月 13 日，国王的意图多多少少路人皆知了，当时他登上旅行马车，但不是向西，而是向南行驶。2.7 万人马集结在西里西亚边境，腓特烈的计划与其说是征服，不如说是占领西里西亚。尽管西里西亚的经济实力越来越强，到 1740 年时，奥地利和波西米亚王室领地的直接税赋收入有 25% 来自该地区，但是，哈布斯堡的君主似乎认为这是理所当然的。一百多年来，没有任何一位哈布斯堡王室成员抽出时间视察该地区，他们主要关注南部边境以及与法国的争斗。西里西亚的新教徒有宗教理由欢迎换个主子。西里西亚商界相信，在腓特烈的统治下，他们会获得比哈布斯堡王朝治下更多的发展机遇。哈布斯堡王朝更关心榨取西里西亚的财源，而非支持该地区发展壮大。尤其是在省会布雷斯劳①，遍地都是普鲁士的同情者。[7] 哈布斯堡王朝并没有依靠当地人的热情来保卫他们的省份。西里西亚遍布中等大小的堡垒，虽然不能指望堡垒驻军在野战中击退入侵的敌军，至少他们完全有能力在救兵集结、出征之前，阻止敌人利用这片土地的资源。在普鲁士人看来，这些堡垒都是些杂草丛生的土围子，堡垒的指挥官们除了熬到退役、领取退休金，没有别的经济来源。

在腓特烈口中，他的军队士气高涨，他的军官们雄心万丈，他的将军们渴望荣誉。[8]12 月 18 日，战争成了现实，天气却恶化了。腓特烈远征军的士兵和战马都不习惯恶劣的气候。由于腓特烈·威廉一世一贯强调节俭地穿制服、

① 弗罗茨瓦夫的旧称。

用装备，所以在恶劣天气下，演习经常会中断。现在，步兵在深及膝盖的冷水中艰难跋涉，而骑兵则在与马匹的疾病流行做斗争。最重要的是，格洛高[1]的要塞司令没按腓特烈预期的那样出牌，他拦住了通往布雷斯劳的阳关大道。尽管他没有采取任何措施来阻挡普军的推进，但也没有像个绅士那样投降。腓特烈原计划在十天内拿下格洛高，但他不想夜长梦多，于是他留下一支人马监视格洛高，主力继续向布雷斯劳开进。

12月31日，普军在一片预言和争吵声中抵达布雷斯劳。该城保留了相当高的自治程度，几个世纪以来一直抗拒奥地利驻军进城，普军到来可能意味着该城公民自治的终结。无论如何，打一场防御战有什么用呢？布雷斯劳不是一座近代化的设防城市。它的大部分城墙可以追溯到中世纪，作为征收过路税的屏障还行，抵挡正规军就无能为力了。

腓特烈准备摧垮布雷斯劳的城墙，可是，市民们打开了城门。当时，国王否决了让普鲁士军队入驻的所有提议，只要布雷斯劳不让奥地利军队进城即可，就这样，达成投降协议的一切障碍都不复存在了。1741年1月3日，在如释重负的市民的欢呼声中，腓特烈与一支小卫队进入布雷斯劳。

布雷斯劳到手之后，普鲁士军队迅速占领了西里西亚省的其他地区。尼斯的守将是个路德宗信徒，他可能觉得自己得证明点什么，便拒绝开门投降，于是挨了一顿历时不长的炮击。格洛高和布里格[2]的要塞继续抵抗。然而，到了1月的最后一个星期，腓特烈安心惬意地把远征军主力派到新省份中的冬令营猫冬。国王留下什未林完成扫尾工作，自己返回柏林。

到目前为止，战事一帆风顺。在最不利于作战的严冬季节开启的战役，在六个星期内就以最小的伤亡代价完成了。西里西亚在新主子的统治下心满意足。年轻的普鲁士国王[3]的活力和魄力，给欧洲的机会主义者们留下了深刻印象。各国战争部都满怀敬意地注意到，普鲁士军队有能力在不利条件下作战，并且作战效率没有明显受损。地平线上只剩下一朵阴云：奥地利拒绝接

---

① 格沃古夫的旧称。

② 布热格的旧称。

③ 腓特烈大帝生于1712年1月24日，入侵西里西亚时不到29周岁。

受既成事实。

玛丽亚·特蕾莎女皇已经登上了帝位，正如她后来所说，此时的她"自己没有金钱，没有威信，没有军队，没有执政经验和知识，最后，还收不到任何建议"。[9] 然而，她拥有与生俱来的马基雅维利式的智慧：强国可以暴打它的敌人，但弱国必须消灭它的敌人。这位年轻的君主[①] 比她的大多数臣工更清楚与普鲁士国王谈判的风险。《国事诏书》确保了整个哈布斯堡王朝遗产的统一，因此，对奥地利来说，放弃任何领土都会破坏协议，很可能会使经过二十年的艰苦、昂贵的谈判取得的成果在实质上作废，即使在法律上还有效。同样重要的是，腓特烈攫取土地的行径，挑战了中欧地区和神圣罗马帝国的微妙平衡。因此，必须动用武力教训一下普鲁士的暴发户国王。

她的决定不是空洞的表态。奥地利并非仅仅通过王室联姻就成为一个欧洲大陆强国的。在之前的半个世纪，哈布斯堡军队把波旁王朝军队赶出了意大利，把奥斯曼人赶出了君士坦丁堡[②] 已经统治了数百年的领土。在欧根亲王的指挥下，奥地利军队是18世纪初挫败法国对德意志西部和低地国家的野心的主要力量。可以说，雷蒙多·蒙泰库科利是这个时代读者最多、作品被引用最多的战争理论家。帝国拥有一套让各位上校对自己的团负责的管理机制，使哈布斯堡王朝能够在不冒征收新税赋的风险的情况下，充分利用帝国的资源。至少在战役层面，这套机制保证了不错的管理效率。[10]

二十年的和平大大削弱了哈布斯堡利剑的锋芒。欧根亲王晚年并不愿意培养可能成为潜在竞争对手的年轻将军。他死后，奥地利缺少能成为最高统帅的后继者。此外，尽管欧根是一名优秀的战地统帅，却不是一位管理者。他对军队放任自流，导致军队系统逐渐陷入停滞状态。当然，在1733到1735年间的波兰王位继承战争和1737到1739年间的对土耳其战争中，奥地利军队在计划和执行两方面的表现，有时灵动不足，有时糟糕透顶，不一而足。[11]

与此同时，针对腓特烈入侵西里西亚，奥军采取的最初对策，取得了与自身参战部队规模完全不相称的成功。在多瑙河流域的艰苦环境中与奥斯曼帝

---

① 玛丽亚·特蕾莎生于1717年5月13日，战争爆发时23周岁，比腓特烈小五岁。

② 君士坦丁堡是奥斯曼帝国首都伊斯坦布尔的旧称，这里指代奥斯曼帝国。

国作战，让哈布斯堡的军人通晓了小规模战争的精妙之处。他们掌握的技能被很好地移植到了西里西亚–波西米亚边境。奥地利突击队骚扰普鲁士运输车队和岗哨。当地显赫人物在公开改变效忠对象时，发现自己被迫成为奥地利突击队的造访对象，于是他们获得了足够时间来重新考虑应该站在哪一边的阵营里。普军追捕敌人，但徒劳无功，把自己和自己的战马都累得筋疲力尽，而敌人有时好像与魔鬼达成了什么协议，能够在魔鬼的帮助下隐身。

到了1741年2月底，出于对局势的关切，腓特烈返回西里西亚亲自处理当地事务。2月27日，一支奥地利骠骑兵差点生擒国王本人，这说明奥地利在日益激烈的前哨战中占据了上风。值得注意的是，3月9日，普鲁士人靠夜袭终于拿下格洛高。此役消除了腓特烈后方的重大威胁。尽管尼斯依然在顽抗，但格洛高的陷落意味着，如果奥地利想夺回西里西亚，就必须通过野战收复失地。

这并不意味着哈布斯堡王朝把主要资源集中起来对付霍亨索伦暴发户。到了3月底，大约1.6万人的奥地利军队在威廉·奈伯格元帅的指挥下，集结在摩拉维亚。奈伯格的队伍是个大杂烩。来自防御奥斯曼的军事边境上的克罗地亚人和塞尔维亚人，与来自波西米亚和摩拉维亚山区的志愿者并肩同行。奥军的核心是12个步兵营和11个骑兵团，其中大部分人马最近都曾与土耳其人交战。

这支部队不是专为发动并赢得一场歼灭战而组建的，而是为了维也纳眼中的对帝国北部发动惩罚性远征而精心组织起来的。奈伯格是那种通常会被不公正地贬低为"不错的平庸将领"的指挥官。他不是灵感特别丰富的将领，但他对自己的工作了如指掌，他并不畏惧自己的对手，毕竟到目前为止，腓特烈还只是一位以文学天赋而非赫赫武功闻名的国王。新近落下的大雪阻断了通往西里西亚的主要道路，3月底，奈伯格不畏艰险，拔营出兵。他趁对手仍在冬令营中猫冬，绕过普军右翼，等腓特烈从逃兵口中获悉了发生的一切，他已经在前往尼斯的路上了。

随后几天发生的事情，证实了海军格言"尾随即穷追"在陆战中的适用性。腓特烈召集部队跟踪追击，却遭到神出鬼没的奥地利轻骑兵反复骚扰。奈伯格一直恰到好处地横亘在普军前面。4月5日，他解了尼斯之围，然后渡过了尼斯河。这次行动使他正好阻断了腓特烈的主要交通线：通往布雷斯劳和勃兰登堡的通衢大道。

奥地利的应对

由于前线正对着自己的首都，除了打一仗，腓特烈别无选择。春季的暴风雪令人伸手不见五指，双方的骑兵都无法行动。即使两军中最出色的侦察兵——奥地利骠骑兵，也找不到普军的踪迹了，而普军各部之间也时不时地在大雪中断了联系。到了1741年4月10日，天晴如洗，积雪冻结。上午10点左右，普鲁士人以行军阵形向北开进。没过多久，农民和战俘证实了敌人在莫尔维茨附近出没。奈伯格没有察觉普军的动向，他的大部分手下在准备午餐。然而，腓特烈放弃了实施战术突袭所能获取的优势，命令他的人马展开战线，而非立即进攻。

普军的部署耗时九十分钟以上。以五纵队开进的军队需要转一个直角弯，形成两条分隔的战线。在操场上，这是例行的训练。此次在敌人面前变换队形就没那么顺利了，因为地面平坦，阳光照耀在光洁的雪地上，再加上纯粹的紧张情绪，人对距离和空间的感知都混乱不堪。有多个战斗单位无法准确地进入战线中的位置，有好长一段时间，这些战斗单位就像组装一辆圣诞自行车后多余的零件一样，孤零零地站在原地。最终，组成普军第一条战线的是15个步兵营，20个骑兵中队掩护两翼。国王和其他所有人都希望这条战线的指挥官什未林元帅来指挥实际的战斗。第二条战线由安哈尔特亲王指挥，包括11个步兵营和9个骑兵中队，充当支援力量和预备队。

加上辎重警卫、炮手和各种零星部队，普军总人数略多于2.1万。其中1.7万多人是步兵，他们是全军中最精锐的部队。腓特烈和什未林希望用纯粹的蛮力，把奥地利人从战场上一扫而空：不是用冰冷武器的神秘力量，而是依靠兵力数量解决战斗。这绝不仅仅是一个理论层面的想法。奈伯格的18个步兵营，总计不到1.1万人，其中许多人是缺乏训练的新兵。另一方面，奥地利骑兵数量远超普军，其86个骑兵中队中有相当一部分是经验丰富的老兵。常识和军事理论都表明，以己之长克敌之短是制胜之道，就是说，在奥地利骑兵反应过来之前，普军就先用本方步兵把敌军步兵逐出战场。

下午 1 点 30 分，腓特烈下达了前进命令。在练兵场上耗费的时间终于结出了硕果。后来一名奥地利军官说，普鲁士人像移动的墙壁一样挺进，没有任何停下来开火射击的迹象。眼下，开火是炮兵的任务，他们的 6 磅炮伴随步兵从一个阵地赶到下一个阵地，在中、远距离上向奥军战线倾泻炮弹。

奈伯格绝非被动挨打，坐等普军进攻，他本来打算亲自发动进攻，但普军的行动太快了。尽管炮弹不断落入队伍之中，指挥奥军左翼骑兵的罗摩将军，依然下令发动进攻。奥军骑兵数量是普鲁士骑兵的两倍还多，处于兵力劣势的普鲁士骑兵在立定状态遭受了敌军骑兵的冲锋，这让他们面临的问题更加严峻了。这个行动在一定程度上反映了国王的决定，即按照一个世纪前古斯塔夫·阿道夫的风格，沿着骑兵战线每隔一段距离就部署若干个掷弹兵营来加强骑兵。理论上，这些精锐部队的步枪火力足以粉碎任何骑兵冲锋，让残余敌军无力承受本方骑兵的反击。

实际情况与理论完全不符，产生了灾难性后果。罗摩的骑兵没有发动正面进攻，而是迂回包抄了普军侧翼。保卫普军战线最右端的是 1 个龙骑兵团，该团不仅指挥无方，而且因在初冬时节的前哨战中表现不佳，此时勇气不足。但是，没有哪个为战斗而组建的团能够抵挡住这个第 3 龙骑兵团遭受的侧翼猛攻。那些没有被奥地利骑兵打下马的普军龙骑兵四散奔逃。普军右翼的其余骑兵没有时间部署战线以应付新的威胁。罗摩和普军侧翼指挥官舒伦贝格伯爵在混乱的肉搏战中双双丧生。一个因骑兵溃败而孤立无援的掷弹兵团站稳了脚跟，却向马背上的一切胡乱射击，使局面更加混乱和复杂。

但是，对普军最严峻的挑战来自普鲁士国王本人。腓特烈原本在策马率领这个侧翼的普军前进。当奥军的雷霆一击降临时，他正好位于第 11 胸甲骑兵团的前面，试图把溃散的士卒集结起来。[12] 但是，他单人匹马，处在只有少数人能看见他的行动、听到他的声音的环境中。普鲁士右翼的一些步兵，没接到命令就开始开火射击，试图让奥地利骑兵不能近身。——他们也是在往国王所在的方向射击。一个世纪之前，瑞典国王古斯塔夫·阿道夫就是在吕岑的大雾中策马奔驰时阵亡的，德意志新教徒的希望也随之而去。

什未林正用一位老兵的眼光审视眼下的局面。奥军的冲锋已经失去了势头。普鲁士步兵站稳了脚跟。如果国王被送往安全地带的话，此役还有取胜的希望。什未林和他的几个下属敦促腓特烈为了普鲁士的前途命运离开战场。此时，这位年轻的君主可能别无选择。到目前为止，没有人质疑他在战斗最激烈的地方现身所体现的价值。然而，就像亨利·弗莱明[1]和皮埃尔·别祖霍夫[2]一样，当腓特烈开始战斗时，周围一切都继续进行，而不是停下来看他，他还是因此感到震惊。下午4点钟左右，此时还不是"大帝"的腓特烈，骑着一匹新换的战马离开了战场，后来它成了普鲁士民间传说中的"莫尔维茨灰马"。

摆脱了战场菜鸟腓特烈的羁绊，什未林把注意力集中在战斗上。身为一贯强悍善战的军人，奈伯格计划派遣奥地利步兵前去完成骑兵未竟的事业——取得胜利。但是他的人行动过于缓慢，训练有素的普鲁士步兵获得了充足时间收拢队列、恢复秩序。此时，罗摩的骑兵已经混乱不堪，撤入奥军左翼。这给了什未林一个战机。身为军人的库尔特·冯·什未林，是一位典型的开明绅士。年轻时，他曾在莱顿求学。他更喜欢有文化的平民生活，而非粗犷的军旅生涯。他吃香的、喝辣的，生活惬意。由于军官团中的上层人物以粗犷豪放的作风自豪，什未林那开朗大方的举止让他在军官团中鹤立鸡群。什未林的对手和批评者们公开表示，什未林是一位会在重压下崩溃的"地毯骑士"[3]。[13]

什未林本人已经二十年没见过激烈战斗了，他可能会对战局感到讶异。他对战局的错误走向自责不已，普军主力无精打采的推进尤其让他恼火。直到下午晚些时候，主力各营才排好战线。什未林下令前进。普军向前挺进，他们手中的刺刀在冬日的夕阳照耀下闪烁着寒光。相比战斗开启时，普军的动作没那么机械了，灵活了许多。但是，对这些初战新兵来说，操场上没完没了的训练让他们在军官和中士们的咆哮声中稳步前进。英勇地坚守阵地、顶住了奥地利骑兵进攻势头的轻型野炮，在炮兵们的操作下向前推进，先用实心炮弹支援什未林的进攻，随着距离敌军越来越近，又改用霰弹。

奥地利人好像被催眠了一样，眼睁睁看普军采取行动却无动于衷。战争爆发

---

① 在《红色英勇标志》中，主人公亨利·弗莱明面对纷繁复杂的战争环境，做出了两次不同的选择。为了逃离被迫战死的命运，他第一次选择了逃离战场。可是，当亨利发现残酷的战争环境并不能改变个人英勇意志的时候，他第二次选择与战友一起战斗。

② 皮埃尔·别祖霍夫是列夫·托尔斯泰的名著《战争与和平》中的人物。

③ 字面意思是只能在地毯上装腔作势，却不能驰骋战场的骑士，引申为夸夸其谈、纸上谈兵。

之前，普鲁士军队的训练条令的基础是四条射击火线：两条线的士兵跪着，两条线站着。为了增强火力，腓特烈命令入侵西里西亚的军队排成三条火线。[14]他们有四个月时间来适应新阵形。枪手们完美无瑕地执行了军官的命令，火枪齐射像雷鸣一样从每个营的两翼滚到中央，然后火枪手又像在操场上训练一样重新装弹、开火。

据奥军各营的指挥官说，普军在行进中开火给他们自己造成了越来越严重的混乱，奥军各营却没能利用对手的混乱，普军打出了五轮齐射，而奥军只有两轮。奈伯格的军中有大量缺乏经验的士兵。他们的射击纪律和技术是全欧洲最差劲的。在莫尔维茨会战中，奥军的射击缓慢、不协调一致，最大缺点是打得太高。[15]罗摩的骑兵冲锋没有突破普军战线。现在，普军步兵仿佛一堵顶端喷射火焰的墙壁一样，压了上来。奥地利火枪手不管有没有接到射击命令，都在试图提高火枪射速，办法是把弹丸直接塞进枪管，却不用通条把弹丸捅到枪管底部并压实。由此增加的噪音和硝烟，可能暂时提振了奥军的士气。但是，随着奥军的弹丸初速下降，对普军造成的伤害也减小了，而不像18世纪战斗射程内的枪弹通常会做到的那样，使人丧失战斗力；普军的士气反而因此更加高涨。

奥地利人越来越专注于装弹和射击，以至于没有听令前进。当普军火力有效击中奥军的时候，奈伯格的部下反而挤作一团互相壮胆，于是挤成了许多三四十人为单位的人群。从第二线调上来填补战线空隙的步兵营也是同样的表现。奥地利人的战线，很快就像布赖滕费尔德战场上的蒂利的战线^①那样，不再是条令规定的铜墙铁壁，而是成群结队的士兵，端着刺刀指向四面八方，各群之间空隙之大，足以让整团的骑兵毫发无损地穿过。

奥军右翼的骑兵奉命前去阻挡普军的进攻，同样被普军的火枪齐射打得魂飞魄散。即使他们的指挥官把剑指向他们中间的刺头，他们依然不为所动。奈伯格手下历经苦战的步兵率先动摇，开始跑了一两个人，然后是十几、二十个人，他们全然不顾军官的威胁和命令，扭头向后各自逃生。迫不得已，奈伯

---

① 1631年9月17日，蒂利率领的帝国军队与古斯塔夫·阿道夫率领的瑞典军队在布赖滕费尔德作战，帝国军队大败。

格下令在夜幕降临之际全面撤退。

如果普军拥有一支高效的骑兵，只要在恰到好处的时机发动冲锋，就能把这场战斗转化为击溃战。然而，什未林对自己手中剩余的骑兵没有太大信心。化险为夷就让他很开心了，于是他下令在战场上就地宿营，向他的君主送去了捷报。

二十五年之后，腓特烈在自己撰写的书中，指责将军们和他自己机械地遵守条令而非遵循常识。腓特烈宣称："如果普鲁士国王像 1704 年马尔伯勒在多瑙河畔赫希施泰特（即布伦海姆）所做的那样，向敌人的行军路线发动进攻，那么他就有可能俘虏或击溃在莫尔维茨周围露营的奥地利步兵。"[16]

现实状况没有他说的那么乐观。实际上，奥地利步兵在距离莫尔维茨村相当远的地方露营，攻击莫尔维茨不会发现任何有价值的目标。相反，腓特烈的两翼都暴露在奥地利骑兵面前。也许更重要的是，普军二十五年以来第一次采取如此重大的军事行动。普军不是马尔伯勒手中那支运转良好、机动灵活的战争机器。普鲁士人的信心——如果他们还有信心的话，已经在几星期和几个月前的战事中被削弱了。照章办事、循规蹈矩在作战初期是明智之举。这个过程让团里的全体官兵都感到，事情正在按部就班地运转。——对于这次初试啼声，没有必要求全责备。

在莫尔维茨会战中，双方的损失大致相当，各有 1500 人阵亡，3000 人负伤，1000 人失踪或被俘。在这个时代，20% 的伤亡率并不罕见。但是，普鲁士的胜利和奥地利的失败都是不祥之兆。由于协调不利，奥地利军队吃了败仗。只有其他人马跟着投入战斗，罗摩的进攻才有获胜的希望。然而，奈伯格没有做出这种决定的洞察力。与此同时，他的部下和士兵们也缺乏依靠自己赢得战斗的战术技巧。在普鲁士方面，事实证明什未林能够利用奥地利人白送给他的时间。但是，莫尔维茨之战真正的胜利者是普鲁士士兵，以及造就他们的训练体系。欧洲其他国家的军事专家开始认真关注普鲁士的军事手法，这在普鲁士历史上还是第一次。

与此同时，腓特烈也体验了他自己的错误造成的喜剧。他和他的几位私人侍从，以最快速度驰往奥佩恩镇，却发现镇门紧闭，该镇已经被奥地利骠骑兵占领了！腓特烈之所以没有被俘，完全是因为他的敌人在肆意抢劫。奥地利士兵没有打开镇门，让尊贵的猎物落入陷阱，而是选择了各奔东西，翻箱倒柜地为自己搜罗战利品。腓特烈没有按照原计划待在这里，而是抛弃了他的同伴落荒而逃，在次日早晨跑到了附近洛文村，身边只剩下一名行营副官。

不足为奇的是，在确认安全下来之后的最初几个小时里，国王如同热锅上的蚂蚁团团转，询问上帝自己做了什么缺德事，要承受这样痛苦的惩罚。更加不足为奇的是他对捷报的反应。腓特烈从来没有彻底原谅什未林扭转战局的行为，因此，直到多年后什未林元帅阵亡，国王一直与他保持距离。至于那匹救了国王一命的马，过上了在波茨坦的王室草场上养老的生活。[17]

1741 年 2 月 11 日①，经历了一番磨难的腓特烈重新与部队会合。从初战经历中，他得出了三个结论。一个是战略上的：普鲁士军队是分散而非集中部署，随后被诱骗出阵地，被迫在战败就会万劫不复的境况中作战。另一个结论是战术上的：普军在莫尔维茨展开得太早，花费在展开队形上的时间却又太长了。[18]最后一个结论是体制性的：普鲁士骑兵需要彻底改组。

腓特烈宣称："骑兵是极为可怖的力量。而我的军官却都不会运用它。"[19]事实上，普鲁士骑兵可以做得比它当下的名声要好。在过往几个月中，莫尔维茨战场上的骑兵在没有任何人指挥的情况下盲目作战，导致了作战低效。面对罗摩的攻击时，人和马都疲惫不堪、战战兢兢。他们不需要国王提醒他们吃了败仗。但是在腓特烈看来，把自己投入到细节中去，纠正别人犯的可能会受到指责的错误，是他承认自己犯错的一种方式。

在莫尔维茨会战之后的六星期内，他一直在致力于训练和重组军队。每天凌晨 4 点钟，国王都在视察军营。无论天气如何，步兵营和骑兵中队都得接受考察，有时国王会亲自上阵。步兵需要操心的地方相对较少。腓特烈专注于他的骑兵。莫尔维茨会战表明，指挥工作在肉搏战中运转不灵；纪律和训练在近距离交战过程中都很难发挥出来。于是，腓特烈希望在开启近身战之前，就用第一波冲锋把对手打得溃不成军。到了 6 月初，普鲁士骑兵开始在飞驰中进行演习，腓特烈意识到了过早飞驰而让马匹陷入疲劳的风险，但他坚持认为，

---

① 原文如此，应为 4 月 11 日。

任何一场冲锋，至少最后 30 步必须以全速飞驰。[20]

随着什未林失宠，他的人道主义影响让位于国王更严厉粗暴的心态。事态发展速度令人抓狂，以至于数十名军官——有些资料说是数百人——递交了辞呈。国王驳回了所有辞呈。军队指挥结构中出现了一批新人。汉斯·约阿希姆·冯·齐滕，来自一个贫穷的勃兰登堡贵族家庭。他不像一名军人。他外表平平，说话声小，酗酒好饮，平时的表现没有给任何人留下深刻印象。他不用暴力也不用以身作则就能够维持下属的军纪。在他的同事中间，齐滕患上了"小人物综合征"：他的好斗天性往往因酗酒而恶化。迄今为止，他的职场记录包括两次决斗，一次被逮捕并被关进要塞，一次短期撤职。他努力获得了少校军衔，但在 1740 年，前途黯淡的军官很少会走上战场，也没有人会率领前途黯淡的部队奔赴前线。[21]

和平时期的糟糕表现，使齐滕进入骠骑兵部队的过程步履维艰。他从步兵干起，后来转入龙骑兵，1731 年被分配进入骠骑兵。骠骑兵是一种起源于匈牙利的轻骑兵，以身为侦察兵和劫掠者而闻名于世，进入普军战斗序列的骠骑兵是匈牙利前辈的翻版。1740 年，普军只有 9 个骠骑兵中队；腓特烈以他们为基础组建了 5 个齐编满员的骠骑兵团。新部队饱受快速扩编和缺乏传统之苦。他们可能穿着匈牙利风格的制服，但只有外表上与他们的榜样相似。普鲁士有国界却没有边境，普军的骠骑兵兵员不是那种优秀的骑手和胆大妄为的冒险家，而这些人先为哈布斯堡王朝，后为法国的轻装兵团定下了基调。普鲁士骠骑兵往往是试图通过挑战规章制度和限制，来证明自己强悍有力的年轻人，加上其中加入了大量"国王的劣质兵员"，他们与半数中欧国家的骠骑兵都不一样，更像三十年战争时期的样子。

作为一支前途黯淡的大杂烩部队，在西里西亚的冬季战斗中，骠骑兵蒙受的耻辱比他们的重骑兵同袍还要多。奥地利人策马围着他转。他们没有在莫尔维茨战场逃之夭夭，那是因为没有机会逃跑。在那天"打仗"的 3 个骠骑兵中队，其实是被派去承担辎重警戒任务的——而且一有机会他们就抢劫了奉命保卫的辎重车队。

莫尔维茨会战之后，齐滕和骠骑兵都只有两条路可走：要么取得重大战绩，要么永远被军队边缘化。此役结束后，齐滕决定戒酒。远离酒精提高了他的自控能力，现在骠骑兵地位低下，于是军官和士兵们都更加愿意忽视齐滕依旧频繁发作的火爆脾气，至少这个人日渐表现出他懂得如何训练和指挥骠骑兵。莫尔维茨会战结束十个星期之后，齐滕证明了他也是骁勇善战之辈。5月17日，他率领自己的"红色骠骑兵"，即第2骠骑兵团的6个中队，去执行一次侦察任务，在罗斯克劳斯村突袭了一支奥地利骠骑兵部队。齐滕率领他的人马飞驰而来，把长期以来令普鲁士人饱受痛苦的奥地利骑兵一扫而空，自己却几乎没有伤亡。这是一场非常漂亮的战斗，是后来七年战争中"骠骑兵突击"的一个典型战例。就连战败的奥地利指挥官也向齐滕表示祝贺。[22]

和平与战端再起

尽管普鲁士骑兵在罗斯克劳斯打的是一场小规模战斗，但这次战斗让普鲁士骑兵树立了信心，堪比1863年美国内战期间白兰地车站之战为北军骑兵[①]做的贡献。这个兵种的过去几乎不值一提，而此役却昭示着它的未来。罗斯克劳斯之战也是1741年夏季行动的亮点。腓特烈在第一次会战中就险遭灭顶之灾，像许多经历过这种事情的指挥官一样，他不愿意第二次以身涉险。此外，外交活动为普鲁士带来的好处，比依靠武力获得的更可靠、更丰盛。1713年《乌得勒支条约》签字后的三十年间，欧洲头号海上强国与头号陆上强国——英国与法国，一直维持着和平状态。既然英法和平局面依然存在，像路易十四时代那些席卷欧洲大陆的全面战争就不可能发生了，尽管持续不断的紧张局势促成了大量的备战工作及活跃的联盟外交活动。[23]

与此同时，列强之间的互不信任在1740年达到了新高度，每个国家都对邻国的图谋和实力心存疑虑。查理六世驾崩是柏林之外的各国首都之间的外交催化剂。外交官们早就看到了围绕奥地利帝位继承权的冲突，许多人都在讨论瓜分奥地利疆土的计划。不过，至少就暂时而言，1738年签署的《法奥条约》似乎减少了欧洲发生巨变的可能性。法国波旁王朝的事实统治者红衣主教弗勒里，十分关注重建反法同盟的可能性，当年路易十四为了阻止奥地利寻求英国

---

① 白兰地车站位于美国弗吉尼亚州北部，1863年6月9日，南、北两军在此地打响了南北战争中规模最大的骑兵战斗。

的支持，被迫放下身段承认《国事诏书》，也是同样的道理。[24]

这个决定意味着，法国的传统二流盟友——萨克森和巴伐利亚，只能自寻生路，至少暂时如此。自从三十年战争以来，巴伐利亚一直是法国外交布局中的一个关键棋子。然而，就巴伐利亚本身而言，维特尔斯巴赫君主国[①]是代表天主教势力来制衡奥地利在德意志的力量的。尽管在过去的二十五年间，一、二流强国之间的差距越拉越大，但巴伐利亚绝非法国的普通走狗。该国的军队在路易十四的战争中赢得了英勇善战的美誉。从外交上说，巴伐利亚是一个愿意为自己的利益挑战奥地利的国家，它这么做，要么是为了加强神圣罗马帝国的权势，要么是为了提高自己在德意志的威望。法奥关系的缓和限制了巴伐利亚的行动自由；尽管如此，巴伐利亚国王查理·阿尔伯特[②]依然坚持认为，维特尔斯巴赫家族有权分享哈布斯堡王朝的遗产。[③]

在三十五年前达成的一份相互继承协议中，有一项神秘条款赋予了查理·阿尔伯特一些有争议的权利：继承波西米亚王位。而他真正想要的，是维特尔斯巴赫家族一直孜孜以求却未能得手的帝位。查理六世去世之后，巴伐利亚国王向法国国王路易十五提出了有力的挑战，要求在德意志和欧洲建立一个"公正"的权力平衡，从而使自己的名字永垂不朽。起初，弗勒里企图拖延时间。当普鲁士入侵西里西亚时，弗勒里还只是在考虑采取什么理论性手段，把神圣罗马帝国的帝位与哈布斯堡王朝割裂开来[④]。[25]

---

① 维特尔斯巴赫是巴伐利亚的统治家族，所以维特尔斯巴赫君主国指代巴伐利亚公国兼选帝侯国。

② 严格地说，查理·阿尔伯特只是巴伐利亚公爵，巴伐利亚君主获得国王头衔，要等到下个世纪拿破仑时代了。

③ 1711年，神圣罗马皇帝、哈布斯堡家族的约瑟夫一世驾崩，无子，只有女儿女婿，女婿就是查理·阿尔伯特。鉴于帝位只能由男性继承，继任皇帝的是约瑟夫一世的弟弟查理六世，查理六世同样无子，在位期间积极推动各国承认他的女儿女婿接班。查理·阿尔伯特认为，帝位本属于前任皇帝、自己的岳父约瑟夫一世，即使由女儿女婿继承帝位，也应该由自己继承，所以反对查理六世把帝位传给女儿玛丽亚·特蕾莎和女婿弗朗茨一世，并自封为查理七世，与查理六世的女儿女婿打擂台。

④ 根据1356年颁布的《金玺诏书》，理论上神圣罗马皇帝由七大选帝侯选举产生，诸侯都有当选的可能。但是，从1452年腓特烈三世当选皇帝起，帝位一直在哈布斯堡家族中传承。尽管如此，哈布斯堡家族之外的诸侯继承帝位，依然有着理论上的可能。

腓特烈的行动迫使法国出手了。如果按照普鲁士国王自己的计划行事，他更愿意在占领西里西亚的既成事实基础上，直接与哈布斯堡女皇谈判。1741年夏季，为了换取西里西亚，至少是部分西里西亚，他向奥地利建议：愿意用军队和金钱保障奥地利在德意志的剩余领土，并在外交领域支持奥地利保住帝国尊威。出于实用主义和原则主义的综合考虑，玛丽亚·特蕾莎保持了严正的立场，拒绝了腓特烈的提议。只要承认一次外国攫取奥地利领土，就算是开了一个非常危险的先例，就奥地利目前的国际地位而言，这份危险是绝对不能接受的。

在此之前，对于与法国关系的价值，腓特烈持怀疑态度。对法国而言，支持普鲁士攫取奥地利领土是件大好事，却又不会冒着与哈布斯堡王朝长期敌对的风险，也不用承担爆发欧洲全面战争的代价。然而，在莫尔维茨战役之后，腓特烈越来越受法国人关注，令他受宠若惊。此时，弗勒里已经年近90岁。在与奥地利打了一系列长期战争之后，他没有兴趣再打一场对奥战争，而新一代军人和外交官却不然。新生代的主要代表人物是法国元帅贝尔岛伯爵①，此君口若悬河地声称有必要抓住时机，煽动德意志和欧洲对抗眼下虚弱不堪的奥地利。英国身为哈布斯堡帝国传统上的超级盟友，自1739年以来一直在与西班牙进行海上和殖民地战争，没有迹象表明英国愿意卷入欧陆事务。另一方面，英国强硬派认为，法国将最终不得不公开支持其西班牙盟友②。1740年秋季，两支法国舰队驶往西印度群岛。与其陷入一场对阵世界上最强大的海军的海战，不如利用普鲁士的行动，彻底孤立英国，然后好整以暇地对付英国。这难道不是更好的办法吗？

在贝尔岛的宏伟蓝图中，普鲁士即使不是可以火中取栗的猫爪子③，也是

---

① 贝尔岛伯爵（1684—1761年），后来受封公爵，名叫夏尔·路易·奥古斯特·富凯，路易十四的财政大臣尼古拉斯·富凯之孙，法国元帅和政治人物，促使法国卷入奥地利王位继承战争，七年战争初期担任陆军大臣。

② 经过历时十余年的西班牙王位继承战争，路易十四的孙子费利佩五世成为西班牙国王，曾孙路易十五做了法国国王，所以当时西法两国国王是叔侄关系，在几乎整个18世纪，两国都是盟友。

③ 17世纪法国作家拉·封丹的寓言诗《猴子和猫》说，一只狡猾的猴子把栗子放在火里烧熟，然后骗猫替它取出来，猫把脚上的毛烧掉了，却吃不到栗子。这个寓言传入中国之后，简化为成语"火中取栗"。

一个有用的工具。腓特烈为了自己的利益，采取了"前进"策略。1741年6月4日，他签署了一个秘密条约，确保普鲁士人拥有布雷斯劳和下西里西亚，作为交换，普鲁士人支持任何一位由法国支持的神圣罗马皇帝候选人——这意味着支持巴伐利亚国王查理·阿尔伯特。

一位研习18世纪国际关系的优秀当代学者认为，与拿破仑一世之前的任何近代国家相比，1741年的法国更接近于统治欧洲。[26] 对于自己历史上的敌人和眼下的敌人意外联手，奥地利震惊不已。玛丽亚·特蕾莎孤立无助。她的前盟友英国和荷兰，由于国内都对中欧漠不关心和抱有敌意，因此起初都不愿意向中欧投入战争资源。同年7月，这个立场得到了具体体现，当时英国国王乔治二世① 顾及汉诺威选帝侯国的安全，与法国签署了一份公约，保证英国在所有欧陆战争中都保持中立。普鲁士跃跃欲试，渴望参与大国竞争，但还拿不准哪条路线对自己最为有利。

然而，在法国占据主导地位的力量，与把凡尔赛宫的努力转化为成果相悖。法国的失败在很大程度上是腓特烈的功劳。腓特烈不希望普鲁士取代巴伐利亚，成为法国在德意志的头号走狗。做法国走狗可能暂时会得到奖赏，但对于腓特烈来说，这点收益无足轻重，腓特烈的长期目标是使普鲁士成为拥有独立外交政策的一流强国。1741年夏季，他满足于坐视法国和巴伐利亚承担大部分战斗任务，而普鲁士在西里西亚的军队只与奈伯格重建的奥军发生了一些散兵战，普鲁士外交官也向维也纳发出了和平试探。

到了秋季，由于没有更好的办法，奥地利人愿意谈判了。法国和巴伐利亚军队在一支来自萨克森的队伍的支持下，几乎没有遇到任何抵抗就杀进了帝国的核心地区——上奥地利。奈伯格的人马是维也纳以北最出色、最庞大的哈布斯堡军队。维也纳亟须奈伯格部救命，所以失去了与普鲁士讨价还价的筹码。1741年10月9日，双方签订了《克林–施耐伦多夫公约》，奥地利把下西里西亚割让给普鲁士，还允许腓特烈在上西里西亚驻军。作为回报，奈伯格的部队

---

① 1714年，英国都铎王朝末代女王安妮驾崩，英国王室远支、时任汉诺威选帝侯的乔治一世继承英国王位，从此英国与汉诺威合并，直到1837年威廉四世驾崩，由于继承英国王位的维多利亚女王是女性，而汉诺威国王不得由女性担任，两国才分离。

没有受到普军阻挠，大摇大摆地开走了。[27]

按照国王的谋划，他是为了举行谈判才发动前期战争的，所以《克林–施耐伦多夫公约》是他的一场辉煌胜利。腓特烈对于西里西亚的部分权利主张，由《公约》合法化了，事实上，其他部分权利也得到了认可，《公约》还给了普鲁士极大的行动自由，却没有让普鲁士公然背叛其法国盟友。腓特烈的希望——不如说是期望，是法国能在更大范围内取得同样有限的成功，然后使《公约》合法化，让《公约》成为全面和平条约的组成部分，从而让普鲁士在未来的德意志居于统治地位。

与腓特烈的愿望相反，奥地利展示了它恢复元气的能力，这个能力直到1918年哈布斯堡帝国解体，都是哈布斯堡军队的典型特征。奥地利轻步兵向北进军巴伐利亚，对无人驻守的乡野造成了严重破坏。此时由玛丽亚·特蕾莎的小叔子、洛林亲王查理① 指挥的奥军主力，还没有进行过激烈战斗。尽管如此，奥军依然是一支随时可战的力量，到了11月，即使奥军入驻了冬令营，依然对法国–巴伐利亚联军构成了威胁。

身为法、巴正式盟友的普鲁士，趁机大肆扩张势力范围，导致慕尼黑和巴黎公开指责腓特烈不守信用的调门越来越高，因此，腓特烈认为自己必须再次奔赴沙场。腓特烈不怎么担心背叛盟约产生的道德后果，他更担心在联合行动的背景下过分明显地谋求普鲁士的利益而必然带来的外交风险。大国棋局中的一席之地，是绝不可能靠公开背盟取得的。1742年1月，查理·阿尔伯特被选举为神圣罗马皇帝，这是另一个战争前兆。现在，既有皇帝头衔，又有法国的支持，巴伐利亚似乎有希望扮演大国角色，而这个角色正是腓特烈为普鲁士孜孜以求的。

这时候，腓特烈不想再参战了，除非形势的发展让他非得打下去不可。普鲁士军队在如今不设防的摩拉维亚省建立了自己的冬季桥头堡。腓特烈打算用这些阵地作为跳板，来转移维也纳对普鲁士的注意力。1742年1月18日，腓特烈启程奔赴战场。1月20日，他得到了强有力的增援——萨克森政府出于

---

① 未来的神圣罗马皇帝弗朗茨一世的弟弟，帝国陆军元帅。

维持联盟团结的目的，同意把1.6万人的萨克森远征军交给他指挥。

萨克森人的到来让腓特烈坐拥3.4万人马，包括萨克森人、自己的1.5万普鲁士人和法国提供的2900人的象征性部队。在2月份的前两个星期，这支联军缓慢南下。不知疲倦的齐滕手下的一支突击队，前进到了能够遥望维也纳的地方，引起了短暂的恐慌。但是，腓特烈无意继续深入，攻打奥地利首都。他更关心的是保护日益受到奥地利非正规部队威胁的交通线，哈布斯堡帝国的布吕恩①要塞位于腓特烈的后方，它受到的封锁并不严密，要塞守军派出的突击队让腓特烈更加难受。反奥同盟中出现了杂音，萨克森人不断抱怨受到了不公正待遇，因为他们被派去执行最困难的任务，获得的给养却最少。[28]

腓特烈一面小心翼翼地行动，一面持续施加政治压力，他坚决要求玛丽亚·特蕾莎割让波西米亚境内的战略要地，作为他撤军的代价。他通过施行征发和掠夺政策来达到自己的目的，此举迅速耗尽了摩拉维亚有限的资源。如果我们像克里斯托弗·达菲一样，认为这是国王把摩拉维亚变成"战略沙漠"的宏伟计划的组成部分，那么，我们就低估一支18世纪的军纪严明的军队对当地经济和生态系统的影响了。[29]通往萨克森、勃兰登堡乃至西里西亚的补给线过于漫长，也过于脆弱了，因此，腓特烈的远征军逐渐只能依靠"就地取材"。在最好的情况下，这也意味着挨饿，考虑到时值严冬，则意味着发生饥荒。与所有人的预期相反，受害的当地人拒绝逆来顺受。到了次年早春时节，摩拉维亚农民与身穿制服的奥地利军人合流，针对腓特烈的驻防城镇和哨所，发动了越来越多的让普军疲于奔命的游击战争。

4月初，腓特烈抛弃了这片战火纷飞的乡野，将普鲁士主力部队调往波西米亚东北部，与其说他是出于战略目的，不如说他对摩拉维亚失去了希望。远离游击队骚扰的渴望，直接支持正在布拉格周围的法国和巴伐利亚联军的意图，都被一种模糊却又明确的感觉压制了下去，那就是普军应该采取一些行动，而非躲在盟友的背后按兵不动。事实上，腓特烈并不知道，在这场西里西亚战争中，奥地利人第二次夺取了战略主动权。奥地利女皇撤出了她的波西米亚驻

---

① 布尔诺的旧称。

军，把 3 万人马集中起来，交由洛林亲王查理指挥，负责追踪和歼灭普鲁士入侵者。

查理不是执行这一任务的理想人选。即使以 18 世纪的标准来衡量，他也是个谨慎、胆小，只想着如何防守的人。但他也很幸运，——至少暂时如此。崎岖的地形，加上普鲁士人的侦察效率依然低下，5 月 10 日之前，查理的动向完全不为普鲁士人所知。即使到了 5 月 10 日，腓特烈也没有料到奥地利人会进攻。他认为查理的军队仅仅是一支"随时可战的力量"罢了，会在遇到自己时不战而退。腓特烈对自己的智谋深信不疑，于是兵分两路：5 月 15 日，他亲率 1/3 的人马穿过查理的战线向布拉格挺进；其余的 2/3 于次日开拔跟上。当国王把查理亲王的营地误以为是报告中的附近另一支兵力少得多的奥军军营时，他犯下了更大的错误。——这就是后来拿破仑口中的"自以为是"的典型范例。

与在莫尔维茨一样，腓特烈又得到了一位部将的拯救，从而免遭大难。他把主力部队交给利奥波德·马克西米连亲王指挥。此君是"德绍老头"的长子，也是一位经验丰富的沙场宿将，懂得基本的野战算数。16 日，尾随腓特烈行军的利奥波德看到了奥军营盘，他清点了奥军帐篷的行数，做了简单的乘法计算，得出了准确的结论：敌军主力能够将已经分散开来的普军各部挨个击破。利奥波德催促他的部下急行军，试图缩小他与腓特烈之间的距离，尽管他把部下累得筋疲力尽，却仍然未能如愿。到了腓特烈的部队终于安营扎寨的时候，奥地利人意识到他们手握天赐良机，而腓特烈意识到自己危在旦夕，看来两方势必要有一场赛跑了。

5 月 17 日凌晨 5 点钟，国王拔营启程，走回头路，使尽浑身解数要赶在奥军发动进攻之前与利奥波德会师。当他在查图西茨村前面遭遇利奥波德亲王之际，奥地利军队已经进入他的视野，并且在步步紧逼。腓特烈回想起了莫尔维茨，他打算动用右翼的 35 个骑兵中队发起冲锋，为自己争取时间。在右翼骑兵的左侧，国王部署了他的主要打击力量：由他亲自指挥的 23 个步兵营，集结在一片洼地之中，洼地在一定程度上掩盖了他们的动向。部署在更左侧的另外 12 个营由利奥波德指挥。普军左翼由 36 个骑兵中队提供掩护，他们的主要任务是牵制奥地利对手。

在第一波骑兵冲锋中，冯·巴登布罗克①中将派出了4个胸甲骑兵团，并以2个龙骑兵团实施支援。这一次，普鲁士军队率先发起进攻，他们纵马驰骋，打得对面的奥地利人抱头鼠窜。但是，巴登布罗克将军没有跟进扩大胸甲骑兵取得的胜势，反而叫停追击，以便重新组织阵形。前去支援他们的第二线龙骑兵迷了路，撞进了正在前进的奥地利步兵的火力网中。普鲁士骑兵们再次站在原地不动，此时集结起来而且得到了增援的奥军发动了反击——胸甲骑兵和龙骑兵正面进攻，骠骑兵席卷普军侧翼。结果如何，不言而喻。到了上午9点30分，巴登布罗克的人马被赶出了战场，其中多数人逃往后方。

普鲁士左翼骑兵没有闲着，但是在这个地域，他们的战斗热情高于他们的战术技能。在奥军中路和右翼挺进的同时，普军左翼的3个胸甲骑兵团发动冲锋。他们不仅直接贯穿了当面的奥军，一些人甚至冲到整个奥军的后方！但是，事实证明，对于兵力薄弱、组织混乱的普鲁士人来说，这样的机会稍纵即逝。普军步兵和骑兵没有趁势进攻敌军的步兵，而是在想方设法返回本方一侧。

之后的战局完全取决于腓特烈的步兵。最初，利奥波德指挥的普军左翼步兵部署在查图西茨以西的开阔地带，后来为了占领查图西茨村而向前挺进。②到了9点钟，奥军在炮兵的支援下发动了一波井井有条的进攻，查图西茨村陷入一片火海，迫使惊慌失措、狼狈不堪的普军撤到了奥军火力射程之外的地方。但是事实证明，火力是一把双刃剑。奥地利步兵在硝烟中迷失了方向。奥军骑兵向北、东两个方向游荡，洗劫了利奥波德的营盘。而在这时，由腓特烈直接指挥的24个营③依然岿然不动。

19世纪的一种说法认为，国王计划在奥地利军队陷入疲惫的时候，用亲自指挥的步兵营发动决定性进攻，这种说法充分体现了总参谋部影响下的事后诸葛亮之见。④30 查图西茨战役是国王第一次真正行使战场指挥权，在莫尔维

---

① 威廉·迪特里希·冯·巴登布罗克（1672—1757年），普鲁士骑兵将领，1745年晋升为陆军元帅。

② 此处漏掉了一个重要环节：普军左翼步兵进攻并占领了查图西茨村。

③ 原文是两打（two dozen），即24个营，实际上是23个营，作者取了一个整。

④ 1857年，老毛奇出任普鲁士王国总参谋长，建立了现代总参谋部制度。总参谋部的一大日常工作是研究战史，复盘过往战役，分析交战双方决策过程，因此难免有附会之举，得出一些事后诸葛亮之见。

茨，他只不过扮演了一名骑兵中队长的角色。腓特烈不是第一位也不是最后一位被战场动态迷惑的将领，在战场上，真实情况远比历史学家的纸上重构模糊晦暗得多。直到 10 点 30 分，国王才做出决断，而且是正确的决断。普军从隐蔽的低洼阵地中突然现身，向查图西茨高地挺进，他们做了一个 90 度侧翼卷击，向奥军暴露的侧翼开火。① 奥地利步兵动摇了。查理亲王察觉到他的后路可能会受到威胁，决定接受平局，命令他的部下脱离战斗，退出战场。

腓特烈对查图西茨会战的结局得意扬扬。这一次，他不仅留在战场上为最后的结局而战，他还指挥了进攻，从而解决了战斗。至少在他自己看来，他这位哲学家国王已经成长为一名战士。此役出现的一切问题都是别人的错，尤其是利奥波德的错。腓特烈有失公正地批评了利奥波德，说普军这场仗打得毫无章法。国王还批评了利奥波德做出的占领查图西茨村的决定，找的理由也不怎么样。

事实上，与其说查图西茨战役是一场遭遇战，不如说是一场添油战。就像 1862 年的联邦军将领乔治·麦克莱伦② 在安提塔姆③ 所做的那样，腓特烈也是分兵作战。首先是一次骑兵冲锋，随后是第二次骑兵冲锋，接着是利奥波德为占领、坚守查图西茨而进行的战斗，此后是腓特烈实施的战场机动，这次机动产生的心理作用远比其物质作用更具决定性。与之相应的是，胜利并不完美，尤其是腓特烈没有发动追击。当一名参谋建议国王追杀陷入混乱的奥军时，国王答道："我不想把敌人打得太惨。" 1754 年，腓特烈在一次谈话中提到，在查图西茨会战中，他的骑兵和步兵的秩序都已经混乱不堪，所以无力采取更多行动，否则会彻底失去秩序。³¹ 但是，似乎也有理由认为，腓特烈还不具备忽视肾上腺素激增的能力，而这种能力有时被称为 "杀手本能"。当奥地利军队撤退时，腓特烈身心放松的趋势肯定占据了上风，尤其是在见好就收会带来貌

---

① 普军以纵队前进到奥军左翼，然后左转成横队，最后排枪齐射，一举击溃了奥军步兵。

② 乔治·麦克莱伦（1826—1885 年），南北战争期间北军名将。

③ 1862 年 9 月 17 日，在美国马里兰州北部安提塔姆，发生了内战中以至于美国历史上日伤亡最大的战役。麦克莱伦指挥的 9 万北军击退了向华盛顿突进的罗伯特·李的 4.5 万南军。这场战役之后，诞生了林肯的《解放黑奴宣言》。

似有利的外交成果的时候。^①

　　查理及其官兵们，为自己的战绩颇感自豪。奥地利人损失了6000多人和12门火炮，但他们打得不错，足以粉碎腓特烈在短时间内再发动一次决战的企图。相反，普鲁士国王把他剩下的军队转移到固若金汤的库滕贝格^②营垒，再次让普军充当随时可战的力量。普军构成的军事威胁已经降至最低：奥地利人毫不费力地将查理麾下的大部分人马转移和集中到布拉格附近，去对付法国和巴伐利亚联军。然而，在政治上，普鲁士在摩拉维亚的继续存在是具有决定性意义的。

　　18世纪的联盟非常不稳定，容易由于各国切身利益的变化而破裂。早在1月份，法国外交大臣就注意到，法国正因为不得不考虑盟友的利益而饱受煎熬。与之相应的是，对于法国人的图谋和好意，腓特烈满怀顾虑。他的军队筋疲力尽，他的国库空空如也。³²奥地利政府则再次准备举行谈判。目前，西里西亚肯定是丢掉了。即使查理亲王在查图西茨取得了决定性的战术胜利，鉴于布拉格和维也纳正处于联军的兵锋之下，整体战略态势也不允许亲王向东北方向的布雷斯劳进军。收复西里西亚省依然是奥地利的根本目标，但要实现它取决于战争和政治实力的结合，而在现有条件下，奥地利人军、政两手都不够强硬。英国渴望普鲁士与奥地利之间实现和平，尤其是因为英国外交部希望最终能够诱使普鲁士国王支持反法同盟。英王乔治的汉诺威政策很不受英国人待见，导致政坛发生了更迭，新内阁多多少少承诺支持玛丽亚·特蕾莎。从英国的角度看来，此举意味着集中力量对付主要敌人——法国。与腓特烈在中欧的雄心壮志相比，法国的政策和行为对英国利益构成的威胁似乎大得多。在过去一年半的时间里，伦敦当局认为，腓特烈的雄心壮志并不算太大，也没有用太高的热情去实现他的野心。³³

　　18世纪40年代，英国的注意力逐渐转向海外，矛头指向北美、西印度群岛和印度。尽管如此，大多数英国政治家依然坚持认为，对欧洲的自由和稳定

---

　　① 在奥地利王位继承战争期间，腓特烈并不想彻底与奥地利哈布斯堡帝国决裂，他的目的是有限的，就是要夺取和保住西里西亚。

　　② 库特纳霍拉的旧称。

威胁最大的是法国的贪婪。他们还致力于塑造英国作为反法同盟天然核心的国际形象。英国政府向囊空如洗的哈布斯堡帝国提供津贴。英国出动了军队：一支英国特遣部队被派往尼德兰，因为尼德兰是哈布斯堡帝国最容易遭到法国进攻的省份。英国还帮助荷兰共和国参战。英国的行动足以促使维也纳与柏林之间进行严肃认真的谈判。1742 年 6 月，普、奥达成了初步协议。一个月后，普鲁士正式退出战争，以换取奥地利割让西里西亚，只有一些不具有战略重要性的边境地区除外。①

腓特烈认为，他的行动不大可能产生长远的后果。一个多世纪以来，中欧的边界频频变换。普鲁士是个典型的人造国家，它是条约而非历史的产物。轻松就获得了西里西亚省，腓特烈似乎没有理由不高兴。如果普鲁士君主还不算一位真正的伟大统帅的话，他还可以恰如其分地自称为武士国王。当伏尔泰指责他在查图西茨这个名字别扭的地方战胜了奥地利人时，腓特烈欣慰地回应道，查图西茨与莫尔维茨大捷对仗工整，合辙押韵。³⁴ 无论如何，这场双重胜利超过了他父亲毕生的成就。

利用普鲁士占领西里西亚的机会，西班牙国王费利佩五世对哈布斯堡王朝的意大利领地提出了一系列主张，这些领土主张与腓特烈提出的主张几乎同样含混不清。皮埃蒙特国王查理·阿尔伯特② 所持的骑墙立场，加剧了奥地利的军事和金钱的损耗。由于普奥缔结了《布雷斯劳和约》③，因此法军被孤立在波西米亚，这似乎使法国的处境更加困难。不幸的是，奥地利人在突袭和机动方面持续取得的胜绩，并没有为决战创造有利条件，奥军不断发起的小规模打击也没有让法国蒙受巨大损失。1742 年与 1743 年之交，法国人成功地规避了他们的对手，撤退到了巴伐利亚。

---

① 1742 年 7 月 28 日，普、奥签订了《柏林条约》，奥地利几乎把整个西里西亚割让给了腓特烈，第一次西里西亚战争于是结束。腓特烈的领土一下子扩大了 1/3，从 11.9 万平方公里扩展到 15.4 万平方公里。

② 原文如此，但此处应该有误。皮埃蒙特是意大利西北部的一个地区，当时属于意大利撒丁王国，国王是查理·埃马努埃尔三世（1730—1773 年在位）。

③ 1742 年 5 月，奥地利输掉查图西茨战役后，为了集中力量对付法国和巴伐利亚，玛丽亚·特蕾莎女皇被迫在 6 月签署《布雷斯劳和约》，与普鲁士停战，7 月，普奥双方正式签订《柏林条约》结束第一次西里西亚战争。

1743 年 1 月，红衣主教弗勒里去世，路易十五宣布他打算亲自制定法国的政策。此时，法国已经准备好结束战争，至少结束在中欧的战争。法国需要集中自己的资源，尤其是要集中全力对付正在成为法国真正敌人的大英帝国。[35] 由于弗勒里坚持帮助查理·阿尔伯特，所以从法律意义上讲，法国没有与奥地利交战。[①] 和平的代价是显而易见的：让那位新任神圣罗马皇帝查理·阿尔伯特自生自灭。这样的前景当然不受各方欢迎。法国的威望会因此受损，而且巴伐利亚无论作为附庸国还是合作伙伴，都是相当重要的国家。尤其是在腓特烈的所作所为让法国难以信赖他的情况下，路易十五及其谋士们，绝不愿意冷酷无情地放弃这个长久以来对法国赤胆忠心的国家。

法国也无法保证这种牺牲会换来好处。1743 年，一支英军分遣队开进汉诺威，与一支不大的奥地利军队以及一支由汉诺威和其他德意志辅助部队组成的混编部队会师，组成了一个"实用军团"。6 月 27 日，英国兼汉诺威国王乔治二世亲自指挥这支部队，在巴伐利亚的代廷根大获全胜，[②] 继续对法国的东部边界构成一个独立的重大威胁。[36]

实用军团本身是一种手段而非目的。1743 年夏秋两季，普鲁士迎来了一位意想不到的求爱者。英国在欧洲大陆的地位，似乎在于巴黎而非伦敦。公众和政治舆论认为，这个耗资巨大的欧洲大陆反法同盟的前景并不太光明，它的主要目的似乎是恢复或加强哈布斯堡王朝在中欧的地位。因此，英国外交部有兴趣招揽普鲁士加入反法同盟。外交领域中的多数意见坚持认为，德意志的二流君主们更加热衷谋求自身利益，而非谋求任何意义上的神圣罗马帝国的整体利益。如果外国人真的在加来采取行动，那么或许能以低廉代价将腓特烈网罗过来。无论如何，英国的最终目的不是与法国决一死战，而是通过重新塑造出一种类似西班牙王位继承战争期间的外交局面，来促使法国让步：让法国扭头对付其他欧陆国家。在这种情况下，普鲁士改换门庭的姿态，比腓特烈的军队

---

① 从法律上说，奥地利王位继承战争是奥地利内战，法国支持巴伐利亚选帝侯查理打内战，并非法、奥之间直接冲突。

② 代廷根战役是迄今为止，最后一次由英国国王御驾亲征的战役。英军与汉诺威、黑森等"实用军团"共 3.5 万人，打败了 2.6 万人的法军。

为新反法同盟所做的任何实质军事贡献都更为重要。

英国受到了在其他地区取得的成就鼓舞，更加希望在普鲁士方向也取得成功。由于英国国内反对，英国与查理·阿尔伯特达成临时协议的尝试告吹了，这份协议原本是让阿尔伯特放弃对奥地利领土的一切主张，相应地，巴伐利亚上升为一个独立王国，并取得英国提供的丰厚津贴。然而，这场谈判凸显了法国相对弱势的地位，并凸显了英国资金在外交谈判中的重要性与日俱增。1743年9月，奥地利极不情愿地接受了《沃尔姆斯条约》，割让自己在意大利的领土，以换取皮埃蒙特人出兵共同反对法国，这样就消除了英国人关于向奥地利人提供资金的一切疑虑。——英国向两国提供的津贴让两国之间的谈判顺畅多了。[37]

有一句广为人知的德国谚语，建议顾客在咨询服务员之前绝对不要买单。玛丽亚·特蕾莎绝不会就此永久放弃西里西亚。除了个人和王朝因素之外，该省划归普鲁士统治后显现出来的经济潜力，越来越令人垂涎三尺。此外，腓特烈还对神圣罗马帝国构成了绝对不能忽视的内部挑战。在写给一位将军的信函的结尾，女皇告诫这位将军要"好好活着，狠狠打仗"，说出这番豪言壮语的女皇，在战争中重新焕发了活力。尽管维也纳的口号还没有变成"必须毁灭普鲁士"，[①] 奥地利外交官和将军们依然一致认为，必须尽快让这个新兴国家及其地方诸侯身份的君主，在欧洲秩序中居于从属地位。再多的英国资金都不可能撼动这个想法。[38]

腓特烈也在调整他对整体形势的看法。奥地利军队继续驻扎在巴伐利亚领土上，使他得出了一个合理而且准确的结论：针对查理·阿尔伯特之前提出的继承帝位的主张，奥地利打算进行报复，具体措施是吞并足够多的巴伐利亚领土，以防未来再发生类似的挑战。常识表明，普鲁士同样不大可能安然享用西里西亚冒险所取得的收益。腓特烈攫取西里西亚也刺激了其他各股势力的贪欲。二十五年来，俄罗斯对普鲁士的态度总体上是善意的。在圣彼得堡，俄国人认为普鲁士是德意志各国中一个好用的砝码，普鲁士以自身的弱势地位为代价，维持着东欧

---

① 罗马共和国时代的政治家、名将老加图（公元前234—公元前149年）极度仇视宿敌迦太基共和国，公元前153年访问迦太基之后，他断定迦太基正在复兴，会再次威胁罗马共和国的生存，于是他开始大力鼓吹彻底消灭迦太基。他在元老院中的任何发言都以这句话结束："在我看来，必须毁灭迦太基！"（Ceterum censeo delendam esse Cathaginem）。公元前149年，他去世后不久，罗马发动了第三次布匿战争，灭亡和彻底夷平了迦太基，老加图本人没能目睹这一切。

的现有格局，这种格局有赖于波兰的孱弱无力。——衰弱的波兰也符合俄罗斯帝国的利益。甚至腓特烈还是王储的时候，他就已经得到与俄罗斯结盟的好处，对于在1740年与圣彼得堡签订的一份范围有限的条约，腓特烈寄予厚望。

1743年3月，俄罗斯延续了两国之间的这个同盟关系，但是，鉴于法国在筹划由波罗的海各国组成反俄大联盟，俄罗斯此举更多地是对法国人的反制措施，而非对普鲁士的奥地利政策的某种正面肯定。直到1743年11月，俄罗斯外交官才承认腓特烈兼并西里西亚。正是莫尔维茨和查图西茨的胜利，改变了俄罗斯的看法。现在，俄罗斯认为自己面对的是一个军事强大、内政稳定的王国，俄国面临的新挑战者与波兰这个老迈笨拙的国家截然不同。普鲁士或许会加入反俄同盟。从圣彼得堡的视角看来，最理想的结局是普鲁士重返原来的国际地位，从而恢复"欧洲旧有的合法的秩序"。

这并不意味着俄国会立即进行直接的军事干涉。但是，俄国国务大臣 A. P. 别斯图热夫不断告诫他的君主，需要对普鲁士扩张主义风险提高警惕。别斯图热夫写道："普鲁士国王的权势越大，我们面临的危险就越大。"尤其是因为腓特烈本人就是一个难以捉摸的人物，在那个外交行动受到限制的时代，腓特烈的影响力大得不成比例。别斯图热夫认为，腓特烈不仅能够从他自己的权力基础上威胁俄罗斯帝国的安全，鉴于瑞典王位继承人刚刚迎娶了普鲁士国王的妹妹，[1] 腓特烈还能够从瑞典方向制造威胁，也能从俄国宿敌土耳其方向添乱。

俄罗斯帝国对于自己所察觉到的弱点深感不安，别斯图热夫只是把这种焦虑表现出来的一个人而已，这种焦虑情绪甚至让人认为，普鲁士是一个泛欧洲联盟的潜在关键因素，一旦这个联盟搞定了奥地利，就会把嫉妒的目光投向俄罗斯！为了把普鲁士削弱到像从前那样依赖俄罗斯的程度，别斯图热夫提出了关于土地分配的建议。他认为，不仅西里西亚应该还给奥地利，东普鲁士还得划归波兰，至于俄罗斯帝国，当然会得到斯摩棱斯克和普斯科夫地区作为补偿。只有发动全面战争才能实现他的目标，然而这并没有让奥地利政府过于不

---

① 1744年，腓特烈大帝的妹妹路易丝·乌尔利克（1720—1782年），与瑞典王储阿道夫·腓特烈结婚。1751年，阿道夫·腓特烈继承瑞典王位，路易丝·乌尔利克成了瑞典王后，瑞典国王成了腓特烈大帝的妹夫。

安，因为奥地利正在利用一切机会向圣彼得堡强调普鲁士贪得无厌。奥地利人宣称普鲁士的贪欲远及库尔兰和立陶宛，可以肯定的是，这些都是痴人说梦而已，但也加重了俄罗斯政府的焦虑，俄国甚至比普鲁士更不确定自己在欧洲秩序中的确切位置。[39]

腓特烈对俄国人的敌意洞若观火，在他看来，俄国的敌意完全没有道理可言。然而，他并不担心俄罗斯进行直接干预，尤其是因为眼下俄罗斯似乎忙于应付新一轮的瑞典战争。[①] 腓特烈的野心绝不像别斯图热夫一厢情愿认为的那样好高骛远。目前，国王的野心只是通过力挺弱小国家，对抗他宣扬的哈布斯堡宫廷的霸权野心，来扩大普鲁士在德意志的影响力。普鲁士国王的倡议无疾而终，部分原因在于他给人们留下的印象是，他只是一条为法国野心效力的走狗，还有部分原因在于腓特烈尚未在二流君主中间为自己树立威望。无论作为政治家还是将军，他都还没有表现出任何出类拔萃的才干，而且人们还经常用负面词汇来形容他的品行。

腓特烈所能采取的最佳举措，是组建一个代表自己利益的"法兰克福联盟"：在维也纳日益强大的背景下，普鲁士、黑森-卡塞尔、普法尔茨和巴伐利亚结成联盟。无论《沃尔姆斯条约》多么令人憎恶，它毕竟让奥地利人腾出手来，集中力量去对付法国和巴伐利亚，事实证明，奥地利人的努力取得了足够大的成功，让腓特烈寝食难安。腓特烈认为，《沃尔姆斯条约》的条文中有一个重大疏漏，令他如芒在背。条约保证了《国事诏书》的落实，却对西里西亚只字不提。相反，试图平息哈布斯堡王朝愤怒情绪的英国官员们不断表示，奥地利做出的让步只是权宜之计。尽管英国会为奥地利收复失地提供切实支持的说法是非常可疑的，[40] 但是，腓特烈认为自己无法承担被动等待带来的风险。1744 年 8 月，普鲁士军队践踏着被撕毁的 1742 年条约[②]，再次奔赴战场。

---

① 史称第六次俄瑞战争。1741 年 8 月，瑞典在法国支持下为夺回失地挑起战争。俄军首先发动进攻，9 月 3 日，在芬兰的维利曼斯特兰ప
 大败瑞军。次年，俄军再次侵入芬兰，击败瑞军主力。9 月 24 日，1.7 万瑞军在赫尔辛福斯（赫尔辛基的瑞典语名字）投降。1743 年 8 月 18 日，双方签订《奥布和约》，瑞典进一步丧失了在芬兰的领地。

② 即 1742 年普奥签订的、结束第一次西里西亚战争的《柏林条约》。

普鲁士军队抢占先机

第一次西里西亚战争的结束，为普鲁士带来了外交和军事领域的重新评估。普军在第一次实战检验中已经做得很出色了，但仍然有提高改进的余地。事实最终证明，腓特烈作为一名军人，是一位传统主义者，而非创新者。与同时代的人物相比，国王更加倾向通过进攻行动来一战定乾坤。而在18世纪，这意味着步兵迟早得向前挺进，做战争中最艰苦的工作：迫近敌人，把敌人赶出阵地，干掉他们，或者帮助别人干掉敌人。

腓特烈于1742年6月20日下达的"指示"，构成了《1743年步兵训练操典》的基础。[41] 在临时性的西里西亚操典的基础上，这份《操典》为全军制定了三线射击阵形。阵形本身是紧密的。直到1748年，操典依然规定每个士兵的右臂必须与身边士兵的左臂重叠。——只要离开训练操场，这样的阵形就无法维持，士兵们也无法为枪支装填子弹。

密集阵形拥有一定的战术用途。要想控制漫长的战线，并把战线推向敌军的火线，完全依靠暴力和威胁是办不到的。即使在演习期间，上校和连队军官能够将20个乃至更多步兵营组成的战线向前推进几千步，同时还不迷失方向或出现缺口，也是值得称道的训练成绩。此外，经验表明，一旦这条战线由于某种原因停止了前进，让战线重新开始移动就会变得极其困难，这并不是缘于人们普遍猜测的普鲁士军队缺乏爱国主义精神和热情。近代战场上非常嘈杂，沿着正在前进的战线传达命令极为困难，至于恐惧和兴奋对上尉和中尉们集中精力造成的负面影响，就更不用说了。这些状况导致的结果，与派对游戏中一圈人通过耳语转述一个故事的结果大同小异：都是混乱不堪的。

由于普鲁士的营级战术和行政组织很少是一致的，因此控制部队就更难了。连是行政管理单位，并不负责组织军事行动，营是自成一体的单位，下辖8个排，各排由中尉来指挥，每个排的兵力大体相等。8个排每2个排依次组成1个战斗组，通常由上尉指挥。由此产生的指挥上的混乱意味着，在战场上，士兵往往在他们几乎不认识的军官的带领下作战，更重要的是，他们不太可能辨别出军官的声音。即使在和平时期，聪明的教官也会相应地强调条理分明而非手忙脚乱。无论普鲁士军队的战术行动起初看起来多么笨拙呆板，经验表明，这些行动依然是相当精准的。没必要把时间浪费在重复、指出错误、整理着装、或者对齐距离（追求行动速度会导致士兵的间距紊乱）之上。

步兵的开火战术，使步兵所处的战术处境更加复杂了。1740年开进西里西亚的各个步兵营，都接受过严格的"排级火力"训练。这一体制是在17世纪末、18世纪初发展起来的，理论上，能够使步兵部队保持连续的火力输出，同时保留一部分上膛了的枪支充当火力预备队。1个营的8个排以一种复杂的顺序实施齐射，事实证明，在战斗中保持这种顺序远比在训练场上困难得多。

在实际操作过程中，"排级火力"往往会变成"滚动火力"，这是一个好听的叫法，指每个士兵都在自行其是，以最快速度装填子弹，扣动扳机，而军官们无法在嘈杂的战场上阻止他们。平时精心反复训练枪械操作的宗旨，就是让士兵的每个动作都能够近乎自动地完成，而自相矛盾的是，一旦射击开始，这些训练又严重抑制了士兵对射击动作的控制。战斗中的火枪手陷入了一个机械的过程，这个过程赋予了士兵某种存在意义，但这个过程的复杂性又削弱了他们的逃跑欲望。要想把士兵的注意力从机械地射击上转移开，唯一办法是让他的枪无法再开火，而这在任何情况下都很难办到。

当步兵被要求把移动和火力结合起来时，他们遇到的挑战就变得更加复杂了。每个火枪手都学习并操练了如何在行进间重新装填子弹。训练操典还规定了集体"行进间射击"的方法。绵延展开的几个排向前跨出三大步，开火、再装弹，同时该营的其他几个排，以"小幅、缓慢的步伐"向他们靠拢。

战斗的结果，往往与臆想中的不能边走路边嚼口香糖的人所取得的结果相似。早在敌军的火枪和火炮造成巨大杀伤之前，一个上演军事版本的《船长，我可以》①的步兵营——部分士兵迈着巨人般的大步前进，同时另一部分人踩着婴儿般的小步前进——就很可能会由于步调不一致而自受其乱，更不要说在

---

① "船长，我可以"（Captain, May I）是一种儿童游艺，也叫"妈妈，我可以"（Mother, May I）、"爸爸，我可以"（Father, May I）。参加游戏的几个孩子待在一个房间里面，一人担任"妈妈""爸爸"或"船长"，其他孩子担任"孩子"或"水手"。妈妈面向墙壁站立，而其他人站在他的身后。"孩子"轮流问"妈妈"："我可以向前走五步吗？""妈妈"可以同意，也可以说："不行，你得后退三步。"双方自行决定提出什么要求，决定权在"妈妈"手中，无论"妈妈"要"孩子"怎么做，"孩子"都得照做，与"妈妈"的距离忽远忽近。最终，前进到"妈妈"位置的"孩子"担任"妈妈"，原来的"妈妈"成为"孩子"，如此循环。

该营表演这些复杂的体操时，敌军骑兵适时冲锋所产生的灾难性效果了。

莫尔维茨和查图西茨会战，提供了看待这个问题的另一个视角。可以说，这两场会战的成败都是由精神而非物质因素决定的。在莫尔维茨会战中，普鲁士步兵稳步前进，使他们的奥地利对手惊慌失措、阵形溃散；而在查图西茨会战中，普鲁士的步兵推进让奥地利指挥官相信，现在是离开战场、择日再战的时候了。恐吓显然比火力更有成效，若时机恰当，恐吓的成效还会更大。如果一位将军拥有比腓特烈更丰富的战斗经验，并且认为刺刀，或者更加准确地说是刺刀的威胁，才是战场上的主宰，那么这位将军很可能不会战败。18 世纪40 年代，对步兵突击行动的潜力，人们普遍重新产生了兴趣。这在一定程度上反映了人们对古典军事史的新兴趣，尤其是对萨里沙长矛组成的马其顿方阵和配合使用标枪短剑的罗马军团的欣赏。在一定程度上，这反映了人们对战斗伤亡的担忧与日俱增，因为此时的战斗需要双方近距离互相齐射。这仿佛是把两根蜡烛推入一个焊接用喷灯的火焰中，看哪根蜡烛熔化得更快。数千名本质上不可替代、训练有素的步兵惨遭屠杀，而战果往往微不足道。当时一些出类拔萃的战地指挥官，如萨克斯元帅，也认为交火行动的效果被严重高估了。在最糟糕的情况下，火枪仅仅是制造了噪音而已，没有造成伤亡；在最好的情况下，火枪在击毙敌人之前就粉碎了敌人的作战意志。[①] 正如萨克斯及其后辈指出的那样，胜利的关键不在于打垮当面之敌，而是让敌军中的每个人都相信逃跑比奋战更能保住性命，从而破坏敌军的凝聚力。[42]

1743 年修订的普鲁士步兵训练操典宣布，没有敌人能抵御恰到好处的冲锋，这相当于在操典中延续了崭新却又传统的战争智慧。形形色色的排级火力输出手段保留在操典之中，因为排级火力能有效对抗奥地利军队中的骑兵和轻装部队——克罗地亚边防兵。但是在1744 年爆发的第二次西里西亚战争中，国王宣布他的步兵在战斗中只需要做两件事情：迅速而精确地组成战线，然后听命持续推进。[43]

---

① 当时的火枪使用黑火药，没有膛线，所以射程短、打不准、威力小、射速慢，缺点很多，但黑火药产生的浓重硝烟、巨大噪声反而是一种心理战武器，能够极大地挫伤敌人的士气和斗志，反过来能够提振本方的士气和斗志，训练不足、意志不坚的一方即使没多大伤亡，往往也会先崩溃。

腓特烈并不完全迷信冰冷钢铁的神秘力量，然而在未来的一个世纪中，许多将军沉迷于这种力量。腓特烈坚持认为，任何敌人都抵挡不住坚定而稳健的步兵推进。但是，如果他真的这样做了，特别是如果普军的"营属火炮"已经完成火力准备的话，那么20步距离上的火枪齐射——当然10步的效果更好，会让他改变主意。

与大多数同行一样，普军会在战役开始之前，为每个步兵和掷弹兵营配备2到3门轻型火炮。这些火炮由士官指挥，由炮兵和抽调来的步兵组成的混合部队负责操作。那些步兵往往是他们的顶头上司乐于摆脱的刺头。尽管营属火炮的炮组人员的级别不高，营属火炮承担的战斗任务却十分重要。18世纪的火炮往往被想当然地认为是一种静态武器。然而，即使区区几门火炮，在正确的时间、正确的地点开火，也足以取得重大战果。

普鲁士的营属火炮，与第一次世界大战期间的"伴随火炮"、第二次世界大战中的德国国防军的步兵炮一样，都是为了打击稍纵即逝的目标，并为所在的营提供直接火力支援。在实际作战时，这些火炮的用法往往类似于英军的机枪，传言英军营长会命令机枪指挥官："把那该死的家伙搬到侧翼，隐藏起来！"尽管当时技术上的无知和兵种的自豪感起到了负面作用，但营属火炮的根本症结在于它的重量。无论处于装车状态，还是用人力从一个炮位转移到另一个炮位，火炮要跟上步兵稳步前进的步伐都绝非易事，甚至是根本不可能的。

尽管存在问题，团属火炮在莫尔维茨的总体表现还是不错的，足以鼓励腓特烈考虑让它们在军队的战术理论中扮演重要的角色。1741年夏季，国王倡议引进一款新的团属火炮。这是一种轻型的3磅炮，重量低于500磅①，仅由三匹挽马牵引。它牺牲了射程和杀伤力，换取更高的机动性和射速。尽管麾下的高级军官颇有微词，国王依然固执己见。到了1742年夏季，大多数普鲁士步兵团收到了新式火炮。如果新火炮能够按计划投入使用，就能够"在步兵队列中开火"，轰击敌军中的某个点，随后火枪步兵将对这个点实施一锤

---

① 500磅大概是227公斤。

定音的齐射。

在这个阶段，更重的火炮在腓特烈的战争手段中扮演着次要角色。国王希望他的"炮台"——大多是 12 磅炮，在战场上留在原地不动就好了，最好集中在侧翼开火以发挥威力。从理论上说，为了增强步兵的火力，重炮也可以配属给各个团。不过，总体而言，这些笨重的火炮在腓特烈青睐的那种快节奏的进攻性战斗中价值几何，很难说得清。所以，重炮依然是辅助性武器。当腓特烈谋求大幅度提高普军的作战效率时，他把目光转向了骑兵。[44]

腓特烈这样描绘他从父亲手上继承来的骑兵："大象背上的巨人既无法骑马，也没法打仗。"[①] 尽管莫尔维茨会战给国王留下了深深的记忆，但事实上，可以说普鲁士的骑兵与炮兵一样，都是军队中后娘养的。这与欧洲其他各国军队形成了鲜明对比。法国、奥地利、英国、瑞典，乃至尼德兰联邦[②]，都把自己的骑兵部队看作赢得会战的利器，并致力于提高骑兵军官、士兵和战马的效率。腓特烈·威廉一世却不以为然。在位期间，腓特烈·威廉始终坚持认为，步兵，确切地说是他计划发展的那种优秀步兵，把坚韧和火力结合起来，甚至可以击退占据数量优势的骑兵。

与许多其他事例一样，腓特烈·威廉的思维模式反映了经济方面的顾虑。骑兵是一个昂贵的兵种，尤其是其中的重骑兵。战马颇为昂贵，骑兵相应地也得到了王室的青睐。骑兵军官的看法大体上与国王一致。他们统统是贵族，但都是贫穷的贵族，一位贵族骑士的马匹也是他的劳作牲畜。拥有大型私人马厩的容克贵族[③] 寥寥无几，所以，马匹在猎场上摔断腿，患上马鼻疽、鹅口疮，或者几十种马匹疾病中的任何一种，都令人心痛不已。不足为奇的是，上尉和少校会精心照料他们麾下的战马，在马鬃上扎上丝带，天气恶劣时让马匹舒舒服服地待在马厩里面，他们顽固坚持的养护方式造就了吃得太多太好、皮毛光泽鲜亮、适合在剧烈活动中短时间冲刺的马匹，但是难以满足漫

---

① 腓特烈·威廉一世喜欢威风凛凛的壮汉，因此也青睐人高马大的重骑兵。

② 尼德兰联邦一般称为荷兰，其实荷兰只是尼德兰联邦独立时的七个省之一。

③ 容克，意为"地主之子"或"小主人"。原指无骑士称号的贵族子弟，后泛指普鲁士贵族和大地主。16 世纪起长期垄断军政要职，掌握国家领导权。19 世纪中叶开始资本主义化，成为半封建型的贵族地主。一直到二战结束前，容克贵族都是普鲁士和德国军国主义政策的最重要支持者。

长战役的需要。

骑兵几乎与他们的坐骑一样痛苦。从理论上讲，人员应该是普鲁士骑兵的强项。尤其是在普鲁士重骑兵，即胸甲骑兵和龙骑兵中，普鲁士臣民的比例很高。他们中的许多人是来自富裕的农民家庭的志愿兵，因此对马匹也相当熟悉。然而实际上，这些人面临的问题，与美国内战前三年北军骑兵面临的问题完全一样。他们只是深知马匹是一种危险的动物，却对骑兵勤务一无所知。相关制度规定，不得让马匹筋疲力尽，这就意味着在大多数骑兵团中间，马匹养护标准并没有超过农场马倌的水平。在野外条件下，有些士兵甚至不会正确地扎紧马肚带。至于骑兵战术，腓特烈·威廉一世对火力的执迷，意味着他的骑兵在有限的坐骑训练中，把大量时间耗费在骑在马背上使用手枪和卡宾枪①射击上了，考虑到短管燧发枪的射击精准度有限，这样训练的功效无论如何都不会大。45

腓特烈延续了莫尔维茨战后的改革活动，首先从身体条件开始。他的父亲很喜欢那些骑着高头大马的壮汉，骑兵的块头越大越好。腓特烈则把胸甲骑兵和龙骑兵的身高下限，都降低到约 1.65 米②。坐骑的标准是，胸甲骑兵的战马肩高不超过 15.75 掌，龙骑兵的不超过 15.5 掌。③尽管荷尔斯泰因战马依然是重骑兵最喜欢的坐骑，但弗里斯兰冷血马④逐渐让位于诺伊马克和东普鲁士的本土马匹。

新兵接受了新式训练。每一名新兵都接受了彻彻底底的徒步训练，在行为举止和纪律性达到要求之前，这个新兵绝不能接触马匹。骑术训练始于骑乘光背的马匹，目的是让新兵学会通过身体动作来控制坐骑，而非像农夫那样依靠收、放缰绳。等加上马鞍之后，新兵会发现与寻常的马鞍不同，马镫距离马

---

① 卡宾枪即马枪、骑枪，枪管比普通步枪短，子弹初速略低，射程略近，属于较轻便的步枪。

② 5 英尺 5 英寸。

③ 掌宽（horse hands）并不是一个国际标准单位，一掌宽约为 4 英寸（10.16 厘米），古英国时期因为没有国际公认的度量单位，人们就用自己的手掌来测量马匹的肩高。现在一些国家，包括澳大利亚、加拿大、爱尔兰、英国和美国，马的高度还是用手掌的宽度来测量，在赛马比赛中掌宽一般写作"h"或"hh"。15.75 掌折合 1.6 米，15.5 掌折合 1.57 米。

④ 马匹根据性格分为热血马、冷血马和温血马。热血马是最具有激动精神的马，最容易亢奋冲动。冷血马是指性格安静沉稳、容易操控，对外界环境反应比较迟钝，所以被称为"冷血"。温血马介于热血马与冷血马之间。

鞍更近，这意味着他只要一抬屁股，身体就会完全离开马背。由此产生的杠杆力量，增加了他持握的利剑的劈砍和刺击力量，而他的剑，从一开始就被强调为骑兵的主战武器。此时，胸甲骑兵和龙骑兵佩戴沉重的直刃剑，主要用于刺击。这符合腓特烈制定的目标：把重骑兵发展成为突击利器。他认为，弯曲的马刀会让骑兵战斗退化为一系列的单人对决，一对一单挑本身无法产生决定性结果，若要一系列单人对决得出个结果，则会耗费很长时间。事实上，一柄用于刺击的利剑，是一种你死我活的致命武器。①

个人的马术和武器使用技能，只是腓特烈为骑兵发展的整体设计奠定的基础而已。现有的普军军事理论规定，骑马进攻时需要慢步前进。这个概念包含了被众多批评家忽视的智慧。稳健的步伐保证了队形完整，同时让马匹不至于疲劳；事实证明，放手发动的骑兵冲锋是酿成战术灾难的要素之一。此外，缓慢而坚决的攻击，会对敌人的骑兵或步兵产生震慑效果，促使敌人赶快回头看一眼，而这往往预示着敌人会在遭到进攻时撤退。另一方面，行动**过于缓慢**的骑兵，在更加英勇的敌人发动的反扑面前相当脆弱。瑞典国王古斯塔夫·阿道夫和查理十二，都曾经教导他们的骑兵中队在遇到坚决反击时，必须紧握利剑，以飞驰的速度发动冲锋，把敌人打回去。如前文所述，腓特烈的原定目标并不算高：他的骑兵在距离敌人只有 30 步的时候才开始飞驰冲锋。1742 年，飞驰距离增加到了 100 步。直到 1744 年 7 月，他才规定飞驰距离为 200 步，即便如此，战马也只能在最后时刻自由驰骋。

18 世纪 40 年代中期，腓特烈对骑兵突击的重视，与他对步兵战术的重视是协调一致的。他设定的目标是在肉搏开始之前就击溃敌人。如果普鲁士骑兵中队和步兵团能够保持严整紧密的阵形，那么敌人一击即溃。更重要的是，取胜的进攻者会依然井然有序地保留在长官的掌控下，依照长官的命令，为进一步投入战斗做好准备。⁴⁶

---

① 剑长而直，适合刺击，但不适合劈砍。如果一次不中，就会给对手留下机会，所以说它是非你死即我活的致命武器。

第二次西里西亚战争

未来会再爆发战争的迹象日益明显。1742 年到 1744 年间，奥地利并没有像腓特烈所期望的那样，表现得像一个理智的人，接受失去西里西亚的事实，而是在 18 世纪的外交和军事领域实现了令人瞩目的复兴。臃肿低效的行政机构和有限的国力，使一个实际上处于战争中的国家很难提升自己的能力，而只能搞些无足轻重的改进。奥地利不仅站稳了脚跟，而且真的兴旺发达起来了，至少比战争开启阶段要好些。

奥地利恢复元气，在很大程度上得归功于玛丽亚·特蕾莎本人。有一次，她身着马扎儿人①的装束，怀抱着襁褓中的约瑟夫②，戏剧性地出现在匈牙利庄园里，摆出了足以刺激诗人创作灵感的姿态。更重要的是，为了换取马扎儿权贵的支持，女皇在宪法方面做出了让步。尽管她在让匈牙利人出钱出兵方面取得的实际成效，仅仅是匈牙利人吐出的花言巧语和空洞承诺而已，但是，公众热情地接受了玛丽亚·特蕾莎成为匈牙利女王，这些事实表明，哈布斯堡雄狮的利齿还没有完全掉光，仍有雄厚的实力。

玛丽亚·特蕾莎并非完全依靠公众魅力和私下妥协来治国安邦。1742 年，普鲁士和法国军队撤出波西米亚之后，女皇将当地奥军指挥官做出的大赦承诺作废。所有从敌人那里获得过荣誉的前官员，都被她撤职了。而公开与敌人合作过的人，面临着失去财产，遭受高额罚款和长期监禁的惩罚，甚至可能被处死或打残。[47] 在 18 世纪，这样的惩戒措施并不罕见。尽管如此，鉴于平民百姓认为理想的战争准则是"共存共生"，在这样的氛围中，这些惩罚还是被认为过于严厉了。时代正在变化，普鲁士国王腓特烈并非唯一准备重新制定规则的人。

到了 1744 年初，玛丽亚·特蕾莎也改组了她的军事指挥和政策制定团队。新内阁中最聪明的年轻人之一——文策尔·安东·冯·考尼茨伯爵，被提拔为奥属尼德兰③的事实总督。[48] 军事上的人事安排也发生了变动，一些拥有战功

---

① 匈牙利的主体民族。

② 下任奥地利皇帝约瑟夫二世。

③ 当时尼德兰北部已经独立，建立了荷兰共和国，南部属于奥地利，称奥属尼德兰，19 世纪独立成为比利时王国。

并精力充沛的军官被女皇派往波西米亚和摩拉维亚，面对普鲁士军队。1743年12月，女皇下令与萨克森结盟，宣告了她将卷土重来。名义上这是一个防御联盟，但加剧了柏林的紧张情绪。

具有讽刺意味的是，奥地利的1744年军事计划并没有把重点放在收复西里西亚上，而是在意大利和莱茵河沿岸发动攻势。但是，常言道："如果无人追捕，罪犯逃之夭夭。"尤其是在蒸蒸日上的俄罗斯表现出敌意的背景下，腓特烈认为安守暂时的现状是没有前途的。在外交领域，法国愿意延长与普鲁士的同盟关系，指望借此刺激奥地利，将兵力转移到西里西亚/波西米亚地区。在具体行动上，奥地利与萨克森新建的盟友关系，给了腓特烈比1740年更多的选择。1740年，萨克森选帝侯支持普鲁士，却没有取得任何回报。筋疲力尽的萨克森打算在强大邻国之间的第二轮谈判期间一直保持中立。对此，腓特烈还有其他想法。若一支庞大的军队从西里西亚直接进军波西米亚，路上会遇到很多后勤问题。萨克森的地形更加平坦，途经萨克森的侧翼行军路线，或许还能实现向奥地利发动战略突袭。该走哪条路，很好选：腓特烈的大军分为几路纵队，向萨克森边境开进。

在18世纪的战争中，破坏中立的现象并不罕见；然而，一个中等强国傲慢地入侵另一个中等强国的领土却不同寻常。对此，萨克森政府和萨克森军队都颇感意外，不过普军在前进的道路上尽可能地不造成破坏，萨克森也就没有阻拦普军过境。此时，奥地利人的注意力集中在低地国家①，一旦普军进入波西米亚，奥地利人只能采取些骚扰行动。到了9月初，腓特烈已经兵临布拉格城下，摆开了攻城的架势。

身为哈布斯堡王朝第二大城市的布拉格确实太大了，以至于为之修筑完备有效的防御工事，在财政上是不可能的任务，因此，也就很难组织有效的防守。布拉格总督殊死顽抗，普鲁士攻城炮兵只得在摇摇欲坠的城墙上，凿出一个可供进城的豁口，迫使总督在9月16日开门投降。此时，腓特烈承受着来自法国盟友的强大压力，法国人要求他穿过波西米亚南部进入多瑙河流域，三

---

① 低地国家包括今天西欧北部的荷兰、比利时和卢森堡三国，该地区海拔很低，尤其是荷兰的海拔低于海平面，故而称为低地国家。

天后，腓特烈离开了布拉格。到了 10 月 1 日，普鲁士人已经渡过了伏尔塔瓦河（莫尔道河），接着，腓特烈遇到了两件让他郁闷的事。萨克森终于回过味来，自己是一个国家，而非公用高速路。萨克森军队正在南下，而且有盟军陪同。10 月 2 日，腓特烈获悉奥地利野战军主力也在波西米亚的某个地方，更要命的是，他的间谍和侦察兵都不知道奥军的确切位置。

起初，腓特烈期待着重演 1741 年的故事。他拥有 6.2 万人马，并且相信他的大军有能力在野战战场上决定战役的成败。洛林的查理亲王，或者更确切地说是查理的新任顾问、老谋深算的 O. F. 冯·特劳恩元帅，并不打算给腓特烈这样的机会。随着天气越来越寒冷，空气越来越潮湿，奥地利人恭候萨克森人到来，同时威胁着腓特烈与布拉格之间的交通线。9 月 22 日[①]，萨克森人来了，让查理拥有了 7.4 万可战之兵。次日晚间，奥地利-萨克森联军建立了一个后来被称为马绍维茨营垒的阵地，距离腓特烈的主阵地不到 10 公里[②]。腓特烈向敌人迫近，9 月 25 日[③]，他亲自进行了侦察。他的结论是，自然和人力因素一起让联军营地固若金汤，已经缺少粮草的普鲁士军队无法直接攻下来。同日，普军启程返回布拉格，留下一些空空如也的阵地，任由奥地利人占领。

由于萨克森成了敌国，腓特烈无法指望在布拉格越冬。普鲁士人向东北方向进发，因逃兵和疾病而蒙受了重大损失。11 月 8 日和 9 日，腓特烈在新科林渡过了易北河。他原本希望靠打一仗来确保波西米亚的安全，看到奥地利人如此消极，就把他那疲惫不堪的军队打发到波西米亚地区越冬了。如果说国王起初认为奥地利人会参战的话，那么眼下，他对敌人的消极态度做出了相反的判断。出乎他意料的是，奥萨联军却在十天后渡过了易北河，歼灭了 1 个孤立的普鲁士营，迫使腓特烈赶忙退往西里西亚的各个隘口。此时，凛冬降临，飘落的大雪堵塞了越来越狭窄的道路。普军在跨越普奥边界时正处在瓦解崩溃的边缘，掉队的普军要么被冻死，要么被游荡在普军侧翼及后方的克罗地亚人和骠骑兵抓了俘虏。

---

① 原文如此，应为 10 月 22 日。

② 6 英里。

③ 原文如此，应为 10 月 25 日。

在这场近乎灾难的倒霉事件中，腓特烈蒙受的损失依然是一个有争议的话题。奥地利人吹嘘自己接收了将近 1.7 万名普军逃兵。其他可靠的资料估计，返回西里西亚的普军不到 4 万人，其中一半死于疾病①，或者不再适合服役。[49]西里西亚到处是掉队的散兵游勇和兵匪，这对于巩固普鲁士的统治有害无益。对国王的统率能力，军官们即使不冷嘲热讽，也会公开质疑。后来，腓特烈详尽记述了自己当时犯下的错误。他特别自责没有巩固布拉格周围的阵地，没有组建通往普鲁士本土的稳固的补给线。[50]第二项任务尤其重要。1744 年的波西米亚不是 1740 年的西里西亚。如果说奥地利的贵族阶层总体上可能不一贯忠诚，那么玛丽亚·特蕾莎已经做了许多杀一儆百的事情，而且到目前为止，奥地利的复苏迹象已经显而易见，以至于认真考虑更换君主的显贵变得寥寥无几了。波西米亚贵族对农民和城镇居民实施了一定程度的控制，使腓特烈的军队买不到也征不到物资。奥地利轻装部队再次阻止了普军筹集粮秣的行动，迫使普军出动大批兵力来搜集粮秣，兵力多到他们自己就吃掉了到手的大部分粮草。一旦普军开始撤退，艰苦的生活使士兵越来越不服从军官和士官的管束，毕竟连军官和士官自己也饥寒交迫、身心俱疲了。

与此同时，腓特烈认为他的奥地利对手比自己更精明，他会这么想，某种程度上也是件不同寻常的事。多年以后，国王喜欢说特劳恩是自己在战争艺术领域的导师之一。[51]他从 1744 年的战役中汲取了什么教训呢？当然，一个教训就是他不再相信他的军队在压力下的韧性了。18 世纪军史编纂学中有个古怪的特点：军队的脆弱性经常被挂在嘴边，而他们在面对真正逆境时表现出来的韧性，却遭到了忽视。18 世纪的雇佣军和职业军队在面对失败和困境时展现出来的忍耐力和恢复力，与 19 世纪的同行相差无几。[52]因此，这种认识偏差可以解释为，与后来几个世纪的全面战争相比，早期士兵逃亡和投降的可能性更高。②

在任何时代，奔波过度、给养不足和机动性不如敌人的军队，都有解体崩

---

① 原文如此，似乎应该是染上了疾病。如果死于疾病，那就无法返回西里西亚了。

② 大意是，早期军队逃亡和投降率高，让后人误以为早期军队更加脆弱，其实，逃亡和投降率高低与军队的韧性和恢复能力无关。

溃的趋势。这一观点很好理解接受，那么，为什么 18 世纪的士兵在这方面得到了高得不成比例的负面报道呢？其中一些原因似乎与腓特烈晚年雄辩的笔锋有关，他在著作中强调了纪律在控制乌合之众方面的重要性，在他的陈述和暗示中，普军里充斥着需要严加管束的乌合之众。他会有这种心态，似乎在很大程度上是源于他 1744 年在波西米亚的经历。他把他所继承的军队严守纪律视为理所应当的事，不愧是腓特烈·威廉的亲生儿子。腓特烈的早年履历，即使是他的骑兵逃离莫尔维茨战场的行径，也没能动摇他的预设：普鲁士军队知道如何扛过艰难困苦。但在 1744 年之后，国王就再也不相信麾下官兵的良心了。

腓特烈的第二个结论是关于操作层面的。到目前为止，其统帅生涯的最大特点是成功的会战和攻城，但是他指挥的战役乏善可陈。在 18 世纪的机动作战中，腓特烈依然是国际象棋棋手口中的"臭棋篓子"，即使奥地利的二流将领也能让他蒙羞受辱。不足为奇的是，依然年轻的普鲁士君主在盘点波西米亚惨败的后果时，比以往任何时候都更加确定，会战比计谋更管用。

落实这个结论不仅意味着要重建军队，还得让损失惨重的军队重新打起精神来。通过晋升、奖励现金和亲自安抚这套明智的组合拳，国王让心怀不满的军官们至少暂时安静下来了。但是，在波西米亚损失巨大的军队是腓特烈麾下最精锐的部队。再怎么努力征兵和训练新兵都难以顶替骨干老兵。随着普鲁士在国际信贷市场上的信誉滑入低谷，加上普鲁士作为盟友的价值在巴黎和慕尼黑受到了公开质疑，腓特烈迫切需要一场胜利来证明自己，就像他的祖先过去那样迫切。

战争就像一场百家乐纸牌游戏。一个有效的经验法则是，与一个必须赢钱的对手赌，然而腓特烈很少这样做。他不遗余力地保证自己依然手握筹码，从而在 1745 年春季翻本。他与英国人接触，希望英国人能在维也纳进行斡旋。他也敦促法国在西线发动大规模攻势，牵制奥地利。奥地利却不为所动。1744年 12 月，玛丽亚·特蕾莎解除了西里西亚人先前给予腓特烈的所有宣誓效忠。

1745 年 1 月，巴伐利亚选帝侯查理去世了。[①] 奥地利外交部立即着手与查

---

① 1745 年 1 月 20 日，巴伐利亚选帝侯查理·阿尔伯特暨神圣罗马皇帝查理七世驾崩，享年 48 岁。

理的继承人① 谈判，到了 4 月，谈判取得了成果，巴伐利亚以非常优惠的条件退出了战争，相当于恢复了战前的局面。⁵³ 一个月之前，对腓特烈漠视其主权感到愤懑的萨克森，既担心普鲁士在中欧崛起，又渴望获得荷兰与英国提供的津贴，所以同意加入一个四国联盟②，联手对抗这个新兴强国。

在玛丽亚·特蕾莎看来，她组建的新德意志联盟一定会让她收复西里西亚。现在，奥地利无法兼并萨克森和巴伐利亚，所以只能指望从普鲁士那里获得领土补偿。腓特烈决定在自己的国土上战斗到底，尽管这是他刚刚获得的土地。4 月，他在西里西亚境内的格拉茨③ 附近建立了野战司令部。普军集结的速度比腓特烈所设想的要慢。到了 5 月的最后一星期，他已经手握约 6 万人的兵力，包括 4.2 万名步兵和不到 1.7 万名骑兵，还有炮兵和工程兵。

腓特烈当面之敌的兵力与他自己的不相上下，素质也毫不逊色。查理亲王麾下的 4 万人得到了 1.9 万萨克森人的加强。腓特烈的第一个想法是把奥萨联军从波西米亚山区引诱到平原上去，在平原上，普军的战术优势最有可能发挥决定性作用。一场精心策划的虚假情报战，包括使用双面间谍、谣言制造者和佯装退却，诱使查理贪功冒进，进攻似乎正在逃跑的敌人。6 月 3 日，奥萨联军离开了坚固安全的巨人山脉④，向霍亨弗里德堡村进军。在这里，联军建立了一个没有野战防御工事的行营。腓特烈把主力部队精心隐藏起来，这一次，连一贯高效的奥地利轻骑兵也没有出动。国王决定冒险进攻信心满满、麻痹大意的敌人。

腓特烈的原定计划是夜间行军进入阵地，首先击溃联军的左翼，然后从东向西席卷剩余敌军。最初的行动圆满成功。尽管步兵必须穿过原野，而非火炮需要的道路，但普军阵形严整、鸦雀无声。要是哪个列兵一个喷嚏打得太响，或者违规吸烟斗来缓解自己的紧张情绪，都会饱尝身边战友的拳打脚踢。掉队人数减少到了最低限度。无论是州区应征兵，还是雇佣兵，是生于普鲁士的，

---

① 查理·阿尔伯特的继承者是他的独生子、马克西米连·约瑟夫三世，时年 18 岁。
② 包括英国、荷兰、奥地利、萨克森。
③ 克沃兹科的旧称。
④ 克尔科诺谢山。

还是从半个中欧招来的弃儿浪子，腓特烈手下的普通士卒都看得出来，如果此次行动失败，他们每个人的生还机会将相当渺茫。

经过短暂的休息，黎明时分，普军陷入了意料之外的局面。联军的营地向东延伸得比腓特烈预想的还要远一些。普军先头部队没有进入开阔地带，而是冲进了由一支强大的敌军步兵分队占领的高地。听到这个消息，腓特烈下令普军主力加快前进步伐。普军刚渡过斯特雷高河，就撞上了一支庞大的萨克森和奥地利骑兵部队。

腓特烈的右翼普军在人数和地形上都占优势——位于一个可以发动俯冲的坡顶上。第一次冲锋之后，他们的纪律就荡然无存了。骑兵的行动变成了由个人单挑组成的巨大漩涡，附近的所有普鲁士骑兵中队都被这个漩涡吸了进去。一次错失目标的刺击或者一次笨拙的劈砍，都可能是致命的。急于为自己效力的部队争取荣誉的普鲁士人，下手毫不留情，也不指望敌人手下留情，据说国王也不鼓励他们抓萨克森俘虏，这进一步刺激了普军的斗志。[54]

就在双方骑兵奋勇厮杀之际，步兵开始抵达战场。原来在联军左翼扎营的萨克森人，在一个崎岖破碎的地域上建立了自己的主阵地。此处是轻装部队的理想战场，为萨克森的战线步兵营提供了坚固的防御地形，尤其是在他们的团属火炮进入火力支援阵地的时候。现在是安哈尔特−德绍亲王利奥波德一展身手的时刻了。他让9个步兵营脱离行军行列，展开战线，继而率领他们挺进。其他部队纷纷响应，等到"德绍小伙子"开始发动进攻时，跟在他身后的已经有21个营了。按照普军新操典的规定，普鲁士人肩扛步枪稳步向前。身穿蓝色上衣①的战线步兵和掷弹兵向前挺进，穿过萨克森火炮发射的霰弹杀伤区，顶着萨克森步兵的火枪火力不断前进，最后，他们几乎就在敌人的眼前打出第一轮齐射。

普军进攻产生的心理和肉体压力，不足以立即击溃萨克森步兵。萨克森选帝侯的步兵营没有溃散，雇佣兵和本国士兵继续战斗了将近两个小时，用自己的火枪齐射迎击普鲁士人的，逐步从一个掩体的后面退到下一个掩体的后

---

① 普鲁士人身穿蓝色军服，这种颜色也叫普鲁士蓝。

面，让德绍亲王的部下每前进一步都付出沉重的代价。双方的伤亡都十分惨重。直到早上 7 点钟，萨克森人还是没有等来奥军的增援，只得撤了下去，在他们用生命换来的这两个小时里，他们的奥地利盟友慢慢腾腾地走出营帐，排成战斗队形。

萨克森军队撤退也标志着腓特烈原定计划的结束。腓特烈的右翼骑兵和步兵，把萨克森人逐出战场，自己也疲惫不堪，秩序全无，无力立即投入下一轮战斗。因此，腓特烈命令他的主力部队，也就是没有跟随利奥波德战斗的那部分部队，向左卷击，攻打还在原地的奥军。混乱让普军 1 个旅失去方向，在空旷的战场上陷入孤立无援的境地。然而，奥军居然无所作为，呆若木鸡地留在原地，这时，18 个普鲁士步兵营在其左翼 9 个骑兵团的掩护下，伴着与炮声相映成趣的战鼓声，摆开战斗队形，压了上来。

有那么几分钟，哈布斯堡王朝的命运似乎出现了转机。10 个普鲁士胸甲骑兵中队身后的一座桥梁垮塌了，导致他们暂时与主力部队失去了联系，处在孤立无援的状态。但在奥地利人向他们发动进攻之前，齐滕的侦察兵发现了一处浅滩。这位不走寻常路的骠骑兵军官，率领自己的骑兵团和第 12 龙骑兵团涉水跨过浅滩，增援陷入绝境的那批"重骑兵"。随后又有 5 个团跟进，他们惯于采取这种出人意料的行动，所以沉着淡定地涉水渡河了。他们的冲锋产生的冲击力足够——也刚刚足够——把已经在前两波普军攻势下陷入混乱的奥地利骑兵，打得抱头鼠窜。

只剩下奥地利步兵还在战斗。与萨克森盟友一样，身穿白衣的奥军坚守不退，与普军互相齐射，有时双方距离似乎仅相当于一根枪管的长度。就在胜负未分时，一群游荡的普鲁士龙骑兵进入战场，继而发动了将永载史册的冲锋。第 5 拜罗伊特龙骑兵团没有陷入普军左翼的骑兵战斗，而是跟在步兵身后前进，最后，该团停在第一道战线敞开的一道豁口的后面。在场的高级军官——不伦瑞克亲王费迪南，发现了一条由奥地利掷弹兵组成的战线，尽管这些奥军的火力没有拦下普军，但让普军前进的步伐变缓了。

只要普鲁士旧陆军还存在，关于下面发生的事情应该归功于谁，一定会产生争议，而且一定会争执不下。根本没人知道究竟是谁下达的冲锋命令。但是，在上午 8 点 15 分左右，拜罗伊特龙骑兵团向前冲了出去，先小跑，然后全速飞驰。由于没有时间组成方阵，奥地利掷弹兵在被踩翻在地之前只打出了一轮齐射，并且没什么效果，获胜的龙骑兵杀向奥军主力。在没有自己的骑兵缓解敌军骑兵冲击力的情况下，排成战线的奥军坚守了几分钟，随即全线崩溃，各自逃生去了。[55] 不到半小时，拜罗伊特龙骑兵团就缴获了不下 67 面军旗，他们此番冲锋获得的战利品还包括 5 门无法拖走的奥地利火炮，另有 2500 名战俘，尽管他们拼命逃跑的速度不亚于奔驰的战马，却都明智地放下了武器。拜罗伊特骑兵团自身的损失不到 100 人。

到了上午 9 点钟，可以说战斗结束了，因为敌人已经都走了，至少战场上没有了。腓特烈的部队只前进了几百米，就止步不前了。即使国王希望追击敌人、扩大战果，他也缺乏有组织的力量来实施：他的骑兵四处散开，他的步兵疲惫不堪。清点统计伤亡情况，发现普鲁士军队伤亡 4700 人，奥萨联军的损失是这个数字的三倍。——在 18 世纪的战争中，这是一个异乎寻常的比例。

战利品清单让国王印象深刻，以至于战后次日，他就下令在他的司令部里陈列缴获的军旗，仿佛是想让自己相信真的缴获了这么多战旗。[56]

霍亨弗里德堡战役多次被描绘为腓特烈首次运用斜线战术的战例，而斜线战术正是腓特烈对 18 世纪战术做出的最著名的贡献。[①] 集中兵力打击敌军侧翼的概念，不大可能是普鲁士国王的原创。从伊巴密浓达[②] 到马尔伯勒公爵的众多将军，都曾试图加强手中军队的一个侧翼，然后让这个侧翼前去击败对面的、相对较弱的敌军侧翼，随后席卷敌军全线。雷蒙多·蒙泰库科利曾提出，一支军队中最精锐的部队应该位于侧翼，让这个侧翼在兵力和素质上都具有优势，从而先发制人。在法国，福拉尔[③] 和弗基埃侯爵也提出了类似的理念。[57]

腓特烈熟读上述三位理论家的著作，也很欣赏这个概念。然而，付诸行动还有很多问题待解决。从最基本的层面上说，延长战线意味着削弱战线。那

---

① 斜线战术是腓特烈大帝从冷兵器时代继承和发扬光大的。

② 伊巴密浓达（约公元前 420—公元前 362 年），底比斯将军，伟大的希腊军事统帅。前 371 年斯巴达入侵，伊巴密浓达率军在留克特拉战役中，以首创的斜线战术大破斯巴达军。他以一己之力建立起强大的军事力量，屡破群雄，成为希腊古典时代末期的一颗耀眼的将星。

③ 福拉尔骑士（1669—1752 年），音译为舍瓦利埃·德·福拉尔，名叫让-夏尔，法国军人和军事作家。

个得到加强的侧翼究竟该强到什么程度，才能在敌人利用我方阵地上的弱点采取行动前，先突破敌军战线呢？解决这个难题之后，要想成功使用斜线战术，似乎还需要乐于合作的敌人，也就是一个足够粗心大意、愚蠢迟钝的对手，他不仅不保护自己薄弱的侧翼，还要在威胁近在眼前时无动于衷。假设敌军指挥官的能力正常，甚至低于正常水平，那么他对斜线进攻的正常反应，就是不让受到威胁的侧翼投入战斗。这就迫使敌人扩大行动范围，那么敌军拉得过长的战线会在某个点突然断裂，另一种可能是，正在迂回的攻方部队的机动能力和主动性被消耗殆尽。[①] 在这样的背景下审视腓特烈在霍亨弗里德堡使用的战术会发现，与其说他在首次试探性地使用斜线战术，不如说他企图采取更加传统的机动手段——夜间行军和侧翼进攻。战斗一打响，腓特烈就几乎没再指挥过任何部队。

整个欧洲军界异口同声地赞美霍亨弗里德堡会战，产生了某种事后诸葛亮的倾向：把战斗力与指挥艺术混为一谈了。腓特烈的夜间行军，构思大胆、执行精妙。然而，这是一个作战行动，而非战术移动，旨在打敌人一个措手不及，而非争取进入战场的时间。

在执行过程中，霍亨弗里德堡会战与查图西茨会战相似：由一系列独立行动组成，普军诸部都在各自为战，互不协同。增援部队是被拖到战斗漩涡中去的，而不是由高级指挥官特意指派过来的。拜罗伊特龙骑兵团发动的决定性

---

① 传统的直线或线性阵形，是把兵力一字排开，在双方兵力和战斗力相当的情况下，两军只能硬碰硬，即使获胜方也会伤亡惨重。为了克服直线阵形的缺点，伊巴密浓达在留克特拉战役中，大大加强了本方底比斯军队的左翼，削弱了右翼，企图先用加强的左翼尽快打垮敌军斯巴达的右翼，左翼获胜后再向右卷击，逐一打垮斯巴达军队的中路和左翼。但是，为了避免本方薄弱的右翼被敌军打垮，伊巴密浓达让右翼拖在后面，这样，底比斯军队就呈现左翼突前、右翼拖后的斜线，这就是"斜线战术"。留克特拉战役如他的构想大获成功，打垮了斯巴达军队，底比斯军损失却很小。虽然斜线战术看起来很美，但在实战中需要对方将领配合才行。假定 A 军采用斜线战术进攻 B 军，A 军加强了右翼，削弱左翼，右翼突前，左翼拖后。只要 B 军统帅不蠢，他就不会让本方的左翼硬抗 A 军强化了的右翼，而会让自己的左翼后退，直到自己右翼与 A 军较弱的左翼交战。考虑到 B 军后退的左翼不能与中路和右翼脱节，左翼不会整体后移，而是斜向后延展，导致左翼越来越长。这样可能会产生两个后果：一是 B 军左翼越来越长，终于断裂脱节，为 A 军提供战机；二是不断前进的 A 军右翼迟迟无法与敌人交战，再衰三竭，"机动能力和主动性被消耗殆尽"。所以，斜线战术并非总能取得胜利，具体情况取决于很多因素。

冲锋，既有主动性，也有机缘巧合。为什么这个团会在6月4日上午8点钟出现在战场的那个位置，而非其他五六个地方，其实并没有什么特定的理由。此外，霍亨弗里德堡会战既获胜了，也失败了。萨克森人和奥地利人各自为战，互不支持，使普鲁士人有时间从自己的战术失误造成的困境中挣脱出来，并赢得了一场意义重大的胜利，足以跻身德国历史上最伟大战役的行列。

保住西里西亚省

霍亨弗里德堡会战是了不起的大捷，却不具备决定性。然而在1745年夏季，腓特烈还没有意识到这一点。会战之后，普军没有发动战术追击，在接下来的几星期内，普军都碌碌无为：他们漫无目的地进进出出波西米亚，打算在玛丽亚·特蕾莎女皇决定谈判议和之前，节约普鲁士本土的战争资源，同时消耗奥地利的资源。[58] 但是，随着重新集结起来的奥萨联军继续监控腓特烈，而且哈布斯堡轻装部队再次展现出精通"小规模战争"的本领，维也纳绝口不提和谈之事。奥地利突击队不断发动偷袭，让普军流血伤亡之后又消失在乡野之中，为了追杀他们，齐滕手下骠骑兵的人、马都筋疲力尽。这里几辆辎重车被焚毁，那里一支筹集粮秣的小分队突然停止行动，一支巡逻队又消失得无影无踪。——这些就是腓特烈的夏季战役的内容了。9月下旬，腓特烈的军队入驻营盘，距离波西米亚的索尔镇几公里，在返回西里西亚和入驻冬令营之前，腓特烈预计不会遭受比平时更加严重的骚扰。出乎国王意料的是，9月29日，当普军还在蒙头大睡之际，腓特烈发现敌军模仿霍亨弗里德堡会战中的普军，发动了进攻。

腓特烈的营盘，是出于管理而非战术目的来布置的。尤其是普鲁士人没有占据或守卫自己右侧的高地，这块高地控制着普军撤回西里西亚的预定交通线。查理亲王抄袭了三个月前腓特烈采用的进军方式，而且执行得更胜一筹，即夜间行军穿过一片浓密杂乱的树林，继而迅速在黎明前占据那片高地。但是到了高地之后，奥萨联军的模仿秀戛然而止了。黎明的浓雾笼罩了联军前方的地面，有些将军会派兵去对付他看不见的敌人，但查理不是这种人。

联军占据了阵地之后，关于联军出现的警报才送到普鲁士国王的手上。在腓特烈与利奥波德勘察战场的同时，普鲁士人拿起武器，按照团、旅的战斗序列摆开了战阵。从上午6到8点钟，普军走出营盘，各就各位。腓特烈的计划简单明了，完全是依据形势而定，并非刻意策划。他计划把大部分兵力部署在右翼，面对奥军占领的高地，中路和左翼负责尽量牵制奥军。这时候打一场全面会战确实可能招致灭顶之灾。伤亡、疾疫、逃兵和分兵，使腓特烈手中的兵力减少到了2.2万人。奥地利-萨克森联军的人马是他的两倍，看来只有一锤定音的决定性打击，才有可能使普鲁士人免于全军覆没。

上午8点钟，战场上的浓雾消散了。在明亮透彻的阳光下，普鲁士人完成了部署，同时，奥军炮手一看到目标出现，就立即开炮了。腓特烈的主要目标是当地人叫作格兰纳-科佩的山岗，该地由10个步兵营严防死守，兵力相当于4个多掷弹兵营，另有45个联军中最精锐的骑兵中队。腓特烈派遣6个胸甲骑兵和龙骑兵团去对付他们的敌军同行。最前面的几个骑兵中队一脚跌进格兰纳-科佩山脚附近的一道陡峭深沟，普鲁士军队在侦察方面的缺陷再度暴露无遗。但是，普军在步兵团和骑兵中队级别拥有严格而灵活的纪律，这使胸甲骑兵不至于乱作一团。大为提高的马匹养护技术让战马身强体壮，即使在战役结束时，普军的战马也能够驮着身穿板甲的骑手从深沟出来，登上深沟的敌军一侧。由于对手未能抓住机会，普鲁士人时来运转了。联军骑兵奉命坚守格兰纳-科佩，联军各级军官，从将军到中尉，都兢兢业业地履行他们的职责。当普军前锋出现时，奥地利-萨克森联军没有发起冲锋，而是用手枪和卡宾枪对普军实施远程打击。——这种战术在一百年前就被古斯塔夫·阿道夫淘汰了。尽管兵力处于1∶2的劣势，普鲁士骑兵依然勇猛搏杀，为步兵肃清了当面之敌，此战也成为腓特烈战争中最惨烈的骑兵战斗之一。

这场战术上的胜利能否转化为更加丰硕的战果，起初还不确定。普军的第一波进攻动用了6个营，却被奥军炮火打得死伤累累，并且奥军掷弹兵及时发动凌厉的反击，将他们击退了。普军扛着火枪前进的无畏气势，并没有帮自己占到什么便宜，他们的敌人根本没有被吓倒。但是，与18世纪的许多战败军队不同，这些普军没有崩溃。相反，大部分幸存的败军穿过普军的第二线部队退了下去，他们有5个营之众，集结起来，足以向格兰纳-科佩山坡发动下一轮攻势并进攻联军炮兵阵地。与此同时，在现场指挥官的主动指挥下，普军左翼和中路向前推进。查理亲王并不愿意冒险进行肉搏战，率军退却了。查理的部下中，有 7500 人死、伤、被俘；普军的伤亡总数为 4000 人。[59]

至少根据腓特烈自己的回忆，这一次他试图发动一次追击，但是他的骑兵疲惫不堪，也乱成了一团，除了欢呼胜利，什么都干不成了。腓特烈又一次在"大难临头"之际，靠手下官兵卓越的团级战斗力才幸免于难，——再加上敌人胆小怯懦，不敢扩大优势或抓住战机。[60] 尽管奥地利-萨克森联军的高级军官并不缺少远见卓识，普通士卒也英勇无畏，但联军的战术缺陷让本该到手的胜利溜走了。

腓特烈相信战争已经结束了。他确信，无论奥地利女皇如何强硬固执，她的将军们都会让她相信普军在野战中是无敌的。出乎他的意料，玛丽亚·特蕾莎女皇更加坚定了——用武力让普鲁士回到该在的位置上去。为了实现这一目标，女皇谋求与法国议和，并与俄罗斯结盟。她还无视英国的警告，即继续取得英国津贴取决于奥地利能与普鲁士实现和平。而且，她还指示查理亲王筹备一件在 18 世纪战争中非比寻常的事情：发动一场冬季战役，这一次，不再是从波西米亚出击，而是从萨克森，矛头指向勃兰登堡，而非西里西亚。

从一名瑞典外交官口中获悉奥地利人的作战意图之后，腓特烈先发制人。两支各有 2 万人马左右的普军于 11 月下旬开进萨克森，一支由赢得索尔战役的人组成，另一支是"德绍老头"从各地驻军和安全部队中集结起来的。尽管腓特烈所部打了一些颇有成效的前哨战，取得冬季战役中唯一一场重大胜利的却是利奥波德。——12 月 15 日，利奥波德在德累斯顿城外的凯瑟尔斯多夫打了胜仗。此战中最令人难忘的是"德绍老头"的战前祈祷："哦，我的主啊，如果您不把此战的胜利赐予我们，那么也不要把胜利赐予对面那些狗杂种！以耶稣的名义，前进！"

他的战术与他的神学理论一样简单明了。最初，普军面对的是萨克森军暴露无遗的侧翼。"德绍老头"没有抓住这个机会，而是率领将士们转进到了敌军正面，然后让普军径直向前挺进。除了腓特烈，几乎没有人能让士兵听命使出这一招，但是"老糊涂"深受他训练了多年的火枪步兵的爱戴。他的部队就像在阅兵场上一样，秩序井然地前进，尽管萨克森炮兵造成了巨大杀伤，而且没有受到普军反击炮火的干扰，普军步兵似乎完全不为所动。尽管普军伤亡惨重，依然向敌军步步逼近，萨克森人发动反击，却被猛扑上来的普鲁士骑兵砍得人仰马翻。残存的萨克森军没有服从让他们撤退的命令，坚守战斗岗位。在第一枪打响两小时之后，"德绍老头"控制了战场。在他投入战场的 3.1 万人马[①] 中，5000 人伤亡。敌军投入了差不多的兵力，损失了 1/3 到 1/2 的人。因此，萨克森首都[②] 未经一战即陷落，就不足为怪了。[61]

凯瑟尔斯多夫战役是一个很有说服力的证据，已经承受着来自英国的巨大压力的奥地利政府，必须做出抉择，要么结束与腓特烈的战争，要么失去英国的金钱和外交支持。在伦敦看来，法国才是欧洲的真正敌人。1745 年 5 月，法国军队在丰特努瓦展示了强大的实力，英国最精锐的部队被法军中爱尔兰旅的猛冲猛打垮了。[③] 法国人支持 1745 年詹姆斯派起义[④] 表明，路易十五的政府为了获取胜利，也随时准备镇压革命。[62] 在这种情况下，普鲁士国王腓特烈亲切和蔼地表示：他夺取西里西亚，只不过是悠久历史上的一次土地攫取而已。

奥地利也有足够理由放下武器。1745 年 12 月 25 日，双方缔结《德累斯顿和约》，正式结束了第二次西里西亚战争。从纸面上看，普鲁士似乎大获全胜。玛丽亚·特蕾莎承认了腓特烈对西里西亚的主权，作为回报，普鲁士承认弗朗茨[⑤] 为神圣罗马皇帝：以领土换头衔，是人们现已耳熟能详的哈布斯堡王朝的一贯作风。然而这一次，奥地利的举动并非完全出于软弱。巴伐利亚选帝侯国正在经历一场自己的外交革命。四年来对帝位的追求，使巴伐利亚政府和国家都筋疲力尽了，国家财政濒临崩溃，税收压力达到极限。尽管巴伐利亚军

---

① 前文说利奥波德亲王手下只有 2 万人马，此役投入了 3.1 万，也许在他在一个月内又集结了 1.1 万人。

② 萨克森首都是德累斯顿。

③ 数百年来，爱尔兰一直受到英国的侵略和残暴统治，加上爱尔兰信仰天主教，英国信新教，所以爱尔兰人亲法反英，在与英军的战斗中一贯勇猛异常，舍生忘死。

④ 1688 年，英王詹姆斯二世的女儿玛丽二世、女婿威廉三世发动光荣革命，推翻了信仰天主教的詹姆斯二世及其独生子、合法继承人詹姆斯·斯图亚特，詹姆斯二世父子二人投奔法王路易十四，法国则支持他们父子复辟，对抗英国。从此，支持詹姆斯二世和詹姆斯·斯图亚特一脉的王位诉求的党派，就叫作詹姆斯派，根据法语读音也叫雅各宾派，注意不要与法国大革命期间的政治派别雅各宾派相混淆。

⑤ 即玛丽亚·特蕾莎女皇的丈夫弗朗茨一世（1708—1765 年，1745—1765 年在位）。如前文所述，1745 年 1 月 20 日，巴伐利亚选帝侯查理·阿尔伯特，即神圣罗马皇帝查理七世驾崩，查理七世之子马克西米连·约瑟夫年仅 18 岁，不再与玛丽亚·特蕾莎和弗朗茨夫妇争夺帝位，弗朗茨继位为帝就没有障碍了。

队打得不错，但是兵员的损耗率太高了，无法弥补，再不能与巴伐利亚的敌人和盟友所拥有的绝对兵力相提并论了。如果说"神圣罗马皇帝"头衔的拥有者只不过是法国的傀儡，那么这个头衔有什么价值呢？[63]

从 1745 年春季开始，查理·阿尔伯特的继承者马克西米连·约瑟夫便谋求与奥地利结盟。玛丽亚·特蕾莎的最初要价是巴伐利亚投入反普鲁士战争，这简直是让巴伐利亚刚出泥坑又下火坑，因而巴伐利亚政府望而却步。《德累斯顿和约》的签署，打破了奥、巴之间的僵局。1746 年 6 月，巴伐利亚与奥地利签署了一份条约，又与英国及荷兰签订了一份津贴协议。5000 人的巴伐利亚军队加入了位于低地国家的多国联军，有了他们的加入，奥地利就有能力对抗其宿敌法国了。[64] 到了 1746 年年底，玛丽亚·特蕾莎的军队已经收复了意大利北部的大部分领土。然而，奥地利只能在尼德兰与法国僵持不下。荷兰政府的财力和斗志都已经捉襟见肘。鉴于英国越来越不愿意为欧洲大陆上的行动，提供比得上法国的努力和成就的资金，在 1748 年初开启和平谈判即使不是完全不可避免的，至少也是顺理成章的一步。[65]

开启谈判是在普鲁士没有直接参与的情况下，走向和平的第一步，至少在眼下，普鲁士国王似乎对自己的收获心满意足。被排除在谈判之外而滋生的任何不满情绪，都可以通过在最终达成的《亚琛和约》中加入确保普鲁士拥有西里西亚这一条款来抵消。这个条款为腓特烈攫取西里西亚出具了国际认证。——即使在那个国家边界不断变幻的时代，这也绝非微不足道的让步。毫无疑问，这也标志着普鲁士拥有了欧洲大陆强国的地位。当然，这一局面能够维持多久，还有待检验。

本章注释

1. Charles Ingrao, 'The Pragmatic Sanction and the Theresian Succession: A Reevaluation', in *The Habsburg Dominions under Maria Theresa*, ed. W. J. McGill (Washington, Pennsylvania, 1980), pp. 3 - 18，是最近针对这一主题的优秀作品，分析角度比之前的文章更具批判性。

2. Theodor Schieder, 'Macht und Recht. Der Ursprung der Eroberung Schlesiens durch König Friedrich II von Preussen', *Hamburger Wirtschafts- Jahrbuch für Wirtschafts und Gesellschaftspolitik*, XXIV (1979), 235 - 51，是分析腓特烈的决策的最佳文章。Cf. Gustav B. Volz, 'Das Rheinsberger Protokoll von 29. Oktober 1740', *Forschungen zur brandenburgischen und preussischen Geschichte*, XXVI (1916), 67 - 93.

3. Robert B. Asprey, *Frederick the Great: The Magnificent Enigma* (New York, 1986), p. 155.

4. Reed Browning, *The War of the Austrian Succession* (New York, 1993), pp. 37 *passim*.

5. Asprey, *Frederick the Great*, 159 ff.，惟妙惟肖地描述了战前最后六个星期中，柏林的政治军事氛围。

6. *Beyträge zu den Anecdoten und Characterzügen aus dem Leben Friedrichs des Zweiten*, 4 vols (Berlin, 1788 - 85), III, 60.

7. Hans-Wilhelm Büchsel, 'Oberschlesien im Brennpunkt der Grossen Politik', *Forschungen zur brandenburgischen-preussischen Geschichte*, XLI (1939), 83 - 102，是一篇颇有裨益的概述。

8. Frederick to Podewils, 16 Dec. 1740, in *Politische Correspondenz Friedrichs des Grossen*, 46 vols (Berlin, 1879 - 1939) (Hereafter cited as PC), I, pp. 147 - 8.

9. *Kaiserin Maria Theresias Politischen Testament*, ed. J. Kallbrunner and C. Biener (Vienna, 1952), p. 29.

10. Charles Ingrao, *The Habsburg Monarchy, 1684 - 1815* (Cambridge, 1994), pp. 53 - 120，是一篇极佳的概述。Derek McKay, *Prince Eugene of Savoy* (London, 1977); and Thomas Barker, *The Military Intellectual and Battle* (Albany, NY, 1975)，分别是关于欧根亲王和蒙泰库科利的最佳英文传记。

11. Karl Roider, *The Reluctant Ally: Austria's Policy in the Russo-Turkish War, 1737 - 1739* (Baton Rouge, 1972)，突出了外交短板与战略缺陷之间相辅相成的负面作用。

12. 直到腓特烈在位，各团才使用数字番号，即使在这个时候，兵团的名称依然广为人知。然而，这些团的名字经常改变。为了便于读者阅读，本文使用新启用的兵团数字番号。

13. D. Schwerin, *Feldmarschall Schwerin* (Berlin, 1928)，依然是什未林元帅这个重要人物的最佳传记。

14. Brent Nosworthy, *The Anatomy of Victory: Battle Tactics 1689 - 1763* (New York, 1990), p. 187.

15. K. Duncker, 'Militärische und politische Aktenstücke zur Geschichte des ersten Schlesischen Krieges', *Mittheilungen des K. K. Kriegs-Archivs* (Vienna, 1887), p. 205.

16. Frederick II, *Geschichte meiner Zeit* in *Die Werke Friedrichs des Grossen*, ed. G. B. Volz, 10 vols (Berlin, 1912-14), II, p. 77.

17. Christopher Duffy, *Frederick the Great: A Military Life* (London, 1985) p. 33.

18. Frederick, *Œuvres de Frédéric le Grand*, ed. J. D. E. Preuss, 30 vols (Berlin, 1846 - 56), vol. II, p. 17.

19. Grosser Generalstab, *Die Kriege Friedrichs des Grossen*, Part One, *Der Erste Schlesische Kriege, 1740 - 1742*, vol. I (Berlin, 1890), p. 419.

20. Christopher Duffy, *The Army of Frederick the Great* (New York, 1974), p. 107.

21. G. Winter, *Hans Joachim von Ziethen*, 2 vols (Leipzig, 1886)，是最详细的齐藤传记。

22. G. von Pelet-Narbonne, *Geschichte der brandenburg-preussischen Reiterei von den Zeiten des*

Grossen Kurfürsten bis zur Gegenwart, 2 vols (Berlin, 1905), I, pp. 135 ff.

23. Jeremy Black, *Natural and Necessary Enemies: Anglo-French Relations in the 18th Century* (Athens, Georgia, 1986), pp. 1 ff.

24. A. M. Wilson, *French Foreign Policy during the Administration of Cardinal Fleury, 1726 - 1743* (Cambridge, Mass., 1936)，依然有用。

25. Bernhard Kroener, 'Von der bewaffneten Neutralität zur militärischen Kooperation. Frankreich und Bayern im Europäischen Mächtekonzert 1648 - 1745', *Wehrwissenschaftliche Rundschau* VI (1980); and L. Hüttl, 'Die bayerischen Erbansprüche auf Böhmen, Ungarn und Österreich in der Frühen Neuzeit', in *Die böhmischen Länder zwischen Ost und West: Festschrift für Karl Bösl*, ed. Ferdinand Seibt (Munich, 1983), pp. 70 - 88.

26. Jeremy Black, 'Mid-18th-Century Conflicts with Particular Reference to the War of the Polish and Austrian Successions', in *The Origins of War in Early Modern Europe*, ed. J. Black (Edinburgh, 1987), p. 228.

27. A. Unzer, *Die Konvention von Klein-Schnellendorf (9 Oktober 1741)* (Frankfurt, 1889)，在细节方面相当考究。

28. E. Bleich, *Der mährische Feldzug Friedrich II. 1741/42* (Berlin, 1901)，是一篇不错的作战行动概述。

29. Duffy, *Frederick the Great*, p. 39.

30. O. Herrmann, 'Von Mollwitz bis Chotusitz. Ein Beitrag zur Taktik Friedrichs des Grossen', *Forschungen zur brandenburgischen und preussischen Geschichte*, VII (1894), pp. 340 ff.

31. G. F. Schmettau, *Lebensgeschichte des Grafen von Schmettau*, 2 vols (Berlin, 1806), II, 222; C. Rousset (ed.), *Le Comte de Gisors 1732 - 1758* (Paris, 1868), p. 106.

32. Frederick II to C. F. Jordan, 13 June 1742, *Œuvres*, XVII, pp. 226 - 7.

33. 关于英国政策及其背景，请参阅 Black, *Natural and Necessary Enemies*, p. 37 *passim*; H. M. Scott, '"The True Principles of the Revolution": The Duke of Newcastle and the Idea of the Old System', in *Knights Errant and True Englishmen: British Foreign Policy, 1660 - 1800*, ed. J. Black (Edinburgh, 1989), pp. 55 - 91, esp. 63 ff.; and Manfred Schlenke, *England und das friderizianische Preussen 1740 - 1763* (Munich, 1963)。

34. 引自 Duffy, *Frederick the Great*, p. 45。

35. Browning, *War of the Austrian Succession*, pp. 129 *passim*.

36. Wolfgang Handrick, *Die Pragmatische Armee 1741 - 1743* (Oldenburg, 1990) 是关于这支大杂烩部队的起源、性质和表现的典型案例分析著作。

37. Basil Williams, 'Carteret and the So-called Treaty of Hanau', *English Historical Review*, XLIX (1934), 684 - 7; Gustav Otruba, 'Die Bedeutung englischer Subsidien und Antizipationen für die Finanzen Österreichs 1701 - 1748', *Vierteljahrschrift für Sozial- und Wirtschaftsgeschichte*, LI (1964), 192–234.

38. 查理·因格拉奥提出了一个强有力的观点：尽管奥地利人对地缘政治考虑不同，但这方面的考虑对奥地利政策的影响，与王朝问题的影响不相上下。'Habsburg Strategy and Geopolitics during the 18th Century', in *East Central European Society and War in the Pre-Revolutionary 18th Century*, ed. G. Rothenberg *et al.* (Boulder, CO, 1982), pp. 49 - 66.

39. 相关引文见 Walter Mediger, *Moskaus Weg nach Europa. Der Aufstieg Russlands zur Europäischer Machtstaat im Zeitalter Friedrichs des Grossen* (Braunschweig, 1952); p. 258 *passim*; and Paul Karge, *Die russisch-österreichischen Allianz von 1747 und ihre Vorgeschichte* (Göttingen, 1886), pp. 102 ff.

40. Jeremy Black, 'British Foreign Policy and the War of the Austrian Succession, A Research

Priority', *Canadian Journal of History*, XXI (1986), 313‒31; and P. G. M. Dickson, 'English Negotiations with Austria 1737‒1752', in *Essays in 18th Century History Presented to Dame Lucy Sutherland*, ed. A. Whiteman *et al.* (Oxford, 1973), pp. 81‒112.

41. Frederick II, 'Instruction für die Infanterie', June 20, 1742, *Œuvres*, XXX, pp. 121 ff.

42. Maurice de Saxe, *Reveries on the Art of War*, T. R. Phillips (Harrisburg, Pennsylvania, 1944).

43. Duffy, *Army of Frederick the Great*, 82 ff.; Chandler, *The Art of Warfare in the Age of Marlborough*, (London, 1976), pp. 128 ff.; and Nosworthy, *Anatomy of Victory*, pp. 183 ff., 是当时关于这个时代的普鲁士步兵战术的、最好的英文分析文章。

44. Hans Bleckwenn, 'zur Handhabung der Geschütz bei der friderizianischen Feldartillerie', *Zeitschrift für Heereskunde*, XXIX (1965), 96‒105, 是一篇优秀的概述性文章。

45. W. Unger, *Wie ritt Seydlitz?* (Berlin, 1906), 详细介绍了这个时期的骑兵服役情况。Cf., as well, Christopher Duffy, *The Military Experience in the Age of Reason* (London, 1987), pp. 115 ff.

46. Cf. particularly Frederick II, 'Reglement für Cavallerie und Dragoner, was bei den Exerciten geändert wird', 17 June 1742; 'Disposition pour la cavalerie', July 1744; and 'Disposition, wiesich die Officiere von der Cavallerie, und zwar die Generale sowohl als die Commandeurs der Escadrons, in einem Treffen gegen den Feind zu verhalten haben', *Œuvres*, XXX, pp. 111 ff., 143 ff., 135 ff.

47. Browning, *War of the Austrian Succession*, p. 127.

48. W. J. McGill, 'The Roots of Policy: Kaunitz in Italy and the Netherlands 1742‒1746', *Central European History*, I (1968), 131‒49.

49. Duffy, *Frederick the Great*, p. 56; G. L. Mamlocke, *Friedrichs der Grossen Korrespondenz mit Ärzten* (Stuttgart, 1907), p. 12.

50. Frederick II, *Œuvres*, III, p. 76.

51. C. J. Ligne, *Mémoires et lettres du Prince de Ligne* (Paris, 1923), p. 158.

52. 一个很好的例证是法军于1742年12月撤离布拉格，对此写得最好的书是 Albert, due de Broglie, *Frédéric II et Louis XV, 1742‒44*, 2 vols (Paris, 1885), I, pp. 105 ff.。

53. Browning, *War of the Austrian Succession*, p. 203.

54. 这至少是前线骑兵中队的理解：J. A. F. Logan‒ Logejus, *Meine Erlebnisse als Reiteroffizier unter dem Grossen König in den Jahren 1741‒1759* (Breslau, 1934), pp. 91 ff.。

55. M. E. Kröger, *Friedrich der Grosse und General Chasot* (Bresen, 1893), pp. 37 ff., 绘声绘色地描述了那场以一名中尉为首的第一波冲锋。

56. Rudolf Keibel, *Die Schlacht von Hohenfriedberg* (Berlin, 1899); and A. Hoffmann, *Der Tag von Hohenfriedberg und Streigau* (Oppein, 1903), 成功地把平铺直叙与趣闻轶事结合了起来。

57. 关于其中的背景，请参阅 Robert L. Quimby, *The Background of Napoleonic Warfare* (New York, 1957), pp. 15 *passim*: and Jean Colin, *L'Infanterie au XVIIIe siècle. La tactique* (Paris, 1907)。

58. Frederick II, *Œuvres*, III, 120, 是国王在安排行动的过程中强调后勤因素的一个例证。

59. Hans Stabenau, *Die Schlacht bei Soor* (Frankfurt, 1901), 是不错的综述性史料。

60. J. Richter (ed.), *Die Briefe Friedrichs des Grossen an seinen vormaligen Kammerdiener Fredersdorf* (Berlin, 1926), p. 58.

61. 其中许多人开了小差，而非战斗伤亡。Cf. Walter von Bremen, *Die Schlacht bei Kesselsdorf am 15. Dezember 1745* (Berlin, 1888); and von Lindenau, 'Die Schlacht bei Kesselsdorf', *Militär‒ Wochenblatt, Beiheft* XI (1904), 465‒503.

62. F. McLynn, *France and the Jacobite Rising of 1745* (Edinburgh, 1981).

63. P. C. Hartmann, *Karl Albrecht. Karl VII. Glücklicher Kurfürst, Unglücklicher Kaiser* (Regensburg,

1985)，是一部不错史书，阐述了巴伐利亚是如何由于过度扩张而衰落的。

64. Wolfgang Handrich, 'Der bayerische Löwe im Dienste des österreichischen Adlers. Das kurfürstliche Auxiliärkorps in den Niederlanden 1746 - 1749', *Militärgeschichtliche Mitteilungen* L (1991), 25 - 60.

65. Browning, *War of the Austrian Succession*, pp. 327 *passim*，迄今为止，这是对和谈及其前因后果的最好概述。

喘息之机和重启战端

绝大多数外交官相信《德累斯顿和约》只是国际关系的一个脚注而已，影响力很小，持有同样想法的将军就更多了。法国与英国又打了三年之久。这场冲突到最后阶段时，已经远远超出了局部战争的模式，法国打算入侵英国，同时詹姆斯派的起义迫在眉睫，这些军事上和政治上的因素都足以促使英国汉诺威王朝政府谋求和平，而非继续冒险再打上一个更加激烈的回合。1748年10月18日，《亚琛和约》让各方放下了武器，但是潜在的紧张局面依然存在。殖民贸易中的核心问题尚未解决。两个超级大国在印度，尤其是在北美的殖民地政府依然自行其是、互相对抗，与之相应的，两国的中央政府也难以忽视这些在海外发生的对抗。鉴于战争不大可能仅仅局限在海上和海外，要想避免欧洲两个商业强国之间重启战端，就需要善意和时间来敉平敌意。

为下一轮大战整军经武

从更小的视角看来，奥地利在18世纪40年代的各方面表现，并没有许多人预期的那样糟糕。[1]西里西亚的沦陷是18世纪以来，欧洲大国蒙受的最大领土损失。然而，玛丽亚·特蕾莎从战争中脱颖而出，作为自己地盘上的女主人，她在国内的公众形象没有别的欧洲统治者能够媲美。巴伐利亚选帝侯查理之死，为她除掉了哈布斯堡家族对皇冠诉求的唯一真正竞争者。[1]法国也不会

---

① 由于玛丽亚·特蕾莎出嫁之后需要改为夫姓，所以严格地说，在查理六世死后，无论由约瑟夫一世的女婿查理·阿尔伯特（查理七世）继承帝位，还是由查理六世的女婿弗朗茨一世继承帝位，哈布斯堡王朝都结束了，最终获胜的弗朗茨一世开创了一个新王朝——洛林·哈布斯堡王朝。

拿出本已捉襟见肘的资源，再次承担与奥地利起冲突的风险，来争夺逐渐名义大于实质的帝位和头衔。鉴于普鲁士已经崛起为德意志地区的一个军事和外交强国，法国更加愿意扮演诚实中间人的角色，或者更加坦率地说，充当中小德意志诸侯的后台，助其对抗自命不凡的哈布斯堡王朝与霍亨索伦王朝。七十五年前，路易十四四面开战都没有取得的东西，可能会由他的曾孙① 得到，因为路易十五还记得传说中北风与太阳打赌看谁能先让旅行者脱掉外套的故事。②

然而，随着奥地利王位继承战争的告终，比客观分析奥地利的立场更为重要的，是意识到哈布斯堡王朝的决策系统的相对衰败。1749 年 3 月，帝国的顶级智囊们在维也纳召开了一场"秘密会议"，旨在探讨奥地利外交政策的未来走向。会议结束后，文策尔·考尼茨提交了一份冗长的备忘录，探讨了旧制度下旧欧洲战争的结构性根源。² 以法国为例，考尼茨认为日益军事化的贵族阶层把普遍的战争现象，视为在国家和社会领域扩大私利的一种手段。鉴于法国贵族占据了法律、政治和经济领域的高位，无论法国政府在何时由谁来领导，实现长期和平都是空中楼阁。

这种根深蒂固的好战倾向同样对奥地利提出了挑战，尤其是在普鲁士的国际地位蒸蒸日上的情况下。考尼茨客观准确地把腓特烈的王国描绘为"奥地利王室最强大、最危险、最水火不容的敌人"。相关问题不仅涉及保卫哈布斯堡帝位免受普鲁士侵犯，还涉及削弱和限制普鲁士的国力，使本已脆弱不堪的欧洲秩序免受普鲁士的破坏。

传统上，奥地利通过与海上强国荷兰，更重要的是与英国合作，来应对欧洲大陆上的挑战。然而到目前为止，荷兰既缺乏军事实力，也缺乏政治凝聚

---

① 路易十五是路易十四的曾孙，他们之间的世系为：路易十四→王太子路易→勃艮第公爵路易→路易十五。四代人都叫路易。

② 出自《伊索寓言》。太阳与北风打赌，看谁能先让旅行者脱掉外套。于是，北风猛烈地刮，想要把行人的衣服刮掉，结果，路上的行人紧紧裹住自己的衣服，风刮得更厉害了，行人冷得发抖，便添加更多衣服。风不管怎么使劲地刮，行人就是不脱衣服，北风刮得筋疲力尽了，对太阳说："你来试试吧，我想看看你有多厉害。"太阳开始把温和的阳光洒向行人，行人觉得好暖和啊，就脱掉了添加的衣服，太阳接着把更强烈的阳光射向大地，行人开始流汗，觉得越来越热，慢慢地把衣服都脱光了。北风看见了，就对太阳说："你真厉害，这么容易就让行人把衣服脱了！"在这里，路易十四相当于北风，虽然卖力打仗却没能达到目的，路易十五对应太阳，没费多少力气就实现了。

力，不足以成为一个值得信赖的盟友。至于英国，它与奥地利的关系是一场典型的临时婚姻，是二战时期的反法西斯同盟的雏形，并不是为了实现权力平衡而有意识地承担共同责任。英、奥两国之间几乎完全没有商业和经济联系。无论英国的公使还是外交代表，都对玛丽亚·特蕾莎实行的天主教专制缺少同情。奥地利也没有突然出现对英国时尚、英国文学乃至英国烹饪的追捧。造访过对方国家的旅行者屈指可数，带回的正面消息就更少了。至少从奥地利的角度看，在最近的战争中，英国在掏钱、出兵时都很吝啬，涉及中欧问题的时候更是如此。³ 考尼茨不需要什么想象力就可断定，在未来奥地利收复西里西亚的一切努力中，英国政府都几乎不可能提供"直接和认真的合作"。

考虑到这些，考尼茨认为奥地利面临两个选择：一是承认失去西里西亚，继而承认普鲁士可能在德意志境内继续挑战奥地利霸主地位；二是哈布斯堡王朝"以这样或那样的方式"寻求法国的支持，对抗妄自尊大的普鲁士。在考尼茨看来，第二个选择不仅有助于恢复德意志已经严重不平衡的局面，还可以最大限度地利用法国天生具有侵略性的社会结构。法国人热衷打仗，这最好不过了，就在下次战争中，让法国人为了一项不仅有利于奥地利，而且有利于整个欧洲的事业而战好了：压制勃兰登堡王朝，使之重回非常次要的蕞尔小国地位。

考尼茨对普鲁士的敌意，既出自中欧视角，也是出于哈布斯堡王朝的立场。尤其是考虑到俄罗斯、瑞典和波兰边境瞬息万变，难道有人会相信西里西亚代表了腓特烈最后的领土要求吗？如果腓特烈主动或在法国的怂恿下卷入俄瑞战争，会对俄罗斯造成什么样的后果呢？这些问题都是不言自明的。在普鲁士向法国的盟友萨克森宣战之后，俄罗斯曾试图干预第二次西里西亚战争。在俄国开始动员一支远征军之前，腓特烈就已经占领了萨克森。但在次年，伊丽莎白女皇① 要求国务委员会评估，防止或先发制人地阻止普鲁士进攻俄罗斯的最佳手段。女皇得到的答复是与奥地利结盟。在俄奥协议的最终版本中，表面上的主要目标是奥斯曼帝国，就像 1726 年签署的一份早期协议一样。然而，

---

① 伊丽莎白·彼得罗芙娜（1709—1762 年，1741—1762 年在位），彼得大帝的女儿，俄国罗曼诺夫王朝女皇。她的年龄和继位时间都与腓特烈差不多，未来将成为腓特烈的劲敌。

其中的一项秘密条款承诺，一旦普鲁士发动进攻，俄、奥两国将互相帮助。一支主要由英国资助的俄罗斯监视部队，在普鲁士的立陶宛边界上驻扎了十八个月，用来威慑普鲁士，使之不要在《德累斯顿和约》签署后再介入战争。1748年2月，奥地利王位继承战争结束时，另一支由英国出资的俄国辅助部队抵达了纽伦堡。[4]

尽管考尼茨对"个人因素"——对俄国女皇及其朝令夕改的智囊团队的委婉说法——在俄国制定政策方面的重要性感到不满，但他依然认为俄奥同盟"值得小心翼翼地加以维护"。俄奥同盟给了奥地利喘息之机，重建其军事力量并弥补财政损失。随后将有6到7万俄军入侵腓特烈的东部省份。再让法国和西班牙通过直接参战或者保持善意的中立，来支持这次行动。再往后，通过财政津贴和领土补偿的承诺，尽量争取其他听从普鲁士国王号令的敌国。事实上，结果会是腓特烈在第一次西里西亚战争中求而未得的：一场决定性、压倒性的外交和军事胜利，使得腓特烈或他的继承人将按照考尼茨组建的大联盟提出的任何条件，来缔结和约、维持和平。

在这个阶段，这位奥地利外交家的远见卓识具有一种几近柏拉图式的[①] 特征：一种只能存在于天堂的东西，要实现它，需要各种有利条件全部超乎寻常地同时出现才行。作为一种理论，这样的外交环境绝不会让人搞尼采式的"铸剑为犁"，即使一位强烈希望与邻国和平相处的统治者，也不愿意做这种事。早在1743年，腓特烈就宣称，从最弱小到最强大的国家，最核心的都是扩张意愿，没有哪位君主会在资源耗尽之前放弃扩张意愿。这就是欧洲政治的基本规则。如果某位君主忽视了这一点，他就会发现他的邻国变得强大起来，而温和派表面上的美德，实际上只会意味着他的国家相应地遭到削弱。[5]

对这位依然年轻的国王而言，野心与谋划同等重要。1741年，他说自己热爱战争是为了追求荣耀。在接下来的十五年间，类似的表述不断出现在他的信函之中。在写于1752年的"政治遗嘱"中，普鲁士国王宣称自己完全认可马基雅维利的观点：一个正直的强国，是不可能在野心勃勃的邻国的环伺之下

---

① 柏拉图式的（Platonic），大意是一厢情愿。

生存下来的。腓特烈非但没把这个观点当作一条抽象的原则，反而主张把萨克森、梅克伦堡、安斯巴赫–拜罗伊特和瑞典手中的那部分波美拉尼亚，列入普鲁士领土合理扩张的最终目标清单。[6]

腓特烈并非在与世隔绝的真空中写作和思考。与加入一场持久的扑克牌局中的新玩家一样，普鲁士的外交风格、实力和劣势，都被其他玩家仔细、彻底地研究了一遍。如果某些法国启蒙哲学家继续把腓特烈定性为他们本国君主路易十五的对立面，即一位清心寡欲、开明进步的君主，那么大多数驻柏林的外国大使会秉持截然相反的看法。腓特烈愤世嫉俗，对于其他人的意见，他既不爱听也不当回事，他对自己的判断充满信心，这些特征都不大可能让那帮以说服外国君主为职业的家伙喜欢他。除了用普鲁士刺刀重新划定疆界之外，腓特烈在 1740 到 1745 年间的外交行动，被很多人扣上了"机关算尽太聪明"的帽子，尽管也有不少人认为这种评价不完全公道。国王认为，普鲁士除了发动短暂而激烈的战争之外，没有足够资源去从事其他类型的战争，他的这个信条是合理的解释而非开脱的借口。在两次西里西亚战争的五年间，腓特烈通过休战停火和单独媾和，不下三次使他的盟友陷入窘境，即使在不把结盟当回事的 18 世纪欧洲，这些做法也表明他是一个更愿意利用而非支持现有规则的人。

与玛丽亚·特蕾莎统治下的奥地利一样，腓特烈也以自己的方式，对日渐不稳定的列强关系构成了巨大威胁。在《德累斯顿和约》缔结之后，普鲁士国王逐渐把精力集中在建立一个完善的备战系统上，这也是顺理成章的。18 世纪的欧洲各国军队趋于同质化，各国的军事体制远没有未来几个世纪那样封闭。此时的军事思想和人员可以自由流动，因此，各国的军事优势取决于组织管理、培养训练和指挥领导水平。

腓特烈是第一位让自己直接和系统性地步入上述领域的伟大战略家。从历史的角度看来，对战争细枝末节的研究一直是个地位不高和缺乏想象力的领域。另一方面，腓特烈似乎比他的 19 世纪后继者们更加清楚地意识到，"计划没有变化快"，与敌人发生直接接触之后，任何计划都失去了用处。这就是首次遭遇战必然是决定性战斗的核心原因。

至少自法国大革命和美国独立战争以来，军队在战争结束时达到其效率的顶峰，已经成为一个军事教条，在英语国家尤其如此。1865 年在华盛顿举行的联邦军胜利阅兵式、1918年秋季英军发动的最后一次攻势①，以及在1945年横扫全球的美国战争机器，都主宰着英美人的文化记忆。任何依据和平时期的条件来制定军事效率的合法标准的想法，都被当作反动派才有的想法，他们急于返回"真正的军旅"生活，急于忘记战斗中不愉快的教训，因而这样的想法被抛弃不用。

腓特烈大帝认为，普鲁士的战略需要一套截然不同的体制。1752年，他宣布，指挥官在和平时代的任务与战争中的任务完全相同：监督训练操演和行政管理的细节，提升军官团的素质，并且为下一场战役制订计划。在打赢一场战争之后，这些责任甚至变得更加繁重。要使军队及其支撑部门的效率臻于完美，就需要持之以恒地以身作则和坚持不懈地勤奋刻苦。[7]

腓特烈追求能够实现的目标，而非完美。他没有缔造崭新的军事模式，而是将他继承来的军事模式按照既定方针发扬到炉火纯青的程度。作为理性时代的产物，他相信可以打造出一支像日本武士刀一样的军队——一柄经过千锤百炼的利器，可以按照其主人的意志出鞘、运用和入鞘，从而实现国家意志。

士兵与武器：普鲁士的军事根基

以国王个人为代表的军事和政治领导一体化，进一步把整个普鲁士社会与普鲁士国家的战争潜能融为一体。五年的经历使腓特烈完全相信，普鲁士的大战略必须建立在迅速取得决定性胜利的基础上。普鲁士军队不可能无限期地应对组织、装备和训练都与自己大同小异的敌人。普军的锋刃，无论多么小心翼翼地养护，都无法在战场这块磨刀石造成的惨痛损失中保全下来。这反过来又证明，为普鲁士国家武装力量组建一套综合性支撑系统是明智之举，实际上这也是必不可少的举措。

与个体家庭相似，腓特烈的先辈一直在开源节流来增强普鲁士的财力：增加公共收入，限制公共开支，把随之而来的财政盈余存入一系列特定的战争基金。在1740到1756年间，普鲁士国家收入中的83%被直接用于军事开支，

---

① 1918年秋季，在第一次世界大战的最后三个月中，英美联军对德军战线发动了"百日攻势"，最终迫使德军在入冬前的11月11日宣布投降，从而结束了第一次世界大战。

比例之高令人咋舌。因此，腓特烈能够用眼下的财政收入为西里西亚战争提供军费，并且通过精打细算地动用国库储备来补充军费缺口。在七年战争期间，开支节节攀升，加上敌人的侵袭，不断征发兵员，市场和贸易紊乱，导致经济日渐凋敝，使普鲁士越来越依赖外国的财政资助。英国提供的津贴，本国货币贬值，加上对占领区和新近获得领土征收的年度"贡献"，是支撑普鲁士留在一场它越来越无法放弃的战争中的主要因素，腓特烈就像一个屡赌屡输的赌徒，拼了老命也要赢回最初投下的赌注。[8] 然而，这反映了腓特烈走一步算一步的权宜之计，而非他的行事原则。腓特烈从未永久性地接受以战养战的概念。征服永远有其局限性，让一个人的金钱翻倍的最好办法，依然是把钞票包起来放在床垫底下。[①] 腓特烈在写于 1768 年的"政治遗嘱"中，对这一主题做了最清晰明确的阐释。收入管理有道，支出合规有度，才能造就一位有钱有力的君主和一个心满意足、繁荣富庶的民族。[9]

腓特烈承认，对于有效使用武装力量来说至关重要的第二个领域是经济。他看到了三个层次的意义。在最基本的层次上，腓特烈认为从贫困人口中系统性筹集资金是不可能完成的任务。在更加普遍的层次上，繁荣的经济才能提供更多财政盈余，并可以在不损害整体经济框架的情况下，为使用这些盈余提供更有利可图的机会。在最终层次上，经济发展是实现普鲁士正在发展的社会契约体制的主要手段，这个契约的基础性条款是用忠诚来换取安全，并且至少保证未来的经济繁荣。

在这种情况下，普鲁士军队不仅仅是消费者，还是个大主顾。农民和手工业者发现，军队的采购代理商是稳定的利润来源。粮食、饲料、军服、车辆、火药、轻武器和火炮，军队无所不需，而且数额巨大。修筑堡垒为每个人都提供了发财的机会，从建筑承包商到薪水日结的劳工都从中获利。如果说，秘书和书记员发现"为普鲁士国王工作"是工作繁重、薪水微薄的同义词，那么熟练工人可能会有截然相反的体验。

在更高层次上，腓特烈在位期间始终支持普鲁士自建工厂，以防止用于

---

① 大意是与其参加高收益但高风险的投机活动，不如老老实实地打理既有财产。

军事采购的稀缺资金外流他国，并确保向军队不断提供高质量物资，渐渐还有富余物资出口换汇。对军队来说，羊毛和亚麻生产的发展尤为重要，因为在这个时代的大部分时间内，普鲁士军服的质量比邻国的高得多。1714 年，柏林王家羊毛厂成立了，雇用了多达 5000 名工人，该厂算得上德意志的最大衣料生产商。尽管在军事采购中，亚麻的重要性低于羊毛，但军队订单帮助西里西亚亚麻工业前进到了腾飞起点，最终使其对普鲁士经济的重要性不亚于秘鲁矿山对西班牙的重要性。① 普鲁士衣料不仅遮盖了士兵的躯体，也为普罗大众提供了越来越多、越来越廉价的商品。衣料还成了普鲁士一个重要的出口项目。几十年来，俄罗斯军队的制服都是由来自俄普边界另一侧的衣料制成的，这是普鲁士平衡外贸收支的一个重要的积极因素。[10]

关于广义上的技术在 18 世纪战争中的重要性，伯恩哈德·克罗纳已经进行了卓有成效的论证。广义和具体武器生产领域中的"技术诀窍"②；工厂和作坊的生产能力；对进口的外国产品的依赖程度；精确计算物料损耗，并为改良做好准备；生产和物流系统的体制性组织——所有这些都是一个完整链条上的关键环节，这个链条在燧发火枪和滑膛炮研制方面的成就，不亚于在这些枪炮的 20 世纪后继者——主战坦克和洲际弹道导弹③ 制造方面的成就。[11]

腓特烈·威廉一世在继位后不久，就着手发展近代普鲁士军事工业，他在斯潘道组建了一家火药厂和一家小型军火工厂。将这些关键机构置于自己的严密监管之下，对一个沉迷于事必躬亲的君主来说是一大快事。然而，地理和人口与君主的自我满足同样重要。勃兰登堡那原始的道路系统使大宗货物运输只能依靠水路，而柏林恰好位于一个可通航的、被越来越多的运河连接起来的河网中心。来自荷兰的货物通过汉堡和易北河运过来。瑞典的铁矿石是通过斯德丁和奥得河进口的。运量依然有限的国内铜、铁运输，同样依靠运河与河流。

---

① 秘鲁和上秘鲁（今玻利维亚）是当时世界上最大的白银产地，秘鲁银矿为西班牙经济提供了源源不断的资金流。

② 技术诀窍（Know-how）与 know-to 相对，分别是"知其所以然"和"知其然"，最早指中世纪手工作坊师傅向徒弟传授的技艺的总称，后来多指从事某行业或者做某项工作所需要的技术诀窍和专业知识。

③ 洲际弹道导弹即 ICBM，全称为 Inter-Continental Ballistic Missile。

柏林兵工厂和火炮车间就在施普雷河河畔,大大方便了装卸货物。就人力资源而言,柏林是普鲁士最大的城市,拥有最多的能工巧匠。柏林驻军在必要时也能提供充沛的劳动力。[12]

尽管腓特烈·威廉大力推动自给自足,普鲁士的国防工业依然严重依赖进口。用于制造火药的硫黄和硝石、制造步枪枪管的铁,甚至制造枪托的木材、制造枪机的燧石,大多需要进口。成立于1712年的私营企业——施普利特格贝尔与道恩公司,负责采购上述物资。该公司以其无懈可击的诚实和对细节的一丝不苟,赢得了腓特烈·威廉的信任。在"士兵国王"① 统治的末期,该公司几乎取得了垄断地位。它以租赁的方式经营矿山、制铁业和锻造业,并且建立了普鲁士第一家近代火枪工厂,并在此过程中引进了早期形式的装配生产线。腓特烈·威廉的最初计划是建立一家完整的工厂,但由于缺乏足够的水力来满足如此庞大的企业的需要,计划流产了。施普利特格贝尔与道恩公司的工程师转而修建了两个车间。斯潘道的车间制造枪管,然后在波茨坦车间,把枪管、枪机和枪托组装为成品枪支。不得不说,产品的公差太大了,几乎没有通用性可言。尽管如此,工厂投产后不久,每星期的步枪产量就高达300支了。

这家公司面临的巨大风险,完全由自身承担。腓特烈·威廉对经济的关心使他不能充分利用兵工厂的全部生产能力。腓特烈·威廉的儿子则只是单纯不愿意支付账单。直到1751年,该公司还在试图追回一单在1745年就交付完了步枪的货款!对于增加现有武器的库存,腓特烈也不怎么上心。尽管西里西亚战争造成了巨大的物资损失,他还是不紧不慢地订购了一些替代产品。1747年,施普利特格贝尔与道恩公司被迫解雇200名熟练工匠中的1/3以上。1753年,腓特烈突然下达了购置步兵火枪的新订单,该公司一时很难找到人替代先前被解雇的那些熟练工。

火炮生产也面临着类似问题。前文提到,腓特烈早就渴望提高火炮质量。然而,改善现有的火炮制造设备并非易事。腓特烈的理论与实际交付的武器之间存在着巨大差距。国王渴望的新式青铜炮需要的铜原料,可以从普鲁士的

---

① 腓特烈·威廉一世因热爱军队,被称为士兵国王。

矿产资源中获取。锡可以从英国购进，但进价较高。废弃的炮管可以熔化掉再铸新炮。不幸的是，事实证明，普鲁士的枪炮工厂无法应对技术挑战。例如，1756 年，由于存在明显缺陷，柏林兵工厂生产的 30 多根新炮管不得不熔掉重铸。相关责任人锒铛入狱，但国王没找到合适的替代人选，又把他释放了。最终双方达成了妥协：那位铸炮师同意自掏腰包重铸有缺陷的炮管。此事不是孤例。事实证明，布雷斯劳兵工厂的首席铸炮师水平更差，无法胜任他的工作。多次出入监狱都没能使他提高他的火炮质量，终于，他被解雇了，永不叙用。直到 1757 年，普鲁士政府才成功地为柏林招来了一位荷兰铸炮师，此人引进了彼时最先进的固体模具浇铸技术，然后对浇铸出来的毛坯进行钻孔，钻出所需口径。布雷斯劳地处偏远，显然不利于吸引技术水平与这座省会城市地位相匹配的铸炮师。

尽管问题层出不穷，在 1741 到 1762 年间，普鲁士兵工厂依然铸造了 1500 门各式火炮。这些武器在使用者手中的普及程度依然有限，因此由施普利特格贝尔与道恩公司经手进口的瑞典铸铁炮，一直是普鲁士要塞炮的广受欢迎的补充。事实上，1754 年普鲁士政府采取了一个令人难忘的举措，授权其驻斯德哥尔摩大使采取间谍活动，来"查明"瑞典铸造可靠铁炮的技术，最终此举被证明是徒劳无功的。唯一选择是继续进口瑞典武器，或者聘用具有相关技术资质的外国专家。事实证明，腓特烈在聘用方面的努力是竹篮打水一场空。

最初，生产小型火器所需弹药的铅，是从英国进口的。鉴于普鲁士军事理论强调步兵快速射击，进口铅成了一个难题。燧石也会因为每分钟三四发子弹的射速，而迅速磨损殆尽，即使在和平时期，放"空枪"——在没有放置火药的引燃池中叩击枪机①，也是一种常见的训练方式。然而，斯潘道 / 波茨坦工厂最终还是弥补了西里西亚战争中的损失，并且满足了和平时期的训练需要。直到七年战争爆发很长一段时间后，腓特烈才被迫从荷兰及德意志诸小国

① 当时的燧发枪每次射击使用的火药分为两个部分，一部分在枪膛外面的燃放池里面，作为燃放药，另一部分在枪膛里面充当主装药。枪手扣动扳机之后，枪机击中燧石产生火星，首先引燃燃放药，再由燃放药引燃主装药，火药燃气把弹丸推出枪管。日常训练时，为了节省弹药，不装填火药，但枪机依然要摩擦燧石，造成燧石的磨损。

进口武器、弹药，以保证普军步兵的武器供给。

至于火药，原先由腓特烈·威廉组建的火药厂实行两班倒，年产量可达约152吨①。事实证明这个产量还是不够。早在1746年，腓特烈就下令扩大产能，使年产量增加到了约254吨②。腓特烈还谋求增加本国的硝石产量。1748年，奉国王之命，柏林科学院为人工生产硝石的最佳方法设立了一个奖项。按照愤世嫉俗者的典型说辞，结果是不幸的，由一位医生提交的获奖方案被证明不适合批量生产。于是，硝石，普鲁士也依然依赖进口。在七年战争期间，法国和奥地利硝石代理商同施普利特格贝尔与道恩公司展开了一场竞购战争，尤其是在尼德兰，法、奥商人试图切断普鲁士的硝石供应。法、奥商人的失败缘于他们自己缺少章法，而非普鲁士在这场竞争中拥有什么特殊本领。[13]

克罗纳的文章也恰如其分地强调了，在腓特烈统治的初期，并不存在任何类似现代意义上的战备计划的东西。即使在七年战争之前的这个时期，普鲁士战备的特点也是见机行事和追赶别国，而非系统性落实战备方针。腓特烈继续依靠施普利特格贝尔与道恩公司充当普鲁士的国家兵工厂，这家商业公司越发借此机会发展自身，在七年战争结束时，它成了普鲁士最大的银行和商业企业之一。从更宏观的层面上说，1745到1756年，普鲁士的特点是经济愈益融入国家的战争功能。普鲁士社会也在适应腓特烈打造的独特军事体系。经济组织、商人和工匠，作为一个尚武国家的组成部分，在从事一种隐秘的交易：用自身的服务换取国家的庇护。这反过来又产生了从其他行业搜罗士兵的需要：具体地说，就是从生活在普鲁士土地上的80%的人口中征募士兵。

如第一章所述，州区体制综合了国家的几个优点。这个体制提供了一种类似预备役制度的东西，鉴于训练一名能打仗的18世纪步兵所需的时间很长，因此这是州区体制很重要的一个好处。由于这名士兵在一年的大部分时间内都待在家里，因此，州区体制把军费降到了最低。州区体制还降低了士兵逃跑的概率，因为这名州区应征兵会由于抛弃自己的臣民兼军人身份而失去很多东西。在这方面，值得强调的是，与18世纪其他欧陆军队一样，士兵开小差在

---

① 3000英担。英担是重量单位，1英担折合112磅、50.8公斤。

② 5000英担。

普鲁士军中往往是一种暂时现象。开小差的原因可能是管理太野蛮了，其他常见的原因是士兵感到无聊，想尝试新生活。尤其是理性时代的职业军人，无论他在现实生活中过得多么凄惨，他往往还会自我想象为一个大胆的冒险家，并且拥有自由精神。[14] 即使步兵佩戴的刀剑在战术上或许是毫无用处的铁疙瘩，但刀剑象征着普通士卒与更高社会阶级和更美好前途之间的纽带。

在这样的背景下，士兵开小差通常并不代表渴望回家过安宁的生活，整天研究耕牛的屁股。① 逃兵可能会在路上打发些时光，或者干干临时工，但最终他很可能会再次穿上军装，这次可能是给萨克森当兵，或者加入法国国王的德意志步兵团。他可能会在某个帝国自由城市的市政警卫部队中待上一段时间，然后为了体验"真正的军人"的滋味而重返普鲁士军队。[15] 在这个过程中，除了选择一个距离他的原部队较远的驻军和团队，以及为自己起个新名字以防被认出来之外，他很少需要准备别的什么。连队军官和士官们都没什么兴趣过于深入地调查志愿兵的过往经历，即使这位志愿兵可能对普军的操练动作熟练得惊人。

换句话说，在征兵合同完全偏向军队一方的体制下，开小差与其说是一种公开的社会和政治宣示，不如说是一种改变职业的手段。即使从国家的角度看来，逃兵带来的损失也是财政上的，而非道德上的，财政损失包括招募补充者的费用，以及可能随着逃兵一起无影无踪的军服和装备花费。

鉴于可供选择的职业前景黯淡无光，州区应征兵更有可能留在他们所在的团里面，而非下定决心加入雇佣兵，进入一个多少需要颠沛流离的行当。到了 18 世纪中叶，一位普鲁士州区应征兵同时拥有正面和负面的理由，来维持他与军队的联系。他既不是军人，也不是农民，他在兵民双重生活中左右逢源。尽管他的领主和连长不一定是同一个人，但那两人很可能是兄弟或表兄弟。普鲁士的地主贵族，本身也承受着为国效力带来的愈益沉重的财务和个人负担，因此他们往往会对手下的农民提出更多要求。如果把军队的纪律和管理体制轻率地用在容克阶级头上，则可能会进一步加大已有的困难，使之达到无法克服的地步。然而，应征士兵绝不是受害者。即使在最糟糕的情况下，州区体制也

---

① 耕地的农夫只能跟在耕牛的屁股后面，"研究耕牛屁股"指代耕地。

让士兵能规划自己的未来。个人和家庭都摆脱了任意胡来、不受控制的国内征兵。也许更重要的是，每个被登记在他所在州团花名册上的人，余生都是根据普鲁士军事法典的规定度过的。他的领主只能对他行使雇主的权力，即使在他因长期休假而返回家乡时也是如此。[①]

无论在心理上还是法律上，士兵都越来越多地为自 16 世纪以来不断发展的农奴制专制结构提供了一个可供调整的元素。这种调节作用体现在，休假的士兵按要求得在日常生活中穿着制服中的某一件，以表明自己是个士兵。最受欢迎的一件似乎是带有纽扣的绑腿。这种绑腿在田间劳动中很实用，更换起来比较便宜，而且不是平民装束的常见组成部分。然而，这个规定本身就启发了士兵。它几乎不可能阻止士兵逃跑。逃兵不仅会迅速丢弃任何具有标识性的服装，而且没有哪个逃兵会在大白天就这么启程前往距离他最近的国境线。当州区应征兵选择逃之夭夭时，逃亡过程包括藏匿食物和金钱，搞到新服装让自己无法被辨识出来，以及许多类似的准备工作，即使在和平时期，这些准备工作也很容易成为死罪。汉斯·布莱克文提出了相反观点。容克贵族有句格言，"国王按照我们的要求才能统治下去"，布莱克文认为，在日常生活依然符合这句格言的环境中，穿着制服中醒目的一件是王权的有形标志。无论领主还是庄园管家，都不能殴打一名国王的士兵却不受法律制裁。

1743 年的一项规定要求所有州区应征兵在星期天去教堂做礼拜时，必须穿着全套制服，上述背景有助于解释为何大家心甘情愿地接受这项规定。作为一个社会成果，在波美拉尼亚和马克地区的单调乏味的村庄里，会每星期升一次军旗。男孩会获得团队领巾和军帽流苏，作为成年认定标志。年轻女性也不会对眼前和未来情郎展现出来的戎马形象完全视而不见。

州区体制的社会影响绝不能被过分夸大。腓特烈时代的普鲁士，没有发展出依靠服兵役"获得权势"的年轻人组成的"新兴阶级"。直到 20 世纪，用拳头和棍棒来维系尊敬和服从的家长制模式，在德国东北部依然盛行。尽管如此，对于好斗成性和交上好运的臣民来说，腓特烈时代的普鲁士兵役为上等

---

① 意为领主失去了对当上兵的农民的人身控制。在传统的封建体制下，封建领主既是当地的官员，也是当地农民的主人，双方之间有人身依附关系。

人和下等人都提供了一定程度的保护，也给了他们一个机会去对抗中间阶级。休假的列兵可以向军事当局，甚至是向国王本人起诉当地领主的暴虐行为。婚姻和继承问题可以在村社等级体制之外得到解决。随着普鲁士贵族更加彻底地融入国家体制之内，与这些贵族相关的制度漏洞也缩小了，甚至彻底消失了。然而，在全民军国主义体制中有个重要的元素似乎是，服兵役让普通士卒有能力挑战他们身处的以服从为特色的令人压抑的社会。即使在 18 世纪，这个元素也经常被描述为普鲁士的特征。[16]

土地贵族也从腓特烈的军事体制中获益良多。18 世纪的勃兰登堡-普鲁士缺乏像英国纽卡斯尔和贝德福德那样真正强大的家族。也缺乏维持这些家族及其次级分支的庞大、稳固的地产。对一个既骄傲又务实的社会阶层而言，比起获得进入军官团的特权通道，更重要的是建立让军官直接管理其所在连队这一体制。与大多数欧陆国家的军队不同的是，普鲁士军事机关严密监控着兵员、牲畜和装备的基本状况。仅仅是把政府指定的资金中饱私囊，就可能被关进普鲁士众多堡垒中的某一座，或者遭受更加严厉的革职惩罚，这意味着失去在公职阶层中的位置。鉴于大多数容克贵族庞大的家族规模和盘根错节的姻亲关系，一个人的耻辱可能会影响大量亲戚的前程。另一方面，国家只会表彰能够很好地管理连队资金的军官，也就是既能在阅兵中表现出众，又能为自己赚取一定油水的军官。尽管普鲁士土地贵族中也有若干无能之辈，但其中的笨蛋相对较少。挥霍无度的贵族幼子，以及在所有重大决策上都依赖庄园管家的地产所有者，在一个几乎不会造就奥勃洛莫夫①的容克神话中没有一席之地。当一个人被任命为连长，并且有了自己的连队时，他通常已经是一个拥有丰富经验、熟悉各种常识的军事管理人员。只要管理得当，一个普鲁士连队就会像一小块地产一样，成为一笔价值不菲、能带来收入的财产。

贵族融入军队不仅仅限于经济领域。起初，对一个不习惯接受强迫的贵

---

①《奥勃洛莫夫》是俄国批判现实主义作家伊万·亚历山德罗维奇·冈察洛夫创作的长篇小说，首次出版于 1859 年。小说讲述地主知识分子奥勃洛莫夫养尊处优，视劳动与公职为不堪忍受的重负。尽管他设想了庞大的行动计划，却无力完成任何事情，最后只能躺在沙发上混日子，成为一个彻头彻尾的懒汉和废物。

族来说，在军官团中服役肯定是一件喜忧参半的事情，与法国、波兰和马扎儿贵族相比，普鲁士贵族显然缺乏军事和尚武传统。在 15 到 17 世纪之间，普鲁士容克地主变成了农夫而非战士，只要能够收取地租和出售手中的粮食，他们就很容易改变宣誓效忠的对象。然而，到了 18 世纪中叶，至少在勃兰登堡贵族阶层中，已经形成一种共识，即服兵役确实可以获得相应的社会地位。在长达两个世纪的以营利为目的的农奴制之后，封建义务意识几近消失，州区体制却有助于重新培养这种义务感。与那些由征兵官撞大运般招募来的没有恒心的浪荡子弟相比，你更容易认同那些父辈和祖辈曾为你的父、祖效力过的人。

另一方面，选择上的共同化并不意味着同质化，18 世纪中叶的普鲁士军官团显然是一个混合体。"顽固守旧的容克"的籍籍无名的幼子，与克莱斯特和比洛等新兴的世袭军事家族的后代携手并肩。胡格诺派移民的后代，以及来自中欧各地的专业人士和冒险家，为军官团增加了与他们的人数不成比例的色彩和品位。军官团也没有一种能够占据主导地位的行为方式。来自腓特烈·威廉时代的烟草聚会[①] 上的莽夫和像赛德利茨这样的硬汉，与数量越来越多的年轻人并肩携手，这帮年轻人受到了启蒙运动中关于尊严和理性观念的影响，尽管这种影响很模糊。鉴于不存在与系统性专业培训相近的体制，因此，腓特烈从这个鱼龙混杂的队伍中培养出一支至少能够运用和执行他的战争理念的军官团队，是至关重要的事情。[17]

"怎么打就怎么练"：1745 到 1756 年间的普鲁士军事演变

1748 年，国王完成了一份手稿，他称之为"应用于普军战术、纪律的一般战争原理"。[18] 起初，腓特烈对这部著作严格保密，只让他的弟弟阅读；直

---

① "烟草聚会"在腓特烈一世晚年时，还是一个轻松欢乐的非正式社交场合，且准许女性参与。腓特烈一世逝后，尽管其子腓特烈·威廉一世保留了这个活动，却彻底改变了其性质：它转变为一个完全男性化的社交圈，成员大多来自军队。成员聚集在朴素的房间内吸烟、酗酒，无所不谈。在烟草聚会上，宫廷学者常就一些话题提出真知灼见，并由此引出参会者对问题更宽泛的讨论。通常情况下，由于参会者过量饮酒，讨论最后以恶性斗殴结束，而参会者乐此不疲。

到 1753 年，才翻译成德文，^① 之后只印发给将军。这部著作独一无二。其他各国军队都没有面向高级军官的、类似的指导性文件。法国和奥地利的同行们花费了不成比例的精力去讨论战术和组织细节，但是腓特烈首先关注的是维护军队的组织架构。《战争原理》的第一部分强调，得把普鲁士军队中的严厉军纪与体制上的不稳定性结合起来。——腓特烈认为，普军体制上的不稳定性源于军中存在大量雇佣军。由于经济和人口因素都不利于从普鲁士臣民中征召更多新兵，所以军官们必须对部队解体的蛛丝马迹时刻保持警惕，特别是要警惕部下在敌人面前和严峻的作战条件下开小差。

《战争原理》中接下来的 12 个部分提出了如何制订战役计划并在战场上维持军队补给，这些办法后来被称为"学院派解决方案"。腓特烈几乎与罗马人一样强调构筑营寨的重要性。尤其是鉴于法国和奥地利轻装部队的优良素质相应地提高了法、奥军队的突袭能力，普军迅速走出营帐奔赴战场的能力可能成为决定战斗胜负的因素。

《战争原理》的最后 14 章分析了军事行动的执行。腓特烈审视了获取关于战场的有效情报这一问题，探讨了应付敌军轻骑兵和非正规部队的"小规模战争"所涉及的技术问题，他还考虑了有关渡河与保卫河流的因素。然而，《战争原理》这一部分的核心是腓特烈的战争思想。后来关于这个问题的大多数讨论，都是通过 19 世纪民间学者汉斯·德尔布吕克与普鲁士总参谋部历史学者之间的二十年论战形成的。¹⁹ 腓特烈在战争观方面的含糊不清，使一个关键问题莫衷一是。腓特烈大帝既不是"消耗主义者"，也不是"歼灭主义者"。因为在腓特烈看来，战争就是达到目的的一种手段，而"消耗主义者""歼灭主义者"都倾向于把战争抽象化，使战争本身成为目的。国王对军事史和军事艺术的研究坚定了他的信念，即战争与人类的其他各种活动一样，都可以由统帅的天赋来控制和塑造。然而与此同时，腓特烈并不是前浪漫主义者，他并不认为自己得到了战神马尔斯和贝娄娜的特别赐福。他关于天才的概念是典型的 18 世纪概念，认为天才仰赖于承受艰难困苦的非凡能力。或许战争是一个

---

① 最初版本是腓特烈用当时欧洲贵族圈子中通行的法文写成的。

充满不确定性的混沌领域，但是，细致入微的准备工作可以限制混沌的影响。

国王认为，这样的准备工作最好是应用于战争的最前沿——战场。腓特烈指出，"兵者国之大事"，而且战争是必须迅速做出决断的领域。在行动层面上，速度是摆脱不利局面、扭转被动处境的最佳手段。在战略层面上，如果不能速战速决，那么普鲁士军队和维系普军的相关基础设施都会被战争拖垮。

在国王生涯的这个阶段，腓特烈在某种程度上成了双重困境的牺牲品。普鲁士依然缺乏人力和物力资源来维持国王谋求的大国地位。普鲁士这个国家最重要的力量倍增器①是它的军队。另一方面，纪律、训练和战术等因素，都是普鲁士的对手可以抄袭的，即使难学，最终还是能够学会的。总体而言，腓特烈的对策是让普鲁士军队通过两个办法保持领先：一是改善和提高已有的作战技能，二是提升普军的行动能力。[20]

在《战争原理》一书中，腓特烈坚持认为，即使胜机渺茫，普鲁士依然有可能与人多势众的敌人开战，并且取胜。在当时，这个简单的论断看起来与事实南辕北辙。一个多世纪以来，近代军队之间的会战胜负，越来越多地取决于战术消耗。滑膛枪和机动火炮的结合，使战场上的伤亡率呈指数地增加，从而改变了战争的面貌。在布伦海姆，1个拥有2400人的英国步兵旅，在法军的一轮火枪齐射下就损失了1/3兵力。四十年后，在丰特努瓦，5个英军步兵营，大约2500人，第一轮开火就造成敌军伤亡600多人。在疲劳和恐惧让部队蒙受了损失之后，杀伤比例会在战斗中逐渐下降。然而，现有的最完善证据表明，在常规战斗射程，18世纪步兵发射的枪弹中约有20%会击中集群目标，例如敌军的火线。[21]

这个事实造成的主要后果，是形成了这样一种战斗模式：双方都在不断消耗对方，直到鏖战期间出现一个稍纵即逝的战机来决定胜负。即使最出色的将军，有着马尔伯勒公爵和欧根亲王那样的洞察力和远见，也发现一旦战斗开始，他就很难再控制战斗的走向了。在这种情况下，优势兵力即使不是绝对的胜利先决条件，也是所有将军都不能漠视的因素，否则一定会受到惩罚。腓特烈对这些传统经验不屑一顾，他告诉他的高级军官，人数上的劣势恰好为使用

---

① 力量倍增器（force multipliers），泛指能够大幅度增加战斗力的新概念武器和系统，例如指挥信息系统、空中的预警机等等。

"我的斜线战术"提供了最好机会。"收起一翼，同时加强另一翼"，是国王坚信不疑的原则。也就是说，通过使用加强了的侧翼来进攻和迂回敌人的侧翼，在敌人的兵力优势能够在关键地段发挥效力之前，就迅速解决战斗。

腓特烈在他国王生涯的这个阶段撰写的文章，反映了19和20世纪军队耳熟能详的一个概念：用战术和战斗手段来解决战略和大战略问题。腓特烈在两次西里西亚战争中越来越多地使用侧翼机动，尤其是在霍亨弗里德堡会战之中。然而，他还没有开发出一套全面的行动手段，一旦开发出来，无论地形、阵地或突然性造成的具体优势有多大，都能提高侧翼打击的成功概率。在战后的历次军事演习中，腓特烈开始系统性地验证在霍亨弗里德堡使用的战术：收回一翼，同时用另一翼进攻和迂回包抄敌人。最初，这个战术被证明是不切实际的，原因有二：第一，让漫长步兵战线向内卷击敌人困难重重；第二，由于全军的各部分之间有失去联系的趋势，两翼之间可能出现一个致命的缺口。

从理论上讲，解决第二个问题的可行办法是增强军队各个组成部分的凝聚力和独立性，包括采用不完善的师级，或者某种类似今天的旅的编制层级。腓特烈既不信任他的高级军官们，也不相信自己的尚处于萌芽阶段的想法，所以不会采取这个办法。他采用了以营为单位的梯次步兵线，每个营都略微领先于旁边的营，同时又稍稍落后于另一侧的营。以这种阵形部署的各营，能够以自己为轴进行旋转，而不必玩军事版的"打响鞭"①。各营之间保持精心计算出来的合理距离，一旦排成梯队的各营全部完成转向，就会形成一条秩序井然的战线。② 在战斗条件下，梯次部署又带来了第三个好处。至少在七年战争的初始阶段，敌人很难从普军的行动中看出门道来，直到貌似乱七八糟的普军突然摇身一变，排成战斗队形。

梯次战线是最新版的斜线阵形。梯次机动的必要准备工作是"列队前进"。

---

① 打响鞭（crack-the-whip）是一种简单的户外儿童游戏，可以提高参加者的身体协调能力。游戏场地随意，通常在草地或冰上。一个被选为鞭子"头"的玩家，向任意方向奔跑或滑冰，身后的各个玩家各抓住前一个玩家的手，形成一条不断摆动的曲线，有些类似中国人玩的老鹰捉小鸡。

② 以10个营组成的斜线为例，假定左翼突前，右翼落后，各营都面向正前方，整条斜线与水平的直线呈30度夹角，那么抵达预定位置停下脚步之后，10个营都向右转30度，就会形成一道面向右前方30度的直线。

在这个机动过程的初始阶段，普鲁士野战军应以 18 世纪标准的两线步兵营的阵形，部署在所有敌军阵地面前，就像在莫尔维茨那样。然而，普军的两条战线都不向敌人前进，而是一节一节或一段一段地旋转 90 度，组成行军纵队。训练有素的部队可能只需要两分钟就能完成。下一步就是以一定角度指向选定的敌军侧翼，行军穿过敌军战线。一旦进入阵地，需要做的只是第二次旋转 90 度，组成两条战线面对可能已经晕头转向的敌人，做好打击敌人并席卷其侧翼的准备。①

要想完美实施这些机动，需要对方的将军们对普军的行动困惑不解，一时不知如何是好，还需要对方军队不够灵活应变，不敢冒险突然改变自己的阵形，以免陷入无法挽回的混乱。除了这些顾虑之外，腓特烈的斜线战术在很大程度上取决于布伦特·诺斯沃西提出的三个要点。首先，这个战术要求军官们在同等条件下接受高水平培训。从上校到中尉，每一位军官都必须掌握如何把一个营从横行变为纵列，如何让该营保持在队列里应在的位置上，如何为了发动最终一击而重新部署成常规或梯次战线，每个动作都不用等待详尽的命令，军官自己就能指挥完成。普鲁士 / 德国军队对 "以任务为导向的战术体制"② 的历史性强调，根源之一就在于腓特烈的斜线战术，尽管这种说法有一定程度的夸大。

腓特烈的斜线战术的第二和第三个先决条件密切相关，所以可以放在一块探讨。这两个条件包括齐步行军以及行军时保持紧密阵形的能力。系统性的操练不是普鲁士人的发明。它进入欧洲军队可以追溯到一百五十年前拿骚的莫里斯③ 的工作。然而，莫里斯的操练重点集中在被后来几代人称为 "武器手册"（*The Manual of Arms*）和 "士兵培训"（*The School of the Soldier*）的书中。新兵接受如何操作使用武器的训练，并接受一些基本的身体动作训练。他们也接

---

① 大意是普军先面向敌军横向展开为两个横队，横队旋转 90 度组成纵队，前进到敌军横向战线的侧面，随后向敌军第二次旋转 90 度，再度形成横队，最后用火枪齐射一举打垮对手。

② 德文为 Auftragstaktik，这一体制要求军官为了完成任务而发挥积极主动性，与基于上级命令、上级事必躬亲的体制相对。

③ 拿骚的莫里斯（1567—1625 年），是尼德兰联省共和国执政（1585—1625 年）、军事改革家、名将。他发展了军事战略、战术和军事工程学，使荷兰军队成为当时欧洲最近代化的军队。

受队列行进训练，基本上就是每个士兵都跟着前面的士兵走。有节奏地行军，即每个士兵都脚踩节拍行进，在同一时间伸出同一只脚，是自从罗马军团衰落以来就已失传的技艺了。直到 1732 年，齐步行军都算不上欧洲军队的特色。莫里斯·德·萨克斯在《我的梦想》（*My Reveries*）中评价了齐步行军的潜在价值。大约与此同时，安哈尔特-德绍亲王利奥波德显然也得出了同样的结论。德·萨克斯似乎认为，齐步行军的主要价值是便于作战。有节奏地行军，尤其是伴随着军乐队演奏的曲调优美的进行曲行军，比后世士兵口中的"便步走"更加轻松。在德绍亲王看来，训练士兵以一致的方式前进，就像以一致的动作操作武器一样，具有审美和纪律上的价值。腓特烈·威廉一世迅速认可了这个理念。在 18 世纪 30 年代的某个时候，有节奏地行军成了普鲁士操练的一个特征，可以说，这是使普鲁士普通士卒需要比欧洲其他国家的士兵更多训练的关键原因之一。

然而，正是腓特烈大帝出于战术目的，系统性地利用了普鲁士军队齐步行军的能力。排成纵队、伴随鼓点行进的步兵营行动更快，更确切地说，相比没有经历这番变革的对手，普军能够组成更加紧密的队形。无节奏行军需要更大的队列空间，以免负担沉重的士兵们互相磕绊，导致队列混乱。能够齐步行军的队形可以收缩阵形，这反过来也便于通过鼓点而不是传令兵传递信号和命令。在 1745 到 1756 年间这一和平时期，腓特烈的营属鼓队发展成了今天通讯排的前身，负责调整行军队列和操练动作，并且传达标准命令。

施展斜线战术还有另一个显而易见的先决条件。一旦进攻发起，战线就必须不断移动。在第二次西里西亚战争期间，在霍亨弗里德堡和随后的凯瑟尔斯多夫，普鲁士步兵能击溃萨克森对手，原因就在于他们前进的速度和凝聚力，而非他们的火枪齐射的威力。千万不能夸大这次经历对腓特烈的军事思想的影响。萨克森军队几乎不被它的盟友或敌人视为一流军队。1745 到 1756 年，普鲁士步兵理论和训练的重点在于机动，而非火力输出，这反映了国王对自己的能力越来越有把握，足以指挥步、骑、炮三大兵种，这样，他的步兵往往可以在敌军最脆弱的位置上以压倒性的力量打击对手。在这种情况下，最重要的事情是保持进攻势头，如果没有接到命令，各营都不得停下来开火射击。——腓特烈期待的理想状态是永远没有下达命令的必要。[22]

军事分析家莫里斯·特格韦尔提出了军事机构的两种适应性。最常见的是被动适应性，当新出现的或意想不到的情境挑战现有理论和实践时，需要这种适应性。另一种是创造型适应性，非常罕见，以至于特格韦尔将其描述为天才的产物。[23] 西里西亚战争之后，普鲁士军事训练的特征，正是创造型适应性。部队快速部署对于腓特烈的战术体系的重要性，促使国王在训练场和演习场上投入越来越多的时间，来发展垂直部署技术，就是让一个营部署在它的前进路线的前面，而不是平行于敌军前进。

在七年战争爆发前的几年间，横线阵形（traversierschritt）、方阵部署（en tiroir）、罗施机动等等，这些和那些复杂的战术演变，都得到了验证与修改、抛弃与合并。此后，学者倾向于把它们解读为本质上都是训练手段，旨在向士兵灌输纪律，向军官灌输警惕性，但是普军从未打算在实际战斗中使用它们。布伦特·诺斯沃西认为，腓特烈过于功利主义，也过于迷信和平时期的训练在战争中产生的直接价值，以至于把培训工作引入了死胡同。

腓特烈接受了用垂直战术部署整支军队的建议。然而，他在这方面遇到了两个障碍。一个是物质上的：18世纪中叶的战场上，火炮与日俱增。排在纵队中的各营一个接一个，尤其是鉴于普军队形很紧密，导致纵队很容易在实心炮弹的轰击下伤亡惨重，[①] 因此在炮兵射程内垂直部署部队是过于危险的事情。另一个障碍是体制上的。同时垂直部署几个营以上的兵力，使部队陷入混乱的可能性成倍增加，在旅一级尤其如此。每个营相对于其他营的正确位置很难一目了然，完全不同于传统的方法——各营只要跟着前面的营就能展开战线。腓特烈的上校和准将们，在这位国王的主观判断中，而且很可能在客观事实上，都还不具备一些共同原则的基础，若有了这个基础，他们就会得到国王的信任，从而获得使机动取得成功所必需的主动性，而不是那种在战斗胜利条件成熟的几分钟前、在敌人的炮火压迫下才获得的主动性。

---

① 实心炮弹就是一枚实心铁球，由加农炮发射，弹道低平，在地面上反复弹跳着前进，一打一条线。假定敌军有100人，排成前后2条战线，每条50人，则1发实心炮弹只能击中2个敌兵；如果敌军排成10行、10列的方阵，则能击中10个敌兵。所以，敌军纵深越大、排列得越紧密，实心弹杀伤威力越大。

在 1748 到 1756 年间，经过测试的从横行转换为纵列的方法中，也许最有效，也最常见的方法被称为"部署"（deploy）。1 个团下辖的 2 个营各组成 1 个以排为单位的纵队，2 个纵队肩并肩前进。先头部队抵达部署位置时，以一声炮响作为信号，让各营组成以"支队"为单位的纵队，每个支队有 2 个排。[①] 第二声炮响时，一个营向左，另一个营向右，各"支队"斜向行进到它们在战线中的位置，各就各位，每个营中位于后面的"支队"构成前面"支队"的外侧翼。最后"向右转"和"向右看齐"，全线部署完毕。[24]

新方法行之有效，在演习条件下，可以在十五分钟之内完成战线展开。它相当简单，在开始射击之前就能执行完毕。要知道，当时即使最勇敢、最不爱动脑的军官也有可能沦为注意力分散的牺牲品，而注意力分散将是困扰未来几代军人的"不愉快因素"。腓特烈并不打算背离 18 世纪所特有的线式战术。另一方面，他意识到了这个能够使各营迅速、安全地排成战线的体制的实用性。他还意识到了能够让各营从战线变换为纵队，再变换回来的好处。到了 1756 年，现行条令要求各营组成纵队，即使在战场上遇到阻碍——池塘、沼泽、低洼的路面、杂树丛，也要如此。通常的模式是 1 个团下辖的 2 个营并排前进。横队要想列成纵队，每个营位于中央的排留在原地，其他 7 个排向左或向右转，继而斜着向后走，然后排队对齐，最后面向前方。

到了 1756 年，腓特烈的战术流程的要点在营级和团级的施行效力，似乎是最大的，因此，军队的关注和控制都集中在这两个指挥层级。和平时期的步兵部队，以团为单位驻扎在柏林/波茨坦和马格德堡这样的大型中心城市的外围。因此，上校们有时间来完善部署、反向行军和方阵方面的技能，使这些技能水平提升到了无法企及的高度，以机动为目的而临时组建的大型编队难望其项背。

因此，普鲁士军队注重团级单位训练意味着，实际上 1756 年的普军仍然是按照传统的"列队行进"方式部署的，每个营都跟在前面那个营的后面，排成一个纵队前进。当表示"立定"的炮声响起时，团里的军官们对队形的

---

① 普军每个营下辖 8 个排，这番机动是把 1×8 的长条纵队，转变成 2×4 的长方形。

纵深和横向间隔做最后的检查。当第二次炮声响起时，每个营都以排为单位向左转或向右转，形成一条连绵的战线。

在腓特烈时代，普鲁士军队的正常部署阵形是两条平行的战线，相距 300 步，各营排成紧密队形，每个士兵之间的距离略小于 0.61 米①。各营之间相距 7 到 8 步，用来部署团属火炮。普军的掷弹兵依然通常与所在团分开部署，编为由 4 个掷弹兵连组成的合成营。这些掷弹兵营通常部署在第一战线的侧翼，但不是作为战线的延长部分，而是充当支撑点（en potence），与战线呈钝角部署。换句话说，掷弹兵构成了一个长方形大阵的外侧翼。在斜线战术的背景下，他们把敌军骑兵冲锋席卷普军战线的风险降到了最低程度。他们还发挥了一种不那么英勇但同样醒目的作用：防止战败的普军骑兵为了保命而退入步兵战线，从而导致步兵火枪手也陷入混乱，就像在莫尔维茨那样。25

普鲁士步兵阵形演变成一个庞大的战术方阵，这也解放了骑兵。笔者已经提到了发生在西里西亚战争期间的骑兵改良。西里西亚战场上出现的概念和技术，尽管其中一部分能出现多多少少纯属偶然，1745 年之后的十年和平时期却提供了一个机会，把它们都制度化了。在西里西亚战争的进程中，齐藤已经凭借完善了东欧风格的骠骑兵而名声大噪。他在轻骑兵行动中下达的最重要的命令是"跟我上"，这让他光彩照人。然而，在和平时期，他的天才大为失色了。他公开反对腓特烈对待战争的态度，拒绝承认国王拥有评估战况的本事。齐藤认为，洞察力是自己独有的天赋："只要了解了战况……我就知道该做什么了。"26 对于1745 年后作为普鲁士军队特色而精心组织的演习，齐藤感到很不耐烦。他志不在此。他犯了一些错误。——普鲁士骠骑兵在战争时期靠侦察和巡逻辛苦赢得的本领，并不是腓特烈所看重的，这让齐藤错上加错。

最重要的是，国王继续强调骑术和马匹照管技术。1748 年，腓特烈规定，策马进攻的正常距离是 640 米，其中 274 米为小跑，366 米为飞驰。② 到

---

① 2 英尺。

② 这里的数据原文都以码为单位，3 个数字分别为 700、300 和 400 码，统一换算为米，1 码 ≈ 0.915 米。

了 1755 年，机动标准定为 1646 米[①]，最后 1/3 距离为飞驰。飞驰阶段再细分为 3 个部分：第一部分为保持队形的飞驰；在第二部分中，在敌人前面 70 到 80 步的位置，骑兵用马刺策马飞驰，同时用缰绳约束战马；只有在距离两军接触点 20 步远的地方，每个骑兵才彻底放开缰绳，不考虑队形和自己的位置，任意驰骋，后面的骑兵冲进前面骑兵的队伍，以增加初始冲击力。[②][27]

这种长时间、受控制的操作，有赖于全速奔跑的战马由熟悉坐骑和熟读马匹使用条令的骑手来驾驭。与步兵相比，普鲁士骑兵的训练需要士卒具有高水平的理解力。对于腓特烈所描述的那种冲锋来说，一个机械地照章办事，对"做什么"和"怎么做"背后的"为什么做"都一无所知的骑兵，是一个巨大威胁。

随着普鲁士骑兵发动训练有素的飞驰进攻日益成为常态，骑兵的各个分支也越来越同质化。当骑兵小跑着相互冲击时，更多的兵力、块头更大的骑手、体重更大的战马拥有天生的身体优势。轻骑兵根本无法产生足够的冲击力，来弥补他们有限的体重带来的劣势。结果，轻骑兵的使用被限制在侦察、巡逻和散兵战这样的"小规模战争"中，这个角色让他们无法获得前线骑兵才能赢得的声望。然而，在西里西亚战争和七年战争之间的十年里，腓特烈的骠骑兵开始增加新技能，他们刻苦练习飞驰冲锋，用艳丽的服装和剑术弥补自身体重的不足。到了 1756 年，普鲁士军队中的骠骑兵团已经成为至关重要的沙场利器。当普军骠骑兵在功能上与重骑兵不相上下时，他们带来了在骑兵队伍中占大多数的中农子弟所欠缺的闯劲和傲气。

在七年战争爆发前的几年中，普鲁士骑兵又发展并完善了另一种战术手段：使用骑兵纵队去攻击没有因遭到普军火力打击而动摇的敌军步兵和炮兵。这是拜罗伊特龙骑兵团在霍亭弗里德堡战场上，多少有些偶然发动的冲锋的结果，当时该团没有时间和空间排成横队，只得采用纵队队形。[28]腓特烈也鼓励骑兵在演习中测试纵队进攻技术。在这种情况下，普鲁士的军事演习越来越多

---

① 1800 码。

② 骑兵冲锋时分为前后两行冲锋线，在冲锋的最后阶段，后面那行骑兵冲到前面那行骑兵的间隙中，把冲锋线的间隙填平。

地被观察家们认定为演戏，这反而给普军带来了好处。外国观察家要么没有注意到这些变化，要么把这些变化贬斥为阅兵场上的怪诞举动，他们认为，一旦普军用上真枪实弹，这些怪诞行为就会被抛到九霄云外。此外，在步兵团和骑兵中队一级，普鲁士军队坚持迅速而精准地执行命令，有助于限制各种疑问和解释，从而防止潜在的敌人认为还得认真对待普军这样那样的变化。

到目前为止，即使最有耐心的读者也很可能会问，探讨18世纪战术奥妙的目的是什么。实实在在的史料烦琐细碎，几乎微不足道，反而使务虚讨论变得重要起来。在18世纪的战争中，各国军队的征召、组织、武装和装备都大同小异，理性时代强调事先筹划而非临场灵感，所以压抑了军事指挥方面的天才，各国军队之间的细微差异决定了孰优孰劣。这些细微差异在进入体系化进程之前，需要小心翼翼、全面系统地培育。²⁹

在普鲁士，正是依靠汉斯·卡尔·冯·温特费尔特将军牵头，把聚拢了一大堆团级单位的集合整编为一支能征善战的军队。温特费尔特出自一个贫穷的波美拉尼亚家庭，在1734年战役中，他作为一名侍从陪侍腓特烈左右，那时腓特烈还是王太子，作为欧根亲王的学生投身沙场。在西里西亚战争中，温特费尔特担任战场指挥官，表现优异。到了1745年，温特费尔特已经成为腓特烈的军事知音，在新一代军官中，他成了第一个取代"德绍老头"及其老战友们，担任普鲁士军队统帅的人。当时的评论家认为，他的影响力大到足以迫使腓特烈在1756年参战。一个世纪后，总参谋部的军事历史学家们，更加谦虚但也同样更不恰当地将温特费尔特列为**自己**的精神鼻祖之一。克里斯托弗·达菲更加精准地将他描绘为"军事勤务兵"，一位为国王打理一切的大总管，因为国王整天忙得不可开交，无力直接监控日益复杂的军事体系中的每个细节。

温特费尔特首先是个追求体系化的人。与腓特烈一样，他也认同决定性会战在普鲁士战争模式中的重要性。他还与国王一样，坚信和平时期的操练是速战速决的关键性因素。温特费尔特有能力监督操练和演习的细节，同时又不忽视为体制架构增加生机活力的理念。他至少当得起普鲁士军事情报系统"教父"这一赞誉，在筛选外交官报告中的相关材料的同时，他还组建了一个独立的线人网络。线人是观察者而非间谍，他们的报告通常涉及所考察国家的公开信息。在这个时代，大使与军事事务逐渐脱钩，同时报纸、期刊认为军事内容不在其刊载范围之内，尽管如此，温特费尔特却能够向国王提供关于普鲁士潜在敌人的越来越全面的信息。[30]

1756 年的外交革命

普鲁士需要用一切手段去尽可能获取优势。从表面上看，欧洲的传统外交结盟关系，在 1748 年之后似乎没有发生过变化。别斯图热夫继续对普鲁士满怀敌意，更不必说普鲁士的勃勃野心，使他培养出了与奥地利的共同利益。——但是到了 18 世纪 50 年代，奥地利反过来也对俄罗斯的外交辞令和行为施加了适度的影响。到目前为止，考尼茨是奥地利外交使团中一颗冉冉上升的明星，他发出了特别警告，指出不要对普鲁士的崛起做出过于激烈的反应，也就是不要为了对抗普鲁士而去拥抱另一个谋求大国地位的国家①。他认为，法国可能更愿意与俄罗斯保持一定距离，而法国正是考尼茨的如意算盘上的关键因素。在《亚琛和约》的谈判过程中，他相信，自从 17 世纪 60 年代以来西欧搭建的列强关系结构，既不符合目前的军事和经济现实，也不符合奥地利的战略需要。荷兰已经认可了自己二流国家的地位。对自己的海军和财政实力信心满满的英国，逐渐把哈布斯堡帝国视为一个加强版的德意志附庸国，只要价码合适，哈布斯堡随时会出卖自己的军队和善意。尤其值得注意的是，英国政府对奥地利意图收复西里西亚兴致索然，就像后来几个世纪中，英国政府对那些连名字都叫不出来的中欧国家的政治命运不屑一顾一样。

法国就是另一回事了。考尼茨认为，自太阳王路易十四以来，法国的绝对和相对实力都已经大幅衰退了。现在，法国外交官们接受了法国在多元国际秩序中的位置，没有像早年那样对国际秩序提出霸权主义挑战。哈布斯堡王朝的前几位皇帝在王朝利益方面的担忧，对于身为启蒙思想信徒的考尼茨而言不值一提，他更愿意怂恿法国在欧洲以外从事"自然"扩张。通过在德意志西部和意大利北部发起一场强调共同利益和妥协的外交战，考尼茨希望改善奥地

---

① 指俄国。

利与法国的关系，鉴于迄今为止，法国在普法合作过程中得不偿失，考尼茨想让法奥关系发展到使凡尔赛宫考虑抛弃普法合作关系的程度。

考尼茨认为，他的这个外交方针并不一定会与海上双雄[①]中的任何一国产生冲突。在过去十年中，荷兰人越来越愿意跟在法国屁股后面见风使舵，加上荷兰人越来越不情愿按照近代战争的规模支付军费，这都削弱了荷兰成为奥地利盟友的可能性。至于英国，越来越关切其殖民地利益，并相应地忽视了在欧陆上进行扩张，这日益使英国将法国定性为一个天然死敌。然而，只要哈布斯堡王朝与波旁王朝之间的明争暗斗还在继续，英法交恶都会影响奥地利的外交方针。否则，形势就会发生根本性改变。在奥地利王位继承战争期间，英国的公众和政治舆论都显然认为与奥地利的关系无足轻重，除非英奥关系是直接针对法国的。自从路易十四驾崩以来，法国的大陆扩张政策的调门就一直在下降。奥地利在意大利北部和南尼德兰巩固了自己的势力，基本上编织了一个天罗地网，当年曾对太阳王具有极大诱惑力的切香肠式扩张机会，几乎荡然无存了。[31]

在考尼茨看来，前景扑朔迷离。法奥**和解**，哪怕没到正式订立联盟的程度，也不仅能加强哈布斯堡王朝在欧洲大陆的地位，还能使维也纳在伦敦和巴黎之间扮演某种"诚实中间人"角色。即使这个角色没有演成，只要英、法之间的贸易和殖民地冲突没有蔓延到欧洲，未来奥地利就不大可能卷入两国的冲突。而且，奥地利将凭借自己与法国的联系带来的好处，阻止英国在欧洲大陆的冒险。

有句耳熟能详的谚语说："让别人打仗去吧。你，幸福的奥地利，结婚吧。"对考尼茨而言，与法国建立外交联盟就像王朝联姻一样美好。1750 年，这位奥地利政治家奉命担任驻凡尔赛大使，他使尽浑身解数让他的法国同行们相信，哈布斯堡王朝与瓦卢瓦/波旁王朝之间的传统敌意，已经因诸多历史事件而烟消云散了。然而，总体而言，无论是路易十五，还是他的智囊，都不大认可考尼茨的说辞。鉴于法国有着在德意志缔结附庸国联盟的传统外交政策，普鲁士在西里西亚战争中的军事表现，已经使自己成为法国的一个有用盟友：普

---

① 指靠海外贸易立国的英国和荷兰。

鲁士取代了巴伐利亚，成为奥地利争夺德意志霸权的主要对手。而且，无论法国在中欧的政策会变得多么温和，身在凡尔赛的奥地利外交官依然认为，仅仅由于法国与一个从来都不希望法国兴旺发达的国家建立起一种前所未有的关系，就愤然辞去自己在凡尔赛的职务，是大可不必的。1753 年，考尼茨被召回了维也纳。[32]

考尼茨的使命或许没有达成，但他的仕途依然前程似锦。返回奥地利首都并不意味着耻辱，而是被擢升到更高的首相职位上了，相应地，他手握更大权力来说服法国相信他谋划的新秩序是可取的。考尼茨得到了一个人的帮助，虽然出乎意料，却又在情理之中。深受憎恶法国的纽卡斯尔公爵[①]影响，英国政府与此前没被算进英国直接势力范围的两个德意志邦国签订了财政补助条约。——1750 年与巴伐利亚签约，1751 年与萨克森签约。与此同时，英法的北美殖民地之间的地方争端，也把各自的宗主国越来越深地拖进了冲突漩涡。

从法国的角度看来，纽卡斯尔公爵正在积极地挑起另一场对抗。在奥地利人看来，英国的外交政策既糟糕又不错，具体是好是坏视情况而定。纽卡斯尔公爵的直接目标是重建英奥联盟，尤其是通过支持玛丽亚·特蕾莎女皇的儿子约瑟夫竞选罗马王，从而让约瑟夫成为帝位继承人，来拉近英奥关系。[②]在奥地利看来，这样的朋友比敌人还糟糕。这个所谓的"皇帝选举计划"，让每个德意志小宫廷都坐卧不安，迫使奥地利耗费了——在维也纳看来是毫无必要的耗费——过多外交资源来平息众怒。

对考尼茨来说，这是一个千载难逢的良机。这个精明的奥地利人继续对英国寄予厚望。事实上，与所有能干的外交官一样，他甚至着手试探纽卡斯尔是否愿意与奥地利、俄罗斯一道加入反普鲁士联盟。与此同时，他继续向凡尔赛宫申明英国外交政策的可能结果，以及奥地利建立一种全新外交模式的意愿。[33]

到了 1754 年，法国陷入了进退两难的窘境。除了北美的紧张局势不断加

---

① 托马斯·佩勒姆-霍利斯（1693—1768 年），曾长期担任英国国务大臣，于 1754 年、1757 年两次出任首相。

② 神圣罗马帝国的帝位继承人通常会担任罗马王，相当于英国王位继承人担任威尔士亲王。1806 年，法兰西帝国皇帝拿破仑解散了神圣罗马帝国，却又沿袭了神圣罗马帝国的这一传统，1811 年拿破仑的独生子拿破仑二世出生后，立即被封为罗马王。

剧之外，咄咄逼人的法国商业冒险家挑战了英国东印度公司①的地位，使英法在印度的摩擦也越来越多。法国已经因为殖民地战争承受了长达半个世纪的苦难，不想再打一场殖民地战争了。纽卡斯尔也不想打。但是，英国议会中的反对派以"美洲问题"为炒作焦点，向执政当局施加的压力越来越大，纽卡斯尔被迫派出了一支小规模远征军，由爱德华·布雷多克爵士率领，前去袭击盘踞在俄亥俄河河谷的法国人。法国人针锋相对地向加拿大派遣了援军。然而即使在布雷多克战败之后，甚至在英国皇家海军开始在公海上成批地扣押法国商船之后，战争也不是完全不可避免的，但是，双方都有充分的**正当理由**大打出手。[34]

纽卡斯尔就此认为，有必要考虑英国在欧陆上的朋友了。分散法国的注意力与确保汉诺威的安全同样极其重要，绝不能放任不管。英国外交官对普鲁士可能采取的行动特别感兴趣。在奥地利王位继承战争末期，建立英普联盟的提议流产了。在战争结束之后，英国人认为腓特烈过于反复无常，过于自私自利，根本不值得信赖，尤其是英国还得考虑腓特烈对汉诺威选帝侯国的觊觎。尽管议会反对派和伦敦金融城对英国与汉诺威之间的联系憎恶有加，但只要来自汉诺威的君主还继续统治英国，②切断这一关系就绝无可能。[35]

英国的总体意图是通过与俄罗斯达成协议来威慑普鲁士。英俄关系历来不错。英国皇家海军严重依赖波罗的海沿岸以合理价格供应的海军物资，而俄罗斯对波兰和奥斯曼帝国的野心，使自己与英国的宿敌法国不断发生冲突。伦敦与圣彼得堡之间能达成合作，更多是出于财政原因。俄罗斯政府永远囊中羞涩，因此也愿意讨好英国政治家和英国银行家。英国方面则在扮演"被追求的情人"的角色，既抨击俄罗斯的贪婪，担心和平时期缔结的联盟和津贴条约所要承担

---

① 全称为光荣的东印度公司。

② 1688 年，英国光荣革命推翻了斯图亚特王朝的詹姆斯一世及其独生子詹姆斯·斯图亚特，之后的英国国王玛丽二世、威廉三世和安妮都是詹姆斯二世的女儿或女婿，然而她们都没有后代，安妮死后，鉴于不能让信仰天主教的詹姆斯·斯图亚特复辟，斯图亚特王朝就此结束，英国议会转而拥戴王室远亲、汉诺威选帝侯乔治一世为英国国王，从而开创了汉诺威王朝，所以汉诺威王朝的英王都是德国人，兼任汉诺威选帝侯，他们对老家汉诺威的关注有时还超过对英国的，因此，对于汉诺威安全的顾虑，大大影响了英国的外交方针。

的风险，同时也依然相信痴情的莫斯科求爱者会继续手握正在凋零的花束，老老实实地待在外交客厅里面等候英国恋人的垂青。[36]

1753 年，英国这种舒适惬意的局面开始发生变化。当时汉诺威选帝侯国国务委员会认为普鲁士军队在汉诺威边境上采取的行动具有危险性，因而对普鲁士发出了警告。汉诺威国务委员会建议英国改善与奥地利的关系，并且与俄罗斯签署一个财政津贴条约。英国内阁以令人惊诧的平静态度接受了这些建议。[37]

前一个建议很快就执行不下去了。此时，考尼茨过分执迷于自己的观点，只要英国人不提供全面、长期、积极的保证，他就会固执己见，然而，那样的保证是历届英国政府都不会认真考虑给予的。考尼茨着重要求英国加入 1746 年签订的《俄奥条约》，该条约规定，如果普鲁士发动进攻，签约国将携手抗击普鲁士。在纽卡斯尔看来，遵守《俄奥条约》不过是把一柄子弹上膛、一触即发的手枪交给奥地利。[①] 纽卡斯尔的外交政策的直接目标是消除普鲁士对汉诺威的威胁，而非把英国的财政和军事资源扔到中欧全面战争的泥潭中去。

尽管腓特烈一再否认自己对汉诺威抱有任何邪念，英国驻圣彼得堡大使还是与俄国政府谈判谈了一年多。在一定程度上，英国的这一外交政策是对普鲁士国王屡次朝秦暮楚的回应。并在一定程度上反映出英国希望利用和引导俄罗斯的资源为自己牟利。到了 18 世纪中叶，对于常备陆军的持续不断的敌意，已经成为每一届英国政府的社会、经济和政治常态。[②] 在每一场战争爆发时，英国政府都必须重建陆军，同时为此付出金钱、生命和战败的高昂代价。自查理二世复辟以来，为了维护英国的自由，英国认为这样的代价是值得的。尤其是在《亚琛和约》签订后的几年间，坎伯兰公爵为了提高常备兵团的纪律和效率所付出的努力，招来了托利党[③]和反对党辉格党[④]的异口同声的猛烈抨击，

---

① 大意是，如果英国加入俄奥反普联盟，奥地利没了后顾之忧，肯定会放心大胆地进攻普鲁士。

② 17 世纪中期，军事强人克伦威尔建立了新式陆军，继而依靠陆军使自己成为独裁者。克伦威尔死后，尽管英国国王查理二世实现了复辟，英国人对陆军还是心有余悸。作为一个岛国，英国的海外扩张依靠海军和海军陆战队，陆军则被视为政府镇压本国人民的工具，所以民选的英国议会和代表议会的政府都大多憎恶和压制陆军。

③ 保守党的前身。

④ 自由党的前身，19 世纪末衰落了，目前已经基本上退出了英国政坛。

两党都认为坎伯兰是要把陆军变成实行专制统治的工具。

传统上，英国政府是通过向欧洲大陆上的武装力量提供津贴（相当于租借），来弥补自身军事短板的。荷兰、丹麦，还有像黑森–卡塞尔和不伦瑞克这样的德意志中等国家，甚至普鲁士自身，都与英国签订过条约，并且拿到了英镑。然而，到了18世纪中叶，这个政策的缺陷比它的优点更加明显。相对于法国、奥地利和普鲁士等大国，即使是拥有高效军队的中等国家，其军事潜力也大幅下降了。为了将来能与这些国家竞争，英国很可能得扩大本国陆军的规模，或者依靠由各个附庸国军队组成的杂牌军，而杂牌军的凝聚力可能远远达不到理想状态。[38]

俄罗斯似乎是民族成分单一又有战斗力的远征军的潜在来源，俄国远征军的规模完全取决于英国津贴的数额。从伦敦的角度看来，俄罗斯疲软的经济让该国无法拒绝英国的提议。化用一句常被认为出自萧伯纳的话，每个人都知道女沙皇伊丽莎白是什么货色；剩下的事情就是确定英国津贴的价码了。然而，旷日持久的英俄谈判（直到1755年9月30日英俄才签署条约）所反映出来的，远不止在支付和兵力构成这些细节上的讨价还价。18世纪中叶的俄罗斯面临两个层次的敌人：第一层包括到目前为止一直与俄国为敌的波兰、瑞典和土耳其；第二层包括欧陆列强。路易十五统治下的法国致力于在中东欧组建反俄防火墙，此举既缘于法国在瑞典和波兰的经济与政治利益，也缘于使自己免受俄国的直接威胁。奥地利也向俄国提出了挑战。尽管两国在18世纪30年代通力合作对抗奥斯曼帝国，但奥地利在战争后期及战后和谈期间的行为，清楚地表明维也纳对圣彼得堡的近东野心的支持有限。

地理和经济因素进一步加剧了俄罗斯的战略困境。沙皇俄国在欧洲拥有最漫长、最薄弱的边界。18世纪背景下的国防理论需要大量兵力。然而，就其规模而言，俄罗斯军队在单位面积上的兵力数量是所有大国中最少的。国家的贫穷加上行政管理的低效，极大限制了武装部队扩大规模。即使那些手持武器的人，也往往只是名义上的军人。直到1757年，新兵还使用木枪接受训练，而跟着所在团队走上战场的士兵，也要等待疾病和伤亡减员后，才能拿到战友的火枪。战马采用放养吃草的方式饲养，而非投喂谷物，帝国大部分草原都贫瘠，牧草无法供养能够负重或作战的牲畜。

在这样的大背景下，事后看来，采取低调的外交方针是明智之举。然而，伊丽莎白女皇及其谋士们认为，俄罗斯不能指望依靠墨守成规来维护自己的领土完整：俄国必须继续扩张。这种外交方针使普鲁士既成了俄国扩张的目标，也成了俄国自保的手段。从别斯图热夫的角度看来，普鲁士可能成为俄国两大敌方阵营的重要新成员，此外，普鲁士的失败也意味着俄罗斯有机会直接获得新领土，或许还能用普鲁士领土从俄罗斯的其他邻国那里换得领土。这也意味着普鲁士具有杠杆作用：首先，通过增强俄罗斯的国力，削弱乃至摧毁法国在东方的地位；其次，在终极之战中对付奥地利。

英国的津贴条约是整个宏伟计划的关键所在。英国资金不仅能稳定俄罗斯的财政，还让俄国能将大军集中在普鲁士边境附近，随时准备按照命令发动进攻，——也许，仅仅是也许，进攻命令来自圣彼得堡。①

到了 1755 年春季，考尼茨也越发关注俄国可能采取的行动了。随着英法两国在北美的小规模散兵冲突升级为全面战争，考尼茨发现自己不得不在英、法之间做出抉择了。起初，他谈及继续维持英奥联盟，——只要英法战争局限于公海和殖民地即可。这样的局面符合考尼茨的最初设想，即奥地利充当海上争端各方的潜在调解人，扮演一个在海外没有重大利害关系的诚实中间人。然而，如果英国人非要把战争扩大到欧洲大陆，按逻辑，他们最可能提的要求是让奥地利集中力量对抗法国。考尼茨则从自己的立场出发坚持认为，下一场欧陆战争必须始于尽一切可能直截了当、一劳永逸地打垮普鲁士。

如何圆满解决这个看似无解的难题，成为这位奥地利首相日益关切的问题。从在涅瓦河河畔②进行的英俄津贴谈判中，考尼茨找到了答案，至少找到了部分答案。驻扎在普鲁士边境上的拿着英国津贴的 10 万俄军，很可能成为腓特烈发动战争的首要原因。即使普鲁士君主摆脱了他自己定义的角色，坐观事态发展，③考尼茨至少在 1755 年的前六七个月依然认为，俄罗斯的东欧野心

---

① 大意是"受人钱财，与人消灾"，要求这支俄军发动进攻的命令更可能来自英国。

② 圣彼得堡位于涅瓦河河口，所以涅瓦河畔指代圣彼得堡。

③ 鉴于腓特烈在两次西里西亚战争都是不宣而战、先发制人的一方，按兵不动就是与他以前扮演的角色不同了。

可能作为一根撬动英国的杠杆，使英国加入反普联盟，即使英国不参加反普鲁士活动，至少也会当个承认既成现实的旁观者。[39]

到了 1755 年夏季，英国做出的一系列决策，使这个想法成了镜花水月。7 月，英国与法国断绝了外交关系。在战争几乎不可避免的情况下，纽卡斯尔评估了局势，再三思量，得出了结论：奥地利不过是一根"压伤的苇杖"。[①]考尼茨继续讨好英国，但拒绝用行动——向奥属尼德兰派兵，来支持自己的言论。既然不与法国结盟，荷兰政坛各派别都发出了保持中立的呼声。与俄罗斯签署盟约依然存在可能，然而没有人会真的指望沙皇俄国会像黑森–卡塞尔那样，一听到英国的号令就训练有素地武装起来。

从表面上看，英国似乎确实陷入了考尼茨掀起的波澜之中。然而，还有另一条路可走。这条路的大门是由腓特烈打开的。尽管普鲁士国王知道考尼茨的宏图伟略的大致轮廓，但是，奥地利人的计划最初似乎并没有格外困扰腓特烈，因为他认为奥地利人在痴人说梦。——在这个计划中，奥地利将成为一个根本不可能成型的反普联盟的盟主。腓特烈更加关心已经在 1746 年签署的俄奥条约给普鲁士带来的具体风险。普鲁士间谍已经搞到了这份文件的副本，腓特烈知道其中的条款就是针对他的王国的。[40] 他甚至更清晰地意识到了俄国的公开敌意，以及考尼茨为确保奥地利与德意志中等国家结成联盟而付出的越来越大的努力。国王的王牌是普鲁士与法国的关系，腓特烈认为普法关系取决于法国的切身利益，尤其是法国与奥地利长期的明争暗斗，而非普鲁士采取的什么行动。1752 年，他把法国和普鲁士描绘为两个娶了一对"姐妹"的国家，两国的新娘分别是洛林和西里西亚。[②] 腓特烈宣称："这种联系会迫使两国采取

---

① 典出《圣经·旧约·以赛亚书》："看哪，你所倚靠的埃及，是那压伤的苇杖，人若靠这杖，就必刺透他的手。埃及王法老向一切倚靠他的人，也是这样。""压伤的苇杖"（broken reed）比喻不仅靠不住，还会反而伤害自己的盟友。

② 洛林公国长期是神圣罗马帝国的组成部分，玛丽亚·特蕾莎女皇的丈夫弗朗茨一世在即位称帝前就是洛林公爵。法国担心弗朗茨成为奥地利皇帝之后导致奥地利与洛林合并，继而威胁法国的安全，便在 1735 年与奥地利达成协议，洛林公国由法国国王路易十五的岳父、失去波兰王位的斯坦尼斯拉夫一世继承，作为补偿，弗朗茨则继承即将绝嗣的佛罗伦萨托斯卡纳大公国。此后，虽然名义上洛林公国还存在，实际上已经落入法国之手。1766 年，斯坦尼斯拉夫去世，洛林正式并入法兰西王国。

相同的外交方针。"[41] 为了加强两国的"连襟"关系，与两国有关的任何争端，比如腓特烈在西里西亚战争中的行径引发的争端，都会因"连襟"关系而被另一国视而不见。但是，腓特烈既愤世俗又憎恶女性，忽视了这个等式中的一个重要因素。互不喜欢又互不信任的连襟，可以通过他们妻子之间的良性互动来维系彼此的关系，可是在这个案例中，除了都曾经是哈布斯堡帝国的省份之外，洛林与西里西亚之间没有任何瓜葛。

腓特烈并不完全信任传统权力平衡的自我运作。尽管他为了不给对法外交带来风险，不敢高调与英国交好，但他还是竭尽全力，至少与英国建立了稳定的关系。与此同时，他促使法国把普鲁士看作未来遇到困难时，可能充当调停者的国家。海上列强在北美爆发的战争，让腓特烈忧心如焚，因为他担心英法冲突会蔓延到欧洲。[42] 英国与俄罗斯开展谈判使他的担忧达到了顶点。由于俄罗斯囊中羞涩，一直难以在边境附近维持一支攻击性力量，并做好进军的准备，因此尽管俄罗斯对普鲁士的敌意与日俱增，却一直都无法诉诸行动。英国的黄金可以完美解决俄国的这些问题。

1755 年夏季，腓特烈开始放出一系列试探性消息，表达了他有意探讨当前的危机，——甚至可能表达了有意使德意志在目前看来必然会爆发的战争中处于中立地位。纽卡斯尔迅速给予了回应。由于与俄罗斯的谈判步履维艰，与普鲁士达成协议会给英国带来几个前景不错的替代方案。如果由普鲁士牵头，整个德意志保持中立，那么汉诺威的安全将得到保证。英国可以凭借自己的王牌——海上力量，以及向欧洲以外投放并供养小规模远征军的能力，打赢这场战争。这样的协议也会在英国国内产生有利的影响，因为这样一来，英国政府就能够摆脱雇用外国军队在欧洲作战带来的政治负担。纽卡斯尔知道，英普之间的**亲善**，不可能是无偿或廉价的。然而，津贴可以被解读为平等双方之间的交易。付款给像腓特烈这样拥有崇高地位、强大实力的君主，作为共同利益的象征，似乎远没有向蕞尔小国支付同样数额的金钱那么不光彩，因为后者既目的浅显又自私自利。

纽卡斯尔觉得没有必要立即在普鲁士与俄罗斯之间选边站队。他推断，英国国库可以让这两大强国都心满意足。如果处置得当的话，给予圣彼得堡的津贴会使英国在俄国议会中拥有即使不是决定性的，也会是举足轻重的影响力；

给予腓特烈的津贴会确保汉诺威的安全。无论如何，这笔花销很可能远低于准备一场英国政府和反对党都几乎无人赞成的欧陆战争所付出的代价。8月，纽卡斯尔得到授权，与普鲁士开启直接谈判。

腓特烈想要英国人的金钱，又害怕受到英国人控制。在某种程度上，腓特烈发现纽卡斯尔一再断言德意志和平取决于他的动向，是在恭维他。然而，国王不愿意在不了解英俄谈判结果的情况下，就做出任何承诺。腓特烈也非常不愿意做任何可能与法国公开决裂的事情。早些时候，他曾向凡尔赛宫建议，由普鲁士率先出面斡旋英法争端，但他认为法国的立场软弱不定，使他愈益如坐针毡。尽管如此，在没有准备好建立新的伙伴关系之前，腓特烈并不打算与巴黎一刀两断。

1755年的前几个月，法国的优柔寡断，在某种程度上反映了法国对与英国开战的前景的憎恶。英法在北美的本地兵力差距越来越大，而且法国的劣势不可逆转。要想在战争中自保，法属加拿大就需要不断补充人员和物资，而法国海军无法确保将人员和物资运送到位。在上一场战争中，即便法国和西班牙的舰队联手，英国人依然能够掌握制海权。现在，法国孤立无援。当然，通过扩大战争范围，进攻英国在欧洲大陆的客户和商业网络，法国赢得战争胜利的可能性还是存在的。腓特烈本人就曾提到用一场突然袭击打垮汉诺威的好处。然而，在巴黎看来，这些建议无异于怂恿怕死鬼自杀。法国人更愿意通过谈判来摆脱困境。不过，尽管此前纽卡斯尔探讨过对全面战争的忧虑，但他无法说服意见纷纭的内阁和批评调门越来越高的议会相信，通过化解冲突而非升级冲突来解决殖民地争端是明智之举。

简而言之，到了1755年夏季，法国面临着怎样的事实，美国幽默作家芬利·彼得·邓恩表述得最为贴切：如果有人想跟你打一架，你必须满足他。但是，这并不意味着一头扎进战团。法国对眼下的外交局面缺乏信心。可以肯定的是，联合省①不再是当年那个强大的对手了。事实上，在"政治斗争之国"

---

① 1579年，原属西班牙的尼德兰北部七个省联合成立了乌得勒支联盟，共同反对西班牙；1588年，七省宣布成立联省共和国，又称荷兰，所以联合省是荷兰的别名。

荷兰①的内部，有一个强大的政治派别支持与法国结盟。然而，法荷关系的价值有待商榷。荷兰的陆军效率低下，荷兰的海军在体制上和事实上都在衰退，荷兰的国库空空如也。在比利牛斯山的另一侧，西班牙正专注于一场广泛的国内改革，根本无意卷入另一场代价高昂的对英战争。至于普鲁士，腓特烈在西里西亚战争中的所作所为，让巴黎坚定地认为：把腓特烈当作盟友的国家，根本不需要敌人了。②

另一种重要的可能性依然存在。鉴于法国曾经拒绝过考尼茨的提议，因此法国想通过直接与维也纳接触来阻止奥地利与英国的军事合作，在外交上是不可能的。法国另辟蹊径，通过美因茨选帝侯向奥地利发出了善意的信号。考尼茨心领神会。法、奥之间依然存在根本性分歧。法国希望维持欧洲大陆上的和平，以便专心在北美和公海上与英国一决雌雄。考尼茨计划发动一场全欧洲组团打击普鲁士的战争来重塑欧洲力量平衡，他认为，组建法奥同盟是其中重要的一步。考尼茨还试图同时下两盘棋，他要使与法国的谈判完全独立于奥地利此前与俄国达成的协议。1755年秋冬季节，就在环环相扣的外交车轮转动起来时，法奥谈判依然裹足不前。43

与此同时，英国政府对普鲁士国王采取了"胡萝卜加大棒"的政策。11月，腓特烈的驻伦敦使节获知了英俄条约的细节。英国对英俄协议的防御性质做出的口头保证，在腓特烈看来，只是聊胜于无而已，特别是在英国同时提出要解决英普之间所有悬而未决的争议的情况下。腓特烈发现，如果法奥谈判取得了切实成果，那么他将面临的，就不仅仅是长期灾难性的前景了；如果俄国在英国的资助下摆脱了缺钱的困境，那么普鲁士就大难临头了。1756年1月，普鲁士与英国签订了《西敏寺公约》，双方互相确保既得利益，并同意携手阻止"外国"军队进入德意志，"外军"也包括两国现有盟友的武装力量。44

在腓特烈的军政生涯中，这不是他第一次打着如意算盘做出决定。他对俄罗斯及其女皇的鄙视，让他夸大了莫斯科人的腐朽。腓特烈的内心坚信，巧

---

① 荷兰从一开始就是由七个省联合组成的国家，各省内部、各省之间矛盾重重，所以内斗不断，直到现在，荷兰人依然有内斗的传统，经常内讧的荷兰国家足球队就是"政治斗争之国"的缩影。

② 意为让普鲁士做自己的盟友，比做敌人更加糟糕。引申为普鲁士朝三暮四，不可信赖。

妙地使用充足的英镑，会促使圣彼得堡宫廷抛弃对普鲁士的敌对态度。至于法国，腓特烈似乎相信，——当然他也试图说服法国人相信，《西敏寺公约》最终会有利于法国政府，使之摆脱欧洲事务，集中其军事力量用于海外殖民地。事实上，腓特烈成功地把奥属尼德兰排除在条约规定之外，因此，如果路易十五或他的大臣们认为在欧洲开战是明智之举，那么，欧洲大陆就有可能成为发动战争的舞台。

普鲁士国王为了影响法国人的举措而做出的尝试，却产生了突然而戏剧性的效果——一切都与腓特烈的意愿背道而驰。关键问题在于形式而非实质。法国人一直对考尼茨怀有戒心，继续要求奥地利对法国在德意志的"前进政策"提供具体支持，以此作为法奥两国达成更广泛协议的先决条件。法国人还煞费苦心地修补与普鲁士的关系，历任法国外交大臣都想当然地认为，除了巴黎之外，普鲁士找不到别的盟友了。但是，当法国大使告知腓特烈，自己奉命延续普法同盟时，他从国王手中收到了《西敏寺公约》的草案，并被告知这份文件正在伦敦走签署流程！怒火中烧的法国政府谴责普鲁士在英国准备发动对法战争时，居然去缔结这样的协议。腓特烈的回应是宣布他的行为符合国际法，他还辩驳道，法国不愿意考虑《公约》的积极面。

纵观此后两个世纪的历史，普、法两国似乎都是咎由自取。[45] 双方都不大注重沟通。两国都认为，彼此关系中存在着一定程度的必然性，这成了一种信条，而非一个值得考虑的问题。然而，对法国人来说，腓特烈的行为是不可原谅的怠慢轻忽。就在法国的外交政策似乎在处处让步的时候，它的一个主要盟友以公然羞辱的方式抛弃了它。有些人还记得路易十四为了确保法国有权干预德意志而付出的努力，对他们而言，《公约》中的中立条款是在伤口上撒了一把盐，在羞辱之外增加了伤害。[①] 也许普鲁士军队强悍善战，然而，在这个至关重要的利益方向上，普鲁士王国无权决定法国政策的走向。

1756 年 2 月，法国国务委员会宣布拒绝延续普法联盟。六个星期之前，

---

① 早在 1618 到 1648 年的三十年战争期间，法国就开始利用德意志的政治分裂、诸侯割据，不断以军事和外交手段干预德意志，挑动德意志诸侯混战，从中渔利，予取予求。此时，正在崛起的普鲁士公然抛弃法国，令法国感到了奇耻大辱。

法国曾再次拒绝考尼茨的提议——联手对付普鲁士。现在，凡尔赛宫开始认真、公开地考虑奥地利人的方案了。突然间，反倒是考尼茨开始打退堂鼓了。考尼茨非常清楚，英国是法国最关注的问题，他不想看到奥地利刚刚恢复的经济和军事元气，被浪费在低地国家和汉诺威。此外，尽管法国政府对腓特烈的屡次反复无常火冒三丈，但是，法国强烈反对彻底打垮普鲁士，因为普鲁士完蛋的后果显然就是奥地利称霸德意志。

法奥之间相互提防，于是在 1756 年 5 月 1 日签约组建了防御同盟。法奥两国互相承诺，一旦遭到第三国——特地把英国排除在外——攻击，两国将派出 2.4 万人马支援对方。奥地利确实保证在英法战争中保持中立，然而，如果英国的盟友进攻法国，奥地利将支持法国。没有人对考尼茨心目中的那位英国盟友抱有任何怀疑！[①] 谈判的两方，也都不指望各自的军事贡献会保持在条约规定的象征性水平上。[②]

就像一场不错的体坛交易一样，双方都对最初的结果感到满意。面对即将爆发的欧陆战争，英国的长期盟友荷兰，比以往任何时候都更加坚定地恪守中立。路易十五的大臣们，也不认为普鲁士会同时向法国和奥地利发起挑战，那相当于自取灭亡。简而言之，法国也许有理由认为自己的欧陆战线是安全的，特别是考虑到西班牙和意大利的波旁王朝君主们[③] 即使不会热情拥护条约，也会毫无怨言地遵守条约。

至于奥地利自身，它为考尼茨在过去十年的大部分时间里一直在搭建的拼图[④]，添加了也许是至关重要的一块拼板。法国已经抛弃了传统的德意志盟友和自己对德意志的一贯野心。普鲁士孤立无援了。然而奥地利首相意犹未尽。他认为，法国的金钱和军队是他组建的反普联盟取得成功的关键因素。整个 1756 年夏季，他都在谋求法国在对普战争中给予直接合作。当法国人犹豫

---

① 在考尼茨看来，这位英国盟友非普鲁士莫属。

② 意为双方都认为，未来出动的兵力必然超过条约规定的 2.4 万。

③ 1756 年七年战争爆发时，西班牙国王是费尔南多六世，两西西里国王是卡洛斯三世，两人是同父异母兄弟，也都是路易十五的堂弟。

④ 此处原文为 Chinese puzzle，泛指七巧板、九连环之类的中国益智类玩具。

不决时，考尼茨拒绝独自行动。相反，他与米考伯① 一样，期待着会有什么大事发生。鉴于欧洲遍地都是导火索，他失望的可能性不大。

首场较量在圣彼得堡上演。自彼得大帝时代以来，历届俄国政府都热衷在其西方扩张领土，同时又为自己保住既有成果的能力忧心忡忡。更具体地说，俄罗斯外交官现在担心瑞典与普鲁士结盟可能产生的后果。尽管瑞典早已不是波罗的海地区的恐惧之源了，但依然是不容轻视的军事强国，尤其还是一个海军强国。似乎是唯恐这种联系显得牵强附会，腓特烈的妹妹做了瑞典王后。从来没有人指责普鲁士国王就是在编织姻亲纽带，毕竟在为西里西亚战争正名方面，腓特烈付出的外交努力的确更少。波兰的变数也不能忽视。尽管俄罗斯在波兰国会中的影响力与日俱增，但这个联邦② 的大贵族的脾气秉性之难以捉摸，依然是众所周知的。⁴⁶

到目前为止，对于自己眼中的野蛮的东方，腓特烈还没有表现出什么兴趣。国王的教养、志趣和外交活动都表明，普鲁士政策的焦点依然是西方。但他对萨克森和西里西亚发动的进攻表明，他是一个不可信赖之徒，甚至是极端反复无常的人。如果普鲁士确实要转向东方寻找盟友——鉴于法奥在谈判，此事并非不可行——并成为中欧的主要强国，那么俄罗斯就完全顺理成章地成了下一个结盟目标。尽管还不知道西方列强已经接近达成协议，1755 年 11 月，俄罗斯外交官还是与奥地利同行们谈到了为收复西里西亚而采取联合行动的可能性。奥地利人的金弹攻势，帮助俄国人采取了这一立场，维也纳在行贿和许诺方面几乎同样豪爽。⁴⁷

《西敏寺公约》把决策落实成了外交行动。从俄罗斯的角度看来，英国谋求收买欧洲大陆上的第二个帮凶的行径，极其恶劣。现在，背信弃义的阿尔比翁③ 处在可以选择合作伙伴的位置上，却没有成为俄罗斯对抗普鲁士的潜在盟友。宫廷阴谋促成了内讧。副首相沃罗诺佐夫经常被恰如其分地描绘为亲法派，

---

① 米考伯是英国作家查尔斯·狄更斯的小说《大卫·科波菲尔》中的人物，他满脑子幻想，总希望有朝一日时来运转。

② 当时波兰的全称是波兰—立陶宛联邦，它是波兰王国和立陶宛大公国通过王室联姻组成的联邦。

③ 阿尔比翁是英国或不列颠的雅称。

他也反对别斯图热夫，还充分利用《西敏寺公约》的条款来削弱他的亲英对手。也许，伊丽莎白女皇本人对她的长期智囊（别斯图热夫）有些厌倦了，不再给他和英国大使好脸色看了。到了3月，在奥地利和法国的帮助下，俄罗斯公开策划发动一场针对普鲁士的全面战争。[48] 俄罗斯军队开始动员，充实现役各团，并组建新的团。然而，考尼茨再次坚持审慎行事。他提及了财政困难和法国提供津贴的重要性。在他的脑海中仍然萦绕着一个问题：鉴于世上有一则公理——即使最好的计划在与强敌第二次交手时也无法奏效，所以，即便俄罗斯和奥地利一起出兵，联军是否能足够迅速、足够决定性地打垮强大的对手普鲁士，以免自己的宏伟蓝图沦为这个公理的牺牲品呢？他强烈主张把进攻推迟一年，等所有军事和外交多米诺骨牌摆放到位，届时，只要轻轻一碰就能启动并完成整个多米诺游戏。[49]

考尼茨的谨慎持重也是外交上的**幸灾乐祸**的产物。他认为，腓特烈已经四面楚歌，会出于绝望而发动一场战争，这就让奥地利在它精心构建的其他优势之外，又获得了一个道德制高点。腓特烈确实这样做了，他的确切动机依然是个富有争议的话题。"爱国主义 / 现实主义"一派把腓特烈描绘成了一个别无选择的人。借用当时的战略术语来说，普鲁士面临一个正在迅速关闭的机会窗口。仅仅坐待事态发展就会造成灾难性后果，鉴于俄罗斯对在其西部边境上崛起的强盛的普鲁士有着长期、全面的忧虑，情况更是如此。

无论法国在原则上多么反对瓜分普鲁士，但是，如果凡尔赛宫的新盟友让普鲁士沦落到残破凄惨的境地，那么除了进行强烈而简短的抗议之外，法国不大可能采取更多行动。随着俄罗斯军队向波罗的海集结，奥地利军队开往波西米亚，腓特烈面临着失去战略和战术主动权的危局，而在他看来，主动权对普鲁士的外交保障——决定性会战生死攸关。[50]

当然，俄罗斯的备战工作很难称得上是纪律严明、效率高超的典范。伊丽莎白女皇手下的将军们奉命来代表和体现帝国的权威，而不是采取决定性行动。尽管俄罗斯军队的骁勇善战早已闻名遐迩，但就像其20世纪的日本后继者一样，俄国士兵也不能每天只靠一把面粉维生。此外，他们位于脆弱补给线的尽头，而位于补给线另一头的祖国政府却几乎无法保障任何系统性行动。[51] 至于奥地利人，直到7月中旬，他们才下达动员令，执行工作大大落后于指令。

即使经过之前数十年的改进，"晚行动，少花钱"可能依然是哈布斯堡各团的信条。

在外交方面，腓特烈本人绝非一头温顺的母羔羊。他曾提及的关于普鲁士在德意志可能获得的领土的纲领性表述，越来越集中在萨克森。他是想吞并萨克森，还是只想利用它，当时都还不清楚。他写于战前的信件，提到了摧毁萨克森会带来的欣喜。他在战争期间对待萨克森人的态度，使萨克森成功融入普鲁士的长远前景变得渺茫起来。无论腓特烈的最终目标是什么，他的侵略计划都是由他的战略评估系统来具体化的，而这是人类历史最早出现的战略评估系统之一。温特费尔特不仅用了几年时间来考虑入侵的军事因素，他还曾经穿越萨克森，评估了关于道路、地形和防御工事的第一手信息。他的结论是，这次行动是可行的，而且，如果国王兵贵神速，那么他可能会轻松得手。[52]

与其说温特费尔特的信息和建议对腓特烈的心理产生了具体影响，不如说是滋生了乐观情绪。腓特烈的批评者和崇拜者一致认为，至少在国王生涯的这个阶段，腓特烈不是一个坐等事态发展变化的人。国王更愿意成为挡风玻璃而非一枚窃听器，然而，仅凭这样的偏好不足以促使国王采取行动。或许，腓特烈认为俄罗斯人都是野蛮人，而奥地利人都是废物。可是，这么想类似于"金刚捶胸"①，不过是缓解紧张情绪的手段而已。到了1756年夏季，普鲁士国王已经如坐针毡了。

英国驻柏林公使安德鲁·米切尔是白厅②方面的可靠人选。除了接受过法律培训之外，他还是一个涉猎广泛的人，从罗马哲学到当代艺术，他的兴趣丰富多彩。在腓特烈的宫廷中，米切尔很可能是最健谈的人，在这个英国人面前，国王比在其他场合更愿意畅所欲言。按照英国政府制定的政策，米切尔一再敦促腓特烈保持克制。当时，英国最不希望或最不需要的就是一场大规模的欧陆战争。[53]腓特烈的最初答复令英国人安心。然而，英国人的愿望与国王自己关

---

① 指《金刚》系列电影中，金刚在战斗之前捶打自己的前胸，为自己壮胆和鼓舞斗志的动作。
② 白厅是英国伦敦市内的一条街道，连接国会大厦和唐宁街。在这条街及其附近有国防部、外交部、内政部、海军部等英国政府机关，因此人们用白厅作为英国行政部门的代称。

注的问题渐行渐远。腓特烈一贯倾向积极主动，而非消极被动，对于正在他周围形成的反普联盟，他越来越心惊肉跳。

显然，积极主动政策的工具正是普鲁士军队。腓特烈写于1756年的信件，明显反映了从外交优先到军事优先的转变。州区应征兵被召回军营，物资被搜罗起来，将军们被国王从疗养院或各自的庄园里征召回他们管辖的兵团。到了6月底，腓特烈公开宣称他随时可能开战。一个月后，国王知会米切尔，如果玛丽亚·特蕾莎能够保证把和平维持到明年，普鲁士也会井水不犯河水。他是否言不由衷还有待商榷。当然，在女皇拖延时间的时候，腓特烈公开宣扬了他所了解的俄奥同盟及其对普鲁士开战的计划，试图借此加剧紧张。他的驻荷兰大使发回的一系列相关报告，进一步证实了腓特烈所说的话。

维也纳给予腓特烈的答复可以用大失所望来形容，维也纳断然否认存在任何反普鲁士的进攻性联盟。现在，腓特烈不大可能有更多指望了。国王很可能打算向米切尔表达他的善意，并通过后者向伦敦转达。腓特烈认为奥地利的阴谋诡计已经破坏了力量均势，他毫不掩饰他对英国参与重建均势的重视。然而，国王的脑子里正在筹划采取单方面行动。他认为，与其等待命运判决自己的前途，不如主动出击，掌控命运的走向。[54]

如何将自己的想法完美转化为决策和军队行动呢？在写于1752年的"政治遗嘱"中，腓特烈指出，在未来的所有战争中，萨克森都是最直截了当的打击目标，[55] 因为从地理上说，萨克森是一柄指向普鲁士心脏的匕首。

柏林和波茨坦都坐落在容易受到攻击的、脆弱的边境地带。入侵的敌军可以利用易北河，把给养物资运送到勃兰登堡的核心地带。萨克森与维也纳、凡尔赛都有着重要的王室联系，法国王太子就娶了一位萨克森公主。① 萨克森军队也绝非易与之辈，他们在第二次西里西亚战争中打得不错，在下一场冲突中也理应有良好表现。最后，萨克森选帝侯兼任波兰国王。无论波兰国王的权

---

① 1746年，法国王太子路易·费迪南的原配妻子去世。1747年，他娶了第二任太子妃、波兰国王兼萨克森选帝侯奥古斯特三世的女儿玛丽亚·约瑟法，他们生下了未来的三位法国国王——路易十六、路易十八和查理十世，但是王太子本人死在路易十五之前，没有继承王位，所以路易十五的继承人是其长孙路易十六。

威有多么微弱，至少也为在普鲁士东部边境制造麻烦，创造了一些机会。①

于是，萨克森成了普鲁士国王选定的打击目标，这是他独自做出的决策。腓特烈的大使和高官们异口同声地建议他小心行事。腓特烈的弟弟亨利亲王，很快就用事实证明自己是一位能干的指挥官，但亨利也没有找到入侵萨克森的明确理由。甚至腓特烈麾下的一些野战军官也质疑国王的决策是否明智和道德，尽管这些人在他们的回忆录中表达出来的保留意见，可能是在未来七年战争期间产生的事后诸葛亮之见。无论如何，乾纲独断在普鲁士是至关重要的。

---

① 当时波兰国王由法国王太子的岳父、萨克森选帝侯奥古斯特三世兼任。1572 年，雅盖洛王朝末代国王无嗣而终，导致雅盖洛王朝灭亡。此后，波兰王权衰落，权力集中在由大贵族组成的波兰国会——瑟姆手中。为了削弱王权，国会往往选举在波兰国内毫无根基的外国君主、王子为国王，甚至以国王头衔为酬劳，换取别国支持波兰，所以波兰国王往往既无国王的权威，对波兰事务也毫无兴趣。萨克森选帝侯奥古斯特就是这样一位来自外国的波兰国王，他的兴趣和精力集中在祖国萨克森。

本章注释

1. Adolf Beer,'Zur Geschichte des Friedens von Aachen 1748', *Ausösterreichische Geschichte*, XLVII (1871), 1‑195, 尽管年代久远，依然是这方面的可靠的著作。

2. Denkschrift des Grafen Kaunitz zur mächtepolitischen Konstellation nach dem Aachener Frieden von 1748', eds R. Pommerin and L. Schilling, in *Expansion und Gleichgewicht. Studien zur europäischen Mächtepolitik des Ancien Regime*, ed. J Kunisch (Berlin, 1986), pp. 165‑239.

3. Jeremy Black,'When "Natural Allies" Fall Out: Anglo‑Austrian Relations, 1725‑1740', *Mitteilungen des Österreichischen Staatsarchivs*, XXXVI (1983), 120‑49.

4. Eva Mahrer,'Die englisch‑russischen Beziehungen während des Österreichischen Erbfolgekrieges', PhD dissertation (Vienna, 1972).

5. Reinhold Koser, *Geschichte Friedrichs des Grossen*, 4 vols (Stuttgart, 1921), I pp. 401‑2.

6. 'Politisches Testament Friedrichs des Grossen (1752)', in *Politische Testamente der Hohenzollern*, ed. R. Dietrich (Munich, 1981), pp. 198 ff.

7. 'Politisches Testament Friedrichs des Grossen (1752)', in Dietrich, *Politische Testamente*, pp. 222 *passim*.

8. Adelheid Simisch,'Die Grundzüge der preussischen Wirtschaftspolitikim 18. Jahrhundert', in *Die Wirtschaftspolitik des preussischen Staates in der Provinz Südpreussen 1793‑1806/07* (Berlin, 1983), pp. 36‑51, 是不错的现代综述。Cf. as well Reinhold Koser,'Der preussische Staatsschatz von 1740 bis 1756', *Forschungen zur brandenburgischen und preussischen Geschichte*, IV (1891), pp. 529‑51; and 'Die preussischen Finanzen im Siebenjährigen Kreig', *ibid.*, XIII (1900), pp. 153‑217, 329‑75.

9. 'Politisches Testament Friedrichs des Grossen (1768)', in Dietrich, *Politische Testamente*, pp. 257 *passim*.

10. Adelheid Simisch,'Armee, Wirtschaft, Gesellschaft. Preussens Kampf auf der "inneren Linie",' in *Europa im Zeitalter Friedrichs des Grossen, Wirtschaft, Gesellschaft, Kriege*, ed. B. Kroener (Munich, 1989), pp.41 ff.; Carl Hinrichs, *Die Wollindustrie in Preussen unter Friedrich Wilhelm I* (Berlin 1933).

11. Bernhard Kroener,'Wirtschaft und Rüstung der europäischen Grossmächte im Siebenjährigen Krieg. Überegungen zu einem vergleichenden Ansatz', in *Friedrich der Grosse und das Militärwesen seiner Zeit*, ed. Militärgeschichtliches Forschungsamt (Herford, 1987) pp. 176‑92.

12. Paul Rehfeld,'Die preussische Rüstungsindustrie unter Friedrich den Grossen', *Forschungen zur brandenburgischen und preussischen Geschichte*, LV (1944), 1‑31.

13. Kroener,'Wirtschaft und Rüstung', pp. 128 ff, 总结了普鲁士"军工复合体"的发展。Wilhelm Treue,'David Splitgerber (1683‑1764). Ein Unternehmer im preussischen Merkantilstaat', *Vierteljahresheft für Sozial‑ und Wirtschaftsgeschichte*, XLI (1954), 253‑67; and *Wirtschafts‑ und Technikgeschichte Preussens* (Berlin, 1984), pp. 86‑91, 简明扼要地叙述了施普利特格贝尔与道恩公司和普鲁士政府的紧张关系。

14. F. C. Laukhard, *Magister C. F. Laukhards Leben und Schicksale von ihm selbst beschrieben*, 13th edn, 2 vols (Stuttgart, 1930), I, pp. 248‑9, 是这一态度的良好例证。

15. Christopher Duffy, *The Army of Frederick the Great* (New York, 1974), p. 68.

16. Hans Bleckwenn,'Bauernfreiheit durch Wehrpflicht ‑ ein neueres Bild der alt*preussischen Armee*', in *Friedrich der Grosse und das Militärwesen seiner Zeit*, pp. 55‑72; and 'Montierung und Ausrüstung der Preussischen Armee in der Mitte des 18. Jahrhunderts', in *Europa im Zeitalter Friedrichs*

des Grossen, pp. 302 ff., offers convincing modifications of the standard interpretations best presented in Otto Büsch, *Militärsystem und Sozialleben im alten Preussen*, rev. edn (Frankfurt, 1981). Cf. also Klaus Schweiger, 'Militär und Bürgertum. Zur gesellschaftlichen Prägkraft des preussischen Militärsystems in 18. Jahrhundert', *Preussen in der deutschen Geschichte*, ed. D. Blasius (Königstein, 1980), pp. 179‑99; and Manfred Messerschmidt, 'Preussens Militär in seinem gesellschaftlichen Umfeld', *Preussen im Rückblick*, ed. H. J. Puhle and H−U. Wehler, *Geschichte und Gesellschaft, Sondernummer*, VI (1983), 46‑53.

17. Edgar Melton, 'The Prussian Junkers, 1600‑1786', in *The European Nobilities in the 17th and 18th Centuries*, vol. II, *Northern Central and Eastern Europe*, ed. H. M. Scott (London, 1994).

18. Frederick II, 'Les Principes généraux de la guerre, appliqués à la tactique et à la discipline des troupes prussiennes', 2 April 1748, *Œuvres de Frédéric le Grand*, ed. J. D. E. Preuss, 30 vols (Berlin, 1846‑56), XXVIII, pp. 1 ff.

19. 迄今为止，对这个问题最完备的分析是 Arden Bucholz, *Hans Delbrück and the German Military Establishment: War Images in Conflict* (Iowa City, 1985)。

20. Cf. Johannes Kunisch, 'Friedrich der Grosse als Feldherr', in *Friedrich der Grosse in seiner Zeit*, ed. O. Hauser (Cologne, 1987), pp. 193‑212.

21. B. P. Hughes, *Firepower: Weapons Effectiveness on the Battlefield, 1630‑1850* (New York, 1974), pp. 81 ff.

22. Brent Nosworthy, *The Anatomy of Victory: Battle Tactics 1689‑1763* (New York, 1990), pp. 192 ff. Cf. Frederick II, 'Instruction für die General−Majors von der Infanterie', 14 Aug. 1748, *Œuvres*, XXX, pp. 165 ff.

23. *Armies in Low Intensity Conflict: A Comparative Analysis*, ed. D. A. Charteris and M. Tugwell (London, 1989), p. 1.

24. Nosworthy, *Anatomy of Victory*, pp. 213 *passim*. 在关于斜线战术的起源和性质的众多史料中，诺斯沃西这本著作的出彩点在于，适度强调了实施这种机动所需要的战术技巧。Cf. also *Die taktische Schülung der preussischen Armee durch König Friedrich den Grossen während der Friedenszeit 1745 bis 1756, Kriegsgeschichtliche Einzelschriften*, ed. Grosser Generalstab, vols 28‑30 (Berlin, 1900), esp. pp. 440 ff. 这部著作有着同类作品中常见的 "当下心态" 问题，倾向于过分夸大国王对交火活动的不信任。

25. Nosworthy, *Anatomy of Victory*, pp. 288 ff.; Duffy, *Army of Frederick the Great*, pp. 82 ff.

26. D. Thiebault, *Mes Souvenirs de vingtans de séjour à Berlin*, 3rd edn, vol. III (Paris, 1813), p. 298, cited in Duffy, *Army of Frederick the Great*, p. 100.

27. Frederick II, 'Instruction für die General−Majors von der Cavallerie', 14 Aug. 1748, *Œuvres*, XXX, pp. 179 ff.; C. F. Warnerey, *Remarks on Cavalry*, tr. G. E. Koehler (London, 1798), p. 46.

28. Nosworthy, *Anatomy of Victory*, p. 172.

29. 'Politisches Testament Friedrichs des Grossen (1752)', Dietrich, pp. 222 *passim*. 这也是腓特烈的 'Pensées et règies générales pour la guerre' 的主题，10 Nov. 1755, *Œuvres*, XXVIII, pp. 115 ff.

30. Wolfgang Petter, 'Hans Karl von Winterfeldtals General der friderizianischen Armee', in *Persönlichkeiten im Umkreis Friedrichs des Grossen*, ed. J. Kunisch (Cologne, 1988), pp. 59‑88, 是关于这个重要人物的最新概述。Cf. A. Janson, *Hans Karl von Winterfeldt, des Grossen Königs Generalstabschef* (Berlin, 1913); K. A. Varnhagen von Ense, *Leben des Generals Hans Karl von Winterfeldt* (Berlin, 1836). 这段引文出自 Duffy, *Army of Frederick the Great*, p. 166。

31. 'Denkschrift des Grafen Kaunitz', in *Expansion und Gleichgewicht*, pp. 207 ff.

32. Max Braubach, *Versailles und Wien von Ludwig XIV bis Kaunitz. Die Vorstadien der*

diplomatischen Revolution im 18. Jahrhundert (Bonn, 1952). Cf. W. J. McGill, 'The Political Education of Wenzel Anton von Kaunitz–Rittenberg', PhD dissertation, Harvard University, 1960; and 'The Roots of Policy: Kaunitz in Vienna and Versailles', *Journal of Modern History*, XLII (1971), 228 – 4; and Grete Klingenstein, *Der Aufstieg des Hauses Kaunitz* (Göttingen, 1975).

33. Reed Browning, *The Duke of Newcastle* (New Haven, Conn., 1975), pp. 159 ff.; and more specifically, 'The Duke of Newcastle and the Imperial Election Plan, 1749 – 1754', *Journal of British Studies*, I (1967), 28 – 7; and 'The British Orientation of Austrian Foreign Policy, 1749 – 1754', *Central European History*, I (1968), 299 – 323.

34. Patrice Higgonet, 'The Origins of the Seven Years War', *Journal of Modern History*, XL (1968), 57 – 90; T. R. Clayton, 'The Duke of Newcastle, the Earl of Halifax, and the American Origins of the Seven Years War', *The Historical Journal*, XXIV (1981), 571 – 603.

35. 关于这个问题，请大致参阅最新出版的 Uriel Dann, *Hanover and England, 1740 – 1760: Diplomacy and Survival* (Leicester, 1991), pp. 67 ff。

36. D. B. Horn, *Sir Charles Hanbury Williams and European Diplomacy, 1747 – 1758* (London, 1930), pp. 179 ff.

37. W. Mediger, 'Great Britain, Hanover, and the Rise of Prussia', in *Studies in Diplomatic History: Essays in memory of David Bayne Horn*, ed. R. M. Hatton and M. S. Anderson (Hamden, Conn. 1970), pp. 199 – 213.

38. Lois G. Schwoerer, *'No Standing Armies!' The Antiarmy Ideology in 17th–Century England* (Baltimore, 1974); and D. B. Horn, 'The Cabinet Controversy on Subsidy Treaties in Time of Peace, 1749 – 1750', *English Historical Review*, XLV (1930), 463 – 6.

39. Cf. also Herbert H. Kaplan, *Russia and the Outbreak of the Seven Years' War* (Berkeley, Cal., 1968); Michael J. Müller, 'Russland und der Siebenjährigen Krieg. Beitrag zur einer Kontroverse', in *Jahrbuch für die Geschichte Osteuropas*, NF, XXVIII (1980), 198 – 219; and Reiner Pommerin, 'Bündnispolitik und Mächtesystem: Österreich und der Aufstieg Russlands im 18. Jahrhundert', in *Expansion und Gleichgewicht*, pp. 113 – 64. John H. L. Keep, *Soldiers of the Tsar: Army and Society in Russia, 1462–1784* (Oxford, 1985), pp. 143 *passim*, 是关于这个时期军事问题的杰出著作。

40. Frederick to Maltzahn, 1 Feb. 1753, PC, IX, 328 – 29.

41. 'Politisches Testament Friedrichs des Grossen (1752)', Dietrich, p. 186.

42. Frederick II to Knyphausen, 18 Feb. 1755, *PC*, XI, 60.

43. Richard Waddington, *Louis XV et le renversement des alliances: préliminaires de la Guerre de Sept Ans* (Paris, 1896), is the account long standard. It may profitably be supplemented by R. N. Middleton, 'French Policy and Prussia after the Peace of Aix–la–Chapelle: A Study of the Pre–History of the Diplomatic Revolution of 1756', PhD dissertation, Columbia University, 1958; and Walter G. Rodel, 'Eine geheime französische Initiative als Auslöser für das Renversement des Alliances?' in *Expansion und Gleichgewicht*, 97 – 112.

44. Karl W. Schweizer, *Frederick the Great, William Pitt, and Lord Bute: The Anglo–Prussian Alliance, 1756 – 1763* (New York, 1991), 现在是关于复杂的英普关系的标杆性著作。

45. Stephan Skalweit, *Frankreich und Friedrich der Grosse. Der Aufstieg Preussens in der öffentliche Meinung des 'ancien regime'* (Bonn, 1952), 考察研究了腓特烈的政策与其个人形象之间的关系。

46. Klaus Zernack, 'Preussen–Polen–Russland', in *Preussen und das Ausland*, ed. O. Büsch (Berlin, 1982), pp. 106 – 25; and 'Das preussische Königtum und die Pölnische Republik im europäischen Mächtesystem des 18. Jahrhunderts (1701 – 1763)', *Jahrbuch für die Geschichte Mittel– und*

Ostdeutschland XXX (1981), 4 - 20.

47. Pommerin, 'Bündnispolitik und Mächtesystem', pp. 141 - 2.

48. L. J. Oliva, *Misalliance: A Study of French Policy in Russia during the Seven Years' War* (New York, 1964), pp. 14 ff.; Kaplan, *Russia and the Outbreak of the Seven Years' War* pp. 47 ff.

49. Pommerin, 'Bündnispolitik und Mächtesystem', p. 144.

50. Winfred Baumgart, 'Der Ausbruch des Siebenjährigen Krieges. Zum gegenwärtigen Forschungsstand', *Militärgeschichtliche Mitteilungen*, XI (1972), 157 - 65, is extended in Theodore Schieder, *Friedrich der Grosse. Ein Königtum der Widersprüche* (Frankfurt, 1983), pp. 170 ff.

51. John L. M. Keep, 'Die russische Armee im Siebenjährigen Krieg', in *Europa im Zeitalter Friedrichs des Grossen*, pp. 132 - 69, 重点关注后勤和管理。

52. Christopher Duffy, *Frederick the Great: A Military Life* (London, 1985), p. 87.

53. Patrick F. Doran, *Andrew Mitchell and Prussian Diplomatic Relations during the Seven Years' War* (New York, 1986), pp. 50 *passim*.

54. Robert B. Asprey *Frederick the Great: The Magnificent Enigma* (New York, 1986), pp. 417 *passim*，生动描绘了这个时期柏林和波茨坦的气氛。

55. 'Politisches Testament Friedrichs des Grossen (1752)', Dietrich, pp. 199 - 200.

普鲁士高歌猛进

第四章

　　起初，这似乎是一场会轻松取胜的战役。① 当不伦瑞克的斐迪南率领侧翼纵队横扫莱比锡时，腓特烈的主力正直奔德累斯顿。9月9日，普鲁士军队开进了这个毫无防备的首都。萨克森军队寡不敌众，向东南方退入易北河畔的设防营寨皮尔纳。这片阵地天然易守难攻，萨克森人曾煞费苦心地用复杂的野战防御工事网络来巩固它。如果战场态势良好，再加上一点运气的话，那么1.9万多守军就有望固守待援，直到奥地利军队发动反击为他们解围，否则，他们就会像一支"背水一战"的军队那样顽抗到底，促使腓特烈谈判求和，否则腓特烈将为胜利付出高昂代价。

未能取胜的闪电战：1756年9月到1757年4月

　　腓特烈的计划略有延期，主要是因为他发现自己成了自己一厢情愿的计划的受害者。1756年夏季，国王把越来越多的精力集中在了备战工作上，这让他产生了虚幻的设想。按照他的设想，奥地利可能会对普鲁士宣战，但直到1757年春季，奥地利才能够发起强有力的军事行动。与他的一厢情愿相反，奥地利政府在普鲁士挑起战争之后的几星期内，就派遣了3万人马开进波西米亚。普鲁士国王不愿意把他的战略突袭转化为实打实的战斗，于是接受了萨克森人的求和。相反，在9月的下半个月，腓特烈把战争焦点指向了波西米亚。腓特烈的决定反映了一个事实：萨克森人不理睬奥地利人的怂恿，丝毫没有表

---

　　① 1756年8月29日，普鲁士不宣而战入侵萨克森，正式拉开了七年战争的序幕。

现出试图从皮尔纳突围的迹象。另一方面，普鲁士的情报和侦察报告显示，奥地利军队在波西米亚的集结行动进展迟缓，足以激励腓特烈谋求打一场会战。此外，波西米亚中北部的开阔地形，为普鲁士军队提供了远比攻打皮尔纳营寨工事更好的战机，来展示其战术技能。9 月 30 日，腓特烈率领 2.8 万人马翻越波西米亚群山前进。次日，他在罗布西茨镇附近遇上了奥地利人。

腓特烈被浓雾和某些更一厢情愿的憧憬搞得晕头转向，以为自己面对的只不过是一支奥军后卫部队。事实上，3.4 万奥地利人马部署在镇子周围杂乱而崎岖的地形上。奥军指挥官、陆军元帅马克西米连·冯·布劳恩，是"野鹅"最著名的后人之一。所谓"野鹅"是指那些信奉天主教的爱尔兰人，他们在博伊奈战役后，宁愿为外国军队效力，也绝不向"荷兰人比利"效忠。① 布劳恩的父亲最初在法军中效力，但在 1707 年，马尔伯勒公爵促成了布劳恩的父亲转投哈布斯堡军队。布劳恩追随父亲投身奥军，在意大利、莱茵河战场上，尤其是在 1740 到 1742 年间的波西米亚战役中，施展并磨炼了他的军事才干。[1]

布劳恩并不怕打仗，但是，他认为自己的首要任务是帮助萨克森军队脱离险境。他向西北方派出一支 9000 人马的偏师，试图怂恿萨克森人走出他们的堡垒，与自己会合，但没有成功。此后，布劳恩打算在一块自己选择的战场上与普鲁士人打一仗。在具体行动上，如果萨克森人最终决定放弃皮尔纳的话，奥军在罗布西茨的部署能让两军从容后撤。在战术上，复杂的地形为防御战提供了良好的战机，他可以利用腓特烈求战心切，为对手布下天罗地网。总而言之，奥地利军队准备充分利用上述两个战机。

哈布斯堡王朝的军事改革始于两场西里西亚战争期间，在《德累斯顿和约》《亚琛和约》签署后的几年间，军事改革成了帝国最优先考虑的问题。西

---

① 爱尔兰的土著居民是盖尔人，后来一些信仰天主教的英格兰人移民过来，随着英格兰征服爱尔兰，加上英格兰改宗新教，信仰新教的新英格兰人与信仰天主教的盖尔人和老英格兰人争斗不休。1688 年光荣革命后，信仰天主教的詹姆斯二世前往天主教徒居多数的爱尔兰谋求复辟。1690 年，詹姆斯率领的老英格兰人和爱尔兰盖尔人在博伊奈战役中战败，随后，他们的领导人和追随者大多离开爱尔兰前往国外，继续他们的军事、宗教或商业生涯，这些人被称为"野鹅"。"荷兰人比利"是指当上了英国国王的荷兰人威廉三世，比利（Billy）是威廉（William）的第一个音节威尔（Will）或比尔（Bill）的重读读法。

里西亚的沦陷使奥地利失去了最为富庶的一个省份，也让腓特烈的兵锋距离波西米亚近在咫尺，而波西米亚正是帝国的第二号财税来源。无论进攻还是防守，奥地利都需要一支"新模范军"①。但是，要供养这样一支大军，奥地利还需要进行重大的行政改革。一百年来，哈布斯堡王朝从皇家地产、自私自利的大贵族和富裕的盟友那里筹集资金，来资助自己的战争。现在，玛丽亚·特蕾莎女皇计划组建一支和平时期不少于 16 万人的大军，这样的军队是绝对不可能建立在临时性的财政和行政基础上的。

奥地利军事和行政改革的主要负责人弗里德里希·威廉·冯·豪格维茨，是一个土生土长的西里西亚人，一想到自己的家乡落入普鲁士之手，他就痛心疾首。豪格维茨彻底改革了税收体系，起初，他期望各省把地产税翻一番，承诺一次性缴纳十年的税赋，并把收到的税金移交给皇家行政官员。神职人员和贵族也得照章纳税，即使客观上他们承担的税额并不公平。事实证明，改革的结果并不太喜人，尤其是在匈牙利。然而，1748 年之后，皇室收入大为增加了，尽管根据现有的史料很难得出确切的数字。与眼下的目标关系更密切的是军事开支稳步增长，军费从 1740 年的 1100 万弗洛林②增加到了 1756 年的 2160 万弗洛林。[2]

撒钱并不总能招募到好兵，但是奥地利基本做到了。1746 年，最高军备委员会全权负责军队补给，御前战争委员会得以把精力集中在计划和训练方面。1748 年，御前战争委员会迎来了一位新主席——陆军元帅奥波德·道恩。在道恩元帅的指导下，所有三个作战兵种都施行了崭新、全面的规章制度，这些规章制度都受到了普鲁士榜样的影响，但不是全盘抄袭。1752 年，随着维也纳新城军事学院的成立，军官培训得到了改善，该学院的宗旨是为军官候补生提供系统性的指导，以往培训他们的任务都由野战兵团负责。高级军官更难学习新东西，但是 1749 年颁布的《战场勤务条例》至少提供了一个入门框架。玛丽亚·特蕾莎女皇也在努力提高军官团的社会地位，而军官团身上依然保留着华伦斯坦时代发展起来的许多痕迹。女皇甚至修改了宫廷中的拜占庭式礼仪，

---

① 新模范军指英国革命期间，由克伦威尔组建和指挥的新式陆军。

② 弗洛林是一种起源于意大利佛罗伦萨的金币。

让身穿制服的军官在觐见和退下时只需屈膝三次。

这些改变并没有造就一个学养丰厚、目光敏锐的"卡德摩斯军团"[1]。他们的普鲁士同行认为，从少尉到元帅的各级奥地利军官都缺乏敬业精神，他们会为了享乐而逃避学习。奥军普通士卒同样不具备普鲁士同行的纪律性和凝聚力，所以不被普鲁士同行放在眼里，尤其在备战时期的大部分时间里，奥地利的征兵系统都是杂乱无章的。作为奥军核心的"日耳曼"兵团，被允许在神圣罗马帝国和哈布斯堡王朝的世袭领地上招募新兵。[2]

结果当然是喜忧参半的，尽管大部分志愿兵受到了征兵时许诺的荣耀、晋升和奖金的影响，似乎是"真正的"志愿从军者，然而，当这些承诺的东西遭到克扣或停发时，无论克扣和停发的部分有多么微小，对于一个酗酒的农民和工匠来说，也可能是一笔巨大的损失。当志愿兵不够用时，帝国的奥地利和波西米亚领地会征发士兵。与普鲁士体制大相径庭的是，奥地利地方当局征发士兵的标准是谁最适合牺牲。由于服役是为了保命，所以这些人的士气不问可知。直到1757年，士兵们才获许"服役六年或只打一场战争"，自愿超期服役的老兵依然是宝贵的多多少少有些自愿意向的兵源。"日耳曼"兵团是军队的骨干力量，但奥军中的6个匈牙利步兵团作为战斗人员，尤其是在近距离战斗中，是不容小觑的力量。另有6个团在奥属尼德兰拥有自己的补给站，并在七年战争中作为突击部队为自己赢得了辉煌的战绩。此外还有在欧洲各地被称为"克罗地亚人"的非正规部队，他们实际上是一个民族成分驳杂的群体，官方名称是"克罗地亚边防兵"。他们中有将近9万人，占全军的1/4甚至更多，参加了七年战争，投身于散兵战和正面战斗，并且都获得了荣誉，在正面激战中，他们越来越多地承担起发动第一波突击的任务，

---

① 卡德摩斯军团，即卡德摩斯的军团。卡德摩斯是古希腊神话中的英雄，腓尼基王子，底比斯城的建立者。传说他在兴建底比斯城之前杀死了一条巨龙，然后听从雅典娜的劝告，拔下龙牙种在地里，龙牙随即长成全副武装的龙牙武士，继而自相残杀，最后只剩下五个人，他们追随、帮助卡德摩斯建立了底比斯城，并成为底比斯城几个豪门望族的祖先。所以，卡德摩斯军团比喻勇猛善战、传统厚重的世袭军官团。

② 哈布斯堡王朝领地与神圣罗马帝国并不完全重合，例如匈牙利王国不属于神圣罗马帝国，但由哈布斯堡皇帝担任国王。理论上，哈布斯堡帝国的各个日耳曼团应该由日耳曼人组成，事实上却是鱼龙混杂、民族成分各异。

通常还能赢得与之相匹配的光荣。

奥地利骑兵与普鲁士同行不同，他们的招募方式与步兵大同小异。奥军的重骑兵团，即胸甲骑兵和龙骑兵，在汲取道恩的新战法方面，比他们的步兵战友慢一些。无论是在冲击力还是凝聚力方面，他们都无法与赛德利茨和齐滕手下的普鲁士骑兵媲美，他们的马术水平充其量只能算一般般。奥地利骠骑兵依然是"小规模战争"的行家里手，但是，他们的军纪和内部管理水平，一直介于非正规部队和正规前线部队之间。只有在紧急情况下，他们才会充当战斗骑兵。

奥地利军队的训练手段和纪律，在原则上与普鲁士军队的区别不大。新兵们被期望能够逐步开启他们的新生活，受到耐心对待而非暴力和谩骂。修筑正规兵营往往由于经费不足而失败。结果，奥地利士兵往往住在平民百姓的家里，他们也与普鲁士士兵一样，在不当值时享有相当大的自由。奥军的执勤纪律远比普鲁士的温和得多。道恩和女皇逐步禁止了大多数粗暴的非正规体罚，例如用脚踢人，用棍棒揍士兵的头、脸部位。死刑也经常得到仁慈的宽恕，有时还是女皇亲自恩准的。1749 年的《战场勤务条例》，批评了那些认为自己与普通士卒不一样的军官。越来越多的各级军官至少接受了这样的观念：列兵也会拥有比军官更高尚的情操和荣誉感。[3]

这可能与早期雇佣兵和草创时代的传统有关，受启蒙思想传播的影响同样不小。不过，比起普鲁士人的带兵手段，外国观察家，尤其是英国观察家，往往更加欣赏奥地利人的带兵手段，"教化和体恤比其他手段更适于造就优秀士兵"这句赞美是发自内心的。[4] 在罗布西茨战役和之后的年月中，奥军将向世人证明，腓特烈轻松获胜的好日子一去不复返了。

布劳恩直接指挥的部队约有 3.4 万人马。他的步兵数量超过普军，但他的火炮和骑兵略少一些。普军在战术进攻理论上有优势，但在战场侦察方面有短板，因此，这位奥地利将领打算利用对手的优、缺点，来弥补自己的不足。布劳恩在开阔地带部署了一支强大的前卫部队，其任务是阻止和打乱普军的首轮攻势。布劳恩意图引诱普军深入主阵地前面的一连串小块杀戮场，而他的主阵地位于一片由沼泽和湿地组成的天罗地网后面。普军步兵在前进的过程中，既无法展开，也无法协调步调，因此易于遭到奥地利骑兵和火炮的打击；凭借由奥军野战工事加固的复杂地形，奥军骑兵和炮兵可以免受普军同行的打击，从而全力以赴地发挥各自的打击威力。

如果一切顺利的话，布劳恩希望不动用主力部队就赢得会战。这样一场靠节约兵力取得的胜利，本身不会终结这场战争。然而，这场胜利将增加解救萨克森人的机会，还会阻止普军向布拉格挺进。尤为重要的是，此战会打破普军不可战胜的神话，这神话依然像瘴气一样萦绕在奥军头上。

起初，布劳恩布置的陷阱效果极佳。在普军步兵排好战线挺进时，布劳恩的炮兵给敌人造成了惨重的伤亡。普军士卒及其指挥官们都没有经历过——至少不记得——类似的事情。战役开始之前，什未林元帅曾轻蔑地说："奥地利炮兵打不出什么实际战果，只会制造噪音，在懦夫、新兵蛋子和天生胆小鬼中间引发恐慌。"[5] 事实上，在新任炮兵总监约瑟夫·文策尔·列支敦士登亲王的领导下，炮兵这个饱受诟病的兵种，经历了一场举世瞩目的复兴。列支敦士登自上任以来，规范了管理，提振了士气，并发展出一套战术体系，其基础是把重炮集中起来，由全军统帅直接指挥，而不是传统的模式——以一两门炮为一组，沿着前线分散部署。

10 月 1 日，由 12 门 12 磅炮组成的这种"中央炮兵阵地"，让什未林变成了一个自打耳光的骗子。乌尔里希·布雷克是第 13 步兵团中最怯懦的瑞士雇佣兵，他说炮弹"无情地放倒战线中的士兵，仿佛他们是一丛丛的稻草"。[6] 另一名火枪手的脸上"溅满了泥土、脑浆和颅骨的碎片"，一枚炮弹把他手中的火枪化为齑粉。[7] 但是，普鲁士步兵继续挺进，他们自己的 12 磅炮也迅速投入战斗，提供火力支援。然而，奥军并没有明显表现出任何解体或撤退的迹象，因此，腓特烈陷入了进退两难的窘境。他面前的真是敌军的后卫部队吗？还是说布劳恩要跟他打一仗？国王派出 8 个胸甲骑兵中队，进入山谷试探奥地利人的意图。这些倒霉的骑兵迅速策马前进，撞上了先前隐蔽起来的奥军枪炮编织的火力网，奥军骑兵又适时发起冲锋，这些乱七八糟的普军骑兵被赶回了出发位置。

此时，普鲁士的战术理论与战术常识发生了冲突。腓特烈的黎明行动是一次糟糕的武力侦察，不是一场进攻。但是，他的骑兵训练有素，在首次冲锋失利之后，没有等待命令就发起了第二波冲锋。就在胸甲骑兵挺进的同时，其余的普鲁士骑兵——43个胸甲骑兵和龙骑兵中队，以及1个骠骑兵团，穿过本方的步兵战线，排成战斗队形。随着普鲁士生力军进入奥地利重炮射程，他们发动了新一轮进攻，刚才发动了第一波冲锋的普军骑兵重整旗鼓，也进入了生力军的进攻行列。

眼前的景象应该会让缪拉[①]印象深刻。此战的战斗结果却类似于1944年7月英军在诺曼底发起的"古德伍德行动"[②]，算是骑兵版的"古德伍德行动"。普军冲锋路线上的奥地利步兵，见无力抵挡，便退了下去。几分钟后，普鲁士人就在奥军火力来回扫荡的沟渠和沼泽中止步不前了。普鲁士战马不习惯艰苦的野战，也不习惯缺乏饲料，所以无力爬出沼泽和沟壑。在敌人的骑兵还没有被打垮的情况下，下马把越来越惊慌失措的战马拖到更干燥、更高的地方，无疑是在自取灭亡。奥地利人发动了反攻，生力军驾驭着生力马，把越来越混乱的普军骑兵驱赶回去，直到普军骑兵勒住缰绳，在本方步兵后面重新集结起来才罢休。从此时起，这些普军骑兵再也没有参加本场会战。

与此同时，普鲁士步兵被拖入了布劳恩布置的另一处杀戮场。奥军前线阵地的右翼，被布劳恩部署在罗布斯赫山上，这座山的火山岩主峰高出山谷约400米[③]。腓特烈下令，必须在早晨7点钟拿下罗布斯赫山。几个小时的鏖战之后，它依然归属未定。布劳恩早已在山上驻扎了一批精锐轻装步兵：2000名克罗地亚边防兵和非正规部队。陡峭的山坡上，到处都是葡萄园和起伏不平的山路，非常适合这些守军最擅长的作战风格，同理，这样的地形对于普鲁士人展开战线、实施齐射十分不利。奥地利守军打一枪就换个地方：射击，撤退，重组，再从一个新地方射击敌人。普军每次派出一两个步兵营攻山，到了下午早些时候，已有不下11个普鲁士步兵营被派去攻打罗布斯赫山山坡。普军火枪手意识到，要想阻止克罗地亚边防兵在近距离射击自己，最好的办法是向所

---

① 若阿基姆·缪拉（1767—1815年），法国军事家，1804年被拿破仑一世封为元帅，曾任贝尔格和克莱沃公爵（1806年起），后成为那不勒斯国王（1808—1815年在位），1815年拿破仑败于滑铁卢之后，缪拉作为拿破仑的死党被枪决。在后人心中，他是杰出的骑兵指挥官、勇猛无比的战士。

② 1944年诺曼底登陆之后，7月17日，英军集中装甲兵力发动了古德伍德行动。这场行动声势浩大，伤亡不小，战果却很不理想，英军被迫于7月20日中止行动。

③ 1300英尺。

有远远看起来像目标的物体，都尽量发射铅弹，因此，排级火枪齐射变成了单人射击。但是，这样一来弹药消耗量太高了。随着弹药告罄，士兵转而从死者身上、伤兵手里寻求补给。随着弹药来源枯竭，少校营长和上校团长们开始向国王的司令部求援。

腓特烈的第一反应是命令尚未参战的各营拿出半数弹药——每人30发，交给在罗布斯赫山上奋战的士兵使用。随后，他离开了战场。——他始终未解释其中原委。也许，是天气变化影响了他的决定。冉冉升起的太阳让奥军主力的部署状况一览无余，同时也能清楚看到，普鲁士人在敌人的前沿阵地上，陷入了多么严峻的困境。国王放弃统帅责任，与十五年前在莫尔维茨的行为形成了鲜明的负面对比。在一片形势不利的战场上保住国王玉体是一回事，从胜负未决的战斗中临阵脱逃则是另一回事。

普鲁士士兵再一次从奥地利火堆中，为国王摘取了胜果。在撤离战场之前，腓特烈命令罗布斯赫山的普军指挥官发动最后一次进攻。普鲁士人上了刺刀，满怀被挫折引燃的怒火冲了上去。此时，克罗地亚人弹药也不多了，并且有许多军官倒下了。他们已经打得足够出色了，甚至达到了优异程度。根据奥军的军事理论，正规部队应该准备好支援这些轻步兵，但是附近没有一位奥军高级军官愿意主动出击，直面腓特烈的刺刀寒光。克罗地亚人又坚持了几分钟，最终四散奔逃。

与此同时，中路的普军步兵沿着骑兵战友早些时候走过的路线，走下了山谷，进入罗布西茨镇。在几门榴弹炮的支援下，2个掷弹兵营用枪托和刺刀与奥军短兵相接，逐屋争夺。奥军步兵英勇奋战，但布劳恩并未打算孤注一掷，把整场战役的胜负压在这一次战斗上。他把普鲁士人打得死伤惨重，让对手知道了自己的厉害。现在，到了该撤军的时候了。罗布西茨镇的守军，在房屋起火的浓烟掩护下撤退了。布劳恩亲自指挥骑兵断后。普军尽管艰难险胜，却也被胜利搞得混乱不堪，以至于从高级军官到最没有经验的后排列兵，大家都觉得眼下最急切的事情，便是深吸一口气，庆幸自己还有命在，继而开始寻找水源和失踪的战友。

就像西里西亚战争中多次发生的那样，双方的损失不相上下，奥军损失2900人，普军超过3000人。但是，克罗地亚人的火枪，以及龙骑兵、胸甲骑兵的马刀,在近距离给普军造成了惨重的伤亡,普军的阵亡人数是奥军的 1.5 倍。还有更多的人很快就会因伤重而亡。此役仅有的战果是控制了战场和 3 门被捣毁的火炮。整场会战中,布劳恩都指挥若定。普鲁士人却军心不稳了。战斗结束后,士兵的逃亡率迅速上升,尽管这可能反映了异乎寻常的混乱,尤其是参加了罗布斯赫山战斗的那几个营,不仅混乱,士气同样下降得很厉害。[8]

下午晚些时候,腓特烈得到了捷报。他相当尴尬,甚至可以说狼狈不堪。国王在信函中称赞了他的部队的表现,承认自己最初以为奥军正在撤退,进而错判了战术局势。[9]但是,腓特烈也承认自己狼狈不堪的根源:他总是低估他的敌人。第二次西里西亚战争,普军取胜了,战后的十年间,普军也确实提升完善了训练和作战理论,有了这些胜利和进步做基础,他期待一举击败敌军,拿下战场,从肉体和精神上碾碎奥地利人。可是,与 1809 年的拿破仑和 1973 年的以色列人一样,[①]他反而发现"这帮废物学会了一些东西"。腓特烈发现自己在敌人安排的战场上,与一支多兵种协同作战的敌军战斗。长期以来,奥军骑兵都被认为是一股强悍的战斗力量。现在,奥地利炮兵和步兵也发展成了强劲的对手。

腓特烈的战术锋芒在罗布西茨严重受挫。不仅如此,在封锁皮尔纳的普军真正注意到新敌人现身之前,布劳恩的特遣部队已经抵达易北河岸边,与皮尔纳隔河相对,这无疑又是对国王的沉重一击。腓特烈迅速行动起来,前往出现新麻烦的地点,却发现萨克森人又一次成了乐于帮忙的敌人。大多数萨克森军都设法渡过了易北河,但在渡河过程中,混乱不堪,筋疲力尽。奥军特遣队的兵力过于薄弱,无力突破普军封锁线与萨克森人会师。萨克森人同样士气低迷,无力突破普军接应奥军。10 月 14 日,萨克森军队司令官反而向普鲁士求和了。

萨克森军队的投降,让普鲁士国王做出了一个决定,这是整个七年战争

---

① 1809 年,为了打破第五次反法同盟,法国皇帝拿破仑亲率大军企图渡过多瑙河,攻取奥地利首都维也纳,结果在阿斯佩恩–艾斯林战役中失利,拉纳元帅和一大批宿将战死。此役是拿破仑统兵作战以来,第一次在亲自指挥的战役中失利。1973 年,此前不断在以色列人手下大败亏输的埃及、叙利亚,发动赎罪日战争,进攻以色列。战争初期,阿拉伯联军节节胜利,但是最终以色列翻盘获胜。

期间最具争议的决定之一。腓特烈允许萨克森军官各谋高就，但把普通士卒编入了自己的军队。俘虏们接受了检阅，宣读了效忠誓词。所有拒绝宣誓的人都可能挨揍，甚至遭受更严厉的惩罚，动手的正是那些即将成为他们新战友的普鲁士士兵。不出所料，大部分萨克森士兵服从了安排，当然了，把誓词当回事的人寥寥无几。

在这里，与新兵们对王朝或国家的忠诚相比，同样令人担忧的是糟糕的管理和蹩脚的人事安排。萨克森人并不是以个人身份加入普鲁士军队的，而是以团为单位顶替和补充普军。从表面上看，腓特烈的决定不无道理。这么做可使"老普鲁士"部队免被稀释，因为萨克森人中间有许多隐藏的不满分子，他们已经有了自己的集体身份认同。几代人以来，德意志各国都以有组织的团为单位，为别国提供雇佣军和辅助部队，无论他们的雇主是谁，总体而言，这些部队都打得不错。然而，事实证明，腓特烈遇到的情况有些反常。在皮尔纳投降的萨克森军组成了 10 个"萨克森"团，指挥这些团的普军军官也选用不当。在高级职位层面，他们中间有数量多到不成比例的败类，都是他们的前单位急于打发的粗野、愚蠢、逆反和野心勃勃的家伙。在那些刚刚被委以重任、充实了基层岗位的少尉面前，这帮人只能树立糟糕的榜样。

在军队重组之后，腓特烈立即率军入驻冬令营，问题随之变得更加复杂了。从管理方面而言，这意味着各团分散驻扎在村庄和棚屋营寨之中，而非像美国内战期间的联邦军队和邦联军队那样，以更大的编制集中宿营。此外，按照传统和习惯，冬季被公认为一个放松身心的季节，训练要等到开春才开始。因此，在那几个前萨克森团里，军官很少或根本不与他们的士兵接触，而士兵拥有充足时间来规划自己在新环境中的未来。[10]

1756 至 1757 年冬季，即使按普鲁士的标准，逃兵率也高得离谱。重要的是，萨克森逃兵没有一走了之，而是加入了奥地利军队，在他们自己的长官手下的辅助部队中服役。这在一定程度上反映了腓特烈对待萨克森的新政策，即不把萨克森当作战败的敌人，而是当作一个被征服的省份予取予求。除了不断直接征发这个选帝侯国的粮食、饲料、服装和人员等物质资源外，萨克森还一共被榨取了 4800 万塔勒银币，几乎是七年战争中普军全部开销的 1/3。这样的牺牲当然绝不是自愿的。普鲁士人有条不紊地执行绑架人质和武力榨取政策，到了战争结束时，这一政策把萨克森推到了毁灭的边缘，而在此之前很久，这一政策就严重损害了普鲁士的国际声誉。——让普鲁士不像一个法治国家，倒像一个随性乱来、只顾实惠不顾名声的国家。[11]

占领萨克森为腓特烈带来了战略和形象双重问题。他靠突然袭击获得的所有军事优势，很大程度上已经被他的后续举措抵消了。在往返于皮尔纳和罗布西茨的过程中，普鲁士国王既没有让他的实际和潜在敌人吃大亏，也没有吓倒他们。19世纪的军事历史学家汉斯·德尔布吕克，在其颠覆性著作《用腓特烈大帝的战略解读伯里克利的战略》（1890年出版）中，强调了这一点。在这部著作中，德尔布吕克论证了腓特烈挥霍掉一个作战季节，国王本有能力在这个作战季节中把大军云集在波西米亚战场上，国王的总兵力比奥军多50%。然而，这位普鲁士的大帝并没有像拿破仑那样谋求一战，而是老老实实地入驻了冬令营！

当然，德尔布吕克的主张是一种"方法论上的拙劣模仿"。历史学家非但不抨击腓特烈，反而把他阐释为那个时代的名将——腓特烈与他的伟大对手们一样，奉行"消耗战略"。针对德尔布吕克对普鲁士"士兵国王"的主观指责，总参谋部的"官方"历史学家们的愤慨回应甚至更具倾向性。在"官方"历史学家的笔下，腓特烈利用1756年战役来"行棋布子"，为来年春季真正具有决定性的战役做好准备。[12]

这两种观点都是事后诸葛亮。德尔布吕克试图把腓特烈塑造成一位消耗战专家。德国总参谋部则坚持认为，国王在谋求歼灭敌人方面，是拿破仑和老毛奇①的祖师爷。腓特烈的策略是政治性的。[13]他从不相信奥地利组建的大联盟会成为现实，更不相信这个联盟的可行性。他相信他可以在德意志中小国家中动员起来大量支持力量，并指望这些国家同情普鲁士，对抗腓特烈眼中的奥地利野心——让奥地利从一个主要强国发展成为神圣罗马帝国疆域上的霸主。但他对萨克森及其流亡君主的处置，迅速将这种可能性降低到了渺茫的程度。

---

① 赫尔穆特·卡尔·伯恩哈德·冯·毛奇（1800—1891年），又称老毛奇，普鲁士元帅和德意志帝国总参谋长，德国著名军事家，军事理论家，总参谋部体制的开创者。他指挥普军相继打赢了丹麦战争、普奥战争和普法战争，为实现德意志统一做出了重大贡献。

腓特烈更大的错误，在于误判了普鲁士在凡尔赛宫中的地位。在罗布西茨和皮尔纳之战后，他有信心恢复与法国的友善关系。然而，腓特烈及其谋士们一直忽视或低估了德累斯顿与凡尔赛宫之间的王室关系。[14]

即使腓特烈本人，也认为自己缺乏远见。他对欧洲大陆的执迷，不利于理解英法两国在商贸和霸业问题上的对立程度。同理，普鲁士国王也无法理解法国对普鲁士签署《西敏寺公约》一事有多么深恶痛绝，这种痛恨与该公约会造成什么样的实际结果无关。这些障碍并非完全无法克服，但在1756年秋季，腓特烈几乎没有采取任何行动来克服它们。到目前为止，他的外交需要的优先级，次于军务，因为普鲁士统治者正在担任普军总司令。

腓特烈越来越有理由把精力集中在战场上。无论他怎么看待自己的胜利，普鲁士军队的战斗表现既没有起到招揽盟友的作用，也没能震慑敌人。1757年1月，神圣罗马帝国议会将普鲁士开除出帝国，并向其宣战。法国宫廷中的一些人，倾向于把与奥地利签订的条约发展成为一个进攻性联盟，尤其是在1756年6月成功远征梅诺卡岛①之后，这种意愿更强烈了。——梅诺卡之役表明，英国皇家海军似乎盛名之下，其实难副。腓特烈的驻凡尔赛宫大使汇报说，在接下来的春季，法国准备向波西米亚和莱茵河下游派遣大批军队。

与此同时，事实证明英国很不情愿在欧洲大陆部署或资助一支军队，尤其是在汉诺威日益疯狂地坚持不惜一切代价保持中立的情况下。[15]来自俄罗斯的消息更加糟糕。在腓特烈发动侵略之后，伊丽莎白女皇立即资助萨克森10万卢布。1756年秋冬季节，伊丽莎白不愿更进一步，主要是因为女皇的健康问题使俄罗斯宫廷上下人心惶惶。但是，伊丽莎白玉体康复，这预示着她鄙视的普鲁士和普鲁士国王会大难临头。

因此，腓特烈必须在1757年发动一场春季战役，与其说是有意促成这一局面，不如说是形势所迫。腓特烈告诉姐姐威廉明娜，下一年将决定他和普鲁士的命运。他留下指示：如果他战死或被俘，战争还得继续打下去；他作为战俘所说或所写的一切都不能算数；不要花钱赎回他。

---

① 梅诺卡岛是地中海西部的一个重要岛屿，今属西班牙。

这是惺惺作态，还是破釜沉舟呢？是什么样的心态刺激腓特烈下达这些指令的，历史学家们依然在争论。鉴于由情绪、冲动和理性调制而成的不稳定的鸡尾酒，能够刺激大多数人做出某种行为，腓特烈很可能也不例外。尽管普鲁士国王自诩为理性主义者，但他仍然喜欢故作风雅。从更加现实的角度看来，腓特烈的指令可能是某种形式的新年决心。[①] 到现在为止，腓特烈已经在莫尔维茨和罗布西茨两次离开胜负未决的战斗，而不是以国王之尊以身犯险。鉴于腓特烈经常自我标榜为普鲁士的国家公仆，他这次也许是想实践他的决心——不把个人安危与普鲁士的国家前途混为一谈。

在宏大的战略现实中，腓特烈的虚张声势举动不乏坚实的基础。法国政府在外交和军事上都从容不迫。直到 1757 年 5 月，法国才正式同意出兵莱茵河流域，并资助神圣罗马帝国的军队。此外，这些军队在管理和指挥方面的欠缺是人尽皆知的，这在战争中将会成为障碍，也肯定不利于他们在普鲁士西线迅速集结。奥地利人也在饱受意见分歧的困扰。与战役计划相比，奥地利战争委员会更关心后勤补给站，与行军可能引发的结果相比，他们对有利于行军的好天气更感兴趣。个人恩怨和猜忌影响了指挥官的任命和行动策划。这种相对懈怠的态度，反映了一种在奥地利军界和外交圈内相当普遍的心态，这种心态在布劳恩元帅身上最明显。他说，腓特烈的行为**"与其说是为了谋求实实在在的好处，不如说是为了制造轰动效应……（腓特烈）从来没有一个既定计划，即使最小的花招也足以让他扑空和改主意"**。[16]

胜利的震撼，失败的痛苦：布拉格和科林战役

即使布劳恩的意见没为最终制订出来的奥军战役计划责任担保，那也为之奠定了基础。一支约 9 万人马的军队将攻入萨克森。一支 1 万或 1.1 万人马的非正规和轻装部队将从摩拉维亚出征，去骚扰西里西亚南部。这个作战计划，打算充分利用奥地利人眼中的腓特烈在战略和专业上的缺点，因此并非一无是

---

① 新年决心指为了规划今年的发展，而在年初下的决心，比如在今年实现一个小目标——赚上 1 个亿。

处。如果普鲁士国王集中精力去对付查理大公①，就可能会失去西里西亚。如果腓特烈挥师东进，就可能遭到两股奥军夹击。如果他按兵不动，对战局麻木不仁，那么他的战利品——新到手的西里西亚，就会遭到克罗地亚人和骠骑兵蹂躏，而查理大公会对兵微将寡的对手发动致命一击。然而，这个计划有个至关重要的先决条件：布劳恩对腓特烈的评估必须是准确的，就是说，普鲁士军队必须保持守势，普军统帅则被奥地利人的诡计蒙住。

起初，奥地利人的决策似乎是正确的。到了3月，外交官、间谍和骑兵巡逻队发来的消息，使腓特烈对敌人的总体意图做出了合理的判断。他预计奥地利人会进攻萨克森和卢萨蒂亚，或多或少地会配合一支法奥联军渡过莱茵河，以发动攻势。腓特烈谋划的对策是把自己的军队集中在萨克森，利用内线作战的优势，打击任何一支最先进入普军打击范围的敌军。只有这样，普鲁士才能转入战略反攻。[17] 国王的两位重要下属严厉批评了这个对策。什未林是普军中最卓越的指挥官之一，而温特费尔特则是一位完美无缺的参谋和策划者，他们俩都主张尽早攻入波西米亚。两人都没有谈及发动一场决定性会战，而是主张摧毁奥军的后勤补给中心，这是典型的18世纪的军事打击目标。温特费尔特特地警告国王，在法国沿着莱茵河不断调兵遣将的局面下，坐视奥军采取行动而不加阻挠，具有极大危险。鉴于奥地利人已经在波西米亚费心竭力地搜集了大量粮草，一旦普军的猛烈进攻把这些粮草一扫而空，奥地利政府很可能被迫单独媾和，至少会迫使奥地利指挥官只能发动小规模行动，再浪费一个作战季节。

在普鲁士发动全面战争的背景下，腓特烈的将军们提出了不少建议，到了4月初，腓特烈已经听取并且进一步发挥了这些建议。来自凡尔赛宫和莱茵河流域的报告，证实了法国的备战工作进展缓慢。俄罗斯的动作同样拖拖拉拉。腓特烈发现了一个约有六个星期的"机会窗口"，可以专门对付奥地利。他打算放弃他的原定计划，代之以亲率11.5万人马的绝对优势兵力，在广阔战线上入侵波西米亚。普军分四路进军，拉开了战争的大幕。德绍亲王莫里茨率领

---

① 与洛林亲王查理应是同一人。查理投身奥地利之后，其兄弗朗茨做了奥地利皇帝，那么他应该当上了奥地利的大公。

1.93 万人马，突破茨维考–开姆尼茨地区，随即直下埃格河河谷。普军主力约4 万人、80 门火炮，沿着易北河西岸前进。两军最终将合流。普军的另一半人马：贝沃恩公爵奥古斯特·威廉率领 2 万人马，兵出卢萨蒂亚；第四路纵队有 3.4 万人马，由什未林指挥，从西里西亚出击。后两路人马将在位于永本茨劳①的奥军补给中心附近会师，继而拿下它，最后在波西米亚北部中心城市利托梅日采附近的某个地方，与腓特烈部会师。

这份计划与老毛奇在 1866 年实施的计划非常相似，即快速多路并进，然后兵合一处，在敌人的腹地打一场决定性会战，因此，很容易理解为何总参谋部的历史学家坚持认为，腓特烈的计划就是前述军事理念的早期版本。确实，什未林雄辩地表达了他不愿意承担在如此漫长崎岖的道路上多路协同进军所带来的风险，可以说，普鲁士将军卡尔·冯·施泰因梅茨在 1866 年的态度正是什未林的翻版。② 然而，值得注意的是，腓特烈从未阐明他发动入侵的确切目的。是为了歼灭奥地利野战军，还是痛打奥军一番之后再调头对付法军，又或者，国王希望取得**政治上**的胜利，向奥地利政府表明，即使对方背靠大联盟，他依然有能力随心所欲地占领他们的领土，击败他们的部队，夺取他们的给养？

最后一点特别重要。普鲁士后勤系统从来没有打算过在如此相对局促的行动区域供养这么多人马。在春草长起来之前，腓特烈就下令进军，这让他自己面临的困难更加艰巨了。这意味着他的补给车队不仅要为士兵运送给养和弹药，还得为马匹运输饲料。如果不能获取奥地利人筹集的大批物资储备，腓特烈的进军就只能是短促突击而已。有了奥地利库存的支撑，他的军队才能够实施更多的作战样式，或许，甚至能促使维也纳方面重新掂量一下，无论法国人和俄罗斯人作何打算，继续打下去是否明智。

普鲁士本国的国防安全是无懈可击的。国王不仅对自己的方略守口如瓶，还组建了一个由岗哨和巡逻队组成的网络，以防奥军总部获得任何有关普鲁士

---

① 姆拉达–博莱斯拉夫的旧称。

② 1866 年爆发了普奥战争，施泰因梅茨在战争中担任第 5 军军长，他反对总参谋长老毛奇制订的作战计划。

作战部署的重要信息，这是七年战争期间为数不多的情报战胜利之一。所有越过这条封锁线、抵达奥军手中的情报，都是关于来来回回的行军和几乎漫无目的构筑野战防御工事的情报。对于此时患上了严重肺结核的布劳恩来说，这些情报只是坐实了他此前对腓特烈战略能力的低估。这个奥地利的爱尔兰人几乎没有留意相反的警告，例如萨克森选帝侯就断定，腓特烈打算率领不下16万人马，兵分五路攻打波西米亚！原定进攻萨克森的计划同样被布劳恩放弃了。相反，布劳恩部署了可用之兵构成警戒线：2.4万人马部署在埃格河上游，对阵德绍的莫里茨；3.6万人马部署在布拉格与埃格河之间，由布劳恩亲自指挥；2.8万多人马部署在卢萨蒂亚边界附近的雷根斯堡；最后还有2.4万人马部署在柯尼希格雷茨[①]周围，负责阻截西里西亚普军的所有直接行动。

在地图上看，这样的部署符合据称出于拿破仑之口的刻薄描述："更适合拦截走私，而非打一场战役。"不可否认的是，布劳恩并不打算上阵厮杀，也不愿意开始消耗他精心筹备的粮草。他依然相信腓特烈没打算越过波希米亚边境，他甚至信心满满地认为，如果普鲁士人确实入侵了奥地利，那么作为联军联合进攻行动的第一阶段，奥军会把对手赶回老家。12月，布劳恩曾夸口道，他愿意以5∶1的赔率与普鲁士国王就一场机动竞赛打赌："我可以当着腓特烈的面搞一次行军，而毫不担心受到真正的骚扰。"[18]几乎可以肯定，他的乐观情绪被夸大了，鉴于没有得到治疗的晚期结核病病人会产生周期性的狂喜，他的得意忘形或许就来自这种狂喜。然而，布劳恩不仅仅是为了给人留下深刻印象才这样说的。他相信自己在开阔的野战战场上足以与腓特烈平分秋色，甚至更胜一筹。布劳恩依然认为自己是行家里手，而腓特烈是业余选手："他也许是一位具备若干伟大品质的君王，但绝不能被看作一位伟大统帅。"[19]

基于罗布西茨战役的经验，布劳恩甚至有理由认为自己的本事高于腓特烈。但是，当普鲁士的四路大军真正越过边境时，布劳恩的健康状况已经到了崩溃的边缘。事实证明，他无法让三心二意的部下们协调行动，去阻止普军的攻势。4月25日，腓特烈与莫里茨会师了。同日，布劳恩与什未林部的前锋

---

① 赫拉德茨-克拉洛韦的旧称。

接触，——奥军撤退了。腓特烈没有按照原计划等待各路人马全部会师，而是下令追击。他的特遣队将直扑布拉格。什未林和贝沃恩公爵要渡过布拉格城东的易北河，切断奥军的退路，然后向西迂回包抄，与腓特烈部会师，包围并拿下布拉格。

按照国王的计划，下一步将是派遣普军进入帝国境内，给法国和德意志诸侯好好上一堂外交礼仪课。这再次表明了腓特烈的目标是获得政治上的胜利。在布拉格陷落之后，无论奥地利是按照腓特烈的预料退出战争，还是仅仅在今年余下的作战季节中按兵不动，都不如在政治层面上吓住奥地利重要。[20]

到了 5 月 1 日，腓特烈的大军距离布拉格最多只有一天的路程了。此前一天，查理大公接管了奥地利军队的指挥权。布劳恩强调，即使在不利局面下，也必须在什未林部可以支援腓特烈之前，与腓特烈开战。无论布劳恩的观点在理论上是否妥当，此时他的身体和心理状态，都无法让人相信他的判断。战争委员会一致认为，明智之举是让奥军渡过莫尔道河撤退，在布拉格留下一支强大的驻军。奥军 6 万主力人马，作为"随时可战的力量"，将在城东崎岖的地面上占据防御阵地。

奥地利人的决定再一次符合传统常识。布拉格是与维也纳和布达佩斯并驾齐驱的北方重镇，它的地位太过重要，它的仓储库存也过于庞大，根本不能拱手让人。与许多 18 世纪的经济中心一样，布拉格的人口过多，已经超过了城防工事的保卫能力，因此不大可能抵挡住长期围攻。另一方面，布拉格也太大了，给普军的攻城能力造成了巨大压力，普军甚至无法对它实施有效的封锁。腓特烈不能把这样的坚城留在背后。在一支庞大的奥地利野战军面前发动正式的攻城战，无异于自取灭亡。此外，即使一场不分胜负的战斗，也可能迫使普军因给养问题而撤退。总而言之，腓特烈必须取胜，而查理大公只要不败即可。

腓特烈对自己的严峻处境心知肚明。他留下 3 万人马监视布拉格，亲率 2.4 万人马和 50 门重炮渡过莫尔道河，直奔大公而来。为了在未来激战中掌握胜机，国王需要什未林的部队来增援，但是，什未林没有接到之前下达的要他加快行军速度的命令。无处不在的奥地利巡逻队让普军的骑马通信兵束手无策，而老迈年高的什未林元帅是一位沙场宿将，却并非战略家，他也不是一个能主动加快行军速度的人。5 月 5 日夜间，他收到了国王发来的"加急敕令"，当即拔营启程，冒着士兵开小差和全军陷入混乱的风险，星夜兼程奔赴战场。次日清晨6点钟左右，什未林的前锋部队开始在腓特烈进攻阵形的左侧排兵布阵。会师后的普军共有6.4万人马。

两天之前，腓特烈曾向随军的英国使节吹嘘，在德意志南部的奥地利皇族和德意志北部的勃兰登堡王室之间，要打一场"罗马内战"。[21]会战之所以成为可能，很大程度上是缘于查理大公的注意力集中在正对着他的敌人身上，几乎完全忽略了什未林。布劳恩一再建议在两支普军会师之前抢先攻打腓特烈，查理大公对此置若罔闻，因为野战并非奥军所长，大公不愿意放弃优越的防御阵地，而去冒险打一场野战。查理手握6万多人马，坐拥主场作战之利，而且布拉格还是一个可供退守的坚城。即使什未林及时赶到，为普军带来了微弱的数量优势，奥军的胜机似乎依然较大。

至于腓特烈，他远没有他的言辞所展现的那样乐观。若仅仅为了监控一座坚城，他留在布拉格城下的兵力就过多了；若要阻挡可能败退的敌军向西撤退，他留在布拉格的兵力又太单薄了。对一个支撑点而言，3万兵力大体上是适当的，然而面临战斗的考验时，留在最后面的后卫部队会成为表现最差的。[①]另一个表明国王精神状态的迹象，是5月5日到6日夜间折磨他的胃病。持续不断的呕吐说明，紧绷的神经至少是"绞痛"发作的部分原因。此外，随着什未林赶到的佳音传来，国王的健康状况似乎迅速好转了。

与罗布西茨会战形成鲜明对比的是，6月[②]6日早晨天色相当明亮，腓特烈断定奥地利人的坚固阵地能够阻挡普军的正面进攻。国王的胃还是不大舒服，无法骑马行动，便派遣什未林和温特费尔特策马向东，寻找一条更有望制胜的进攻路线。在奥军右翼，他们找到了，那里的高地平缓下降过渡成了一片草地。这里的地面有点松软，但至少没有敌人防守。腓特烈立即命令他的军队向南偏东南方向挺进，目的是在奥军反应过来之前，抢占奥军侧翼，继而席卷敌人全军。[③]

---

① 大意是负责监控布拉格的3万人马，是普军中战斗力最差的部队；也只有最弱的部队，才会被腓特烈派去监控布拉格。

② 原文如此，应为5月。

③ 两军的部署为，普军在北，奥军在南。普军左翼向南挺进，企图迂回奥军右翼顶端，再从右向左，即自东向西席卷奥军。

奥地利人多多少少有些吃惊，因为普军刚好位于奥军火炮射程之外，没有像奥军预期的那样转向展开战线，而是继续行军穿过奥军前线。克里斯托弗·达菲认为，布劳恩"可能是第一个"意识到普军正在实施侧翼机动的人。[22] 但是，普军的这番行动没有伪装隐蔽，足以吸引奥军的普遍注意，尤其是当普军前锋开始在树林、鱼塘和低洼地的混杂地带上艰难行进时，奥地利将军们透过望远镜看过去，那一带的地形对自己相当有利。

清晨 7 点钟左右，普军开始挺进。三个小时之后，普军甚至还没有进入阵地，未能准备好发动腓特烈谋划的进攻。查理没有抓住战机主动发起反击，仅仅是根据战局变化被动应对，这充分说明了奥军在战术上的局限性。奥军的火炮转移了阵地，向普军开火。奥军预备队、骑兵和轻装部队，随后是步兵，都进入阵地各就各位，阻挡普军的推进。作为回应，温特费尔特让前锋步兵向前推进，此举让腓特烈大为光火，他担心会像在罗布西茨那样，陷入零零碎碎的局部战斗。当他向什未林抱怨时，元帅报之以一句家常俗语："新鲜鸡蛋就是好鸡蛋。"什未林没有让温特费尔特放慢前进速度，反而命令骑兵前出增援。20 个胸甲骑兵中队打退了奥军骑兵组成的一条战线，为发动反攻肃清了道路。接着，普军龙骑兵和骠骑兵脱离预备队，杀向奥军。一位经历了近距离战斗全过程的上校，称之为"一场真正的肉搏战，与在战争绘画上看到的一模一样"。[23]

与大多数这样的战斗一样，眼前的战果并不具备决定性，胜负取决于个人的感知，而个人的感知局限于他方圆几英尺范围之内。但是，即使奥军没有把骑兵投入战斗，普鲁士步兵在人数和作战能力方面，都面临着越来越不利的局面。奥军火枪手首先得到了团属火炮的火力支援，随后，布劳恩又亲自从预备队拖来了 2 门重型 12 磅炮。与此同时，温特费尔特和什未林派出 14 个营，穿过那片松软的地面，攻向奥军占据的高地。按照既定的战术原则，普军肩扛火枪前进，期待用速度和威势来弥补火力的不足。按照普鲁士军事学说的规定，重炮此时应该提供火力支援，然而，因为主力走的主干道早已拥堵不堪，重炮根本无法跟进。

奥地利人还没有遭遇普军火力，从容地用实心炮弹、霰弹和步枪子弹，猛烈扫射普军战线。前面几个普鲁士团伤亡近半。尽管如此，普军士兵依然扛着火枪推进，当普军的这番进攻终于停下脚步时，他们距离奥军战线就两三百步了。勇敢的军人、卓越的管理者——温特费尔特，颈部中弹。几名士兵扭头就跑，全然不顾士官和队列督查官发出的一切威胁。奥地利人向驻足不前、不断收缩的普鲁士战线更加猛烈地开火，敌人退一点，他们就进一点。普军丢失了3面军旗，随着这些旗帜的消失，普军士气也消散了，连腓特烈手下久经考验的最坚定顽强的士兵，也开始回头张望。

现在还不能说普军在撤退，只能说在且战且退。就在此时，什未林元帅愤然而起。他看到自己的嫡系第24团开始动摇，便策马上前，抓起一面营旗，高声喊道："来吧，我的孩子们！"几分钟后，他被一枚霰弹炸得粉身碎骨。他的第24团，连同整条普鲁士战线，都溃退了。

此时是上午10点30分左右，胜负悬于一线。布劳恩认为现在是发动决定性反击的天赐良机。此前不久，他曾经这样激励过他所在的侧翼："让他们知道你们不是懦夫。"现在，奥地利人热血沸腾，掷弹兵冲在最前面，奋勇追杀逃跑的敌人。就在布劳恩组织支援力量时，一枚实心炮弹砸烂了他的腿。他的士兵们顿时群龙无首，漫无目的地猛冲猛打，直到被普军预备队拦住了去路。此役是布劳恩打的最后一仗，也许是他打得最出色的一场。6月26日，他——一个他的国家不可或缺的人，去世了。

具有讽刺意味的是，布劳恩的成功冲锋，遏制并粉碎了什未林发动的进攻，同时暂时形成了一个突出的侧翼，然而在这个侧翼与主力军之间，拉开了一个大豁口。腓特烈依然饱受胃病煎熬，需要不时地回头呕吐两口，却在即将大难临头之际发现了战机。几位指挥着什未林麾下二线步兵营的少校和上校，率部冲了上去。这些普鲁士人没有盲目地追随先前败退的战友的足迹，扑向奥军右翼，而是大体上遵照战场指挥官的判断，奋力向左移动。几位将军也参与了这次机动，然而是一名上校发现了决定胜负的契机，他率领他那隶属于第12步兵团的一个营，穿过一个废弃的奥地利兵营，发现了无遮无拦的奥军侧翼顶端，继而开始从左侧席卷敌人的主战线。随后又有两个普鲁士步兵团跟了上来，接着是什未林部的其余兵力。

腓特烈经常因为指挥了这次机动而受到赞誉，但是更准确地说，他是通过不干涉部下的行动来支持这番机动的。奥军的前线各营已经陷入苦战，开始聚集在各自的军旗周围，人数越打越少。位于受到威胁地域的负责指挥二线奥军的将军，拒绝在没有接到命令的情况下采取行动。——突然，查理大公感到喉咙一阵剧痛，痛得失去了知觉，无法说话。

有说法称这次发病是心理原因，这一假设既无法证实，却又令人着迷。可以肯定的是，布劳恩和大公都失去了作战能力，奥军群龙无首，不知所措了。齐滕发动了最后一击。什未林战死之后，这位久经沙场的骠骑兵帮助普军左翼恢复了秩序。接着，他拉上来 24 个骑兵中队组成的生力军，立即率领他们迎头痛击当面的奥地利骑兵。暂时受阻之后，普军卷土重来，骠骑兵的手枪枪声清脆响亮，穿透了硝烟和尘土。突然，他们的敌人收缰勒马、止步不前了，第一线奥军溃败了，随即冲垮了第二线奥军，没人能够确切解释这是怎么回事，于是齐滕纵马驰骋，对面前的白衣步兵猛冲猛打。

在两翼都受到威胁的不利局面下，奥地利人撤退了。奥军让普鲁士人为前进的每一步都付出了代价，他们利用脚下地形的特点，一次次地击退了普军的营团级进攻，但从未认真地协同作战过。普鲁士的亨利亲王是国王的弟弟，在此役中留下了自己的印记，他翻身下马，率领一个犹豫踯躅的团渡过一条溪流，溪水深且急，足以吓得士卒们不敢放胆过河。亨利的个头不高，行至溪流中间时，他的步兵不得不把他捞起来，但是，士兵们看到变成落汤鸡的亲王挥舞宝剑，大喊大叫地鼓舞士气时，不仅感到好笑，也被点燃了斗志。下午 3 点钟，奥军沿着通往布拉格的大路全线撤退。亨利和腓特烈都以自己的方式，督促将士发动追击。然而普军疲惫不堪，秩序全无，根本无法对命令做出反应。

当天夜里，腓特烈向威廉明娜吹嘘说，他彻底打垮了奥地利军队，而且布拉格战役的胜利确实充分体现了普鲁士军事体系的特点。即使在 20 世纪出现了战术力量倍增器的情况下，将一支势均力敌的军队赶出既设阵地，也绝非易事。然而，在腓特烈的军队消耗殆尽之前，他还能取得多少这样的胜利呢？普军已经损失了超过 1.4 万人。什未林元帅阵亡了，温特费尔特身负重伤。另有 4 位将军阵亡。同样重要的是，普鲁士步兵天下无敌的名声即使没有彻底完蛋，至少也已经动摇了。在奥军炮火下溃散的那些步兵团，属于"老普鲁士"部队中最优秀的团队。他们的溃散是噩兆，还是意外呢？战前的"不开火进攻"理论，是不是战时灾难的原因呢？此外，在战术和行动层面，普鲁士人打了一场支离破碎的会战。什未林是动用了当时手头能动用的所有部队发起进攻的。普军右翼的相当一部分人马根本没有投入战斗。在会战的当天，基思的部队奉命截断奥军的退路，却没能在莫尔道河上架起桥梁来，也无法徒涉过河。普军的指挥系统是不是只有在国王精神饱满地出现在显眼地方时，才能正常运转呢？

这些想法[①]可能影响了腓特烈本应最终克敌制胜的清醒头脑。他的下一步是直奔布拉格城。腓特烈认为，占领布拉格将结束战争，因为士气低落的奥地利会遣使求和。但是，怎样才能以最小代价迫使奥军投降呢？突然袭击似乎不可能了。而且布拉格实在太大了，即使腓特烈的军队能够承担强攻城市带来的损失，也无力攻而克之。另一方面，一个拥有超过7万人口的城市，将多达5万名刚刚战败、士气可能低落的士兵收入城中，不大可能拥有能够让他们抵抗下去的斗志。腓特烈封锁了布拉格，派人北上萨克森去把攻城车队拉过来，其中包括12门重型臼炮、20门12磅重炮、10门24磅炮。

普鲁士人花了将近一个月时间，才把火炮和弹药运过来：先经水路运抵利托梅日采，然后走陆路运到布拉格城下。在此期间，腓特烈的军队还在舔舐伤口、恢复元气，接收顶替伤亡者的新兵。国王也了解到，玛丽亚·特蕾莎女皇的外交部非但没有考虑普鲁士的和平提议，反而已经说服了法国做出承诺，在奥地利收复整个西里西亚之前，绝不放弃这场战争。一名逃兵报告说，布拉格的存粮够吃两个月，况且，如果一位斗志坚定的守将仔细搜检仓库和店铺的话，一个大城市通常可以拿出更多粮食。普鲁士没有时间可以浪费。腓特烈没有动用重炮来为正式围攻提供火力支援，而是决定用全面炮击来迫使布拉格开门投降。

5月29日夜间，普鲁士炮兵开始开火。腓特烈希望用纵火来加强炮击效果。但是，持续两天的暴雨给了守军和市民时间组织起消防队。布拉格就像一块海绵，吸收了臼炮炮弹和直射火炮发射的实心弹，实际上，可以说全城的城墙都装点上了普军的炮弹及弹片。[24]事实上，在奥地利人的工事、建筑被炮火夷平之前，普鲁士人就耗尽了弹药。在炮击九天后，腓特烈下令暂停，此时普军还

---

① 指上文中，腓特烈向姐姐威廉明娜吹嘘的普军已经大破奥军的想法。

有一些炮弹可供发射。

彼时，他面临着一个新的挑战，同时还是一个新机会。当腓特烈在布拉格谋求政治胜利时，奥地利人却把一支大军集结在波西米亚东部。指挥官是道恩元帅，曾经为18世纪40年代的奥地利军事改革做出了巨大贡献。作为一位沙场老将，他在西里西亚战争期间为自己赢得了美名——一名头脑冷静的部将，但在独立指挥方面，他还没有取得任何成绩。起初，腓特烈很看不起道恩，因此派遣贝沃恩公爵率领最多1.9万人马去监视道恩。道恩不是一个富有感召力的人物，但他沉着稳健。在奥军陷入窘境时，他让人感觉是他在掌控局面，而这正是自从布劳恩重病以来，奥地利军队一直欠缺的。整个波西米亚境内的独立部队、来自哈布斯堡帝国腹地的新部队、流亡者和掉队者、萨克森逃兵，都在他的营盘里集结起来。到了6月初，道恩已经手握5.5万人的武装部队，考尼茨直接命令他去解救布拉格。6月12日，他挥师东进。已经向腓特烈提出增援请求的贝沃恩，立即通知国王的司令部，奥军已经启程上路了。

腓特烈立即行动起来。6月13日，他启程去与贝沃恩会师，此时后者的人马已达2.5万左右。国王只带来1万人。他不相信贝沃恩发来的关于道恩兵力的汇报。无论如何，腓特烈根本不想打一场激战，一开始他似乎是打算实施机动，把道恩调出波西米亚，远离布拉格周边地区。他想当然地认为，一旦失去所有解围的希望，布拉格守军就会投降，波西米亚则会干净利索地落入他的手中。

腓特烈对政治目标的关注，再一次决定了他应对战局的手段。6月14日，腓特烈部与贝沃恩部会师，道恩并未加以阻止。在接下来的两天里，普鲁士国王没有采取行动来改变战术形势，只是让他的人马待在营盘里面，而奥地利军队前往道恩认定会发生战斗的地方构筑工事。腓特烈的战略处境使他不可能直接向道恩的阵地进军，然后再退回来。道恩特意选择了一条山脊线，他的部下在战前演习时已经对该地很熟悉了。他的两翼都依托在从正面难以抵近的高地上，奥军左翼还有一连串湖泊和池塘，让左翼更加易守难攻。在奥军战线的中央，天然屏障最为薄弱，道恩在这里部署了他手下最精锐的步兵，还从他的1.9万名骑兵中抽调出大部分兵力来提供支援。奥地利元帅的部署面面俱到，他有理由沾沾自喜。

尽管腓特烈的骠骑兵在变成战斗骑兵之后，蒙受了意想不到的损失，他依然打算打一仗。在六月的干热天气下，沙尘暴露了敌人行动的大致轮廓，但是普军巡逻兵没有获得关于奥军部署和意图的确切情报。然而，国王并不特别担心。即使在布拉格战役之后，他依然坚信，无论敌人如何精心挑选、周密准备阵地，他的步兵都有能力把任何敌人赶出阵地。

6月18日清晨6点钟，普鲁士军队拔营出战。由于既没有地图，也没有侦察报告，腓特烈多次爬上建筑物勘察奥军阵地。国王根据他看见的和没看见的情况，决定如法炮制曾在布拉格赢得胜利的战术：普军直接穿过奥军正面战线，然后在他们能够发现的地面似乎在向下倾斜的地方转向，打击敌人的右翼，为轻松打入敌军阵地扫清道路。[25]

腓特烈的先头部队由7个营的掷弹兵和战线火枪兵组成，由普军中赫赫有名的硬汉之一——约翰·冯·许尔森少将指挥。许尔森缺乏想象力，也不够聪明，但他对此不以为意，他是普鲁士军中最骁勇剽悍的战地指挥官之一：他就是那个能在第一回合就沉重打击奥地利人，继而发动致命一击的人。他的任务是沿着与奥军前线平行的大路前进，抵达克列日霍兹村之后向右转，占领村庄后面的高地，再夺取面向西的阵地，打击奥军暴露的侧翼。约阿希姆·冯·特雷斯科另率领9个营，跟着许尔森前进，提供近距离支援。其余的步兵在先头部队的旁边或后方摆开战线，负责提供后援，最后将跟在许尔森和特雷斯科后面投入战斗。100个中队的胸甲骑兵和龙骑兵部署在主力部队的后面，见机围堵敌军。齐滕奉命率领50个骠骑兵中队，去掩护这些机动部队的暴露的左翼。[①]

这次进攻是应用斜线战术的早期尝试，还是仅为一场没什么噱头的、按照更加传统的方式实施的侧翼进攻，将永远得不到确定的答案。从会战一开始，烟雾和交火便此起彼伏，奥地利人开始把辐条安装在腓特烈的车轮上。[②] 普鲁士军队的基本内部架构相当简陋，团以上没有固定的战术单位，因此无助于执

---

① 此役的大体形势是，普军在北，奥军在南，中间隔着一条东西向的大路。腓特烈计划让许尔森率军沿着大路向东，抵达奥军右翼顶点之后向右转，作为普军左翼，自东向西迂回卷击路南的奥军右翼。

② 普军沿着平行于奥军正面战线的大路行军，侧面暴露在奥军面前，企图迂回包抄奥军，所以，普军与车轮的轮辐相似，奥军则仿佛辐条。

行较为复杂的行军和战斗命令。直到中午时分，许尔森才开始行动。他手下的步兵又花了一个小时，才在炎炎夏日的最热时刻进入阵地。在行军途中，他们遭到驻守克列日霍兹村的克罗地亚边防兵的猛烈打击，但是，这些奥地利轻装部队没有给普军造成多少伤亡。尽管如此，国王似乎第一次开始怀疑，此前他相当傲慢地忽视了的关于奥军战力的汇报其实是准确的。他没有向前推进，而是决定让他的主力军停下脚步，等待许尔森作战地域的战况发展。

事实证明，把作战主动权交给下属会付出高昂代价。齐滕让部下掉头向东，击溃了他的作战地域内的奥地利克罗地亚人和骠骑兵的混编部队，然后按兵不动，等待普鲁士步兵跟上来。直到下午2点钟，许尔森的各营才开始前进。他们把火枪扛在肩膀上，乐队鼓乐齐鸣，他们造就了一个英勇的场面，也成了完美的靶子。奥地利炮兵给他们造成了惨重的伤亡，普军冒着炮火，穿过燃烧的村庄，爬上后面的山脊，却发现他们面前不是无人防守的敌军侧翼，而是整整6个团。原来，当普军迈着舞蹈般的步伐踏上奥军下方的大路时，道恩从预备队中抽调了6个团进入右翼阵地。

快到下午3点钟时，腓特烈命令其余的步兵前进。然而，国王没有直接跟着许尔森走，而是设定了一个新目标。现在，他的部队要直奔克列日霍兹村背后的橡树林，这片林子似乎就是奥军右翼的顶点。大约就在此时，普军方面发生的事情及其动机都变得扑朔迷离起来。德绍的莫里茨亲王率领的一众先头营，没有以纵队队形实施侧翼行军，而是摆开了战线，开始向克列日霍兹山脊挺进，就是说，直扑固若金汤的奥军主阵地。

后来，腓特烈指责莫里茨先是拖延了进军时间，导致他与许尔森部脱节，接着又擅自改变了进攻的性质和方向。表面上看，这个指控值得商榷。腓特烈的将军们习惯于等待主公下达命令，因此，即使在紧急情况下他们也难以发挥主动性。尤其是莫里茨，他不是一个对自己的职责满不在乎的人。亲王所在作战地域的态势，既没有明显的紧急情况需要临机应变，也没有突出的战机需要他大胆出击。腓特烈在下达了最初的命令之后不久，似乎改变了主意。现在，他不打算搞侧翼进军了，而是打算沿着道恩的战线发动正面进攻。莫里茨对这个显然动机不明的计划变更感到大吃一惊，以至于他对国王反复直接下达的这个命令置若罔闻。直到国王当面向亲王大喊"展开阵线"时，亲王才服从命令，而彼时，会战已经失利了，徒留哀伤惋惜。[26]

腓特烈的思考比他的下属们所意识到的要深刻得多。国王的决定可能是受到了烟尘的影响。——烟尘告诉他，奥军预备队在进一步向东移动，奔向许尔森的作战地域。先前对奥军的实际规模的短暂怀疑，很可能被腓特烈有意识地压制下去，这是他陷入焦虑的表现，——尤其是考虑到他曾在罗布西茨临阵脱逃。相反，有一个想法似乎占据了国王的头脑：如果现在以宽大正面直接进攻兵力已经被削弱的奥军，就有可能横扫不算太高的克列日霍兹山脊。[27] 只要普军的动作够快，就可能在奥军调兵遣将抵挡许尔森之前，拖住尚处于行军队形的奥军。这个假设可以解释腓特烈对莫里茨的怒火，后者的不理解威胁到了整个作战方案。

腓特烈的临战洞察力和决断力是他的长处。但是，普鲁士军队不是那种可以如臂使指般改变目标和方向的工具。与第二次世界大战中的苏联红军一样，普军最擅长执行预先制订好的计划。除此之外，腓特烈在战前给了部下们一份异常详细的计划纲要，现在，这个举措成了自讨苦吃、作茧自缚。在科林战役中，没有人抱怨不知晓国王的作战意图，事实证明，这件事让改变普军的行动变得相当困难。

即使莫里茨立即领悟了腓特烈的新意图，并做出了反应，普军依然面临着另一个根本性的障碍。道恩的军队远比国王设想的庞大得多。兵多将广的元帅并没有被迫抽调正面兵力，去拆东墙补西墙地加强侧翼。当莫里茨亲王的9个营排成战线时，克列日霍兹山脊上已经挤满了白衣奥军。腓特烈临时改变作战意图，使他的炮兵彻底脱离了信息环路①，导致炮兵脱离了战斗。哈布斯堡军队的重炮再一次在没有对抗性炮火的情况下，给普军造成了惨重伤亡。普军火枪手们又热又渴，由于行动一再延迟而灰心丧气，他们的战斗热情也随之降低了。

这批普军也没能得到来自其他地方的战友的支持。C. H. 冯·曼施泰因少将率领一支特遣队，跟在莫里茨后面前进，埋伏在大路沿线庄稼地里面的克罗

---

① 信息环路也叫信息回路。以作战为例，上级向下级下达命令，下级执行完命令之后，向上级汇报执行情况和战果，上级据此决定下一步要下达什么命令，如此循环，构成一个循环闭环，故名为信息回路。

地亚神枪手们，让这支特遣队接连伤亡。普鲁士军队没有专门的轻装部队可以让这些讨厌的敌人与自己保持一定距离，因此，敌军的火力也越来越炽盛。在这里，腓特烈再次阐述了一个被下属搞砸了的计划。按照他的说法，在下午3点到3点半之间，曼施泰因擅自脱离队形，向他面前的奥军发动了进攻，双方打得十分激烈，以至于国王被迫动用了手头最后一批步兵去支援他。另一个更加可信的证据显示，曼施泰因是在接到国王的行营副官传达的命令之后才发动进攻的，那份命令要求他肃清侧翼的奥军散兵。[28]

曼施泰因误以为收到的是国王的圣旨，——可能是因为旨意符合曼施泰因自己的迫切愿望，于是他首先派出了1个营，然后是全部5个营。他轻而易举地把克罗地亚人赶出了乔泽尼茨村，继而向普泽罗斯基山挺进。曼施泰因可能不愿意放弃追杀逃敌。他可能听信了腓特烈关于奥军兵力的说法，认为自己面对的不过是一支薄弱的掩护部队。无论如何，短短几分钟之内，他就陷入了一场全面战斗，最终，大部分剩余普军步兵也卷入了战斗。

曼施泰因决定在这一地域发动进攻，似乎是符合国王意图的。腓特烈确实出现在了曼施泰因的战线上，也确实没有命令曼施泰因撤退。或许，国王有理由认为可恶的奥地利人在某个位置上会很薄弱。或许，国王脑海中还萌生过这样的念头：如果曼施泰因进攻失利，相比人脉广泛的莫里茨亲王，曼施泰因更容易充当战败的替罪羊。

无论腓特烈支持其部下采取行动的理由是什么，曼施泰因在他的战线上取得的进展，并不比莫里茨在其作战地域上取得的进展更大。肩扛火枪挺进的普军步兵营，在进入齐射射程之前，就早已被奥军野炮和重炮打得尸横遍野。一名中尉生动地回忆起冰雹般的霰弹弹片，狠狠砸在指向天空的火枪刺刀上，叮当作响。[29]随着伤亡惨重的各营收紧了队形，越来越多的二线步兵被推上一线填补缺口。到了下午4点钟左右，这一段前线就只能维持一条攻击线了，尽管军级重炮终于沿着大路赶到，提供了一些火力支援，但由于战线本身过于单薄和混乱，无力完成多少任务。

随着战场西段和中央都陷入僵持，两军统帅都开始引颈东望。到了下午3点钟左右，道恩已经集结起充足的预备队准备反击，去对付许尔森。由施塔尔亨贝格中将率领的一支奥军特遣队，向克列日霍兹村后面的橡树林挺进，用连普军都感到印象深刻的精准的火枪齐射，把当面的普军赶了回去。其他奥军紧随其后，却遭到了由普军第 1 龙骑兵团、第 2 和第 8 胸甲骑兵团组成的 1 个重骑兵旅的迎头痛击，被打得抱头鼠窜。普军西格弗里德·冯·克罗西克少将一马当先，亲率部下冲锋，却被一枚霰弹击中。[①] 第 8 胸甲骑兵团的年轻上校弗里德里希·冯·赛德利茨继续进攻，击溃了 2 个奥军骑兵团，并且严重打乱了几个曾令许尔森和莫里茨所部举步维艰的奥军步兵团的战斗秩序。但是，赛德利茨手里只有 3 个团，而非 12 个。兵困马乏的赛德利茨没有冒着遭到歼灭的风险继续进攻，而是下令吹响"收兵"的军号，率部撤回本方战线。

在当天下午的剩余时间里，腓特烈及其部下试图把局部胜利扩张为全面胜利。越来越绝望的国王手持利剑激励曼施泰因的部下——这是国王自己的独特激励手段。他喊道："混蛋们！你们想永生不死吗？"将士们答道："弗里茨，我们今天的表现已经对得起五毛钱的军饷了！"双方的对话都体现了战斗的激烈程度。稳住步兵战线之后，腓特烈转向骑兵。他命令 P. E. 佩纳瓦雷少将率领所部 4 个胸甲骑兵团，登上克列日霍兹村西南的山脊，杀入奥军阵地的核心地域。为佩纳瓦雷提供支持的，是齐滕的若干骠骑兵和普军的最后一点步兵预备队——贝沃恩公爵麾下的 8 个步兵营。

由于传令兵的坐骑腹部中弹，贝沃恩没有接到国王的命令。我们将要看到，齐滕也自顾不暇了。佩纳瓦雷独自发动了进攻，但是，由于目标山高坡陡，再加上无处不在的克罗地亚人发射的枪弹，他的攻势毫无进展。奥地利人发动了迅猛反击，把普军逐出了战场，尽管腓特烈使尽浑身解数想把溃兵集结起来。

此时，奥地利人也全线告急。火枪手的弹药消耗将尽，只得从死、伤的战友的弹药盒里面搜罗。有一个团里，鼓手们把战鼓上面的鼓皮剥掉，把战鼓制成临时的弹药桶，运送弹药给在队伍中奋战的战友们。普军还有最后一丝胜机。当佩纳瓦雷的骑兵冲锋被打垮时，贝沃恩公爵终于抵达了战场。公爵手下各营成了克列日霍兹山脊上最后一波普军攻势的核心部队，然而正在寻找新目标的奥地利火炮给贝沃恩部造成惨重损失。下午 7 点钟左右，普军击溃了拼死

---

① 克罗西克少将当场阵亡。他的名字西格弗里德，也可以译为齐格弗里德、齐格菲。

奋战的奥军步兵，在这个流血漂橹的六月天，这似乎是最后一场战斗了。

但是，腓特烈取得的胜利似乎只是昙花一现。奥地利骑兵服从了召回他们的号角，停止追击佩纳瓦雷部，转而打击普军的侧翼和后方。其他奥军，即道恩最后的预备队，从橡树林方向冲杀出来。军中的传奇故事将这场凶猛的进攻归功于德·利涅龙骑兵团，该团的年轻士兵们决心向道恩元帅证明，道恩说他们"嘴上没毛办事不牢"是错误的。后来该团成了温迪施格雷茨龙骑兵团，直到该团解散，他们都保留着剃光胡须的传统，用来纪念往日荣光。

他们暴风骤雨般的冲锋决定了科林会战的胜负。腓特烈手头没有预备队了。在绝望中，腓特烈集结了一队人马，让他们对奥军炮兵阵地发起冲锋，却被一位副官阻止了，这名副官问国王陛下是否打算亲自去夺取奥军火炮。随着天色渐暗，残余的普军步兵主动撤离了战线。各路人马纷纷跑上大路，再经大路四散奔逃，只求摆脱奥地利马刀和炮弹的穷追猛打。许尔森旅，或曰该旅的残兵败将，就像他们开启战斗一样，此时又掩护其他部队撤离。一整天都被奥地利右翼骑兵阻遏不前的齐滕部轻骑兵，直到入夜才知道主力部队吃了败仗。晚上9点钟左右，沮丧的齐滕部终于骑着疲惫的战马离开了战场。尽管他们的奥地利敌人非常乐于称今天为自己的荣誉日，但是他们的力量依然足以阻止敌人追杀的力量。

道恩不是那种能够鞭策部下前进的将领。这位奥地利元帅有理由感到自豪，也有理由感到害怕。科林之役从头到尾都是两军士兵之间的战斗，在很多情况下，腓特烈麾下的老兵们都更加接近取得胜利，他们克服了重重困难，没有让道恩感到自己得到了战神垂青。奥地利方面的伤亡总数约为9000人，其中1300人阵亡。从骑兵中队和步兵团到更高的指挥层级，胜利者几乎与战败者一样混乱不堪。因此，道恩让他的人马在付出了巨大代价才占据和赢得的战场上就地安营扎寨，就不足为奇了。

到了次日清晨，眼下的局面或许会让另一种类型的将军，按照"迟做总比不做强"的原则采取行动。① 大约1.4万名普军阵亡、受伤或沦为奥军俘虏。

---

① 大意是普军伤亡过于惨重，如果奥军统帅不是道恩这样的谨慎将军，或许会对普军穷追猛打。

45门火炮被丢在了战场上，占普鲁士全军火炮的一半。22面被缴获的旗帜，是奥军获胜的进一步象征。尽管如此，在道恩看来，试图歼灭腓特烈的残兵败将所带来的风险，远远大于他的胜利产生的政治优势。奥地利军队用鼓、号庆祝胜利，战俘们愤怒地看着这一切，其中至少有一些人想知道这一切到底是怎么回事。[30]道恩也迅速向维也纳汇报了战况。玛丽亚·特蕾莎做出的回应是，宣布6月19日为玛丽亚·特蕾莎军事骑士团的成立日，并把该骑士团的大十字勋章授予道恩。女皇也没有遗忘普通士卒。在决定性冲锋中冲杀在前的龙骑兵团，从心怀感激的女皇手中接过了不下4面旗帜。

按照之后几个世纪的视角看来，这些休整纯属浪费时间，奥地利人就像一只从未赢得一场战斗的斗鸡，因为它在战斗中途停下来喔喔叫。然而，18世纪的战争，尤其是在结盟背景下的战争，不仅仅关系到人员伤亡和地盘得失，同样还事关荣耀和美德。尤其是在刚与法国结盟这一背景下，哈布斯堡帝国军队需要证明自己在法奥联盟中能够发挥积极作用。胜利和随之而来的庆功仪式，认可了奥地利的成就，所以这是一个事关宏大战略、高层政治和军事行动的重大问题。

腓特烈并不质疑自己的战败者身份。在会战结束后的最初几个小时内，他茫然地在泥土上画圈圈，然后抛弃了手下的残兵败将，回到设在布拉格的原司令部。在那里，他告诉亨利亲王，他需要休息，什么事都做不了。亨利受命率领残兵败将脱离险境，至少在管理方面，亨利亲王并没有受到兵员数量变化的影响。有些步兵营的兵力已经减少到了正常员额的1/3，络绎不绝的逃兵进一步增加了战斗损失。

普鲁士国王及其军队面临着同样的事实：他们都被一个自己起初瞧不起的敌人击败了。腓特烈投入战场的兵力太少。协调和及时的行动是普鲁士军事体系中一个潜在的优势，可腓特烈及其下级指挥官们，都没有充分留意利用这些优势来弥补兵力劣势。诚然，战场优势一直属于奥地利人，他们的步兵以令普鲁士对手大吃一惊的凛然决心作战。但是，从国王的御帐到最卑微的火枪手的营地，普鲁士人都受到了可能会发生的未知事情的困扰。——这里或那里的一丁点好运、一点点额外努力、些许主动性，都可能让科林战役成为腓特烈的一场胜仗。现在，国王发现自己远离故土，他的军队已经溃不成军，他在战场上的举措受到高级将领的广泛、尖锐的批评。[31] 与葛底斯堡战役后的罗伯特·李将军① 一样，国王也做出了决定。6 月 20 日，他解除了对布拉格的封锁，退回到波西米亚北部。此举意味着放弃主动权，但是，腓特烈正确地判断出，道恩不大可能因为那一下午的胜仗就改变毕生的谨慎性格。

法国参战

比起道恩自己能想到的所有办法，欧洲的总体政治格局对普鲁士的威胁似乎要大得多。腓特烈向安德鲁·米切尔表达了绝望的想法：他希望米切尔的祖国（英国）要么与土耳其谈判，让土耳其参战，要么向波罗的海派遣一支舰队，增加一个战略上的不确定因素，以免英、普的共同事业土崩瓦解。[32] 这番话中蕴含着可怕的反讽意味。1756—1757 年冬季，英国和汉诺威都没有为欧陆战争做过多准备。原则上，英国应该为 4.5 万北德意志军队买单，其中大部分是不伦瑞克人、黑森人和汉诺威人。但是，伦敦的资金姗姗来迟。汉诺威的大臣们不愿意与英国人合谋策划一场欧陆战役，因为很可能把他们的祖国汉诺威变成战场。直到 2 月份，汉诺威内阁还在与维也纳谈判以期保持中立地位。乔治二世也不是愿意刺激他的欧陆臣民参战的君主。作为汉诺威选帝侯，他也希望确保他作为英国国王而与之交战的敌国承认汉诺威的中立地位！如果不是法国索要一套保证，把汉诺威变成供法国使用的通衢大路和补给站，那么，伴随这一纷繁局面而来的纷繁谈判，本可能会取得某些成果。作为英国国王兼汉诺威选帝侯，乔治二世觉得法国提出的这些条款不可接受。最终，他逼迫他的大臣们服从他的旨意，但是，在此后发生的历史事件中，汉诺威一直是个不情不愿的参与者。[33]

与此同时，法国沿着莱茵河下游集结了 135 个步兵营和 143 个骑兵中队。法国大军约有 10 万人，包括来自奥属尼德兰和莱茵河下游的德意志"附庸国

---

① 罗伯特·李（1807—1870 年），美国名将，出生于弗吉尼亚。他在美墨战争中表现卓越，并在 1859 年镇压了约翰·布朗的武装起义。在美国南北战争中，他是美国南方邦联军的总司令，在公牛河战役（马纳萨斯战役）、弗雷德里克斯堡战役及钱瑟勒斯维尔战役中大获全胜。1865 年，他在南军弹尽粮绝的情况下向北军司令格兰特将军投降，从而结束了南北战争。

圈子"的特遣队。在纸面上，这支军队相比对手甚至拥有 2∶1 的兵力优势，况且对手普鲁士军队的战斗序列基本上还是空中楼阁：驻扎在莱茵河省份的几个普鲁士步兵营，加上"监控军团"共 5 万多人，由英国资助，但其中的几个德意志步兵营还驻扎在英国。

人们对七年战争期间的法国陆军的评价，往往是根据罗斯巴赫大败之后一名法国军官的评价得来的。据说，此君对俘虏他的普鲁士人说："先生，**你们**是一支军队，而**我们**是一所流动妓院！"[34] 法军士卒听到这番话，一定感到既好笑又恼火。他们在作战期间看到的妓女，要么对于列兵的钱包来说过于昂贵，要么长相太丑而毫无诱惑力，所以只有最饥渴的人才会为她们花钱。法国正规军的士兵有两个来源：志愿兵和民兵。民兵基本上是后备力量，在乡村地区通过抽签从 18 到 40 岁的未婚男性中招募，服役期为六到七年，但是在和平时期，民兵部队只会为了短期训练才集结在一起。法律上对民兵的要求，是在战争期间为现役部队提供成建制的部队和用于替补的单个兵员，对于民兵来说，这个要求既是诱惑，同时也是焦虑和不满的主要来源。在西班牙王位继承战争中，几乎一半法国新兵是民兵。在七年战争期间，这个数字减少到了 20%。即使招募的民兵数量减少了，却也足以引发农村的全面抗议，尤其是因为服兵役不会让法国农民得到普鲁士州区应征兵因服兵役而获得的任何好处。

选择由谁当兵的随机性，激起的民愤最大。一次的不走运就注定了一个人的一生，而他的不幸根源就是抽出了一个"错误的数字"，对于村庄和渐渐频繁被村民请来为他们儿子打兵役官司的律师来说，抽签都是非常不公平的。尽管法律禁止雇用他人冒名顶替，但是，基于个人和集体利益，冒名顶替服役日益普遍。

在这种情况下，政府和军队都倾向于整个团都使用志愿兵，就不足为奇了。对于把这些人贬损为形形色色的法国人渣的传统说法，安德烈·科尔维西耶的著作予以了重大纠正。科尔维西耶的著述表明，军人涵盖了相当广泛的法国社会各阶层成员。大约 1/3 士兵是城镇居民，出自人口不少于 2000 人的城市社区。绝大多数志愿兵，即 85% 左右，来自社会下层：农民、日工和工匠。

招兵过程有着强烈的心理因素。在某种程度上说，宏观论述是颇为重要的。北部和东部省份的常驻军队规模更大，人数也更多，来自这些省份的兵员在新兵中占据的比例大得异乎寻常。在其他方面，熟悉程度也是重要的。尽管法军各团往往具有省份名衔或其他形式的地方性标记，但并不像普鲁士的州区军事单位那样，是从特定地区招募的。然而，军官们往往确实与当地有联系。休假回家的上尉或中尉很可能会被要求带着"几个好男儿"回来，穿着新制服的军官们会用分发免费饮料的传统方式吸引这些人，并向他们承诺，他们会在一个有领导地位的公民的监督下飞黄腾达和开启冒险生涯。

年龄也是一个重要因素。与普鲁士截然不同的是，超过 75% 的法国正规兵员的年龄不到 35 岁，50% 不到 25 周岁。这凸显了参军作为法国男人摆脱传统人身控制模式的出路的地位，那些控制包括家族、社区或教堂的人身控制。军队的权威，尽管可能会粗暴严厉，但也有抽象的优点。一旦一名士兵熟知了成文和不成文的法规条令，他就自由自在了，这在一定程度上让那些习惯了在后来几个世纪内形成的全面军事控制模式的观察家惊诧不已。即使以当时的标准来衡量，士兵的薪饷和福利都不算起眼，但是在许多试图摆脱父权的束缚，同时不致沉沦法国下层社会的年轻人看来，与生活在社会边缘相比，这点福利待遇更具吸引力。

经济因素在刺激征兵工作方面的作用，也是颇为重要的。饥饿一直是出色的征兵官，但更重要的因素，可以说是发放给志愿兵的奖金，这笔钱的法定上限为 60 个利弗，但实际常常超过这个数；在七年战争期间，一名个头高挑、身强力壮的士兵可以期待通过讨价还价获得 500 利弗左右的奖金。这是一大笔钱，是一个农场劳力年薪的四五倍。不是每个新兵蛋子都会把奖金砸在廉价的酒水和昂贵的女人身上。这笔钱为适当的储蓄提供了基础，如果以一定利息借给亲朋好友的话，钱会增加得更快。

在新兵的入伍动机问题上，科尔维西耶高度重视参军在情感替代方面的作用。鳏夫、孤儿、失败的求婚者，甚至搬家一两次之后依然找不到稳定生计的男人，都可能把参军视为改变身份地位的手段。在一个强调集体是维生和生存手段的社会中，这种模式尤为重要。"失范"是一个 19 世纪的术语，但是，即使这位法国人自愿彻底摆脱原来熟悉的环境，也很可能对旧环境的影响过于熟悉了。所以，一种常见的生活模式是从农村搬到城镇，去寻找更广阔的个人发展机会；当事实证明未来之路依然狭窄之后，他只能去找征兵官。

火枪步兵团中的绝大多数士兵都是法国臣民，主要原因是为法军效力的步兵中，只有20%是外国人。瑞士部队自己招募新兵，通常只在家乡招兵，除非发生了什么极度紧急的情况。德意志、爱尔兰和其他外国部队倾向于毫无限制地接纳一切新兵。由于外国人集中在外籍部队中，所以一个法国兵团内通晓多国语言的人数，很可能比普鲁士兵团中的少得多。

因此，就整体而言，18世纪中叶的法国士兵可以被合情合理地描述为，具有不错的乃至优秀的军事潜力的兵源，尤其是在战争初期时。他们中的大多数人从军入伍，是出于积极主动的选择——一种改善自身命运和地位的手段，至少会让他们得以摆脱传统样式的奴役。鉴于一百年来法国人的身份都未受到严重威胁，传统意义上的爱国主义不是一个非常重要的激励因素。但是，在战场上官、兵的生死存亡机会大体均等，因此专业技能——科尔维西耶称之为"职业"——带来的自豪感，可以激励士兵们奋勇杀敌和迅速团结起来。

然而，要维持这些现状绝非易事。路易十五统治下的法国远比路易十四时代的法国稳定得多。当局与胡格诺派和扬森派①之间的冲突已经过了最激烈的阶段。与投石党②骚乱时代的天下大乱截然不同的是，路易十五面对的反对派势单力孤、安静平和。他的官僚系统已经臻于成熟，形成了高度完备的治理模式，这套模式起源于太阳王时代，即与地方精英阶层合作，在当地的封建庇护-附庸关系框架下进行运作。

这些情况并没有使法国成为一个能够充分响应政府意志的、协商一致的社会。1758年，路易十五本人也沦为刺杀目标。**哲学家**对传统知识体系的挑战，愈益动摇了传统价值观，甚至在他们的攻击目标，即教会和贵族圈子中，他们

---

① 扬森派是17世纪的天主教派别，由荷兰人科尔内留斯·奥托·扬森（1585—1638年）创立。其理论强调原罪、人类的全然败坏、恩典的必要和宿命论。扬森派认为教会最高权力属于公议会而不属于教皇，反对教廷的腐朽糜烂，因此一直遭到教廷的排斥打压。1643年，教皇乌尔班八世发布通谕，谴责扬森主义，下一任教皇英诺森十世更把扬森主义斥为异端。18世纪后扬森主义逐渐衰落。

② Fronde一词在法文中具投石之意，源于红衣主教马扎然的支持者被巴黎暴民以石块破坏窗户。投石党运动发生在1648—1653年，是巴黎市民反对专制王权的法国政治运动。为了躲避投石党骚乱，年幼的路易十四被迫搬出巴黎，从此他一直憎恨巴黎，成年后大兴土木建造凡尔赛宫，用以远离巴黎市民。

也成了广受追捧的人物。七年战争爆发前夕，扬森派信徒和耶稣会①之间的敌意再度激化，直到1762年，耶稣会遭到驱逐才有所缓解。议会自诩为自由的守护者和专制主义的监督者，导致**议会**与试图维持并增强自身军事能力的政府之间的冲突日趋激烈。

从军方的视角看来，法国国内的紧张局势的主要后果是财政方面的。法国财政预算中用于军事开支的绝对份额依然难以确定，但肯定超过了公共预算的半数。然而，公共预算的统计数字令人疑虑，因为数据采集工作是杂乱无章的。即使在七年战争之前，法国政府就一直身陷常年缺少可支配收入的窘境。事实证明，私人金融家和国际金融市场都无法满足政府的财政需要。到了1760年，国王亲自把自己的白银送到铸币厂用来铸造银币，法国官员们却在想方设法从英国以11.5%的利率贷款！ 35

这个过程产生的结果之一，就是军官们日益依赖私人资助和个人人脉。向士兵支付薪饷被视为军官的个人义务，是一种荣誉，也成了一种惯例。当军队的金库空空如也时，上校们经常挺身而出，填补资金缺口。入伍奖金往往由该团的长官来支付。然而，长官们会从这番豪爽慷慨的举动中获得回报，具体办法是向高级军官馈赠大笔款项和礼品，加上利用文官武将圈子中间蔚然成风的贪渎气氛。简而言之，法国军队浑身上下都是铜臭味。

杂乱无章的融资方式也刺激了其他关键领域的任意胡为。与普鲁士一样，也与欧洲所有主要国家一样，法国也严重依赖私商、私人制造商和承包商来供应军队的给养和装备。法国的军事系统面临着极其严峻的挑战，原因浅显易懂，就是需要供养的武装部队规模很大。从中央军事机关，如负责为整个军事系统供应面包的后勤机关，到与野战部队签约的个别承包商、负责征购和采办的临时机关，都被用于支持军事行动。饲料是一种难以让商人赚取较高利润的产品，因此，供应饲料成了官办企业的责任，在牧草生长的季节，军队会派遣草料筹

---

① 耶稣会是一个天主教修会。1534年由圣罗耀拉在巴黎大学创立，1540年得到了教皇保罗三世的批准。该会不再奉行中世纪宗教生活的许多规矩，如必须苦修、斋戒、穿统一制服等，而主张军队式的机动灵活，并懂得变通。其组织特色是中央集权，在宣誓入会之前需经过多年的考验，并对教皇绝对忠诚。耶稣会会士主要从事传教、教育，并组成传教团，反对新教改革。

集分队去协助官办企业完成饲料征购任务。

法军在境外作战时，相关问题更加严重。在政治上，法国不能出于严重的经济问题，而疏远二三流德意志君主及其奥地利保护者。从务实的角度说，沿着在三十年战争中早已熟悉的行军路线去蹂躏大军所经之地，只会为之后必须途经该地区的军事行动造成困难。挑战在于，如何采取足够充分的措施，来让本世纪中叶德意志地区所特有的复杂而脆弱的地方经济免于崩溃。在实际行动中，当地的农民、商人和官员，往往会想方设法应付法国粮秣筹集分队和负责征发的官员。至于粮秣缺口，当然是由普通士卒和马匹来承担的。[①]

法国承包体制的特质，也使之难以融入中央集权、国家指导的行政体系。这个仍然专注于获取曾在路易十四时代赢得的丰功伟绩的军事体制，没有为改革提供任何强大的动力。承包商本身就是法国体制中根深蒂固的组成部分。这个体制内没有"新来者"，没有新近改变信仰的犹太人和资产阶级局外人，大家都是干了三四代的承包商家族，他们的女儿嫁入贵族豪门，他们的儿子担任了公职，更重要的是，他们知道法国政治体系的要害所在。这种关系不完全是单方面的。法国政府花了很长时间来补偿那些与国家同呼共命运，以至于根本无助于终结这种共生关系的个人和企业。此外，法国政府支付的大多数款项，其实是政府开具的票据，这些票据必须贴现高达60%才能自由流通。简而言之，人们可以使用"军事-供应复合体"[②]一词，来形容后来一百年间的法国的军事与工业复合体。法、美两个事例的特征，是都拥有一整套关系网，它的性质与它建立时的初始目标渐行渐远，反而越来越多地与其参与者的自身利益紧密有关，即使它不能总让那些参与者兴旺发达，至少能让他们存在下去！[36]

法国军队的指挥架构，也是由构成其管理架构的因素塑造出来的。李·肯尼特精准地把军官们描绘为"业余人士"。[37]然而，在18世纪的背景下，"业

---

① 意为粮秣不足时，士兵和马匹只能挨饿，如果不想挨饿就得自己动手去偷去抢。

② 二战前，美国的常备军规模很小，相应地，军事工业也很薄弱。随着二战爆发，美国的军工产业迅速膨胀，仅航空母舰就建造了147艘，因此，到了二战结束时，军队、军事工业和政界某些大人物组成了庞大的、盘根错节的利益集团。美国总统艾森豪威尔首次在演讲中提到"军工复合体"(military-industrial complexes)，警告美国人民当心军工复合体的不正当影响力。之后的数十年间，美国军工复合体的影响力越来越大，深入到了美国社会的各个方面。

余人士"一词更加易于理解，因为它反映了一种针对某种活动而培养出来的品位。欧洲各地的各级官员的任命和晋升，与其说是根据客观的资质、就读的院校或研究的学科，不如说是根据此人的某种特质，而此人的特质普遍被归于"教养"，马丁·范·克里费德恰如其分地称"教养"为家传血统与社会地位的结合，随着年龄增长，通常会把此人取得的经验和成绩添加到"教养"上去。[38]

18世纪战争所需要的大部分知识，要么是体制内部的高度专业化的知识（例如后勤补给和攻城器械），要么是地理、修辞之类的常规知识体系的组成部分，这一事实促进了前述军事领导晋升方式的形成。认为经验是获取战争技能的绝佳手段，并不能表明当时的愚昧程度高到了危险的地步。

绝大多数团级军官出身贵族，尤其是出自"刀剑"贵族。超过90%的士兵是散沙一样的升斗小民，少量非贵族出身的军官集中在炮兵、工程和行政部门。高级职位主要由豪门子弟把持，他们的家族在上个世纪从外地迁居凡尔赛，而连级军官大都出自外省贵族阶层。有些人是地方土豪，除了刀剑和家族姓氏[①] 之外一无所有。其他军官出自那些已经在乡村扎下根，同时保留了为王室服务的传统的家族。还有第三个军官来源，这一时期这些人在军官团中的占比比日后要大一些，但并不多见，他们并非贵族出身……[②] 战争为有钱人打开了一条特殊的上升通道，他们愿意为国家招募和供养一个连队，从而跻身军官阶层。然而，这些出身低微的人，不但没有在自己的团队中争取一种独立地位，反而可能以各种各样的方式，被社会地位高于他们的军官同化，甚至会获得那种本来没有合法资格去获得的社会地位。"普通"步兵团的生活方式通常很简单，足以让他们有时间和空间加速自己的腾达之路。此外，在服兵役的条件下，一个在战场上骁勇善战，在军营中被证明是好战友的士兵，是不大可能面对太多关于他的血统的尴尬问题的。[③]

这并不意味着法国军队缺少社会阶级意识。就整体而言，军官团一贯抗

---

① 与大多数前现代国家一样，当时法国贵族才有姓，普通百姓有名无姓。

② 原文在此缺字，故用省略号表示。

③ 大意是，即使出身低微，只要表现好，普通一兵也不乏晋升机会。

拒任何形式的贵族控制。但是，1781 年颁布的《塞居尔条例》规定，未来的军官候选人必须证明自己拥有四代贵族血统。《塞居尔条例》并不是贵族对某些特定事件的回应，相反，出现这一条例反映了一代军官团的抵制活动，他们不愿意招收拥有商业或法律背景的、新近获得贵族头衔的中产阶级子弟。[39]

回首往事的话，我们很容易夸大限制资产阶级跻身旧制度下的欧洲各国军官系统所直接产生的负面影响。在从军入伍的动机方面，民族主义和爱国主义因素的影响较小，与后来的几个世纪相比尤其如此，这意味着一个人在选择军官生涯时，对社会福利的考虑可能不多。有用的初级军事教育的缺失意味着，谁会成为未来的军官，实际上主要看他在童年和青少年时代的非正式社交活动。除掉某些偶然案例，拥有穿着亚麻、摆弄纸笔[①] 传统的家族，不大可能培养出有前途的年轻战士。

因此，法国军官团的排外心理，在很大程度上是对这样一种看法的反应：一个想加入军官团的年轻人，要想不受到排斥，就必须更加关注他的职位带来的社会利益，而非军事上的需要。与普鲁士相比，甚至与哈布斯堡王朝统治下的奥地利相比，在 18 世纪中期的法国，正统观念是反对军事和战争的，而且是强烈地反对。[40]从帕斯卡[②]、莫里哀[③]到伏尔泰[④]和狄德罗[⑤]，启蒙运动中的知

① 在欧洲，亚麻和水晶、银器一样，是富裕生活的象征。相传，一生洗澡不超过七次的太阳王路易十四，就靠用亚麻布擦拭身体和每天更换四五套亚麻衬衣，来维持身体的洁净。大革命前的法国文盲率很高，能摆弄纸笔的要么是传统贵族、教士，要么是新兴的资产阶级。

② 布莱兹·帕斯卡（1623—1662 年），法国数学家、物理学家、哲学家、散文家，总结出了帕斯卡定律、帕斯卡三角形等重要物理、数学成果。

③ 莫里哀（1622—1673 年），原名让·巴蒂斯特·波克兰，法国喜剧作家、演员、戏剧活动家。法国芭蕾舞喜剧的创始人。莫里哀是他的艺名，法语意为常春藤。莫里哀是法国 17 世纪古典主义文学最重要的作家，古典主义喜剧的创建者，在欧洲戏剧史上占有十分重要的地位。代表作品有《无病呻吟》《伪君子》《悭吝人》等。

④ 弗朗索瓦-马里·阿鲁埃（1694—1778 年），笔名伏尔泰，18 世纪法国启蒙思想家、文学家、哲学家。伏尔泰是 18 世纪法国资产阶级启蒙运动的泰斗，被誉为"法兰西思想之王""法兰西最优秀的诗人""欧洲的良心"。主张开明的君主政治，强调自由和平等。代表作《哲学通信》《路易十四时代》《老实人》等。

⑤ 迪尼·狄德罗（1713—1784 年），法国启蒙思想家、哲学家、戏剧家、作家，百科全书派代表人物。他当过家庭教师，翻译过书籍，结识了卢梭等志同道合的启蒙思想家。1749 年因出版他的无神论著作《给有眼的人读的盲人书简》而入狱。获释后，他顶着压力主持汇编《科学、美术与工艺百科全书》，编写哲学、史学条目一千多条。

识分子谴责了错误的价值观、虚伪的魅力和战争的恶果。有些人严肃认真地把自己的生活方式当作一种使命，——如果不是视为一种职业的话，这些人与各种外来者保持密切联系的倾向日益强烈。故意无视一个愿意为了加入俱乐部而改变过去和生活方式的同志，是一回事；接受这一代青年泛滥军营的风险则是另一回事，这些年轻人对行伍生涯的献身精神至少是可疑的，而且他们对军人价值观的认可，也有可能是不完整的。

简而言之，领导法国军队的是这样一群人：他们从生活方式和行为准则的视角看待自己的地位，通过潜移默化的方式来了解其中的细微奥妙。对于德布罗伊①这样的改革者而言，结果就是"从少尉到中将的各级军官，都对他们的职责和与之相关的所有细节一无所知"。[41]这种观点得到了19和20世纪学者的广泛支持，他们认为法国的军事教育尚有价值，但社会意义上的排外具有邪恶性。事实上，以那个时代的标准看来，作为一个团体，法国军官团与之前和之后的大多数类似团体一样，是相当称职的。在实践中，尤其是在行动层面上，如果法国军官的勇敢偶尔能达到荒唐的程度，荣誉感达到固执己见的程度，那么他们会用事实证明自己能够很好地适应腓特烈战争中变幻不定的战场现实。他们的失败既反映了对手的卓越素质，同样也体现了法国体制的固有缺陷。

西线战役的前几轮战事似乎证实了法国军队对自己的总体良好评价。3月12日，法军开始向莱茵河挺进。但是，几乎直到一个星期之后，法军的主要对手的指挥官才到位。汉诺威选帝侯②的第三子、坎伯兰公爵威廉·奥古斯塔斯，3月17日才接受任命。他下达的命令读起来更像内阁会议的记录，而非指导军事行动的训令。本质上说，坎伯兰承担的任务是保卫汉诺威，保证他的军队完好无损，如果可能的话才谋求击败法军。他得到了明确指示，不要阻止法军开进波西米亚去增援奥地利人。如果这个指示公开了的话，肯定会坐实欧陆各国已有的关于"背信弃义的阿尔比翁"的偏见。

---

① 德布罗伊，意为布罗伊公爵。这位德布罗伊是第二代布罗伊公爵维克多-弗朗索瓦（1718—1804年），路易十五和路易十六时期的法国元帅，参加过奥地利王位继承战争、七年战争，法国大革命爆发后流亡国外。发现了德布罗伊引力波的德布罗伊，是第七代布罗伊公爵。

② 指时任英国国王兼汉诺威选帝侯的乔治二世。

尽管年仅 36 岁[1]，坎伯兰却是一位久经沙场的宿将。最让他威名远播的事情是他在卡洛登战场上，仅仅用了"四十五分钟"就打垮了查理·斯图亚特[2]，他也参加了代廷根和丰特努瓦战役。长期以来，他的名字一直是残暴的象征，既是由于他在粉碎詹姆斯派的叛乱之后，平定苏格兰高地期间采取的严酷镇压手段，也是缘于他后来在强化《兵变法案》中的惩罚性条款方面所做的工作。事实上，他非常适合眼下的职务，他在领导多国联军方面经验丰富，也具备训练和鼓舞麾下将士的卓越才干。但是，与单纯的军事天赋相比，渺茫的胜机和模棱两可的指令都是施展天赋的障碍。[42]

在奔赴战场的前几天，坎伯兰一直在尝试决定下面该怎么办，而埃斯特雷伯爵麾下的法军正在向汉诺威迅猛推进。坎伯兰似乎希望，普鲁士人在布拉格周围获胜的消息能够促使各方坐下来谈判。与他的想法相反，法国政府却催促埃斯特雷加快进军速度。7 月 16 日，法军主力渡过了威悉河。腓特烈急得像热锅上的蚂蚁，催促坎伯兰发动进攻。公爵却更愿意采取守势，最终在哈斯滕贝克镇附近的地形崎岖的原野上占据了阵地。7 月 25 日黎明时分，本以为联军正在退却的法国人，却误打误撞进了联军阵地。埃斯特雷伯爵利用这一天余下的所有时间来集结他的人马，包括 5 万名步兵、1.6 万名骑兵、68 门火炮。坎伯兰手下有 3 万名步兵，但仅有 5000 名骑兵和 28 门火炮，在他看来少得可怜，不足以冒险发动一场歼灭性攻势。他转而原地坚守。在法军步兵发动的一系列猛烈攻势下，他的主阵地失守了。由于联络不畅，联军发动的一次成功的侧翼迂回劳而无功，下午 1 点钟，坎伯兰下令撤退。

哈斯滕贝克战役本身并非一场特别严重的灾难。法军的伤亡数量再一次比联军高一半，各为 2300 人、1400 人。法军的指挥官也发生了更迭，8 月 3 日，

---

① 坎伯兰公爵生于 1721 年，时年 36 周岁。

② 查理·斯图亚特，英国光荣革命中被推翻的詹姆斯二世之孙、詹姆斯·斯图亚特之子，他自称英国国王查理三世。在 1746 年的卡洛登战役中，查理·斯图亚特麾下的苏格兰高地人使用各种冷兵器冲击英国政府军的火枪战线，而英军仅用四十五分钟就打垮了英勇冲锋的苏格兰人，并且只付出了 50 人的微小代价，而 5000 人的詹姆斯派军队阵亡 1000 余人，其余大半受伤或被俘，其主帅查理仓皇逃往法国，开始了漫长的流亡生涯。卡洛登之役标志着詹姆斯派复辟斯图亚特王朝的幻想彻底覆灭，也使苏格兰被英格兰更严格地统治，自此苏格兰再没有因为军事叛乱从大不列颠分离。

黎塞留公爵①接替了埃斯特雷，这番人事调动反映了凡尔赛宫权力平衡的变化，而非出于某种特别的军事需要。坎伯兰继续未受阻挠地撤退，让他的军队既困惑又吃惊。然而此时，政治因素也开始直接影响坎伯兰方面的作战方略了。英国最近向欧洲大陆做出的承诺，本来充其量也只是三心二意的，现在又因腓特烈大败于科林而严重动摇了。英国公使甚至说腓特烈穷途末路了。在哈斯滕贝克战役之后，身为汉诺威选帝侯的乔治二世命令他的儿子坎伯兰求和。黎塞留公爵非但不为所动，反而继续挥师前进，逼迫坎伯兰节节后退。到了8月底，法军占领了汉堡和不来梅，现在因疾疫和逃兵而战力严重下降的坎伯兰部，被法军压迫到了北海岸边。

从战术上讲，突围的可能性仍然存在；但无论在行动还是战略方面，坎伯兰公爵都已经走投无路了。黎塞留主要关心为入侵普鲁士疆土做准备，因此，愿意轻巧地放过他枪口下的这帮乌合之众。9月8日，坎伯兰签订了《克洛斯特泽文公约》，公约规定，联军撤出汉诺威，解散英国根据《西敏寺公约》组建的"公约国军队"。一个星期之后，黎塞留率领所部主力军启程，向东南方向进军。[43]

挽狂澜于既倒：罗斯巴赫战役

当腓特烈的北方战略前线土崩瓦解时，他并没有完全无所事事。起初，他希望奥地利人跟在自己身后进入萨克森，然后自己获得援兵，继而在会战中与奥军一决雌雄。可是，粮食和饲料的短缺、奥军非正规部队的凶悍，加上道恩元帅一贯高明的选择坚固防御阵地的本事，都令国王不能如愿。也许，腓特烈对布拉格和科林战役中的殊死搏斗难以忘却，但他并不愿意公开承认这一点。

相反，腓特烈把精力转移到政治手段上来了。具体而言，他试图在普法战争可能升级之前就终止这场战争。除了批准向路易十五的现任情妇蓬巴杜夫人

---

① 著名的法国政治家、红衣主教黎塞留公爵身为教士，自然没有子女，所以第二代黎塞留公爵是他妹妹的儿子，即他的外甥。正文此处是第三代公爵，红衣主教黎塞留的妹妹的孙子路易–弗朗索瓦–阿尔芒·维涅罗·迪普拉齐（1696—1788年），他官至法国陆军元帅，参加过波兰王位继承战争、奥地利王位继承战争。

行贿 50 万塔勒之外，腓特烈还试图在法国决策层中再打开几扇后门。他甚至送给黎塞留公爵一笔钱，作为后者在法国政府中为结束普法战争而奔走的预付款。事实证明，国王的所有努力都打了水漂，尤其重要的原因是，随着夏去秋来，腓特烈的运势似乎在不可逆转地江河日下，越是如此，法国越要对普鲁士开战。英国津贴往往口惠而实不至，英国更不可能发来援兵。法国人在汉诺威的捷报激发了奥地利帝国军队的斗志，而帝国军队在今年春季刚开始组建时，看上去不过是一支象征性的武装力量而已。在南线，奥地利人准备再次为莫尔维茨和查图西茨的败仗复仇。在北方，1757 年 3 月，瑞典加入反普鲁士联盟，派遣 2 万人马威胁波美拉尼亚。[44] 但是，对普鲁士最直接的威胁来自东方。

由于受到外交和行政因素的双重延误，所以俄罗斯军队的动员时断时续。按照 18 世纪的标准看来，俄军主力与普鲁士边境地区之间的遥远距离，加剧了早已非常严重的后勤困难，即使在开战之前俄国也认为，在中欧地区供养任何规模的军队都最多只能维持几个月，时间再长，就是不可能完成的任务了。在补给系统的各个环节，贪污腐败现象都比比皆是。笨拙低效的军事管理系统，有时候似乎把平民承包商视为比普鲁士军队更难缠的对手。让文牍工作井井有条，远比消灭补给车辆中的老鼠重要得多。结果，无论是在 1757 年的战事中，还是在这场战争晚期的战役中，削弱野战部队战斗力以及使士卒疲弱不堪的，都是与饥饿相关的恶性疾病。早在 18 世纪，俄国士兵的肉体耐力就已天下闻名了。然而，正如前文所述，俄罗斯人不可能仅仅靠几把面粉就无限期地生存和战斗下去。俄军把东普鲁士当作初战目标的原因之一，就是东普鲁士非常适合充当前进基地。

尽管初期存在动员和集结方面的问题，到了 1757 年 5 月底，俄罗斯帝国还是派出了 10 万大军压向东普鲁士。东普鲁士省在地理位置上与勃兰登堡地区完全隔绝，因此，似乎会成为侵略军的盘中餐。但是，在对抗近代化的西方军队方面，伊丽莎白女皇的军队并没有多少经验可言。俄军的主将、陆军元帅斯捷潘·阿普拉克辛，是一位更擅长周旋于宫廷的将军，相比于他的战略和战术才干，他的外表更加令人难忘。当俄军与波罗的海沿岸各省的仓库之间失去联系时，俄国后勤补给系统几乎彻底崩溃了。由于没有可供行军的道路，俄军被迫沿着林间小径开进，因此只能龟速爬行。酷热的盛夏滋生了昆虫，湿度也相应增加了。口渴的士卒无视军纪，饮用受到污染的池塘和小溪中的水。疾病也相应地造成了重大损失：8月，当俄军抵达普鲁士边境时，20%的主力部队已经失去了战斗力。[45]

在阿普拉克辛所部进军的最后阶段，几支俄军与他会师了，生力军的到来弥补了他的部队中由疾病和掉队造成的大部分损失。他的人马总数依然在5.5万到6万之间。鉴于补给状况令人绝望，8月23日，阿普拉克辛元帅决定杀向东普鲁士首府、波罗的海主要港口柯尼斯堡。占领此城会带来政治上的胜利，同时，由于普鲁士海军无力挑战俄国海军，由俄国控制的海上航运会畅通无阻地为俄军送来饲料和援兵。

东普鲁士守军约有3万人马，由久经沙场的陆军元帅汉斯·冯·莱瓦尔德指挥，他们几乎无力动摇阿普拉克辛的作战意图。俄军进入了一个设防坚固的地域，却只有一支战术先头部队负责掩护主力前进。俄军中有大批哥萨克骑兵，他们更在意抢劫财物而非侦察。东普鲁士充盈的仓库和富饶的麦田，招来了越来越多的筹粮队，即使纪律最严明的战线步兵团也派出了筹粮队，其中既有得到授权的，也有擅自行动的。因此，如果普军向俄军发动突袭会颇有胜机，然而，普军的执行能力，相当有限。

莱瓦尔德是腓特烈麾下的一位"莽夫"。在西里西亚战争期间，他是一名称职的部将，在和平时期，他是孤立的东普鲁士省的出色管理者。然而，他没有独立指挥作战的经验，他手下的步兵中，包括一大批驻防营，其中毫无斗志和战斗力低下的士兵占据了很大比例。另一方面，他的骑兵中有普鲁士最出色的几个骑兵团：他们是东普鲁士农家子弟，胯下是良种战马。特别是第6、7、8龙骑兵团，他们正在为保卫家园而战，一定会全力以赴。此外，莱瓦尔德已经学会了他的主公的战争之道，他认为在俄国人已经万事俱备的情况下，再任由俄国人想怎么打就怎么打，是愚不可及的行为。8月30日天刚亮，在大耶格斯多夫村附近，莱瓦尔德挥师前进，迎战两倍于己的俄军。

俄军被打了个措手不及，在军官们试图让全军展开为战斗队形时，他们的行军纵队陷入了混乱。但是，莱瓦尔德缺乏足够兵力来突破敌军战线，他也不具备足够的战术才干来弥补兵力劣势，尤其是在面对俄军的炮兵时。从此役开始，俄罗斯炮兵就树起了作为军队脊梁的美誉。到了下午，会战结束了，普鲁士军队退却了。4600名伤亡将士中间，有1800人阵亡，这个数字体现了作为会战高潮的近距离战斗的残酷性。然而，俄军的损失比普军还多50%[①]，对于此役的战斗经过，阿普拉克辛震惊不已，居然下令撤退了。此后，他被女皇召回了，他的黯然离职不足以为俄军的战局注入新的活力。由于俄国人没有在战后采取任何值得一提的行动，只是重新评估了他们的军事选择，所以腓特烈的东方省份得到了一个不错的喘息之机。[46]

阿普拉克辛的退却，凸显了考尼茨组建的反普联盟的一个重大缺点，尽管是意料之外的缺点。反普大联盟所能发挥的潜在力量，与普鲁士造成的切实威胁不成比例。即使在维也纳的政坛上，人们也普遍认为普鲁士充其量是眼下欧洲秩序的搅局者而已，并非潜在的破坏者。在巴黎、圣彼得堡和德意志各小国的首都，与其说粉碎腓特烈的权势是一件特别值得关切的事情，不如说各国都想从这场冲突中获益，或者说，在最坏的情况下，各国都不愿意成为这场冲突中的输家。

在七年战争的西线战场上，这个事实出人意料地得到了突出体现。随着"公约国军队"的覆灭，继续在西线打下去的重担，落到了不伦瑞克的斐迪南亲王的肩上。9月，腓特烈派遣斐迪南率领6个步兵营和14个骑兵中队前往西线，这支部队充其量是一股象征性的力量。尽管如此，斐迪南还是不断骚扰正在前进的法军，直到10月3日黎塞留提议双方在来年开春之前停战，才告一段落。从普鲁士人的角度看来，这样的决定简直是天降之喜。与其说黎塞留的提议反映了战略形势，不如说缘于后勤困难。法国政府似乎处在崩溃的边缘。由于补给物资无法送抵前线，法军转向富庶的乡村，自己"动手"，丰衣足食。法军的军纪也随之涣散了。一位精力充沛的指挥官或许能够改善这一局面，只要他能够让就地取食的过程正规化即可。黎塞留公爵是一个臭名昭著的好色之徒，他贪财好货、耽于享乐，最终，他从汉诺威榨取了足够金钱，在巴黎修建了一座宫殿。他宁愿率领全军退出战争，就不足为奇了。

整个暮夏季节，腓特烈都用来大范围验证现代心理学家所说的"应对机

---

① 俄军伤亡约7000人，是普军的1.5倍。

制"了。他有时写诗，有时探讨自杀，时而打算在走投无路之际死战到底。在某种程度上，他私下表达出来的绝望念头，起到了安全阀的作用。无论将军还是外交官，在白天见到国王时，都对他在眼下处境中表现出来的镇定自若赞不绝口，——至少在公开场合下如此。[47]但是，究竟该如何扭转不利的战局呢？如果说道恩元帅和查理大公是非常可怕的对手，那么早在8月，腓特烈就找到了另一个可能成功的替代方案。

自从三十年战争结束以来，神圣罗马帝国进行了重组，帝国被划分为若干地区或"圈子"（circles）。每个地区或圈子都由其境内的主权诸侯国组成，在发生战争和面临威胁时，各个地区和圈子都被要求提供具体的财政支持和军事力量。此外，像萨克森、黑森选帝侯国和巴伐利亚这样的中等强国的部队，通常在各自政府的指挥下单独行动，或者作为领取外国津贴的军队，被直接租借给更强大的国家和联盟。

在1757年初，在奥地利的主持下，神圣罗马帝国的各个"圈子"被召集起来，组建了一支"执行军团"，负责执行帝国对腓特烈实施的制裁。在科林战役之后，起初有多达3万人马被集中到莱茵河上游。由奥地利王子约瑟夫·冯·萨克森-希尔德堡豪森指挥这支语言各异、临时拼凑的部队，成了腓特烈意料之外的理想目标。9月初，腓特烈给贝沃恩留下4万人马，指派尚未痊愈的温特费尔特担任贝沃恩的顾问，让他们牵制奥地利主力军，腓特烈亲率其余的2.5万人马西进。起初，他打算与坎伯兰的军队会师，阻止驻扎在汉诺威的法军主力与位于更南边的帝国军队合流，更重要的原因在于，后者正在前往与夏尔·德·苏比斯指挥的2.4万人马会师的路上。

在9月的前两个星期，普军行进了210公里[①]，按照18世纪的标准，这是闻所未闻的伟大成就。国王为自己的特遣部队遴选了最精锐的部队，逃跑和掉队的人数都不多。夏末的好天气，加上依然遥远的战斗，似乎提振了普军的士气。9月17日，腓特烈得到了坎伯兰签署《克洛斯特泽文公约》的消息。随着坎伯兰部的覆灭，一场恶战似乎是让自己免于没顶的唯一选择。但是，苏比

---

① 170英里。

斯和希尔德堡豪森并没有如国王所愿开战，而是待在腓特烈打击不到的地方按兵不动。腓特烈实施的一系列战术撤退，都没能把他俩吸引过来。

坏消息接踵而至。温特费尔特是腓特烈的军事智囊中头脑最为敏锐的人，可是在 10 月初，他在一场无足轻重的前哨战中受了致命伤。10 月 10 日，奥地利袭扰部队冲进了柏林，此前，为了最大限度地扩充野战兵力，腓特烈几乎没有在柏林留下守军。这次柏林失守只有几小时，造成的物质和经济损失微不足道，却清晰体现了眼下普鲁士的巨大脆弱性以及普鲁士的国际地位——它依然是一流强国中最弱的那一个。无论法国和奥地利军队会输掉多少场会战，巴黎和维也纳遭到普鲁士突击部队发动的类似骚扰的想法，都纯属痴人说梦。

腓特烈的金库空空如也，他的库存也消耗殆尽。他手下拥有 9 万人马，是开战时兵力的 75%。国王宣称，他需要奇迹。事实上，普鲁士只需要一场"奇迹"，就是在野战战场上打败一个主要敌人。胜利会为他争取到宝贵的时间，至少能让他熬到下一个作战季节；对腓特烈的敌人而言，时间会让他们陷入内讧；对国王而言，时间会让全欧洲都相信普鲁士拥有持久不息的生命力。更重要的是，时间会恢复他的远见卓识。腓特烈对于柏林陷落的最初反应，是被迫回师解救他的首都，此举更多地是出于一时激愤，而非理性。到了 10 月 20 日，情况已经明了，奥军的这次行动只是一场突袭而已。此外，占领柏林的奥军已经安然撤离，退到了普军根本无法实施有效追杀的地方。腓特烈比童谣中的"伟大的老约克公爵"[①] 高明一些，他先率军向西，随后向东北进军，当他再次掉头西返时，已经浪费了大半个月的时间。

10 月 24 日，国王终于在托尔高[②] 收到了一则好消息。苏比斯和希尔德堡

---

① 英国民谣《伟大的老约克公爵》，也叫《勇敢的老约克公爵》，内容大意是"伟大的约克老公爵，他有一万士兵。带着他们齐步走到山顶，又齐步向下走。他们上山的时候，是在山上；他们下山的时候，是在山下；当他们走到半山腰，真是不上也不下！"约克公爵是英国国王的次子的封号，例如在位的伊丽莎白女王的次子安德鲁，就受封为约克公爵，与之相对的是国王长子会受封为威尔士亲王。童谣中的约克老公爵究竟是谁，尚有争议，一说为继承英国王位之前的詹姆斯二世，作为查理二世的弟弟，他受封为约克公爵；一说为英王乔治三世的次子腓特烈。

② 托尔高，易北河畔的德国小城，1945 年 4 月 25 日，一支东进的美军侦察队与一支西进的苏军在托尔高附近的易北河畔不期而遇，这就是二战中著名的易北河会师。东西两线并肩作战的两支盟军终于实现了历史性握手，将负隅顽抗的纳粹德国拦腰截为两段。

豪森正在率部挺进，至少在腓特烈看来，他们的终极目标可能是柏林。通过从遥远的柏林和马格德堡等地召集来各路人马，到了10月28日，他已经在莱比锡集结了31个步兵营和45个骑兵中队。三天后，普鲁士大军抵达了萨勒河河畔，蓄势待发、枕戈待旦。

敌人却犹豫不决了。苏比斯是一个野心勃勃，渴望赢得荣誉和光辉的人。然而，他获得眼下的职务主要是靠他在宫廷中的地位，具体地说，是缘于他与蓬巴杜夫人的亲密关系，尽管他俩的关系并非平等。他的部下也比法军中最优秀的部队稍逊一筹，因为大多数法军精锐正在黎塞留的指挥下，驻扎在更北的地方。在执行严格的行政管理和军纪方面，苏比斯也不比黎塞留强多少。有人说法军中有许多"男仆、厨师、美发师、交际花……和演员……身穿礼服，头戴发网，架着遮阳眼镜，披着睡衣，带着鹦鹉"，如果说这个说法夸大了普鲁士人的美德与法国人的堕落之间的反差，我们还是得说，苏比斯的军队中的确有多达1.2万名非战斗人员跟随大军活动，而即使在黎塞留派来一些援兵与苏比斯会合之后，苏比斯手下的战斗人员也只有3万人。[48]

或许，比大量漫无纪律的随军人员更严重的缺点，是除了前哨战和小规模战斗之外，他们还没有真正打过仗。苏比斯的军队亟须整顿和训练。到目前为止，苏比斯的部下们的战斗经历，与其说使他们成熟起来，不如说让他们更加败坏了。仅仅1个月内，法国人就会明白，没有什么比自以为是沙场老兵的幻觉更有欺骗性了。

希尔德堡豪森的德意志军队就是另一番光景了。执行军团在1757年的表现饱受各界批评，有时候，组建这支部队似乎只是为了被敌人击败。这支军队的"古典"版本是"帝国军队"①，它是在德意志南部和西部发展起来的。自从中世纪晚期以来，随着主权国家的增加，在德意志西、南部产生了公民与教会当局紧密合作的权力构架，显然，除了保证构架内部的安全之外，"帝国军队"

---

① 组织松散的神圣罗马帝国的军队叫作"帝国军队"（拉丁语：exercitus imperii）。它并非神圣罗马皇帝的直辖军队，而是由各个德意志诸侯国和独立城邦组建和提供的。对内，它维持了帝国的分裂状态；对外，它抵御入侵者的进攻。注意，不要与奥地利哈布斯堡王朝的皇帝们组建的奥地利军队相混淆。

什么都做不了。大多数德意志小国都有一些由其统治者的卫队组成的部队，其中有 1 个作为骨干的步兵营和 1 到 2 个骑兵中队，他们往往既不接受训练，也不准备奔赴战场，尽管理论上说，他们都有义务为帝国效力。

1681 年颁布的《国防条例》规定，德意志西、南部的 10 个地区招募和供养由 1.2 万名骑兵和 2.8 万名步兵组成的军队。从理论上讲，每个地区的武装力量都应该组成一支独立部队，其指挥机构和行政管理机关都应仔细按照所属教区来分配。在实际操作层面，这些部队的招募和组织过程，是由一个基本共同点——"混乱"主导的。例如，施瓦本地区拥有不下 93 个独立主权实体，负责招募 4000 人。在一个连队中，连长① 由一个城镇来提供，一排长由一所修道院提供，二排长来自另一个城镇，军需官出自第四个基层单位。——这样的人员配置并不罕见。关于征兵的一般性原则根本不存在。从提供优厚的奖金到绑架茫然不知所措的过客，为了尽量凑齐编制，各种手段都用上了。至少在理论上，大多数小国和城邦都要求农民，有时也要求市民服兵役，但是，这往往是最后才被迫采用的手段。无论出于传统的家长制观念，还是近代重商主义经济学理论，各国都在刻意把生产力旺盛、安居乐业的社会成员排除在服役范围之外。只要有可能，实际的征兵过程就会由地方当局掌管，反过来说，地方当局又会小心翼翼地在当地社区里的外来者中间选择应征者。只要有可能，应征者还会得到一笔入伍奖金，但不管怎样，地方当局能拿出的奖金一般低于较大邦国提供的金额。

在自扫门前雪的市民和工匠占大多数的"家园城镇"中，当地的武装力量往往被视为懒汉、庸碌无为之辈和无法过上体面生活的小罪犯所能找到的最后一家用人单位。真实情况可能有所不同，越来越多的本地征兵案例研究成果，突出了"体面"应征者的数量，这些人既找不到稳定的工作，也无法在组织管理日益严格的行会中找到一席之地。对于普通士卒的成分而言，更加重要的因素，也许是在德意志小国军队中相对缺少志愿从军的主观意愿。一位寻求冒险和前程的有志青年，更有可能去法国军队，甚至普鲁士军队碰碰运气，而不

---

① 连长与上尉在英语里是一个词。

是在维尔茨堡或吕贝克拿着士兵的菲薄薪水虚度年华。确实有些证据表明，这些小部队承担了一些后来由疗养连和士兵俱乐部承担的责任。也就是说，一个士兵可能会逃出普鲁士军队，在一支相对舒适的驻防军里面享受几个月或几年的安逸清闲，然后再开小差，当他觉得自己有必要投身"真正的"戎马生涯时，他会跑到法国军队中签约服役。同理，不适应作战季节的严酷环境的士兵，也有可能在不介意士兵有严重身体素质问题的小城镇守备部队中，找到安身立命之所。

鉴于士兵的出身成分纷繁驳杂，神圣罗马帝国的各路人马的效能，很大程度上取决于指挥官。在这方面，当时的服役传统最可能通过在哈布斯堡军队服役体现出来，因为直到19世纪，哈布斯堡军队的军官队伍一直严重依赖帝国贵族。那些留在本地服役的人，更可能把他们获得的委任状视为一种市政府授予的荣誉，而非一项职业义务。那些被困在日常驻防任务之中，却依然有着飞黄腾达野心的人，更有可能在他们所在社区的政坛上寻找出路，或者通过参与当时的社会、神学和知识讨论来谋求进身之阶。[49]

困扰帝国军队的最后一个问题，是即使在这个什么都靠临时组建的时代，营以上的各级军事编制都完全没有参谋体系。各作战单位之间没有协同作战的经验，没有共同的操演，甚至没有相同的指挥口令。这并非一个完全无法解决的问题。克服"圈子"部队的缺点的关键，只是简单的两个字："时间"。在路易十四时代的战争，尤其是在西班牙王位继承战争期间，帝国军队作为更庞大军队的组成部分，一旦掌握了自己的专业技能，也能有出色表现。然而在1757年，帝国军队被派去对抗全欧洲最出色的战斗部队，此时帝国军队仅有不到六个月的协同作战经验，他们的补给和行政管理系统甚至比法军的还要薄弱和混乱，他们也没有钱来支撑起一套有组织的征发系统。[50]

因此，希尔德堡豪森在很大程度上是被迫让他的军队继续前进，否则大军就有可能在他的眼皮子底下分崩离析，化作一盘散沙。在苏比斯拒绝渡过萨勒河之后，希尔德堡豪森向米谢尔恩进发，他的盟友苏比斯正在那里安营扎寨。联军共有3.4万名步兵、7500名骑兵和114门火炮。其中1.1万人是德意志人，其余的是法国人。尽管他们的部队之间矛盾重重，但希尔德堡豪森还是说服了苏比斯，让后者同意前进并发起会战。这位信心十足的奥地利将军希望发动一场足以终结战争的全面会战。法国将军苏比斯则主张稳扎稳打，如果腓特烈不配合自己打会战，则联军还可以撤回。11 月 5 日上午晚些时候，联军分为三路步调不一的庞大纵队，向前开进。

11 月 3 日，腓特烈已经率领 2.2 万人马和 80 门火炮渡过了萨勒河。起初，他打算主动进攻。随后，关于联军阵地和人数达 6 万之众的情报，让他改变了主意，他决定让对手率先采取行动，自己后发制人。正当腓特烈用午餐之际，一位下级军官报告说，联军正在挺进。希尔德堡豪森和苏比斯的计划是，以几近直接纵贯的方式穿过腓特烈的正面战线，威胁或包抄普军左翼。他们在制订作战计划时，几乎没有顾及腓特烈可能采取的应对措施。在行军过程中，联军的各团军官发现，让他们的部队保持秩序，朝着命令中提到的类似目的地的目标挺进，就够他们忙活了。简而言之，没有人顾及自己责权范围之外的东西，然而在面对普鲁士军队时，这样的举动永远是危险的。

一旦腓特烈对敌人的动向有所了解，他就决定充分利用普军在行军能力上的优势。他命令大部分普军先在一条低矮山脊的遮蔽下，向东北方向移动，然后转向南、西方向。如果在此期间，联军展开了战线，腓特烈就打算重演布拉格会战，从右翼迂回，席卷敌军。如果敌军的行军纵队还在向普军迫近，没来得及展开战线，那么普军就在陆地上上演一场类似于人们所熟知的海军机动和"T 字横切"①。

在所有意外情况下，关键的战术要素都是骑兵。腓特烈手下只有 38 个骑兵中队，他把全部骑兵都放在行军队列的前面。骑兵司令是一位"新人"，是今年夏季脱颖而出的寥寥几位中级军官之一。弗里德里希·威廉·冯·赛德利茨时年 36 岁，按照后来的标准，作为一位前线骑兵指挥官，他的年龄已经不

---

① "T 字横切"（cross their T）全称为"占 T 字横头射击阵位"。风帆时代的炮舰，把火炮布置在军舰的两舷，所以炮舰只有侧面对敌时，一侧的火炮才能全数开火，发挥最大威力，而船头对准敌舰时，自己的火炮几乎无法向对方射击。所以，舰队在作战时，要尽量排成一线，争取用自己的侧面对准敌方船头，这样两支交战的舰队就形成了一横一竖的"T"字。攻方纵队以约 90 度航线交角横穿敌纵队前方抢占"一横"，于是，攻方可以集中全部侧舷火力对敌先导舰进行大广角射击，而处于"一竖"的对手只能使用部分前主炮进行还击。也就是说强占 T 字横头阵位的一方可以充分发扬火力，而相反的一方火力受到极大抑制。

小了，但是按照普鲁士军队的标准，他还是个彻头彻尾的年轻后生。他已经在马鞍上花费了二十多年光阴，用来提高自己的骑兵技能，也把大量精力虚度在醇酒妇人之上。赛德利茨的后一种嗜好，加上随之而来的性病感染，对他的健康造成了永久性伤害，同时让他至少在普军下级军官中享有崇高的声誉。除了具备作为骑手的素质之外，赛德利茨还以出众的幽默感和乐于认可部下的工作成绩而闻名，鉴于普鲁士骑兵新近强调闯劲和主动精神，他的第二个品质具有特殊意义。

然而，普军的高级将领越来越拘谨古板，而赛德利茨的生活方式非常容易令人联想到放任自流的早先时代，尤其是他喜欢超越自己的职务范围，任意发表自己的意见，导致他的缺点无法令人忽视。尽管他做过骠骑兵、龙骑兵，后来还获得了胸甲骑兵的服役经验，但直到1756年，他还只是一名上校。但是，他的第8胸甲骑兵团，无论在骑术还是照管战马方面，都是普鲁士骑兵中最训练有素的骑兵团之一。该团在科林战役中的表现，是那场败仗中屈指可数的亮点之一，从而引起了国王对赛德利茨的关注。[51]

腓特烈着手改进的操练方法，让普鲁士骑兵的战斗力实现了指数增长。由腓特烈修订的军事理论，为军队在会战中的排兵布阵，提供了扎实的理论基础。剩下的工作就是培养一批野战军官，包括上校和准将[1]，使军官们能够高效运用这部改造升级了的战争机器。起初，腓特烈似乎过于依赖思想的力量，希望以此克服军官的年龄和惰性带来的负面影响。很多团级指挥官年过50岁，尽管他们斗志顽强，身体也还算硬朗，但缺乏冲劲和临战洞察力，而想要高效运用骑兵这个最适合抓住战机的兵种，就必须具备冲劲和临战洞察力。赛德利茨似乎是一个前途无量的例外，所以在科林战役之后，被提拔为少将，几个月后再进一步，高升为中将。当腓特烈掉头迎战西线之敌时，他把赛德利茨带在了身边。现在，11月5日下午1点多钟，赛德利茨以将军而非冲锋陷阵的骑兵中队长的身份，获得了第一个证明自己价值的天赐良机。

---

① 在西方陆军中，上校对应团长，准将（brigadier）与旅长是一个词，因为师长对应少将，旅略低于师，所以旅长略低于少将、高于上校（colonel）团长，是为准将。当时普鲁士没有永久性旅级建制，所以这里译作准将。

赛德利茨立即承担起了责任。两位比他资格老的军官彬彬有礼地对他的职权提出了质疑，他回答道："先生们，我服从国王，你们也得服从我。"[52] 下午2点30分左右，赛德利茨的骑兵部队开始行动，后面紧跟着步兵，他们由几个骠骑兵中队提供掩护，还有部署在两军之间山脊上的18门重炮提供火力支援。

现在，联军的将军们已经了解普军的动向了；他们的侦察尖兵看到，腓特烈大军的营帐被拆除了，拆除的速度和章法都是联军很难做到的。对法国和奥地利人而言，只有一种情况会导致如此紧迫的行为：腓特烈意识到了自己的兵力劣势，已经决定撤退了！于是，联军没有收缩阵形，反而散开队形发动追击，骑兵先头部队狂飙突进，把配合他们的步兵远远甩在了身后。[①]

下午3点15分，普鲁士重炮开火了，联军的美梦开始一点点破碎。普军的炮火造成了一些伤亡，但是还不足以阻止联军前进。相反，联军骑兵加快了前进的步伐，他们发生了一些混乱，但这是脱离普军炮火杀伤地带的必要代价。赛德利茨做出了与敌人相反的决定，一听到炮声响起，他就把手下的骑兵部署为两条战线，前进的速度也就随之减慢了。普鲁士士卒在遮挡他们前进的山脊后面停下了脚步，排成两条战线，等待战机到来。3点30分左右，联军前进到距离山脊顶端大约1000步的地方，进入了普军的打击范围。赛德利茨下令发动冲锋。

尽管遭到了普军的突袭，冲在前面的2个奥地利胸甲骑兵团不仅能够展开队形，还挡住了赛德利茨用20个骑兵中队发起的第一波冲锋，在短短几分钟内，两军就分散开来，把交战化作一连串面对面的马刀决斗，这足以体现哈布斯堡帝国骑兵的巨大勇气和纪律性。直到赛德利茨命令第二线的18个骑兵中队前进，从两翼发动迂回包抄，奥军才退了下来。奥军在退却过程中，与3个帝国兵团迎头相撞，后者本来是要顶上来支持这些奥地利骑兵的，但是，现在他们却溃不成军了。随后，匆忙赶来准备投入战斗的24个法国骑兵中队，也被这帮溃兵打乱了阵形。联军发动的团级和中队级别的反攻，既没有形成冲

---

① 会战之初，普军背东向西，背对萨勒河。联军人多势众，自认为战则必胜，所以更担心普军跑了。断定普军要向东退往萨勒河对岸之后，联军紧急绕过普军南侧的左翼，向东开进，企图隔断普军与萨勒河之间的联系，阻止普军过河撤退。

击势头，也迷失了方向。随着乱作一团的法国和德意志各国士兵挤进连接两个小村庄的低洼道路，混乱演变成了灾难。那些还没有举手投降的联军官兵转向南方，脱离了战斗。

在类似的情况下，从前的普鲁士骑兵很可能要么为自己的胜利得意忘形，要么追击眼前的猎物，进而导致自己脱离剩余的战斗。与上述情况相反，赛德利茨下令吹响"收兵"的号声，重整旗鼓、梳理阵形，随即率领他秩序井然的部队向联军的侧翼及后方飞驰。与此同时，联军发现自己陷入了意料之外的战斗。腓特烈的 24 个步兵营，以国王要求的最快速度挺进，他们最初想通过截断联军的前进路线来支援赛德利茨。然而，一得到赛德利茨的捷报，腓特烈就改了主意。4 个步兵营继续采取原定的行动，其余 20 个营向左急转弯，排成梯次队形翻越山脊，然后展开战斗阵形。

腓特烈没有把步兵营排成常见的两条横直战线，而是把第二线各营摆在第一线的左翼，两者之间形成一个钝角。这样做肯定要冒一定风险，因为这样的普军阵形没有足够的二线预备队来堵住一线的缺口，也无法应付突如其来的战术威胁。然而，腓特烈对普鲁士步兵的素质，对赛德利茨及时提供支援的能力颇有信心，至于敌军会犯下有利于普军的错误的"本事"，腓特烈更有把握。

至少，腓特烈对敌军会犯错的信心是正确的。距离普鲁士战阵最近的敌军步兵是法国人，他们首先遇到了溃散的本方骑兵，随后又意外撞上了普军的战线。七年战争前的十年间，发生了一场激烈的论战，一方主张采用或多或少类似传统样式的直线战术，另一方是新一代的改革者，热衷把步兵排布成纵队，主要由步兵纵队充当突击力量。后者的极端支持者，如福拉尔骑士就认为，鉴于在实际操作过程中，一旦会战打起来，指挥官完全无法掌控直线阵形，所以，纵队队形实际上能够比直线队形更加高效地输出火力。实用主义者认为，纵队阵形是针对法国步兵的特点而采取的合理方案。这种观点认为，法国人永远不可能像普鲁士人或英国人那样守纪律，而只有纪律性才能保证无论发生什么都维持住战线，坚守战位。另一方面，法国的"天赋"①

---

① 意为法国人擅长自由、浪漫的行动，而短于纪律和组织。

需要用"打了就走"的战术来展现，而"打了就走"战术在使用纵队阵形的正面进攻中最有效力。

到了1756年七年战争爆发时，论战双方的极端分子都已精疲力竭。越来越多军事理论家回想起了胡格诺战争①期间的小规模战斗，主张将横队、纵队这两种体系结合起来，通过交替使用横队和纵队，让两者相辅相成，实现最佳的突击和火力效果。对某些团长来说，这个理念，或者退一步讲这条原则，还是有意义的。

后一点相当重要。尽管法军有关于训练条令的综合性手册，该手册的影响力也越来越大，但是训练依然是各团自己的事情，由于缺乏团以上的常设战术单位，也没有腓特烈组建的集中指挥体制，因此，法军的这种训练流程反而得到了强化。面对普鲁士军队的战线时，在场的法国军官都拒绝在全欧洲最出色的普鲁士步兵面前摆开自己的战线。皮埃蒙特和马伊两个步兵团反而把8个营组成了正面宽度为50人的纵队。法国人装上了刺刀，向普军扑了过来。[53]

起初，腓特烈的火炮发射实心炮弹，后来改用霰弹，猛轰在欧洲战场上很少出现的纵队目标。随着法军距离普军越来越近，法国人越来越深地挤进了由普军两条战线组成的那个钝角。普军从法军的正面和左翼向法军发动火枪齐射，把步步紧逼的法军打得支离破碎。法军纵队停下了前进脚步，继而动摇，最后崩溃了。溃逃的法军与自己的后援部队搅在一起，后援部队本打算排成战线，用火力阻止普军前进，结果却被前面溃散的战友冲乱了。就在两股法军互相妨碍，陷入混乱之际，腓特烈的步兵向前推进，继续开火，普军秩序井然的齐射只会增加联军近在眼前的覆灭感（débâcle）。

于是，赛德利茨派出了骑兵。他发动的迅猛冲锋沉重打击了帝国军队，

---

① 胡格诺战争也叫法国宗教战争，始于1562年，结束于1594年。16世纪40年代，新教加尔文派开始在法国传播，称为胡格诺派。法国南部的大封建贵族信奉胡格诺派，企图利用宗教改革运动来达到夺取教会地产的目的。他们与北方有分裂倾向的信奉天主教的大封建贵族有着深刻利害冲突，最终演变成长期内战。天主教和胡格诺派连续八次的激烈对抗，对16世纪的法国造成了严重破坏。1598年，法国波旁王朝的首位国王亨利四世颁布了主张宗教宽容的《南特敕令》，历时三十多年的胡格诺战争自此结束。这场战争加强了法国王权，为法兰西民族国家的统一和经济复兴创造了条件。

而后者已经因为法国盟友的溃败而垂头丧气了。人们普遍认为帝国军队出于宗教或政治原因，支持普鲁士人的事业，因此，笔者就没有必要解释为什么他们抵挡不住扑过来的长剑和黑马了。[54] 3 个团的法兰克尼亚"圈子"部队[①] 扔下火枪，狼狈逃窜。法国人也跟着他们抱头鼠窜。赛德利茨的骑兵用马刀劈砍这些溃兵，直到天色将晚才停止了追击。超过 5000 个法国和德意志人阵亡或负伤。另有 5000 人被俘或投降，其中包括 11 位将军。72 门火炮、21 面军旗和 3 套铜鼓被缴获，成为这场大捷的物质象征。普军的官方伤亡数字为 169 人阵亡，379 人负伤。

这种 10 : 1 的悬殊伤亡比例，在一场 18 世纪的会战中是极其不寻常的，因此，罗斯巴赫会战立即自动成为腓特烈毕生最辉煌的胜利之一。此役恢复了被同年波西米亚战事严重玷污了的普军声誉，此役也表明普军绝没有失去其犀利的锋芒。关于联军的失利，战胜者和失败者总结出来的原因完全相同。当时的法国和奥地利人都认可普鲁士人的看法，异口同声地谴责法军训练不足、军纪涣散，同时认为帝国军队不过一群乌合之众而已。[55]

针对法军表现的进一步分析特别指出，18 世纪军队中的老问题——战术侦察能力不足，加上重大但本可纠正的军事理论缺陷，酿成了一场军事灾难，而非失利。法国步兵先排成纵队，然后在没有散兵支援的情况下贸然进攻敌军横队。会战的结果预示了未来法国大革命 / 拿破仑战争中，从佛兰德尔到西班牙的历次战事。如果没有轻装部队和炮兵的支援，纵队穿过纪律严明的敌军火线的机会十分渺茫。此外，与他们的后辈不同，此时的法军没有道德上的崇高感来支撑他们的战术魄力（élan）。[②] 腓特烈手下的那些步兵营，属于普军中最精锐善战的部队，与塔拉韦拉或维米埃鲁战场上的威灵顿公爵麾

---

① 如前注，神圣罗马帝国下面分为若干个"圈子"或地区，每个圈子和地区都必须为帝国军队提供若干步、骑兵，由"圈子"提供的就叫作"圈子"部队。法兰克尼亚是德意志西南部的一个地理区域，包括今天德意志联邦共和国巴伐利亚州和巴登-符滕堡州东北部的上弗兰肯（Oberfranken，首府为拜罗伊特）、中弗兰肯（Mittelfranken，首府为安斯巴赫）、下弗兰肯（Unterfranken，首府为维尔茨堡）三个行政区。

② 大革命后的法国人坚信自己代表了未来和先进性，鄙视依然实行旧制度的其他国家，因此，在面对敌军时，法国人往往拥有道德上的优越感，认为自己必然胜利，往往勇往直前，无所畏惧，具有争取胜利的积极主动精神。

下的老兵相比，^① 他们并不更加惧怕法军。面对普军的火力屠戮，再也坚持不住时，法军步兵溃散了；赛德利茨的骑兵处于最佳攻击位置，把法军的退却转化为崩溃。

罗斯巴赫会战在政治上产生了深远的影响。此役的消息使整个德意志都对法国人蒙受的浩劫幸灾乐祸。19 世纪的学者倾向于强调这个过程中的民族主义因素，或者强调"新教的"普鲁士对其眼中腐朽堕落的天主教对手的胜利。似乎更确切地说，强调的是德意志人看到法国人在自吹自擂之后惨遭打脸，从而产生的愉悦之情。罗斯巴赫之战是对路易十四时代的法国人在莱茵兰和普法尔茨为所欲为的美妙复仇。^② 然而，罗斯巴赫大捷并没有在德意志小国中间引发特别有利于腓特烈的跟风效应。

对于普鲁士与英国的关系，罗斯巴赫会战同样意义重大。在哈斯滕贝克战役失利之后，英王乔治二世要求任命不伦瑞克的斐迪南为汉诺威军队司令官。在很大程度上，此举缘于英国议会继续不愿意对欧洲大陆提供重大保障，这种立场的支持者利用腓特烈没有为保卫汉诺威提供更多兵力这一点，来证明自己是正确的。从自己的立场出发，腓特烈同样对眼下的英普关系大为不满，到目前为止，事实证明两国的蜜月短暂得令人大失所望。另一方面，皮特-纽卡斯尔内阁于 1757 年 6 月上台，似乎预示着普鲁士的好日子到了。长期以来，威廉·皮特^③视汉诺威为英国的战略负担，是最尖锐地批评汉诺威义务的人之一，现在，他的远见卓识让他看到了把法国的资源束缚在德意志的具体好处，因此，他不仅直接向德意志北部战场派遣了一支新组建的远征军，

---

① 塔拉韦拉战役是半岛战争期间的著名战役，1809 年 7 月 28 日发生在马德里西南部，葡萄牙边境通往西班牙首都马德里的大道上。威灵顿公爵的英西联军迎战维克多元帅的法军，英军胜。法军损失 5000 多人，英西联军死伤数字相当。维米埃鲁战役也是半岛战争中的一场著名战役，1808 年 8 月 21 日发生在葡萄牙首都里斯本附近的维米埃鲁村。威灵顿公爵的英军与让-安多什·朱诺元帅的法军交战，英军获胜，法军伤亡 2160 人，英军伤亡 720 人。

② 路易十四时代的法国，利用本国的强大和德意志的分裂，不断出兵莱茵河流域，予取予求，如入无人之境。对此，德意志人极为愤慨，却又无可奈何，腓特烈战胜法国人，等于为德意志人出了一口气。

③ 这位威廉·皮特（1708—1778 年）是英国著名政治家、首相，为了与他也做过英国首相的同名儿子区分，常称他老皮特。

同时通过提供资金，间接帮助了普鲁士。在腓特烈看来，眼下的情况至少是在改善。在罗斯巴赫大捷之后，腓特烈敦促斐迪南接受英王乔治二世的任命。尽管颇有顾虑，斐迪南亲王还是上任了。

在英国，对斐迪南的任命加上罗斯巴赫的捷报，大大改变了公众和议会对英普关系的看法。普鲁士国王腓特烈成了一位国民英雄，他的美名在酒馆客栈中广为传颂。游说者和宣传家强调这是一场新教的胜利，是北方人的美德战胜了拉丁人的邪恶、天主教的堕落。① 自从奥兰治亲王威廉继位初期② 以来，还没有哪个欧陆上的盟友在英国如此广受欢迎。腓特烈和皮特都认为，眼前的形势大有益于在英普之间建立更紧密的军事合作。[56]

转折点：洛伊滕战役

会战结束后，谈判退居二线，战争成了主角。后来，腓特烈宣称："罗斯巴赫会战仅仅是让我放开手脚，在西里西亚寻找新的危局而已。"[57] 国王不在西里西亚期间，洛林的查理亲王与其忠实战友利奥波德·道恩元帅麾下的奥地利军队，在短短几个星期之内就席卷了西里西亚省的大部分土地，这些地盘是腓特烈在 1740 年夺取的，又用了将近二十年的战争和权谋来保住它们。腓特烈不在西里西亚期间，他留下贝沃恩公爵负责镇守此地，但是在每个回合的较量中，贝沃恩在战斗和将略方面都一败涂地。他是个思想相当开明的人，甚至聘请教授为下级军官讲授数学，雇用外国士兵讲授他们的本国语言，然而，在胜算渺茫的情况下独立指挥作战，超出了他的能力范围。在占领西里西亚各个要塞的过程中，奥地利人充分利用了自己的兵力优势来牵制他。

这些要塞无法与低地国家或法国境内的宏大工程相提并论。它们是结构更加简单、造价更加便宜的工事，更多地是作为基地和支撑点，而非独立的坚固据点来设计的，所以需要一支野战军进驻才能保证它们的长期坚守。[58] 11 月 13 日，施韦德尼茨在遭到奥军围攻三个星期之后开门投降了。

---

① 普鲁士在法国和奥地利的北方，所以是北方人。法语属于拉丁语系，所以法国人也算拉丁人。

② 1688 年，荷兰执政、奥兰治亲王威廉发动光荣革命，推翻了岳父、英王詹姆斯二世，自己当上了英王威廉三世。

11 月 22 日，在城防坚固的布雷斯劳城下，8 万多奥军进攻贝沃恩的 2.8 万人马。遭到重创的普军退到了奥得河对岸，只在城中留下 10 个营的象征性守军。

查理和道恩对自己的战绩志得意满。不仅因为他们收复了 1740 年落入普鲁士之手的大半个西里西亚省，还因为这一仗是在冬季打的，尽管温暖异常，但冬季毕竟不是正常的作战季节。看起来，哈布斯堡帝国越来越像胜利者了，在布雷斯劳的上流市民看来尤其如此，当奥地利人保障了他们的利益时，他们对普鲁士国王的忠诚也就到此为止了。该城没有继续顽抗和承担炮击风险。要塞指挥官面临着越来越大的撤军压力。逃兵发现，藏身于布雷斯劳市民中，比在普鲁士统治的正常情况下容易得多。贝沃恩把手下最不可靠的部队留下充当炮灰，这是一个可以理解的举措，可是此举进一步加剧了士兵逃跑。事实上，只有大约 600 名守城官兵重新加入了腓特烈的军队。其余逃兵卖掉或丢弃了他们的装备，四散奔逃，躲到了全省各地。

贝沃恩的野战军的状况也好不到哪去。其指挥官是在亲自进行侦察时被奥军俘获的，也许他就是要找死。腓特烈曾经多次命令贝沃恩公爵守住西里西亚省，否则就得提头来见，因此，被俘或许是一种可喜的解脱，贝沃恩就不必面对预料中的国王的盛怒了。随着饥饿的士兵开始洗劫村庄、四处纵火，而军官们却置若罔闻，军纪就有名无实了。眼见大难逐渐临头，腓特烈即刻掉头向东。11 月 13 日，他的军队拔营启程。全军有 18 个步兵营和 23 个骑兵中队，即使在罗斯巴赫这样的大捷之后，腓特烈能够拿出手的也只有这点兵力。齐滕奉命前去接管贝沃恩手下士气低迷的各团。腓特烈并不指望这位身经百战的骠骑兵创造出什么奇迹，但是，齐滕深得军心，广受尊敬，因此，贝沃恩的军队一直驻扎在原地，静候齐滕的第一队人马到来。12 月 2 日，当两股普军会师时，国王手握 3.8 万人马。其中的 1/3 是罗斯巴赫会战中的英雄，至于其余的人马，都是些疲于奔命、食不果腹和惨遭败绩的官兵，在能够指望他们打一仗之前，国王尚有大量工作可做。

腓特烈原本打算利用贝沃恩的军队和西里西亚的堡垒，来牵制查理和道恩，并为将要亲自指挥的一场大战做好准备。随后，无论届时是不是隆冬季节，普鲁士人都将追杀这些应该已经战败的敌人，深入波西米亚境内。现实环境让这个宏大计划泡了汤。尽管如此，腓特烈依然决定在奥地利人还没来得及巩固在西里西亚的胜利之前，就向他们发动进攻。从军事上说，在一支庞大敌军距离柏林只有咫尺之遥的情况下，他不可能把战事拖延到下一个作战季节。从政治上讲，在腓特烈坚持视为普鲁士领土的西里西亚，罗斯巴赫大捷挣来的赫赫声威很可能在相持一个冬季之后凋零殆尽。就经济而言，西里西亚的物质和人力资源，都是普鲁士战时经济体系中攸关生死的组成部分，所以绝对不能放弃西里西亚，即使暂时放弃都不行。

因此，国王早就下定了决心。要成功实现决心，关键在于激励他的军队再战一场，——并且获胜。在12月初的几天内，腓特烈的行动为日后关于"老弗里茨"的神话奠定了大部分基础。19世纪的历史学家及其后继者们，为我们描绘了一位病病快快、筋疲力尽的君王，从一处露营地奔波到下一处露营地，在士兵的篝火旁取暖，倾听士兵的故事和埋怨，承诺提拔和奖励那些在战场上英勇无畏的人。在贝沃恩倒霉的指挥下遭殃的高级军官们，原以为至少要遭到严厉训斥，但是，国王反而给予他们信任和晋升。腓特烈暗示，他们未来的表现会洗刷过往的耻辱记录。

腓特烈也不是完全依靠自己的感召力。普鲁士军营中的纪律相当宽松，允许经历过罗斯巴赫会战的老兵向其他士兵讲述取得胜利和抢劫战利品的故事。在库存允许的范围内，官兵们得到了额外的口粮和酒水。这个过程与其说体现了普鲁士武士精神的情感诉求，不如说是一种多多少少经过算计的逆向心理按摩。腓特烈的惯常处理方式是严厉而苛刻的，尤其是对于贝沃恩军中的官兵来说，他们在国王不在场时吃的败仗，让他们产生了对未来的恐惧，这种恐惧感在传统的家庭恐吓语"等你爸爸回家的时候"中体现得最为充分。此时，国王出人意料、标新立异的行为，激发了各色人等的信心和斗志，老兵和新兵、愤世嫉俗者和理想主义者，大家都承诺在未来的艰苦岁月中彼此信赖，互相支持。

12月3日，腓特烈邀请军中的将军、团长、营长到他的司令部，为他的精彩表演画上了圆满的句号。此举本身就不同寻常。当腓特烈出现在大家面前时，他制造的陌生感就更加强烈了。普鲁士军官们看到的不是一位散发着自信光芒的沙场统帅，而是一位邋遢国王，穿着比平时更加破旧、鼻烟污渍更多的军服。他们看到的不是一位准备好施展手艺的能工巧匠，而是一个疲惫不堪的老翁①，他的声音过于低沉，以至于除了他身边的听众，稍远一点的人都听不见他在说什么。

腓特烈宣布，普鲁士大军正踏在征途上，去进攻位于布雷斯劳的奥地利人。不成功则成仁是唯一选择：

我们在为自己的荣誉、光荣而战，也在为妻子和子女而战。奥地利军队的三倍数量优势、坚固的阵地，统统必须在我军的英勇、对我的命令的坚决执行面前低下头。那些与我并肩战斗的人可以放心，如果他们阵亡了，我会照顾他们的家人。不想打仗的人现在就可以走了，但他也别再指望得到我的恩典了。

作为表演的尾声，为了避免有人认为国王已经失去了魄力，腓特烈宣布，所有不能履行职责的骑兵团，都得下马，去后方充当守备部队，畏缩不前的步兵营，将失去军刀和旗帜，还要当众剪掉军服上的饰绪。

与所有伟大的演出一样，没有人能把腓特烈的真诚和演技区分开来。劳伦斯·奥利弗爵士②朗诵的亨利五世在阿金库尔的演讲③，最令听众信服，国王的话语同样没有落空。在 18 世纪，他发表的这番"帕奇维茨演讲"的作用，相当于今天的一场重要体育赛事：即使不在场的人，也能记住他所见所闻的每一个细节。⁵⁹

腓特烈很清楚自己的这番言辞想要达成的目的，所以，他给了他的大军一天时间养精蓄锐。12 月 4 日，普军拔营启程，向布雷斯劳进发。当天晚上，普鲁士人从一条好消息中获益匪浅，至少腓特烈认为是好消息。原来，奥军已经离开了他们设在布雷斯劳城下的阵地，以向洛伊滕村挺进的方式，接受了腓

---

① 腓特烈时年 45 岁，按照当时的标准，已经步入老年了。

② 劳伦斯·奥利弗（1907—1989 年），出生于英国伦敦，英国导演、制片人、演员。1944 年自导自演的莎翁影片《亨利五世》获得了奥斯卡荣誉奖和最佳男主角奖提名。1947 年被英国国王授予骑士爵位。被誉为 20 世纪最伟大的英语演员。

③ 阿金库尔战役发生于 1415 年的 10 月 25 日，是英法百年战争中著名的以少胜多的战役。在英王亨利五世的率领下，以步兵弓箭手为主力的英军击溃了法国由大批贵族组成的精锐部队，为随后在 1419 年夺取整个诺曼底奠定基础。这场战役成了英国长弓手最辉煌的胜利之一，也对后世依靠火力范围杀伤对手密集阵形这种战术留下了深刻影响。

特烈发出的挑战。奥地利人的决定经常遭到抨击。洛伊滕地区的地形没有为奥军提供明显有利于防守的阵地。此外，在战前的和平时期，腓特烈及其将军们在这里搞过军事演习，因而对当地了如指掌。

然而，查理和道恩决定打一场会战，也有充分合理的理由。无论怎么说，查理都不是一位杰出统帅。查理也不是典型的平庸的王族成员，全靠奥地利女皇嫂子才有眼下的地位。他是一位身经百战的沙场宿将，自从 1741 年以来，就一直在与普鲁士打仗，即使依靠耳濡目染，也学会了一些作战技巧。至于道恩元帅，则是一位具有 18 世纪战争特色的、伴动和机动方面的大师。西里西亚的冬季战事进一步强化了从科林战役汲取的经验：无论攻城还是野战，即使腓特烈御驾亲临，普鲁士军队也绝非不可战胜。简而言之，奥军将领们似乎认可腓特烈对局势的看法，他们同样认为，一场决定性会战就能结束战争，区别只不过是陷入永久性困境的一定是普鲁士，而非奥地利。

影响奥地利人决策的一个重要因素，是牌桌上的查理和道恩手握更多筹码。腓特烈期待打一场势均力敌的会战。他有 3.9 万人马和 170 门火炮；他还相信面前的奥军与自己旗鼓相当。事实上，与他对阵的是拥有 6.6 万人马、210 门火炮的强大对手，连战场都是由敌军统帅主动选择的。

奥军的战术形势并不像他们的数量优势所显示的那么有利。腓特烈的快速推进，令查理大吃一惊，他命令全军以战斗队形扎营，形成一条北起尼彭村、南到萨格施茨、长约 7.2 公里① 的正面战线。十二月的太阳下山得早，加上道路系统过度拥堵，大部分官兵直到深夜还没吃上饭、睡上觉，这对准备次日的会战十分不利。当团部军官看到他们的战线在洛伊滕周围开阔、起伏的地面上形成时，他们的士气也并未有所提高。在普鲁士人面前，奥地利军队在拥有一定地形优势的情况下，才会有上佳表现。这一战，鉴于奥军的主要优势是人多势众，道恩和查理心中想要的似乎是一场硬碰硬的生死相搏。

凌晨 4 点整，普军吹响了起床号。5 到 6 点钟，普军启程上路：两路步兵居中，骑兵位于两翼，前面还有一支强大的前卫部队。腓特烈亲自率领一支轻

---

① 4.5 英里。

装特遣队在前面带路，其中包括 3 个由非正规部队组成的步兵营、少许线膛枪手、6 个骠骑兵团。天亮了，但寒气逼人。一位老兵抱怨天气寒冷，腓特烈劝他少安毋躁：一切都会迅速炽热起来的。

国王的俏皮话并无必要。普军在前进时，有几个团唱着路德宗的赞美诗。——这种行为被当时的人和浪漫主义者称赞为虔诚的象征，但这种行为也可能缘于一种普遍的愿望：避免由于过分关注未来几个小时的战斗而心浮气躁。两军的首次接触战发生在博恩村附近，在这里，普军先头部队遇到了由萨克森轻骑兵和奥地利骠骑兵组成的混编部队。普军只用一次迅捷的冲锋就打垮了这支敌军，腓特烈俘虏了 200 多个敌人。腓特烈命令俘虏列队从普军面前走过，然后策马跑上一座小山岗。他发现自己面前的正是奥军战线的中央，尽管敌军是在开阔地上展开的，但第一眼看去，敌军甚至比其巨大数量应该呈现的样子还要可怕。然而，战场上有两个不大的地形特征，为腓特烈提供了战机。奥军左翼还在排兵布阵，那里没有池塘、沼泽构成障碍网，因而无法为奥军的未来行动提供地理支撑点。同时，在这片地域有一串低矮的山岗，普军若想穿过奥军战线，实施右翼迂回，继而迅速调头打击敌人裸露的侧翼，这些山岗至少能提供一些掩护。

国王打算实施的机动是一个传统战术家的噩梦。他企图进攻的奥军侧翼，仅在技术层面上才是暴露的。该侧翼的顶端，并不是单个的奥军火枪手或骑兵；奥地利人用临时路障和炮台阵地对这里进行了加固。要想抵达目的地，腓特烈还需要吸引并紧紧抓住奥地利指挥官的注意力，使之忽视真正受到威胁的地域。这就意味着需要从本就兵力单薄的普军中，恰到好处地分出一路去实施佯动，让奥军误以为那里才是普军的决定性主攻点，与此同时，国王还得加强真正实施进攻的部队，让它强大到足以突入并突破敌军的战线，决不能与敌人打成僵持。

腓特烈开始耍起他的战术花招，具体措施是用他的左翼骑兵排兵布阵，最后由步兵对骑兵提供支撑，就好像他要进攻奥军右翼一样。普鲁士人花了不少时间来实施这番佯动。到了上午 11 点钟，佯动依然没有完成。尽管如此，佯动麻痹了奥地利人。战前，奥军就对自己歼灭"柏林守备队"——这是对兵力孱弱的普军的蔑称——的能力信心十足。[60] 现在，奥军看到本就少得离谱的敌军骑兵，似乎正在准备发动一场自杀式进攻。①

现场的奥军指挥官申请增援。查理和道恩不仅把手头的大多数预备队派去了受到明显威胁的地方，还亲自跑到那里坐镇指挥。——腓特烈手中可能还有一张王牌，稳妥总比后悔强。

就在此时，道恩和查理的对手已把大部分人马转向南方，排成两条纵队行军。这番行军涉及立定、前进、停止、起步、规避等细节，是个相当复杂的过程，即使详尽的普鲁士官方史书也没有说清楚、讲明白。因此，各种通史对此也只是一带而过。这番机动取得了圆满的成功，不到两个小时就完成了，相比于后来普军在敌军炮火下的表现，这场机动更能体现普军的卓越素质。在 18 世纪中期，欧洲各国军队不乏勇猛剽悍、纪律严明的士兵，还有随时准备率领他们投身枪林弹雨的战场军官。可是，除了普鲁士军队之外，没有哪支军队能够在敌人的眼皮底下，执行这种复杂的调度而不使自己身陷绝境。除此之外，肾上腺激素和焦躁不安的情绪对个人判断的影响，可能会产生大量后来被克劳塞维茨② 称为"摩擦"的情绪和举动，从而将这种行动置于不堪设想的风险中。

在乐于配合自己的敌人的帮助下，腓特烈的部下们得手了。即使在普鲁士右翼运动越来越显眼的时候，查理依然按兵不动。在先前的几场会战中，奥军都不愿意放弃天然形成或人工构筑的坚固阵地，去冒险对强大的普鲁士军队发动战术反击，这样做固然是合情合理的，然而在这里，没有什么阻止奥地利人采取行动，除了被惨痛经历强化的巨大惯性。随着普军对奥军左翼的进攻毫无进展，查理似乎看到了迫使腓特烈撤出战场的美好前景。当他观察到普军开始向右转时，他小声嘀咕道："我们的朋友要撤了，就让他们安安静静地走掉好了。"③

---

① 在此役中，奥军兵力占据压倒性优势，却不主动进攻，而是几乎始终坐等普军来犯。

② 卡尔·菲利普·戈特弗里德·冯·克劳塞维茨（1780—1831 年），普鲁士军事理论家和军事历史学家，普鲁士军队少将。1792 年，参加了普鲁士军队。1795 年晋升为军官，并自修了战略学、战术学和军事历史学。著有《战争论》一书。

③ 奥军在战场东侧，面向西，普军在西侧，面向东。普军主力向南行军，企图迂回奥军的左翼顶点，再从南向北席卷奥军。查理亲王却误以为普军见奥军人多势众、地形有利，所以不想打了，才向南行军，企图撤出战场。

地利上的优势让奥军统帅更加一厢情愿。把腓特烈本人与奥军隔开的那座高地并不算太高，但地形起伏很大。从奥军指挥官的观察位置一眼望去，普军的**确切**行军路线依然模糊不清。——战后，为了找出查理按兵不动的具体原因，人们进行了实地查核，确认了上述情况。即使一名骑兵扛着一面旗子，沿着腓特烈的行军路线走过，从查理和道恩所在的山岗上远眺也看不见，即使有人在特意搜寻这名骑兵，也不可能看见他。[61]

因此，腓特烈能够在不受敌军干扰的情况下，为他的雷霆一击做好准备。午后不久，普军先头部队就已经迂回得足够深远，越过了奥军左翼顶点，于是国王命令部下左转弯。齐滕率领得到6个步兵营支援的53个骑兵中队，部署在腓特烈的右后方，他的人马将成为核心突击力量。最初的突破将由3个步兵营来完成，其中2个营来自第26步兵团、1个营来自第13步兵团。他们的右翼掩护部队，是由4个步兵营组成的纵队：3个掷弹兵营和1个来自第18步兵团的火枪营，外加1个布鲁默炮兵连，拖曳着从格洛高要塞拆下来的12磅重炮。其余的主力步兵，以营为单位，以50步的间隔交错部署，排成一条向西延伸的战线。

在向参加第一波攻势的官兵们发表的演说中，腓特烈清晰表达了他当下的意图：

> 孩子们，你们看到那边的白衣人了。得把他们赶出堡垒。你们需要做的就是端起刺刀冲向他们，然后解决他们。我将动用5个掷弹兵营和全军支援你们。不成功则成仁！你们面前是敌人，背后是普鲁士全军，所以，除非成为胜利者，你们根本没有前进或后退的余地。[62]

国王并不是随意抽人组成这支队伍的。第26步兵团是普军中最出色的团之一，是从波美拉尼亚招募的，兵员中包括许多讲自己方言的斯拉夫文德人，他们拥有非常强烈的团队忠诚性，如果使用得当，他们会成为一个非常强悍的战斗单位。第13团是一支来自柏林的队伍，以严明的军纪著称，被称为"雷电"兵团，该团的士官队伍让笨手笨脚、不情愿的列兵和新手感到畏惧，该团的战绩一次又一次证实了和平时期严苛训练的价值。至于支援部队，王家掷弹兵都是久经考验的百战老兵，生还机会渺茫的火线前沿是他们眼中的正常战斗岗位，而第18步兵团是来自勃兰登堡的训练有素的精锐部队，与第13和26团的战友相比，丝毫不落下风。

通过以往的历练，腓特烈意识到，近代战场上兵贵神速。让敌人陷入被动是通往胜利的重要一步。然而，仓促行动往往是浪费兵力。无论在18世纪40年代的西里西亚战争中，奥地利人的表现如何，布拉格之战已经指出、科林之战已经证明，再不能单凭一系列有限的攻势就让奥地利人撤出他们的防御阵地了。这一次，普鲁士军队将以空手道的进攻方式，以张弛有度的力道打击敌人，所有视线都聚焦在下午1点钟前后开始向奥军阵地推进的3个步兵营身上。

位于受威胁地域的奥军既不是完全无所事事，也并非彻底地茫然无知。奥军指挥官弗朗茨·纳道什迪将军[1]，是一位经久沙场的骠骑兵，他曾多次与普军交锋对垒，因此并不完全寄望于福尔图娜[2]或贝娄娜的垂青。当普鲁士军队穿过自己的战线时，纳道什迪多次派人向查理和道恩求援。但是，他的请求全部落空。——每个人都知道匈牙利人往往像鬼魅一样突然开始行动。[3]

开战前，奥军中的大多数帝国军队被分配到了纳道什迪麾下。与在罗斯巴赫战场上的同行一样，这些部队都是从神圣罗马帝国的各个小国，以及像符腾堡这样的奥地利的中等盟国招募来的，尽管他们在一个作战季节中取得了胜绩，但人们普遍理所当然地认为，这些队伍并不靠谱。纳道什迪决定把他们部署在自己阵地的最左端，只要普军像他所预想的那样，从正面发动进攻，并且进攻更北侧的奥军阵地，他的决定就是正确的。全军中最薄弱的部队，当然应该相应地部署在可能造成最小损害的地方。但是，由于腓特烈的真正进攻矛头恰好指向了这帮德意志人，那么对于纳道什迪和奥地利全军而言，他们的部署

---

[1] 纳道什迪将军镇守奥军左翼、战场南部，面对普军右翼。

[2] 福尔图娜是罗马神话中的命运女神，她也主管幸福、好运。英语中的 fortunate（幸运），就来自 Fortuna 一词。

[3] 匈牙利人，即马扎儿人，本是来自亚洲的游牧民族，以静如处子动如脱兔、擅长佯动欺敌的轻骑兵战术威震欧洲，直到拿破仑战争期间，匈牙利骠骑兵还是全欧洲最强悍的轻骑兵。奥地利人与匈牙利人打了上百年交道，熟知匈牙利喜欢擅自行动的脾气秉性。弗朗茨·纳道什迪是一位匈牙利贵族将军，奥军主帅担心纳道什迪在耍什么阴谋诡计，所以不理会他发出的援助请求。

就大错特错了。

一旦奥军左翼从最初的震惊恢复镇定，这片战斗地域上的帝国军队的团长们，就会使尽浑身解数阻遏普军的侧翼进攻，并且命令部下充分利用面对普军进攻线的一道浅沟。大多数一线步兵是符腾堡人，他们是新教徒，所以在奥军阵营中，他们跟普鲁士人打仗的意愿一直广受质疑。尽管如此，他们还是坚持了几分钟，尽管作战经验贫乏，依然英勇地不断开火射击，直到他们看见普军战线在硝烟中一往无前。就这样，符腾堡人溃逃了，还把纳道什迪麾下的第二线上的巴伐利亚人卷走了。

在第一波进攻线的后面，普鲁士步兵作为腓特烈主力军的先头部队，在一门火炮的有效支援下，没有遭到任何敌方炮火反击，迈着稳健的步伐向洛伊滕村挺进。这些人由德绍亲王莫里茨指挥，第 26 步兵团的一位掌旗官听他喊道："小伙子们，你们赢得的荣誉已经够多了！退回到第二线吧。"一线官兵的回答，至少为教育后世子孙而记录下来的回答是："现在，只有胆小鬼才会后退！我们需要弹药！弹药！" [63]

这样的豪言壮语总会让人怀疑其真实性。然而，有一件事情是有据可查的，在洛伊滕会战中，第 26 步兵团的军官们至少立功 14 次，腓特烈自掏腰包，拿出 1500 塔勒分发给了该团士兵。后来莫里茨评价道："国王陛下可以把王冠和权杖托付给这个团。若连他们都在敌人面前逃跑，那我也不会留在那里。" [64]

第 26 步兵团索要弹药的呼声，凸显了腓特烈在战前对战术的另一项修订。在七年战争初期的布拉格会战、科林会战中，普鲁士步兵挺进时并不开火。由此造成的巨大伤亡让大多数团级军官相信，扛枪挺进牺牲了普鲁士步兵的一个巨大物质优势：足以粉碎敌军士气的火力纪律。在洛伊滕，第 26 步兵团走上战场时，按照规定携带了 60 发子弹。到了他们跨过奥军第一线的时候，许多人已经耗尽了弹药。但是，腓特烈也从过往经历中受益良多。在洛伊滕会战中，他命令将弹药车从火炮运输队停车场拉出来，直接停放在正在挺进的步兵身后。当第 26 步兵团派出一名军官去搜罗弹药补给时，他发现弹药近在眼前。弹药盒再次满满当当，遵照莫里茨下达的前进命令，他们继续前进。先是由掷弹兵组成的纵队，随后是 3 个步兵营，为向北挺进的先头部队提供了生力军。

在麾下步兵土崩瓦解时，纳道什迪并没有闲着。这位骠骑兵老将没有直接把生力军顶上去，去恢复前线、挽回败局，而是派遣他的骑兵去冲击普鲁士火枪步兵，企图改变战场态势。现在，轮到齐滕大展身手了，但是他差点演砸了。最初，由于指定给他的作战地域密布沟壑及小树林，他的骑兵在展开时遇到了麻烦。普军各团未能集中兵力发起雷霆一击，而是三三两两地零星进攻。齐滕不得不把他的 53 个骑兵中队全部投入战斗，才使普军在难解难分的骑兵肉搏战中占据上风。然而，当获胜的普军转向正在退却的德意志步兵，而非追杀敌军骑兵时，齐滕时来运转了。逃跑的敌军成了一个更加诱人的目标，齐滕亲自指挥的第 2 骠骑兵团表现得尤为出色，他们在围歼 2000 多符腾堡人和巴伐利亚人的战斗中居功至伟。

随着左翼土崩瓦解，洛林的查理终于知道了真正的普军攻击重点。他拿出的解决方案来自记载常识的教科书。当普军忙于对付纳道什迪的残兵败将时，查理打算组建一条新战线，它与原来的主阵地呈直角，一端依托洛伊滕村，另一端由从预备队抽调过来的骑兵提供掩护。[①] 为此，查理首先从第二线调来几个步兵营，然后派出了他的预备队。查理原以为北线阵地是主战场，现在他终于断定北线无足轻重，可已经来不及了，他命令全军向左转，直面腓特烈的攻势。

此时，奥地利人计划组建的阵地延伸到了洛伊滕村的两侧。——鉴于村子里面的建筑结构坚固，加上建筑密集的地域往往会对进攻部队具有极大吸引力，即使纪律性最强的军队也难以免俗，所以，查理的主意本身并不算糟。或许，普鲁士人会陷入逐屋巷战，从而为查理争取到重新排兵布阵的时间。然而，快速反应并非奥军所长，行军过程中的交通管控也是奥地利人的劣势。奥军各营没有得到明确指令，就从四面八方奔赴新战场，士兵们在寒风中强行军，大多气喘吁吁、汗流浃背。现在，普军重炮已经部署在俯瞰洛伊滕的高地上了，至于奥地利人，还是与过往一样，没有展开队形组成火线，而是麇集在普鲁士重炮的杀伤范围内，惨遭屠戮。

---

① 战前，奥军位于战场东侧，面向西展开，左翼在南，右翼在北。普军从南侧，即奥军左翼迂回进攻，迫使查理组建一道面向南的新战线，与原战线垂直，以抵御普军的侧翼攻势。

眼下战局中值得注意的是，下午3点30分左右普军发动最后的进攻时，奥地利人还在坚守阵地。此时，洛伊滕村里面挤满了散兵游勇和逃兵，但是，依旧成建制的士卒们一直战斗到最后一刻。最后再说一句，一个由法兰克尼亚教区的维尔茨堡提供的德意志步兵团，坚守洛伊滕村的墓地，顽强抵抗腓特烈的卫队，并给那个精锐的近卫团和第10步兵团造成了巨大伤亡，普军用火炮摧垮了墙壁，加上普军人多势众，才迫使这个德意志步兵团退却。

普军终于肃清洛伊滕村时，奥地利人发动了大规模骑兵冲锋。由70个骑兵中队组成的奥地利生力军，杀向普军暴露的左翼，正是在此时，普鲁士陆军中将威廉·冯·德里森动用40个骑兵中队，发动了一场名垂青史的反击。在会战初期，这支骑兵部队跟在主力军的后面，与步兵的左翼形成了一个直角，而非与火枪手们排成一道直线。这为德里森提供了战术优势，从而弥补了他的兵力劣势。当奥地利骑兵从他的前面疾驰而过时，他发动了冲锋。

率先陷入困境的是拜罗伊特龙骑兵团，他们发现，与在1745年霍亨弗里德堡大捷中被打垮的敌军相比，眼前的奥军更难对付。普鲁士骑兵的第二线部队耽搁了不少时间才投入战斗，有一种说法认为，这是缘于各团之间的嫉妒心理。据说，自诩为骑兵精英的胸甲骑兵在作壁上观，坐视社会地位低于自己的龙骑兵出丑现眼！[65]然而，一旦普鲁士胸甲骑兵发起冲锋，这些重骑兵就把奥军击退了，但不是沿着奥军的来路把他们往回赶，而是往东赶，赶进了还在洛伊滕村周围奋战的奥军步兵群中。

胜负已定。白衣奥地利人惊慌失措，成营成营地四散奔逃。依然坚守岗位的几支奥地利部队被挺进的普鲁士步兵歼灭了。普鲁士骑兵又一次充分利用了胜局，追杀任由宰割的猎物，用刀剑屠戮溃散的敌兵，直到夜幕降临才结束这场屠杀。腓特烈又一次违背常规，企图发动一场追杀。然而他能够搜罗起来的人马，只是一支由掷弹兵和骑兵组成的小规模特遣部队，到了晚上7点钟，他们抵达了位于利萨的横跨维斯特里茨河的桥梁。在漫天大雪之中，国王以嘲讽口吻向一些在当地城堡中避难的奥地利负伤军官央求，允许自己在城堡中过夜："晚上好，先生们，你们肯定没料到我会出现在这里。"[66]

随着普军各团陆续集结起来，重整秩序，他们跟上了国王。起初，他们默默走路，每个人都在忙于整理自己的思绪。随后，有人唱起了赞美诗："今当齐来谢主。"在腓特烈的官兵中间，无论路德派、福音派、天主教徒，还是无神论者，都对这首赞美诗的词、曲耳熟能详。大家一个接着一个地唱起了此后在德国被称为"洛伊滕赞美诗"的这首歌曲。对于虔信者而言，这证明了正是上帝的力量战胜了国王的敌人。对于怀疑论者来说，这是证明一个人还活着的最好办法。

上述两种观点都有道理。奥地利人前来打仗，却为自己的失败付出了高昂代价。超过 6000 名普军阵亡或负伤，是腓特烈参战兵力的 20%，作为一个颇有用处的参照基准，这个数字说明，代价低廉的胜利在理性时代十分罕见。然而，这场胜利是货真价实的大捷。主要的物质战利品包括：55 面旗帜和军旗、130 门火炮和 1.2 万多名战俘。奥军阵亡 3000 人，另有 7000 人负伤，而且伤员几乎全部落入普军之手。许多完整的团从查理的作战序列中消失了，它们要么在普军的第一波攻势中就被打垮，要么在最后的鏖战中溃不成军。一位奥地利高级军官记录道："查理和道恩垂头丧气、无精打采。"查理依然无法相信究竟发生了什么，道恩则试图在心理情绪和职业前景这两方面，让自己摆脱这场惨败带来的消极影响。[67] 作为这场浩劫的一个注脚，撤退的奥地利人抛弃了布雷斯劳守军，12 月 20 日，布雷斯劳守将率领不下 1.7 万人马向腓特烈开门投降了。

除了行动方面的炉火纯青，洛伊滕之战还最为充分地展现了 18 世纪的直线战术。普鲁士步兵如同教科书一般，把火力与机动合二为一，在短距离和中距离的交火中，普军的进展在任何位置上都没有停顿滞塞。骑兵掩护了两翼，在关键时刻发动了两次具有重大战术意义的冲锋，最终把奥军的失利转化为土崩瓦解。火炮不仅跟上了大军的移动步伐——在 18 世纪的背景下这本身就很了不起，而且普军炮兵还最大限度地利用了地利。尤其是 12 磅重炮，给麇集在洛伊滕村周围的奥军造成了惨重伤亡，它们的独特炮声在紧要关头大大提振了普军的士气和斗志。

同样重要的是，需要关注腓特烈是怎样从乐于配合自己的敌人那里获益的。在考量普军的进攻方向时，奥军主帅们不仅仅是一厢情愿而已。他们同样没有动用手中强悍、高效的轻骑兵去侦察实际情况。就连腓特烈也评价道，只要奥军侦察兵在适当的地点搞一次巡视，也几乎能够立刻发现真相。可以说，比这个疏忽大意更令人吃惊的是，纳道什迪没有在他暴露的侧翼顶端部署岗哨。作为一名具备与普军独立作战经验的轻骑兵将领，纳道什迪至少应该考虑到敌人从出乎意料的方向发动进攻的可能性，并且采取适当的预防措施。

查理和纳道什迪决定把手中最不靠谱的部队部署在他们眼中威胁最小的地域，要比他们自我批评的盲人瞎马的打仗方式，更有道理一些。一旦腓特烈发动了一往无前的攻势，就像在钱瑟勒斯维尔战场上^①的北军第11团的官兵一样，在裸露的侧翼位置上遭到敌军打击的南德意志人^②，就不应再为接下来发生的事情受到指责。至于这场惨败中的其他奥军，他们未能守住洛伊滕村，发动的最后一场骑兵进攻也失败了，这一切都只能证明一句格言是真的：在战争中，运气往往是谋定而后动的副产品。

尽管是腓特烈最辉煌的胜利，洛伊滕会战肯定不是一劳永逸的。奥地利军队惨遭重创，但依然是一支颇具威力的作战力量。齐滕及其骠骑兵能做的，仅仅是越过波西米亚边境，不断袭扰撤退的敌人。除了在18世纪的战争条件下伴随追击行动产生的常见困难之外，还有一种像葛底斯堡战役后影响北军锐气的暮气沉沉的状态。与那场大战一样，洛伊滕会战既是一场军事胜利，也是一番精神上的宣泄。与波托马克军团一样，普鲁士军队已经使出了吃奶的劲。直到肾上腺素的效力彻底退去，将军和普通士卒才都会重新兴奋起来，去捕捉新战机。就连腓特烈的身体，也终于在历时一年的重压下出现了反应：国王在洛伊滕会战后，由于"腹绞痛"而身心俱疲。

尽管洛伊滕会战没能促使玛丽亚·特蕾莎女皇求和，但此役在两个方面都具有决定性意义。首先，它让普鲁士继续打下去。失败，或者说即使平局，都可能迫使腓特烈在保留一定讨价还价实力的情况下求和，而非在战略局面不利的条件下继续冒险发动一场战役。更重要的是，洛伊滕大捷激励着腓特烈，让

---

① 从1863年4月30日打到5月6日的钱瑟勒斯维尔战役，南军取得了胜利，此役被公认为南军主帅罗伯特·李将军的一次大胜。

② 前文提到，奥军中的帝国军队主要由符腾堡和巴伐利亚提供，而这两国都位于德意志南部，所以这里说的南德意志人指帝国军队。

他继续执行原先的宏图伟略，即在战场上谋求政治上的胜利。在七年战争的剩余岁月中，只要普鲁士军队还在腓特烈的指挥下留在战场上，他就不会承认任何军事或外交方面的挫折是无可救药的。在他看来，他永远还有下一次甚至比洛伊滕还要伟大的机会：将战争狂澜扭转向有利于普鲁士的一场会战。

本章注释

1. Christopher Duffy, *The Wild Goose and the Eagle: A Life of Marshal von Browne* (London, 1967).

2. 关于这个时期奥地利财政政策的最完备史料是 P. G. M. Dickson, *Finance and Government under Maria Theresia 1740–1780*, 2 vols (Oxford, 1987)。

3. 关于这个主题，最出色的概述是 Johann Christopher Allmayer-Beck, 'Wandlunz im Heerwesen zur Zeit Maria Theresias', *Schriften des Heeresgeschichtlichen Museums in Wien*, vol. Ill, *Maria Theresia. Beiträge zur Geschichte des Heerwesens ihrer Zeit* (Vienna, 1967), 7–24；参考 Christopher Duffy, *The Army of Maria Theresa* (Newton Abbot, 1977), especially pp. 24 ff。Also useful are Jürg Zimmermann, 'Militärverwaltung und Heeresaufbringungen in Österreich bis 1806', *Deutsche Militärgeschichte*, 1648–1939, I, part III (Munich, 1983); and Manfred Rauchensteiner, 'Menschenführung im kaiserlichen Heer von Maria Theresia bis Erzherzog Carl', in *Menschenführung im Heer*, ed. Militärgeschichtliches Forschungsamt (Herford, 1982), pp. 15–40.

4. 引自 Duffy, *Army of Maria Theresa*, p. 62。

5. D. Schwerin, *Feldmarschall Schwerin* (Berlin, 1928), p. 255.

6. Ulrich Bräker, *Der arme Mann in Tockenburg* (Zurich, 1789; reprint edn Munich, 1965), p. 152.

7. 引自 Christopher Duffy, *Frederick the Great: A Military Life* (London, 1985), p. 104。

8. A. Dopsch, *Das Treffen bei Lobositz* (Graz, 1982), 是从奥地利人的立场出发写下的最好的现代著作。H. Granier, *die Schlacht bei Lobositz am 1. Oktober 1756* (Breslau, 1890), 从普鲁士一方进行了阐述。

9. Frederick to Schwerin and to Prince Moritz of Anhalt-Dessau, 2 Oct. 1756, PC, XIII, 479 ff., 482–3.

10. Cf. Horst Hoehne, *Die Einstellung der sächsischen Regimenter in die preussische Armee 1756* (Halle, 1926), and Curt Jany, *Geschichte der preussischen Armee*, 2nd edn rev., 4 vols (Osnabrück, 1967) II, pp. 371 *passim*.

11. Hubert C. Johnson, *Frederick the Great and his Officials* (New Haven, Conn., 1975), pp. 169 ff. 探讨了萨克森人蒙受的苦难。

12. Hans Delbrück, *Die Strategie des Perikles erläutert durch die Strategic Friedrichs des Grossen* (Berlin, 1890); Grossen Generalstab, *Die Kriege Friedrichs des Grossen*, Part III, *Der Siebenjährige Kriege, 1756–1763*, 12 vols (Berlin, 1901–13), II, pp. 150 ff; Reinhold Koser, 'Zur Geschichte des preussischen Feldzugsplanes von Frühjahr 1757', *Historische Zeitschrift*, LVII (1904), 71–4.

13. Otto Hintze, 'Delbrück, Clausewitz und die Strategic Friedrichs des Grossen', *Forschungen zur brandenburgischen und preussischen Geschichte*, XXXIII (1920), 131–77, 针对这个复杂问题进行了公允的分析。

14. 甚至早在入侵萨克森之前，英国使节米切尔就指出了这一点。Patrick Doran, *Andrew Mitchell and Prussian Diplomatic Relations during the Seven Year's War* (New York, 1986), pp. 104–5.

15. R. Meyer, *Die Neutralitätsverhandlungen des Kurfürstentums Hannover beim Ausbruch des siebenjdhrigen Krieger* (Kiel, 1912).

16. 引自 Duffy, *The Wild Goose and the Eagle*, p. 240。

17. Duffy, *Frederick the Great*, pp. 111 ff., 是对腓特烈的意图及其所处形势所做的最佳现代总结。

18. 引自 Duffy, *The Wild Goose and the Eagle*, pp. 240–1。

19. 同上。

20. Hans Delbrück, 'Über den Feldzugsplan Friedrichs des Grossen im Jahre 1757', *Militär-Wochenblatt*, 1889, *Beiheft*, 281–98, 重点关注腓特烈的战略方针的军事层面，却忽视了政治层

面。Cf. also Alfred Boehm-Tettelbach, 'Der böhmische Feldzug Friedrichs des Grossen 1757 im Lichte Schlieffensche Kritik,' in *Schriften den Kriegsgeschichtliche Abteilung im Historischen Seminar den Friedrich-Wilhelms- Universität Berlin*, vol. X, ed. W. Elze (Berlin, 1936), pp. 20‑30; and Carl Grawe, 'Die Entwicklung des preussischen Feldzugsplanes im Frühjahr 1757', PhD dissertation, Berlin, 1903.

21. Andrew Mitchell, *Memoirs and Papers of Sir Andrew Mitchell, KB*, 2 vols., ed. A. Bisset (London, 1850), vol. I, p. 325.

22. Duffy, *The Wild Goose and the Eagle*, p. 249.

23. Carl von Warnerey, *Campagnes de Frédéric II Roi de Prusse, de 1756 à 1762* (Amsterdam, 1788), p. 109.

24. Christopher Duffy, *The Fortress in the Age of Vauban and Frederick the Great, 1660‑1789* (London, 1985), p. 120.

25. Peter Broucek, *Der Geburtstag der Monarchie. Die Schlacht bei Kolin 1757* (Vienna, 1982), 是一部从奥地利人视角出发的、优秀的现代分析性著作；D. Goslich, *Die Schlacht bei Kolin 18. Juni 1757* (Berlin, 1911); and M. Hoen, *Die Schlacht bei Kolin am 18. Juni 1757* (Vienna, 1911), 也依然有用。

26. M. Duncker, *Aus der Zeit Friedrichs des Grossen und Friedrich Wilhelm III* (Leipzig, 1876), p. 76.

27. Hoen, *Die Schlacht bei Kolin*, pp. 380 ff., 对在这场会战的这一关键又混乱的阶段发生的事情，做出了令人信服的解读。

28. Duffy, *Frederick the Great*, p. 127.

29. C. W. von Prittwitz und Gaffron, *Unter der Fahne des Herzogs von Bevern* (Berlin, 1935), p. 131.

30. von Prittwitz und Gaffron, *Unter der Fahne*, p. 150.

31. Cf. the accounts in Mitchell, *Memoirs and Papers*, vol. I, pp 352 ff.; and Heinrich de Can, *Unterhaltungen mit Friedrich dem Grossen*, ed. R. Koser (Leipzig, 1884), p. 237.

32. Frederick to Mitchell, 11 June 1757; PC, XV, 161 ff.

33. Uriel Dann, *Hanover and England, 1740‑1760: Diplomacy and Survival* (Leicester, 1991), pp. 83 ff., 是有关这些事件的最佳现代著作。

34. André Corvisier, *L'Armée française de la fin du XVIIe siècle au ministère de Choiseul*, 2 vols (Paris, 1964), 是一部完备的通史。Lee Kennett, *The French Armies in the Seven Years' War: A Study in Military Organization and Administration* (Durham, NC, 1967), 是迄今为止对这个问题的最出色的英文论述。

35. James C. Riley, *The Seven Years' War and the Old Regime in France: The Economic and Financial Toll* (Princeton, NJ, 1986), 全面论述了战争对经济的影响。

36. Kennett, *The French Armies*, pp. 99 *passim*, 是一篇精彩的评述；C-N. Dublanchy, *Une Intendance d'armée au XVIIe siècle. Étude sur les services administratifs à l'armée de Soubise pendant la Guerre de Sept Ans, d'après la correspondance et les papiers inédits de l'intendant François-Marie Gayot* (Paris, 1908), 是一篇补充性的案例研究。

37. Kennett, *The French Armies*, p. 72; cf. Emile G. Léonard, *L'Armée et sesproblèmes au XVIIIe siècle* (Paris, 1958), pp. 1 ff.

38. Martin van Creveld, *The Training of Officers: From Military Professionalism to Irrelevance* (New York, 1990), p. 19.

39. Cf. David D. Bien, 'La Réactionaristocratiqueavant 1789: l'exemple de l'armée', *Annales: Economies, Sociétés, Civilisations*, XXIX (1974), 23‑48, 505‑34; and 'The Army in the French Enlightenment: Reform, Reaction, and Revolution', *Past and Present*, LXXXV (1979), 69‑98; and Bernhard R. Kroener, 'Militärischer Professionalismus und soziale Karriere der französischen Adel in den europäischen Kriegen 1740‑1763', in *Europa im Zeitalter Friedrichs des Grossen, Wirtschaft Gesellschaft,*

Kriege, ed. B. Kroener (Munich, 1989), pp. 99 – 132.

40. Kingsley Martin, *French Liberal Thought in the 18th Century*, 2nd edn rev. (London, 1954); and Léonard, *L'Armee, et sesproblèmes*, pp. 141 *passim*, 是针对这个问题的不错概述。

41. Albert, due dc Broglie, *Le Secret du roi* (1752−74), 2 vols (Paris, 1876), I, p. 342.

42. 关于坎伯兰公爵的生平和才干，请参阅最新出版的 Rex Whitworth, *William Augustus, Duke of Cumberland: A Life* (Hamden, Conn., 1992)。

43. 关于西线战场的作战行动，最完备的英文概述是 Reginald Savory, *His Britannic Majesty's Army in Germany during the Seven Years' War* (Oxford, 1966)；关于这个阶段，请参阅第 20 页及其下文。

44. Klaus−Richard Bohme, 'Schwedens Teilnahme am Siebenjährigen Krieg: Innnund aussenpolitische Voraussetzungcn und Rückwirkungen', in *Europa im Zeitalter Friedrichs des Grossen*, pp. 193 – 212.

45. John L. M. Keep, 'Die Russische Armee im Siebenjährigen Krieg', in *Europa im Zeitalter Friedrichs des Grossen*, pp. 147 ff.; Christopher Duffy, *Russia's Military Way to the West: Origins and Nature of Russian Military Power, 1700 – 1800* (London, 1981), pp. 73 ff.

46. Duffy, *Russia's Military Way to the West*, pp. 76 ff., 是关于这场战斗的详细记载。

47. 有些个人观点可能截然不同。米切尔的观点可参看 Doran, *Andrew Mitchell and Prussian Diplomatic Relations*, pp. 149, 199 – 200。

48. 引自 J. W. Archenholtz, *Geschichte des Siebenjährigen Krieges in Deutschland*, 5th edn, 2 vols (Berlin, 1840), vol. I, p. 108。

49. Roger A. Wines, 'The Imperial Circles: Princely Diplomacy and Imperial Reform 1681 – 1714', *Journal of Modern History*, XXXIX (1967), 1 – 29; and Helmut Neuhaus, 'Das Problem der militärischen Exekutive im Spätphase des Alten Reiches', in *Staatsverfassung und Kriegsverfassung in der Europäischen Geschichte der frühen Neuzeit*, ed. J. Kunisch and B. Stollberg− Ringer (Berlin, 1986), pp. 297 – 346.

50. Karl Brodrück, *Quellenstücke und Studien über den Feldzug der Reichsarmee von 1757* (Leipzig, 1858), 对于这场行动而言依然是有用的史料。

51. 赛德利茨值得拥有一部优良的现代传记。K. A. Varnhagen von Ense, *Leben des Generals Freiherrn von Seydlitz* (Berlin, 1834), 依然是最好的史料，详细描写了主人公的方方面面，甚至包括他患上的下疳。

52. Grosser Generalstab, *Der Siebenjährige Kriege, 1756 – 1763*, vol. V, p. 211.

53. Brent Nosworthy, *The Anatomy of Victory: Battle Tactics 1689 – 1763* (New York, 1990), pp. 199 ff., 261 ff. and 329 ff., 对 18 世纪中期的法军战术，给予了合理的现代概述。

54. 例如参考 Franz Rudolph Mollinger's letter of 11 July 1757 to Georg Wilhelm of Hesse−Darmstadt in Brodrück, *Quellenstücke und Studien*, pp. 78 – 9。

55. Dieter Postier, 'Die Schlachtbei Rossbach am 5. November 1757', *Militärgeschichte*, XIX (1980), 685 – 96, 是从东德视角出发的简略的现代史料。

56. Karl W. Schweizer, *Frederick the Great, William Pitt, and Lord Bute: The Anglo−Prussian Alliance, 1756 – 1763* (New York, 1991), pp. 60 – 1.

57. Frederick II, *Œuvres de Frédéric le Grand*, ed. J. D. E. Preuss, 30 vols (Berlin, 1846 – 56), vol. IV, p. 156.

58. Duffy, *The Fortress in the Age of Vauban*, pp. 134 *passim*, 是关于腓特烈时代普鲁士防御工事的最好概述。

59. 此处引用的演讲内容，出自普鲁士的斐迪南亲王的记载，而且它被引用在 O. Herrmann, 'Prinz Ferdinand von Preussen über den Feldzug im Jahre 1757', *Forschungen zur brandenburgisch−preussischen Geschichte*, XXXI (1918), 101 – 2。Duffy, *Frederick the Great*, p. 147, 称之为最真实的记载。

它确实缺少其他版本中的浮夸成分。

60. Archenholz, *Geschichte des Siebenjährigen Krieges*, vol. 1, p. 135.

61. Duffy, *Army of Maria Theresa*, p. 186.

62. 由第 26 步兵团的一位掌旗官记录。C. F. Barsewisch, *Meine Kriegs-Erlebnisse während des Siebenjährigen Krieges 1757－1763*, ed. J. Olmes (Krefeld, 1959), p. 36.

63. Barsewich, *Meine Kriegs-Erlebnisse während*, p. 41.

64. 同上，p. 38。

65. 依据当时一位下级军官 F. A. 冯·卡尔·克罗伊特口授于 1818 年的回忆录，但是它的可信度遭到了质疑。Cf. A. Janson, *Hans Karl von Winterfeldt des Grossen Königs Generalstabchef* (Berlin, 1913), p. 209; and Duffy, *Frederick the Great*, p. 152.

66. Jany, *Preussische Armee*, vol. II, p. 458.

67. Duffy, *Army of Maria Theresa*, p. 187.

相持阶段：
1758—1759 年

第五章

罗斯巴赫和洛伊滕大捷为腓特烈争取到了时间。然而，两场大捷没有决定战争的胜负。玛丽亚·特蕾莎将查理撤职，代之以道恩元帅，并且开启了重建一支大军的缓慢进程，由于逃兵和疾病，奥军的人数一度不到 2.5 万人。尤其是考尼茨，坚决要把战争打下去，他坚信奥地利需要做的就是保住反普大联盟，静候大联盟的资源优势发挥威力。在法国，外交大臣、红衣主教贝尼斯倾向于结束这场他从未热衷过的战争，但是，在一场宫廷权力斗争之中，他的声音被埋没了：路易·德·克莱蒙取代黎塞留公爵，当上了野战军司令官，依旧属于强硬派的贝尔岛元帅被派去战争部。俄罗斯女皇伊丽莎白根本没有考虑过和平，反而为吃了败仗的俄军任命了新司令官——威廉·费莫尔伯爵，命令费莫尔准备发动一场冬季战役，攻打眼下几乎毫无防备的东普鲁士。

通往曹恩道夫之路

腓特烈的一线希望来自北海对岸，在那里，威廉·皮特首相越来越愿意靠谈判缔结一份盟约，不过得按照英国提出的条件。也许，英国和普鲁士的立场截然不同。在战争爆发之前，皮特就已经声名鹊起了，他谴责英国与汉诺威的联系，主张英国把精力集中在制海权和殖民地方面。然而，他也相当精明地意识到，无论英国还是内阁，都不会心平气和地考虑重演坎伯兰公爵的灾难性战役。尽管直到 1758 年 4 月才缔结英普盟约，但皮特信誓旦旦地向腓特烈保证，只要《津贴公约》还能延续下去，腓特烈就可以依靠与英国的盟友关系，每年都能拿到最高67万英镑的津贴。比起议会投票拨给汉诺威"监控军团"120万英镑，皮特这算是捡了个便宜。[1]

战争肯定还得打下去，腓特烈开始考虑下一个作战季节中的战略选择。在普鲁士的西面，不伦瑞克的斐迪南亲王的表现好得出人意料，让国王受益匪浅。整个冬季，斐迪南亲王都在重组和加强他的军队。腓特烈派给他15个正规骑兵中队，英国提供了装备和资金。稳定的薪饷、良好的饮食、充分的训练，避免了无所事事带来的弊端，斐迪南的人马恢复了信心，吸纳了新兵。早期的隔空对练引起了波茨坦的愤怒，于是斐迪南率领他的多国部队搞了一场井井有条的冬季机动，迫使不明所以的法军在六个星期内渡过莱茵河，而自身的战斗伤亡不到200人。[2]有了英国的介入，斐迪南的处境似乎很不错，他可以在未来一年中抵挡住士气低迷的敌人，从而保住德意志北部。因此，腓特烈无西顾之忧，可以将注意力转向其他主要敌人。

无疑，国王心目中的最大的直接威胁来自东线。1758年1月，费莫尔将军率领7万多俄军越过了东普鲁士边境。六天内，他的先头部队就抵达了柯尼斯堡城下，不久之后，东普鲁士省的领土都被俄军占领了。俄军的占领温和而人道，成功赢得了东普鲁士的人心，这让腓特烈很是不爽。[3]俄罗斯人放出的试探性消息，暗示东普鲁士是俄国拿到的合法战利品，对此，巴黎和维也纳给予了高调抗议。奥地利只希望利用俄罗斯巨人来实现自己的目的，如果放任俄罗斯成为一个中欧强国，那么，不过是用一个新威胁取代一个旧威胁而已。至于法国，自从黎塞留时代以来，维持波罗的海沿岸的力量平衡就是法国外交政策的一个重要原则。为了把瑞典拖入战争，法国与瑞典缔结了一份条约，瑞典将在波美拉尼亚和东普鲁士获得领土，而这些地盘正是俄罗斯觊觎的目标。法国外交部还担心，俄国可能会以对腓特烈发动战争为借口，对波兰采取军事行动，从而威胁法国在当地的影响力。[4]简而言之，俄罗斯是在牺牲长远利益，用以换取短期收益。如果腓特烈教训莫斯科人一番，巴黎和维也纳的反应可能是长舒一口气，而非痛苦地尖叫。

因此，腓特烈在制订最初的计划时，把全部注意力投向了维也纳。他相信，奥地利正处在求和的边缘。洛伊滕大捷本身的说服力可能还不够，但是，一场更辉煌的胜仗应该就能让奥地利求和了。国王的计划是肃清西里西亚境内残余的奥地利守军，随后入侵摩拉维亚，包围奥尔米茨要塞。如果道恩元帅前来解围，腓特烈打算在战斗中予以歼灭，随后进军维也纳。如果这一切都实现了，玛丽亚·特蕾莎依然不愿意求和的话，腓特烈推断，奥地利会忙于治疗战争创伤，因而只能为俄军的行动提供象征性支持，鉴于俄军一向行动迟钝笨拙，这可能会给普鲁士争取更多时间，从而尽量减小下一个作战季节对已经丧失了的东方省份的直接影响。

这是一场战略赌局，而腓特烈囊空如洗。他在和平时期积攒下来的战争基金，事实上已经花光了。继续压榨已经饱受盘剥的萨克森，以及系统性地从原普鲁士领土强行贷款，所筹集到的款项仍不够支撑下一场战役。其他资源也是有限的，尤其是在 18 世纪的行政当局实际可用的强制手段不多的情况下。总体而言，腓特烈直接管辖的土地上的经济，已经与军队一样，到了山穷水尽的地步。[5] 英国津贴让腓特烈能够继续打下去，但是，英镑也让他面临着沦为英国附庸的巨大风险，况且英国与普鲁士之间缺乏重大的共同利益，这一点已经在英普联盟条约的谈判过程中，得到了冷酷无情的证实。

又一次，腓特烈被迫用实力摆脱困境，换句话说，就是动用他的军队来挣脱财政和外交束缚。但是，1758 年的普鲁士军队，绝不再是两年前越过萨克森边界的那支军队了。伤亡和疾疫让普军中最出色的兵团都蒙受了严重损失，因此，军中筋疲力尽的士兵们更容易沦为腹泻等轻微战地疾病的牺牲品。在 1757 年的夏秋季节，各州兵站里面已经几乎没有接受过训练的士兵了。征兵体系的急剧变化，威胁到了已经在沉重经济压力下发生动摇的社会制度。腓特烈转而在普鲁士境外寻找替补兵员。战俘被迫投身普军。至于那些死硬分子，则被用于交换落入敌手的普鲁士战俘，交换战俘为普军带来 1.2 万名老兵。萨克森、波美拉尼亚、梅克伦堡和西德意志都是他搜罗新兵的目标。到了暮春季节，腓特烈的队伍已经拥有 16 万到 17 万人马。然而，其中至少有 5 万人是驻军和地方安全部队，而非野战军。[6]

即使在野战军中，越来越多的营是临时组建的非正规部队，即所谓“自由营”。最初，普军的战斗序列中只有 4 个“自由营”。这 4 个营是在 1756 年秋季，由外国军官从一群冒险家中间辛辛苦苦组建起来的，如果使用得当，还是颇有战斗力的，尽管对于腓特烈想要进行的那种激烈会战而言，这些营的用处微乎其微。1757 年末和 1758 年初组建的约 6 个营，就完全是另一回事了，这几个营的主要问题是军官素质堪忧。对于腓特烈的将军和腓特烈的敌人而言，这些营的不可靠和军纪涣散，都预示着普军的优势在江河日下。[7]

无论甘心还是不愿，腓特烈都在 4 月 29 日越过了奥地利边境。5 月 3 日，他封锁了奥尔米茨，但是，直到 5 月 20 日，他的攻城炮队才抵达战场。直到 5 月 31 日，炮兵阵地就位，准备好了开火。随后，奥尔米茨就证明自己是一块出人意料的难啃硬骨头。这座要塞刚刚得到近代化改造，守军兵精量足，还不像布雷斯劳和布拉格那样有大量平民在要塞里，对守城的负面影响要小些。此外，道恩元帅拒绝扮演腓特烈分配给他的角色。道恩没有立即出兵去解救奥尔米茨，而是继续在腓特烈鞭长莫及的设防坚固的斯卡利茨营垒里调兵遣将，加强力量。他的轻装部队则不断骚扰普军阵地。6 月 30 日，奥军的骚扰达到高潮，来自西里西亚的、由 3000 多辆车组成的至关重要的运输车队，遭到了奥军伏击，几乎全军覆没。

两天之后，腓特烈决定止损，解除了对奥尔米茨的围攻。他说，做出一个不爽的决定，总比无所作为，或者等到情况难以为继强得多。尽管耗费了一个月，普军还是在没有进一步蒙受重大损失的情况下，收复了失地。然而，腓特烈却因为敌人的花招，沦为战略上的失败者。奥尔米茨战役是一场 18 世纪的常规行动，平淡无奇，凸显了腓特烈在战术和行动方面的创新的局限性。如果没有敌人的配合，国王既不能完成一场围攻，也无法迫使敌人与自己作战，而这一次，敌人就没有配合他。[8]

腓特烈巧妙的撤退技巧，仅仅起到了暂时转移各方对东部局势的注意力的作用。俄国人的前进，至少在初始阶段是按照腓特烈期待和希望的方式进行的：行军纵队步履蹒跚，伴随行动的是成群结队的哥萨克骑兵和其他非正规军，这帮人更关心劫掠而非侦察。8 月中旬，俄军在奥得河河畔的小要塞屈斯特林城下，停下了脚步，开始心不在焉地围攻。费莫尔认为，俄罗斯的盟友瑞典、奥地利还在消极怠工，所以他不愿意单独冒进。另一方面，他也没有在战略和行动方面，为迎接腓特烈的到来做准备。

普鲁士面临的形势，是严峻的还是绝望的，取决于观察的时间点和观察者的角度。9 月，一支 1.7 万人马的瑞典军队入侵了普鲁士的波美拉尼亚，旋即按兵不动。瑞典军队缺乏进取心的状态，对普鲁士的文官武将而言，都是可喜的慰藉，因为他们在该省的战斗序列大都只能严重依赖新兵和在当地招募的民兵。大耶格斯多夫之战后，腓特烈的东线指挥官除了保住他们的军队之外，几乎无所作为，即便饱受俄军掠夺之苦的平民向他们提出了日益强烈的抗议，他们也都爱莫能助。东线最强大的一支普军拥有 20 个营、36 个骑兵中队和 82门火炮，3 月，这支曾经由莱瓦尔德指挥的军队改由冯·多纳将军指挥，并且增加了 9 个步兵营、2 个强悍的胸甲骑兵团和 36 门火炮。尽管远离战场的腓特烈就如何完美击败俄军拿出了好主意，多纳还是没有用自己人数较少的军队冒险。在整个盛夏季节，他都满足于仅仅监视俄军的动向。

腓特烈再次成为搅动局势的催化剂。8 月 10 日，他率领 1.5 万名精兵和40 门火炮，从西里西亚出发前往奥得河流域。普军发动强行军，日行 24 公里①。8 月 21 日，抵达奥得河畔。两天后，他们粉碎了薄弱的俄军抵抗，渡过了奥得河。费莫尔放弃了对屈斯特林的围攻，向东北行军，抵达了曹恩道夫村。当地的地形是低矮山丘和泥泞低地的混合体，为削弱普军的战术机动能力提供了有利条件。然而，费莫尔没有在山丘上排兵布阵，只是把运输车辆留在那里。他把俄军主力推进到一个沼泽环绕的山谷中，山谷的东、南方都是高地。

费莫尔原有 3.4 万人，开战前又得到了 9000 人的增援，所以，即使腓特烈的远征军会合了多纳的本地驻军，依然比费莫尔所部少 6000 人左右。除了在被部署的位置上作战之外，交战双方都不认为俄军还能做别的事情，但是俄军到底会被部署在**何处**呢？该地区林深树密。腓特烈的骠骑兵被哥萨克骑兵吓住了，因此，国王的情报含糊不清。他打算对位置不详的俄军侧翼发动一场进攻，目标是距离普军前线最远的那个俄军侧翼。为了找到那个侧翼，国王计划让他的军队穿过整个俄军阵地，尽管这次行程会比他在科林和洛伊滕发动的行军长得多。普军在重骑兵方面拥有压倒性优势，双方分别为 10500 人和 3300 人，即便俄军展现出超乎预料的主动性，普军的骑兵优势依然可以确保普军的行军安全。俄军发动逆袭的可能性似乎不大，所以腓特烈在大战前夜睡得不错。

---

① 15 英里。

国王表面上的镇静可能反映了他的自信。与普鲁士的其他资源一样，树林也是有人管控的，腓特烈雇用了两名护林员充当向导。其中一位将随同骑兵先头部队行动，以免赛德利茨的部下在灌木丛中迷路。另一名向导将引领国王及其主力军包抄俄军左翼。难怪国王高枕无忧，难怪8月25日凌晨离开御帐时，国王告诉侍从们，胜券在握。[9]

凌晨3点钟，行军开始了。破晓时，普军前锋穿过树林，深入到曹恩道夫以南的开阔原野。最先映入普军眼帘的，并非俄军本身，而是俄军的补给车辆，它们被孤零零地搁置在东南方的高地上。从那时到今天，腓特烈的批评者都一直在质疑他未能分拨出足够兵力来夺取这批防御薄弱的辎重车，从而置费莫尔于挨打、投降或挨饿的窘境。[10] 国王似乎完全没有这个念头。他决心痛打俄罗斯人，而不是与对手玩捉迷藏。也许他还记得在奥尔米茨发生的事情，当然，他并不打算把战术主动权浪费在次要敌人身上。于是，直到腓特烈夺取了他期待的胜利之后，俄军的运输车队都还留在原地无人问津。

一开始，俄军大吃一惊，主要是因为他们看到了从曹恩道夫村升起的浓烟，哥萨克掠夺者点燃了村庄，浓烟被吹回了俄军的主营地。普军纵队途经小村巴茨洛夫，继而向右急转弯，奔向沃克斯多夫。考虑到俄军一贯懈怠被动，普军右转即可直接面对朝东的俄军右翼，为再现洛伊滕会战做好准备。然而具有讽刺意味的是，俄国人最初的迟钝反而对自己有利。由于腓特烈并没有打算重现他在12月的大捷①，所以他忽略了洛伊滕机动的一个关键因素：一个足以诱使敌人转向错误方向的佯动。与洛伊滕会战不同，费莫尔让所部原地不动，以便观察普军可能走的路线，并断定对手的主攻方向是南方。费莫尔高度重视普鲁士战术理论和实践，从而采取了应对措施，加强了俄军的两翼。俄军预备队相当强大，以至于一些普鲁士观察者认为他们面对的不是一条战线，而是一个方阵。俄军的部署确实有一个重大缺陷：后方的地面松软，有些地方甚至是沼泽，任何形式的有序撤退都难以实施。然而，费莫尔认为，撤退的一方只能是普鲁士人。

---

① 即去年12月5日的洛伊滕会战。

腓特烈心怀忐忑地对俄军阵地做了最后一次勘察。普军悉心实施的所有机动，都不过是为另一场正面进攻创造先决条件。腓特烈的新意图是使用在洛伊滕验证过的斜线战术，去打击俄军右翼，因为它与俄军的其他部队形成了一定角度，而且那里的沼泽地带可以掩护普军进攻部队的左翼。

发动第一轮攻势的荣誉，落到了曼陀菲尔头上。——这是一个重要的暗示，表明之前腓特烈指责曼陀菲尔在科林的表现，其实是在推卸自身责任。曼陀菲尔麾下的 8 个营中，有 6 个是掷弹兵营，他们是普军中最出色的突击部队。精锐部队有两种使用方法：一是充当预备队，就像拿破仑使用近卫军那样，要么用来完成胜利，要么掩护败军；二是首先使用，以 1940 年装甲师或现代空袭编队的模式，来打乱敌军或挫伤其士气。在布拉格、科林，乃至罗斯巴赫，选择由哪一支步兵部队来拉开战幕，都多多少少具有随意性。在曹恩道夫，腓特烈一开始就打出了王牌。掷弹兵是普鲁士战斧的锋刃，战斧的冲击力则来自 H. W. 冯·卡尼茨中将率领的另 15 个营。20 个骑兵中队位于待命地域。还有 36 个中队，在赛德利茨亲自指挥下，穿过低洼地带，沿着与主攻部队平行的路线，向远方，即西方挺进。[①] 多纳率领其余普军组建了一个"拒止"侧翼，任务是保护普军右翼免受俄军在该地域主动采取的一切行动的干扰。

由于失去了在洛伊滕会战中享有的战术突然性优势，腓特烈决定用炮兵部队来弥补这一缺陷。上午 9 点左右，以当时前所未闻的海量火炮——60 门火炮，向俄军右翼开火。看到大多数炮弹没有命中目标，普军炮手前移炮位，用实心弹和霰弹猛烈轰击俄军战线，把坚实的俄军阵形打得七零八落。目击者声称，1 枚炮弹就造成了 48 名俄军伤亡。[11] 烟尘加剧了俄军的困境，使他们的反击炮火劳而无功。然而，俄军守住了阵地，用二线部队堵上了一线的缺口，继而再用预备队堵塞缺口。两个小时之后，俄罗斯人墙依然坚不可摧。上午 11 点钟，腓特烈派步兵冲了上去。

普鲁士掷弹兵和火枪兵鸦雀无声地挺进。先是普军击鼓前进的声音传到俄军阵地上。随后，一个团属乐队唱起赞美诗："现在，主啊，请您保佑我。"俄

[①] 大体上普军背东向西，俄军背西向东。腓特烈计划把主力集结在左翼或南侧，向西迂回俄军的右翼顶点，再从南向北，或从左向右席卷俄军。

军中的一位德国牧师注意到了这段旋律。一直是世俗主义者的腓特烈也问他的一位将军，乐队在演奏什么曲子，随着歌声消散，他小声重复了这段歌词。[12]为了避免大家被这段浪漫故事误导，我们必须指出的是，在进入俄军火枪射程之前，乐手就早已退出了行军队列。

乐队成员比普通士卒幸运得多。从一开始，进攻就遇到了麻烦。洛伊滕那次，天气晴朗而寒冷，这回在曹恩道夫却是盛夏炎天，热风吹得将士们口干舌燥，空气中弥漫着尘埃和烟雾。在俄军阵地上，沉默的士兵排成漫长的战线，吸引了从上校到列兵的广大普鲁士将士的注意力，导致各个普军特遣部队之间开始失去联系。曼陀菲尔的士卒精神饱满地冲了出去，一个重要原因是大家都希望揭晓战斗结局的悬念。然而，他们的行动过于迅速，以至于与卡尼茨的支援部队脱节了。卡尼茨也明白，**他**的主要任务并不是尽一切可能去直接支援曼陀菲尔，而是与多纳的侧翼保持接触。因此，卡尼茨并没有沿着曼陀菲尔的足迹跟进，而是把他的行军轴向右移，独自向俄军阵地挺进，结果，他的行军纵队被沿途的破碎地形打乱了。

11 点 15 分左右，曼陀菲尔的先头部队冲出了战场迷雾，发现自己距离俄军战线不过 40 步远。普军立即开火射击，有那么几分钟时间，他们用火力突入了敌军阵地。但是，俄军报之以更加猛烈的反击火力。几分钟内，俄军的火枪子弹和霰弹就干掉了这股普军的 1/3 兵力。更加严重的是，就战术角度来看，曼陀菲尔麾下的老兵以教科书般的方式——向中央收缩阵形，弥补了自己的损失，但是，这意味着位于左翼的第 2 步兵团与保护他们免受骑兵攻击的沼泽之间，拉开了一个缺口。如果卡尼茨所部前来支援，这个缺口就可能会被堵上，普军的局面就会好得多，事后来看，也不过是让 19 世纪的总参谋部历史学家忙于讨论的"早该如此"的小问题而已。可是，指挥位于费莫尔右侧的俄国骑兵的准将，发现眼前出现了一片空荡荡的战场，于是，他向普军第 2 步兵团裸露的侧翼这个颇具诱惑力的目标，投放了 14 个中队。曼陀菲尔的剩余将士被打得四散奔逃，俄国骑兵一步步地把他们砍翻在地。

在卡尼茨所在的地段，情况也好不到哪里去。在俄军中路的猛烈炮火打击下，随着普军二线部队顶上来与一线部队混杂在一起，继续向前推进，卡尼茨的部队延展过度，陷入了混乱。普军冲进俄军战线，缴获了几门火炮，但他们的秩序过于混乱，无法突破俄军战线，这时，来自曼陀菲尔部的溃兵为了逃避俄军马刀的砍杀，从左侧冲进他们的队伍。卡尼茨的火枪手已经被腓特烈制定的"开火–战斗"模式搞得自乱阵脚，现在更是火力凌乱，威力全无。第7步兵团的一位基层军官说，普军火力对自己人造成的损失比给俄军造成的还要大，俄军步兵则利用这一出乎意料的混乱局面，自动发动了局部反击。[13] 卡尼茨所部跟着曼陀菲尔部撤退了，至于撤退的状态，往好了说是混乱不堪，往坏了说则是惊恐万状，具体怎么定性，取决于个人立场。

又一次，腓特烈被他的敌人拯救了。俄军的反攻不仅没有得到后援，而且俄军的后援部队在烟尘中把战友当成了敌人，开火射击，冲在前面的俄军步履蹒跚地停止了前进。战斗的天平还在左右摇摆之际，赛德利茨挽狂澜于既倒。他的骑兵部队顺利进入曼陀菲尔左翼的阵地，到目前还没有投入战斗，尽管某些材料记载，愈益绝望的国王一再命令他采取行动——无论什么行动都可以，他答复道："告诉国王，在战斗结束之后，我的脑袋任由陛下处置，但是同时，我希望他允许我留着脑袋为他效力。"[14]

赛德利茨的拖延，不完全出于他用骑兵的眼光来看战局。在他们与主力部队之间有一片沼泽，他花了很长时间才把他那人高马大的骑兵部队赶过沼泽。赛德利茨也不能忽视在不利地形上移动时遭到敌军突袭的风险。尽管如此，大约在下午1点30分，他的骑兵以2∶1的兵力优势，砸到了俄军骑兵的侧翼上，将其击溃，随后冲进了俄军步兵之中。几分钟后，又有20个骑兵中队加入了他们的行列，这些人马本来是部署在卡尼茨的侧翼后面充当预备队的。

这个地域发生的战斗，是整个七年战争期间最舍生忘死的战斗之一。俄军在开阔地上遭到打击，没有时间组成方阵，按理说，他们可能会被普军的猛烈冲锋击溃。但是，他们中有许多人，无论是成建制的单位，还是一堆堆的残兵，都坚守岗位，死战不退，迫使普军龙骑兵和胸甲骑兵反复进攻，而不是一气呵成地横扫俄军右翼。到了最后的顽抗遭到粉碎的时候，尽管已有上千俄军消失在森林和沼泽中，或者倒在普鲁士骑兵的铁蹄下，俄军已经能够把新单位拉上来，把动摇的单位集中起来，组成一条新战线了。

到目前为止，只有一半普军参加了战斗。普军右翼根本没动，大约在下午1点30分，哆哆嗦嗦的腓特烈策马跑来，激励多纳投入战斗。德绍的莫里茨看到他的君主情绪低落，意识到重点攻击方向情况不妙，于是他大声宣布会战已经胜利，西面战场上看不清楚的混乱军队都是俄军俘虏，同时自己率领 1 个团投入战斗。[15] 这则柏拉图式的"高尚谎言"让东线普军士气大振，开始挺进，但是，仅仅几分钟后，他们就停下了脚步，原来，在顶头上司的主动指挥下，36 个俄军骑兵中队袭击了多纳的右翼普军，俘虏了整整 1 个步兵营和 1 个重炮阵地。身为平民的炮车车夫及其团队，为了躲避俄罗斯马刀的砍杀，夺路而逃，冲进了另 1 个营的阵地，这个营也动摇了。第 18 步兵团的 1 个营坚守阵地，持续开火，但是俄军骑兵轻巧地策马绕过这些火枪手，去寻找更容易对付的目标。

普鲁士骑兵再次果断介入，稳住了战局。多纳的右翼拥有 5 个骑兵团，包括 3 个胸甲骑兵团，龙骑兵、骠骑兵团各 1 个。得到另 2 个龙骑兵团的增援后，他们以决死的勇气冲向俄军。他们意外得到了赛德利茨的决定性的支持，原来，他把斗志昂扬的骑兵集结在曹恩道夫以北，重现了自己在罗斯巴赫的演出。现在，他派出若干骑兵冲锋，自己率领其余骑兵向右穿过普军后方，投入新的战斗。俄军骑兵撤退了，不仅丢弃了火炮，还丢下了刚刚俘虏的那个普鲁士步兵营，后者被俘的时间很短，但他们的难堪日子却长着呢。

多纳手下的步兵团长们，充分利用这个喘息之机重整旗鼓。下午 4 点左右，普军右翼大踏步挺进，最后一次尝试决出胜负。其中的许多人是勃兰登堡人，腓特烈认为他们是自己最精锐的部队。他们已经看够了俄国人的劫掠行为，知道如果自己今天输掉会战，那么下一个惨遭焚掠的就是自己的家园。在炮火的有力支援下，他们迫使俄军与自己进行激烈的肉搏战，至少在一次局部战斗中，连枪托和刺刀都不用了，居然用上了牙齿，当时一名垂死的俄军正要干掉一名身负致命伤的普军。[16]

然而，这样的近距离鏖战并不符合所有人的心意。随着夕阳西下，越来越多的俄、普官兵退出了战斗行列，有些人在喘气，有些人在喝酒。伴随俄军的每辆运输车上似乎都装载着大量烈酒，包括伏特加、杜松子酒、白兰地。战场上还有其他诱人的机会。第 5 骠骑兵团来自东普鲁士，以拥有腓特烈麾下最强悍善战的骑兵战士著称。当他们偶然发现俄军的饷银出纳柜时，巨大的诱惑让他们停步不前。这些骠骑兵故态复萌，开始瓜分战利品。

到了晚上 8 点 30 分，由于疲惫和混乱，加上两军主将都不愿意再打下去，会战结束了。两军撤出战斗，各自舔舐伤口。双方的伤亡都颇为惨重。超过 1.8 万俄军和将近 1.3 万普军阵亡、负伤或失踪。战士们在战场的每个角落厮杀，其凶悍程度，即使腓特烈帐下最铁石心肠的老兵也感到震惊。一位参战者记载道："即使一枪打到（俄国人）身上，也往往不足以放倒他。"[17] 另一位曾与曼陀菲尔的特遣部队作战的军官，对曹恩道夫战场上最激烈的战斗相应地也有详细描述，他记载，在赛德利茨的第一波冲锋中阵亡的骑兵，"脸上仍然挂着凶神恶煞般的神情"。[18]

尽管在那一天结束的时候，俄军阵地已经摇摇欲坠，但是腓特烈及其部下都不愿意在次日，即 8 月 26 日继续打下去了。费莫尔重新与补给车队取得了联系，尽管补给车队没有防卫力量，却也没有受到普军袭扰，这是曹恩道夫会战对普鲁士人的影响的另一个体现。8 月 27 日清晨，俄军残部越过心不在焉的普鲁士侦察哨位，启程东返。

在 18 世纪的所有会战中，曹恩道夫会战最为深远地影响了西方人评估俄军的表现，因此成了一个经典战例。战后次日，当腓特烈询问赛德利茨是否认为俄军一无是处时，将军多少有些简短无礼地回答道：这样形容那些如此坚决地击退了普军的人，并不合适。[19] 国王公然蔑视俄军，仿佛一个小孩子在路过墓地时，靠吹口哨为自己壮胆。在 1756 年之前，腓特烈一直坚信俄军一无是处，他认为，无论俄军有多少人马，任何一支纪律严明的军队都会迅速解决他们。曹恩道夫会战之后，他既不能无视俄国炮兵和枪手的坚毅勇敢，也不能忽视俄军统帅掌握的大量资源了。许多关于此役的常规史料忽略了一件事，当时人却清晰地记下了这件事，那就是俄军表现出了较高程度的战术主动性。针对普军侧翼的骑兵冲锋，以及针对卡尼茨的步兵反击，都清楚地表明，斜线战术具有很大的脆弱性，即使小范围的破坏，也会重创斜线序列。若遇上一支能协同应对的敌军，斜线战术的命运又会如何呢？[20]

可以说，在七年战争中，曹恩道夫会战的重要性远远超过洛伊滕会战和罗斯巴赫会战。与之前的历次会战不同，此役创造了一个崭新的模式。俄国人成了中欧权力斗争棋局中永恒的直接玩家。他们已经证明，自己是战斗中不容轻视的敌人。他们与全欧最棒的军队恶战一场，而且取得了平局。也许，腓特烈控制了战场，但他的军队无力阻挠费莫尔撤退。即使是俄罗斯的占领政策，也对普鲁士王国构成了双重威胁。东普鲁士是一根胡萝卜，俄国人的温和占领起到了诱惑普鲁士人的作用。同时，曹恩道夫战役又因为俄军肆无忌惮地劫掠而成为一根震慑普鲁士人的大棒。腓特烈可以无视普鲁士东部各省的安危，但他这样做可能会打破普鲁士王国的社会契约，一旦打破了，再想恢复就难了。[1]

普军的战术效率作为国家战略的关键因素，变得越来越重要，因此曹恩道夫会战在其他方面也颇具启发性。骑兵有着杰出表现。从赛德利茨到团长、中队长，再到普通士卒，普鲁士骑兵已经证明，莫尔维茨已经一去不复返了。但是，即使在表现最出色的时候，骑兵也展现了自己的根本性缺点。在正常的战场条件下，骑兵无法单凭自己的力量冲垮未被动摇的步兵。

至于普鲁士炮兵，准备和支援进攻的能力在不断提高。如果没有这些火炮，多纳的最后进攻必然无果而终。炮兵军官把他们的技艺视为一门科学，因此，不喜欢上级要求他们不断改变炮位，改变炮位会打乱他们对射程和弹道的准确计算。他们有一个观点：只要选择了适当的初始炮位，那么炮兵阵地暂时隐蔽，甚至暂时丢失，都影响不大。火炮不易移动，也不容易被破坏，所以迟早都会开火。尽管如此，普鲁士的"长臂"既没有机动力，也缺乏判断力来参与一场机动灵活的会战。他们得耗费很长时间，才能把火炮从一处搬到另一处，以至于炮兵在快速移动的战斗中只能扮演边缘角色。

这样一来，普鲁士步兵成为战场上的核心力量。在曹恩道夫战场上，一些普军部队在俄军枪炮、马刀下直接溃散，腓特烈从未原谅他们。直到1773年的王家阅兵式上，由卡尼茨指挥的东普鲁士兵团才重新赢得些许国王的欢心。一年后，腓特烈提醒波美拉尼亚第7步兵团，他们也曾在曹恩道夫溃逃，这种行为既无法挽回，也不可忘怀。

现实比地方性的勇气和兵团的荣誉更加复杂。那些自己的兵站和家人处于俄军控制下的兵团，肯定受到了新兵不足和士气低落问题的影响。东普鲁士

---

[1] 按照卢梭的社会契约理论，人民放弃某些权利，并为国家承担一些义务，作为交换，国家为人民提供公共服务，如社会福利和国防安全，所以，国家与人民之间是契约关系。在这里，如果腓特烈不保护东普鲁士，等于国家一方撕毁了社会契约，当地人民自然没有义务再向腓特烈效忠了。

各营在毫无成果的夏季战役中消耗很大。他们在不利天气条件下被派往战场。然而，曹恩道夫之战清晰表明，在腓特烈的战术理论与普鲁士步兵的组织架构之间，存在着巨大的鸿沟。团以上没有任何固定的指挥建制，意味着战线上并肩作战的各单位之间，没有密切关联，实际上如同陌路。除了在某些偶然情况下，高级军官同样不熟悉划归他们指挥的部队。结果，像卡尼茨改变进攻方向和多纳拖延前进这样的决策，往往会让普军不战自乱，尤其是在局部敌人主动采取小范围行动时。斜线战术需要敌人配合才能成功，敌人不仅要犯下各种"正确的"错误，还得允许自己要么被普军的佯动欺骗，要么被最后的进攻吓倒。如果遇到愿意坚守阵地的敌人，而且只要敌人向普鲁士军事机器扔进哪怕一丁点沙砾，就有很大概率看到斜线战术因灵活性不足而自取灭亡。

曹恩道夫之战还凸显了权力集于一身的指挥体制的局限性。腓特烈可以指挥一场像洛伊滕那样的大规模进攻。当计划开始散乱、情况生变时，就像在曹恩道夫那样，他不可能同时出现在各处。突发和紧急情况对国王仪态举止的影响，无论有多么微小，对需要他激励鼓舞斗志的官兵而言，他个人的一丁点变化都是显而易见的。在所有正面和负面信息都被归纳整理出来之后，曹恩道夫会战清楚地表明，腓特烈的战略构想的基础——短暂而具有决定性的战役，将日益难以实现。

霍克奇之战：意料之外的惨败

1758 年 8 月的最后几天里，腓特烈没有精力反思这些问题。曹恩道夫会战的后续事件表明，普鲁士军队维持一套临时性的特遣部队构架，而非维持更加长期的编组体制，是有重大的现实理由的。腓特烈的军队被一分为二：21 个步兵营和 35 个骑兵中队被交给多纳，用于监视俄军；腓特烈率领 15 个步兵营和 38 个骑兵中队，再一次兵分两路挥师西指，去迎战奥地利军队。

腓特烈的敌人证实了腓特烈的决策的正确性。费莫尔对俄军在曹恩道夫的惨重损失惊愕不已，以至于完全退出了战场，在余下的作战季节中，他责备麾下将士打出这么个结果，并漫不经心地围攻波罗的海港口科尔贝格。然而，奥地利人制订并实施了针对普鲁士腹地发动大规模战略反攻的计划。作为 18 世纪将军的典型，奥军的主要指挥官被载入了军事史册，他们擅长组织补给仓储和机动，不喜欢发动冒险的进攻行动。但是，利奥波德·道恩元帅也是一位对自己和自己的军队了如指掌的统帅。把热切的战略追求和精彩的战术结合起来，只会更有利于发挥他的伟大对手的长处。[21]当腓特烈在曹恩道夫把自己的军队搞得头破血流的时候，道恩把他的作战基地转移到了萨克森，在那里，他与一支经过重组的帝国军队会师了，其指挥官是茨韦布吕肯的腓特烈亲王。国王留给亨利亲王的掩护部队势单力薄，联军原计划歼灭亨利所部，但是，由于长期困扰联军的配合问题，计划失败了，后来腓特烈即将抵达战场的消息传来，这个计划被彻底放弃了。

再一次，国王的战略转移快得令人惊诧。尽管他的官兵们在曹恩道夫打得筋疲力尽，每天依然能够行进 32 公里①之多，9 月 11 日，国王与弟弟在萨克森会师了。作为回应，道恩把他的军队移动到了德累斯顿以东、地形崎岖的原野上。对此，他手下的好战分子十分失望。尽管如此，这里是道恩喜欢的战场，对于他擅长的防御作战来说，此地相当理想，同时，如果普鲁士人犯下错误，那么此地也有利于他发挥战术主动性。为了诱使敌人犯错，道恩派出若干快速纵队和突击队，去骚扰腓特烈的前哨和通讯线。

至于普鲁士国王，他不打算再发动一场正面进攻来迫使道恩就范，因为一年打一场曹恩道夫这样的会战就够了。腓特烈反而打算通过威胁**道恩**的后勤补给线，迫使**他**离开阵地。在一个多月的时间里，两军以一板一眼的加伏特舞的方式，来来往往、相互周旋，都没有取得任何重大战果。10 月 9 日，腓特烈率领他的普军主力约 3.6 万人马，进驻霍克奇村周围的营寨。

这是出于军队管理考量的一个举措。腓特烈计划待在这里，直到补齐了人马物资为止，因此，他没有非常用心地布置阵地。普军营寨比较分散，大体呈南北走向，面向东方，那里是情报中道恩最后出现的方向。营寨左翼是有重炮支援的 9 个步兵营，本质上是一支前哨部队，任务是与一支分遣部队保持联络，后者负责监控道恩的另一部分人马。营寨中央位于霍克奇以北，挖掘了深浅不一的壕沟。右翼是另一番光景了：11 个步兵营和 28 个骑兵中队，驻扎在霍克

---

① 20 英里。

奇村里面及其周围。至于霍克奇村，是一个居民区，以一座拥有围墙的大型教堂为中心。这块阵地本身很坚固，既有炮台和堡垒予以加强，又有腓特烈手下的一些精锐部队驻守。然而，它的东面有一座俯瞰它的高地，这片高地还逐步被奥地利轻装部队占领了，按照普军情报的说法，高地上是不应该出现奥军的。

营级层面上的焦虑情绪无法传达到国王这里。腓特烈再次犯下了一厢情愿这个错误，按照自己的需要来判断敌人的意图。整个夏天，道恩都无所作为。普军急需获得补充，由于身处不利境地而产生的一两天理论上的风险，似乎是完全可以接受的。

奥地利人有自己的想法。此时，道恩手握8万人马，几乎是腓特烈的三倍。奥地利统帅谨小慎微，但并非懦夫，而且他知道如何遴选合适的部下来弥补自己的不足之处。具体而言，他的参谋长弗朗茨·莫里茨·拉齐，是一位咄咄逼人的硬汉军官。拉齐在戎马生涯初期得到过布劳恩元帅的指点，是一位相当扎实可靠的管理者，所以他对强有力行动的支持，与老派莽夫的一往无前的战斗热情截然不同，那帮莽夫只是在比腓特烈开办的普鲁士军校还要简陋的学校中，学习了一些军事技巧而已。[22]

在拉齐的催促下，道恩用了几天时间亲自侦察普军营寨，有一次还遭到了敌军射击。从奥地利人的视角看来，这些侦察任务中最值得注意的是，普军没采取任何值得一提的应对措施，既没有改变自己的部署，也没有提高安全警戒等级。这种情况似乎是发动进攻的天赐良机。道恩的决定也受到了奥军情绪的影响。团级军官求战心切，而且他们汇报说，他们的部下同样渴求一战。后一点有待商榷。虽然如此，今年的夏季战役还是相当成功的，而且几乎毫无损失，足以淡化洛伊滕的惨痛回忆。道恩有充分理由相信，一场重大胜利将彻底洗雪洛伊滕之耻，另有一大堆理由让他相信，自己可以赢得这样一场会战。

奥地利统帅的作战计划比他的意图要复杂一些。道恩打算动用奥军中最精锐的部队，突袭普军右翼。42个步兵和掷弹兵营，加上11个骑兵团，兵分五路，向霍克奇村发动向心攻击。这是拉齐的主意：鉴于向目标推进是在夜幕掩护下进行的，所以大纵队充当打击力量，小纵队用于控制局面。进攻的时间信号，恰好来自普军的阵地。凌晨5点钟，霍克奇教堂会敲钟，届时，奥军将发动进攻。

与此同时，道恩的其余人马，包括 21 个步兵营和 7 个骑兵团，将与普军左翼和中路交锋，把那里的普军牵制在原地动弹不得，这些奥军相当于在用锤子砸钉子之前握住钉子的那只手。如果一切进展顺利，结果将是翻转的洛伊滕会战，腓特烈的右翼会先被打垮，继而全军遭到席卷。霍克奇周围的普军阵地原本就很坚固，并且得到人工工事的强化。尽管如此，进攻的奥军可以利用前文提到的高地，以及遮掩了视野和火力的诸多小树林。奥军最后一波攻击需要经过的火力杀伤区，将是一个狭窄地带。此外，一旦夺取了霍克奇，普鲁士人就再也找不到可以集结起来进行抵抗的地形了。也许，道恩设想的洛伊滕大捷之后，会出现另一场罗斯巴赫大捷，把腓特烈的军队打得溃不成军，一蹶不振。

天气和地形都有利于奥地利人。10 月 13 日至 14 日的夜间，天上星光黯淡，清晨还起了雾。奥军出营列队，却保留了营地，让营火继续燃烧。工兵们小心翼翼地制造尽可能多的噪音，砍伐树木构筑战场工事，造成道恩畏惧普军进攻、忙于构筑工事的假象。尽管地形崎岖，奥军各路纵队还是成功保证了各自的秩序。凌晨 5 点钟，教堂钟声敲响了，奥地利人在非正规部队的掩护下，向普军压了过来。

尽管奥军逃兵报告了奥军正在行动，腓特烈依然没有改变营寨部署。率先崩溃的是 2 个遭到突袭，而且没有得到支援的自由营。随后是位于右翼的 3 个掷弹兵营。在奥地利人从晨雾中冲杀出来之前，有些普军已经抓起步枪，排成了队伍。有些人还在帐篷里面就被刺死了，或者，当他们挣扎着跑出帐篷时，扎帐篷的绳索被割断了，帐篷桩子折断了，帐幕盖到他们身上。普鲁士人的火炮，以绝望的炮手所能达到的最快速度开火和装填，但大部分炮弹都浪费在盲目向晨雾射击了。另一方面，奥军炮兵对自己的目标——普军营寨一目了然。他们的榴弹炮发射的炮弹，对那些睡眼惺忪的普鲁士步兵造成了沉重而可怕的伤亡，这些普鲁士步兵猬集在一起，与其说是出于本能而集结在军旗之下，不如说是因为似乎无处可去。随着狼狈跑出帐篷的普军越来越多，奋力逃生的人群被迫逃离主营地，向霍克奇外围移动，奥地利人用六种不同语言呐喊，普鲁士军官和士官则高喊："集合！拿起武器！"[23]

起初，腓特烈对战斗的嘈杂声不以为意，只当作前哨阵地上的散兵战。当他看见一个步兵团在列队时，他说："孩子们，回帐篷去吧。对方只是劫掠财物的散兵。"只有当奥军从普军堡垒中缴获的 12 磅炮发射的炮弹，开始从他的头顶呼啸而过时，腓特烈才咆哮着寻找他的战马，并且下令全军戒备。[24]

此时，天色破晓。晨雾已经消散，良好的视野让敌人可以分清目视范围之外的敌友了。普军骑兵发动了一系列团级反攻，尽管打痛了奥军，却未能阻止对方推进。第 23 步兵团的 1 个营发起了冲锋，随着奥军包抄其侧翼和后路，该营退了下去。此时，霍克奇村的茅草屋顶着火了，随着火舌沿着各个屋顶蔓延，全村都开始燃烧起来。位于村子南边的炮兵阵地，连同其中的 20 门 12 磅炮，都在奥军的刺刀下丢掉了，残余的守军又涌回霍克奇村。但是，战斗还远没有结束。第 19 步兵团的 1 个营，坚守在教堂墓地里面：教堂石墙仿佛一块磁石，既吸引着跑得筋疲力尽的普鲁士逃兵，又吸引着奥地利士兵，后者的指挥官本应更聪明一些，绕过这种坚固的支撑点。最终，6 个哈布斯堡步兵团的官兵参加了攻打墓地的行动，墓地正面颇为狭窄，奥军无法展开兵力，西蒙·冯·朗根少校手下第 19 步兵团的火枪手们，用子弹、刺刀和当作棍棒使用的步枪，顶住了舍生忘死的奥军发动的所有进攻。

霍克奇教堂墓地的鏖战争取到的时间，并没有遭到浪费。基思元帅富有老战士的警惕性，从一开始，他就不相信腓特烈的马马虎虎的态度。基思说过，如果奥地利人不进攻我们这里，他们就活该被绞死。[25]现在，基思策马奔向枪炮声大作的地方，与德绍的莫里茨一起，开始重新掌控战场。眼下形势危急，没有时间组建预备队，各团一进入战场就各自为战。基思亲自率部发动一场猛烈的局部反击，夺回了位于霍克奇村以南的炮兵阵地，但是，面对来自霍克奇村的枪弹，他未能守住阵地。6 点钟左右，又有 3 个普军步兵团冲向霍克奇村，莫里茨亲王收拢溃兵和分遣队来支援这场冲锋。

普鲁士人肃清了整个村庄，并从村子的另一头冲了出去，却在炮兵阵地上倒在奥军的刺刀之下。此时，前进的队伍变成了一大群大喊大叫的士兵，大多数部队失去了建制，最初的冲劲过去之后，就完全丧失了前进势头。在奥军预备队纪律严明的火枪齐射下，普军被击退了，奥军还得到了刚刚缴获的普鲁士火炮的有力支持，它们的原主人跑得太快，来不及破坏它们。莫里茨身负重伤，被抬出战场。基思被一枚炮弹打落马鞍，坠地阵亡。普军退了下去，在霍克奇教堂围墙和花园的掩护下，短暂集结起来，随即涌出村子，全线撤退。

与霍克奇村中的大多数普鲁士人不同，朗根所部坚守阵地，并没有参加反扑。现在，他们的步枪又开火轰鸣了，阻止了奥军的追击，并且成了其他普军的灯塔。这时，腓特烈到了现场。无论他在此前会战的紧急情况下有什么缺点，今天早晨的国王还是镇定的。他宣布，没必要在逐屋巷战中浪费兵力了。相反，包括近卫军在内的 3 个团将从西侧包抄霍克奇村，齐滕的骑兵掩护其右翼。但是，这些骑兵被拖入了与道恩左翼纵队的骑兵的厮杀之中，尽管赢得了战斗荣誉，却没有参加会战。当反扑的普鲁士步兵陷入奥军越来越猛烈的火网时，他们的表现是未来葛底斯堡石墙前的北军费城旅在 7 月 3 日佩切特冲锋[①]高潮时的战斗表现的预演。他们并没有溃散，转身逃跑，也没有继续向前夺取胜利。相反，他们在中距离上发动了火力攻击，直到打光了弹药，随后，奥军的小规模骑兵冲锋开始在他们的队形上撕开口子。

腓特烈的小舅子[②]被一枚炮弹削掉了脑袋，国王亲自出马，把由于目睹了这起意外事件而发生动摇的步兵团整合起来。尽管胜机渺茫，朗根还是在霍克奇墓地中死战不退，击退了奥军的一次次进攻，直到弹药耗尽。这位少校把还能战斗的部下聚集起来，发动了孤注一掷的冲锋，试图夺回失去的阵地。几分钟后，他重伤倒地。进攻失败了，普军在这里取得胜利的希望都随之化为泡影。

在战线的另一端，从早晨 7 点钟开始，腓特烈的左翼就遭到猛攻。最终，普军左翼后退了，损失了不下 30 门重炮，1 个完整的掷弹兵营被奥军胸甲骑兵包围、俘虏了。与此同时，国王在霍克奇村以北组建了一条新战线，但也只是早晨溃败产生的败兵和幸存者的集结点而已。腓特烈并非赌徒，知道应该何时收兵止损。上午 10 点左右，普鲁士军队开始向西北方退却。

"看看我失去了多少英勇的部下！"腓特烈伤感地低声对身边的一名随从说道。[26]霍克奇之战让他损失了 9000 人马。奥军损失了约 7000 人，但是，腓特烈的大部分损失是难以弥补的，他们来自那些只记得洛伊滕和罗斯巴赫大

---

① 原文如此。佩切特冲锋应为葛底斯堡战役中著名的皮克特冲锋。1863 年 7 月 3 日，南军主帅罗伯特·李将军下令发动气势如虹的步兵攻击，这场行动以南军的乔治·皮克特将军命名。北军费城旅坚守墓地岭，阻挡住了南军的凌厉攻势，南军共伤、亡、被俘近万人，北军伤亡只有 1500 人。

② 1733 年，还是王太子的腓特烈娶了不伦瑞克公主伊丽莎白·克里斯汀。这位阵亡的王子是伊丽莎白·克里斯汀的弟弟腓特烈·弗朗茨。

捷，而非曹恩道夫杀戮场的团队。① 第13步兵团中，超过800人阵亡、负伤或失踪。其他荣誉满身的兵团，如第19、26步兵团，也蒙受了相同比例的损失。普军损失了100门火炮。腓特烈失去了大量最英勇的团级军官。在高级将领中，基思阵亡了，他的遗体惨遭剥光、洗劫，成了奥军光荣的纪念品；德绍的莫里茨被俘，后来获释，但是他再也没有重返战场领兵作战。莫里茨罹患了与伤势无关的癌症，1760年去世。

在战术上，奥军陷入过度混乱，无力立即追击普军。一些高级军官似乎对自己的胜利惊诧不已，很难相信他们确实取得了胜利。不过，获胜的奥地利人有充足时间与战友握手，庆祝自己的胜利，也有时间整顿依然在霍克奇废墟中搜罗溃兵，或分散洗劫双方伤亡将士财物的各营和中队。27

由于腓特烈撤军的速度和效率都很高，加之道恩也不愿意追击如此迅速地脱离自己的有效追击范围的敌人，因此霍克奇之战的直接战略成果有限。在战场中心地区，1758年交战季节的剩余时日只能进一步证明，奥地利的胜利价值有限。腓特烈一度考虑与道恩再打一场，但最终被迫进军西里西亚，以解除敌军对尼斯要塞的封锁。与此同时，道恩向相反方向运动，对德累斯顿发动了时断时续的围攻。看到尼斯要塞会在冬季安然无恙，11月初，腓特烈返回萨克森。道恩随即退入波西米亚境内的冬令营。

如果说，普鲁士人在1758年最后几星期内几乎没有打仗，那他们也表现出自己依然知道如何行军。霍克奇之战后，掉队和开小差的人数有限，可能最重要的原因就是一年的漫长行军和艰苦战斗的累积效应。此时，虚弱的身体和失败情绪都成了过去。对上帝的信仰和对国王的信赖，对自身技能和阶级的自豪感，单纯的顽强固执——各种动机都有，但都胜过正式的纪律约束。如果说，普军此时的人数是战争爆发以来最少的，那么，各个岗位上的将士都是志同道合的同袍，而且具备把共同意志转化为有效的军事因素的经验。

1758年与1759年之交，腓特烈在评估自己的处境时，有理由对自己的短期前景感到乐观。直到1759年春季，西里西亚和萨克森都安然无恙。俄国人

---

① 大意是他们是洛伊滕和罗斯巴赫的胜利之师，尽管在曹恩道夫损失惨重，依然是光荣而善战的队伍。

已经被逐出普鲁士的东部边界。瑞典人则清楚地表明，他们既没有意愿，也没有能力真正威胁普鲁士的波美拉尼亚。在西线，不伦瑞克的斐迪南即使没有进入名将的行列，至少也是"出色的平庸将领"了。这年夏季，得到了一支一流英国步、骑兵分遣队的增援之后，斐迪南发动了一次佯动和机动战役，迫使他的法国对手不断调来调去，最终迫使对手完全撤离汉诺威。心怀感激的英王乔治给了斐迪南 2000 英镑终身年金，腓特烈也给了他元帅头衔，就都不足为奇了，然而，腓特烈没有给予额外的金钱奖励。[28]

尽管如此，从更宏观的视角看来，腓特烈的处境已经岌岌可危了。在战术层面，与第一次西里西亚战争时期相比，战场截然不同了。对奥地利人的表现，腓特烈特别印象深刻。1758 年冬季，他编纂了一套《反思》，称赞了彼时奥地利人选择和加强其营寨及阵地的技巧。奥地利人不仅在构筑堡垒和工事时，展现出旺盛精力，他们的防御也有很大纵深，井井有条，即使敌军最初取得了突破，奥军依然能依靠圈套和陷阱来化解敌军的冲击力。腓特烈还注意到，奥地利人巧妙地使用了多兵种协同战术，他们用骑兵引诱对手进攻，把步兵集中起来伏击进攻者，最后用周密部署的火炮来粉碎敌人。

尽管如此，腓特烈断然否定了一切关于奥地利人突然变得不可战胜的说法。但他的文章多少有些遗憾地承认，面对可以选择阵地的奥军，科林模式的正面进攻几乎毫无胜机可言。普鲁士步兵通常向高处仰攻，他们的步枪几乎造不成什么伤害。他们的奥地利对手，几乎完全不像战前制定的战术理论所说的那样，被上了刺刀的无声挺进的步兵吓得魂飞魄散。现在，国王急于利用奥地利人在部署方面的错误，同时，充分利用战场上无人占领的地域带来的机遇。最重要的是，腓特烈热衷夺取高地充当炮兵阵地，尽快把尽可能多的火炮推进炮台，用火炮为其他兵种的进攻提供火力准备。

国王否定奥地利人在炮火打击下继续顽抗的意愿，这一观点本身就是可以否定的。因为在这方面，1758 年的奥地利军队并不比其他训练有素、纪律严明的军队，更出色或更差劲。重要的是，腓特烈坚持在没有火力优势，甚至在火力稍弱的情况下发动进攻，这就像用棍棒迎战火枪一样，是不可能完成的任务。

这与 1756 年普鲁士参战时遵从的战术原则截然不同。通过反对发动像科林或布拉格会战那样的全面进攻，腓特烈进一步表达了谨慎持重的意向。腓特烈宣称，那样的进攻风险太大。让一个侧翼不参战，而只让全军的一部分参战，可以确保在战败的情况下存在一支掩护部队。腓特烈坚持在敌军战线上选择一个突破点，向那个点集中开炮，继而派出步兵突破它。如果在某个点上突破敌军战线，那么就可以摧垮全线敌人，就像在各处都取得突破那样有效。但是，确保进攻矛头的侧翼安全是至关重要的；一旦投入进攻的步兵营击中了目标，那么保持进攻的良好态势，至少也是同等重要的。在发动局部反击攻打组织混乱的敌军时，奥地利骑兵是一个特别危险的敌人，因此保持进攻部队井然有序也很重要。

腓特烈的某些观点不可思议地提前揭示了英、美指挥官得出的，关于1943到1945年打击德国军队的最佳手段的结论。井然有序的纵深防御，精湛的多兵种协同战术，迅速反击陷入混乱的敌人——这套模式更容易令人联想到希特勒的德国国防军，而非玛丽亚·特蕾莎的奥地利军队。尽管如此，尚有争议的相似之处，凸显了腓特烈对奥地利军队的高度尊敬。事实上他认为，要取得针对哈布斯堡帝国的决定性胜利，唯一办法就是把奥地利的将军们从波西米亚、摩拉维亚和上萨克森的森林、山岳、崎岖土地上引诱出来。另一方面，腓特烈认为，下西里西亚平原是歼灭奥军的理想战场。他完全能够预料到奥地利人的贪婪，或者更准确地说，玛丽亚·特蕾莎收复失地的决心，会引诱哈布斯堡军队最终走向灭亡的深渊。[29]

腓特烈掌握先机

最后一句话切中要害。要想把奥地利人引诱到开阔地带，在最好情况下也得费时费力，而在未来一年中，普鲁士最缺少的就是时间。腓特烈还是王太子时，亨利①·德·拉·莫特–富凯就在他的影子内阁中担任了低级官员，因而熟识腓特烈。作为一个集战场老兵的技能和知识分子的趣味于一身的人，富凯是国王的宠臣之一，按照德国谚语的说法，他也是少数敢"不断为他（国王）

---

① 此处的原文为 Heinrich（海因里希），依前文写作亨利（Henry）。事实上，Henry 是法文，Heinrich 是 Henry 的德文写法。

斟酒的人"之一。富凯怀疑奥地利人是否足够甘愿为他们的敌人提供第二个洛伊滕大捷的机会。富凯声称，道恩是一条老狐狸，除非出现霍克奇那样的天赐良机，否则绝不会轻举妄动。[30]

富凯的悲观与腓特烈在1759年年初的担忧并无二致。奥地利人可能是最显而易见的敌人，但与俄国人拥有的海量资源相比，俄国人得到的回报微不足道。此外，至少在腓特烈自己看来，他有真切的理由怀疑东方省份扛不过下一场全面入侵。在战场西线，斐迪南取得的胜利，把英国统治下的汉诺威从法国战火中拯救了出来。如果腓特烈还想在1759年供养一支野战军的话，为了获得他认为必不可少的津贴，斐迪南的胜利是相当重要的。然而，对于化解普鲁士面临的战略危机而言，这并没有直接帮助。此外，斐迪南是他那个时代的典型将军，更加擅长实施机动，不太擅长进行激战，而激战现已成为腓特烈的战争模式的核心。斐迪南亲王的"披风与剑"战法[①]，或许还能迷惑法国人一两个夏季。从罗克鲁瓦[②]到丰特努瓦，法国军队都用事实证明了自己是一个可怕的敌人，而且似乎没有受到不可逆转的法国国势衰颓的影响，然而斐迪南的战法足以成为法军的战争教材。腓特烈思考着：普鲁士的未来命运会如何呢？到了明年冬季，他还会就法国人，乃至俄国人的作战方式起草一份类似的备忘录吗？[③]

此外，腓特烈自己的军队，尤其是步兵士卒和团级军官，遭到了严重削弱。腓特烈全力以赴地补充他那元气大伤的军队。各州都对本地的年轻人和康复的伤病员进行了冷酷的筛查。被普鲁士侵占的瑞属波美拉尼亚和萨克森地区，都遭到了无情的搜刮。萨克森各庄园接到严厉的通知，要么它们提供必要数量的新兵，要么普鲁士军队动用一切必要手段来凑齐人头。中立的梅克伦堡遭到了三十年战争式的掠夺。腓特烈还在整个神圣罗马帝国搜罗新兵，负责征兵的上校们，每招募到一名"志愿兵"，都会获得15塔勒的赏金。此时，几乎所有

---

① 西班牙斗牛士在斗牛时，手上拿着斗篷和剑，斗篷用于逗引公牛，消耗它的体力，剑用于在最后结束牛的性命。

② 1643年5月，由孔代亲王指挥的法军在罗克鲁瓦击败了西班牙军队，结束了西班牙军队和西班牙大方阵称霸欧陆的历史。

③ 大意是，鉴于明年要与法国和俄国人交战，他能否熬到明年冬季起草年终总结的时候，还是一个未知数。

对戎马生涯真正感兴趣的德意志人，都早已穿上了军装。为了从南德意志和莱茵兰招募数千名新兵，需要无所不用其极。一些来自中产阶级家庭的幼子，甚至得到了在腓特烈军队中获得军官委任状的承诺，结果却发现自己只是被毫不客气地当作了应征者的替代品。因此，这些冒牌普鲁士人必须不断由武装人员押送，就不足为奇了。[31]

更可靠的补充人员是战俘，在这个冬季，腓特烈把他们换了回来。超过1.8万名普鲁士官兵通过交换俘虏重返普鲁士军队服役。其中大多数人是在霍克奇被俘的。因此，他们的健康和训练状况都没有大碍，无论重返原来的团队，还是加入其他急需有作战经验的兵员的部队，他们都很受欢迎。鉴于去年普鲁士俘虏的敌军多，被俘的人员少，战俘交换取得了"顺差"，腓特烈手中拥有足够的敌军士兵，因此值得对战俘营进行一番系统性梳理，以寻找有改换门庭意愿的新兵。普鲁士征兵官也相应地鼓励这些"志愿者"投身普军。

总体结果肯定是利弊互现的。根据官方的说法，整个冬季，普军都在接纳和融入新兵及补充者，到了1759年作战季节开始时，普军的战备状态跟以往一样好。所有史料都表明，普鲁士骑兵井井有条，士饱马腾。炮兵空前强大。早在1758年11月，腓特烈就打算在来年投入约300门火炮。其中有50门是从普鲁士要塞中拆卸下来的12磅重炮，即在战争后期声名大噪的"布鲁默"火炮。还有70多门是奥地利轻型12磅炮的普鲁士复制品，它们在许多战场上都威力十足。此外，腓特烈还打算建立一支战略炮兵预备队，共有80门6磅和12磅炮。为了给这些火炮提供足够人力，并监督平民身份的炮车车夫，加之重型火炮少不了大队人马来伺候，炮兵部队的人数翻了一番，官兵数量达到将近4000人。

1759年春，腓特烈还为他的炮兵添加了一项重大创新。在俄军的编制表上，每个骑兵团都有1门3磅炮和1到2门轻型迫击炮作为直接支援火力。腓特烈在俄军编制的基础上更进一步，组建了"流动炮兵"，可以被迅速派往战场上的任何位置，既可以阻遏敌军的进攻，还可以协助重型的半机动火炮确保火力优势，现在，国王认为火力优势是步兵攻击取得成功所必需的。第一支流动炮兵连有6门6磅炮，每门炮由6匹马组成的车队来拖曳，7人制炮兵组也都骑马，而且，就像重视骑兵的战马一样，这些炮兵的马匹也都是精挑细选出来的。在1759年战役开始之前，腓特烈亲自视察了这支部队，其表现和潜力都让他难以忘怀。[32]

一看内里，与其说是放心，不如说让人警惕。自1758年以来，普军的战斗序列一直没发生过变化，只有几个自由营例外，在自由营中，无人想要的士兵越来越多。普军的兵力几乎一成未变，一年前是16.6万人，此时是16.3万。然而，数量只是现实的一部分而已。与科林、洛伊滕和罗斯巴赫时期相比，作为普军中坚力量的步兵，已经大不如前。需要小心翼翼地使用他们，在穿上军装打一两场胜仗之后，才能在紧急状况下也完全信任他们。补充兵的缺点在前文中已经说过了。此外，自战争开始以来，越来越多老兵超期服役。沮丧、疲劳和认为战争胜算越来越小的感觉，即使在普军最出色的团队中也是家常便饭了。

在18世纪的情况下，这些问题不如在后世个性化战争中那么重要。如果说，吉卜林[①]笔下的"某某军士"拥有把泥巴变成步兵的魅力，那么普鲁士教官就能把肥料训练成火枪手。然而，军官候补生队伍已经今非昔比了。在统治初期，腓特烈禁止在军官候补生中间过于严厉地执行军纪和出现欺凌行径，并下令更加重视学术教育。这些措施的实际效果有限。直到1759年，J.J.冯·巴登布罗克将军当上校长，军校的生活水平、学术水平和行为规范才有所提高。腓特烈即位以来的二十年间，普鲁士王家军校继续培养了一代又一代下级军官，他们的高等数学和小规模战术知识都是入门水平，但是，他们在战场上宁愿战死也不愿意逃跑。[33]

下级军官的确在腓特烈战争的激烈战斗中伤亡惨重，到了1759年，普军几乎失去了半数军官。那些伤病痊愈重返原团队的人，往往在身体和心理上还留有疮疤，导致战斗效力下降。腓特烈试图通过任用有经验的士官和中产阶级后代，以及雇用外国人来填补军官缺额。甚至只有13岁的军官候补生也被送上了战场，他们被立即分配到前线指挥岗位上，而非循序渐进地承担责任。

---

① 约瑟夫·拉迪亚德·吉卜林（1865—1936年），英国小说家、诗人。主要作品有诗集《营房谣》《七海》，小说集《生命的阻力》和动物故事《丛林之书》等。1907年凭借作品《基姆》获诺贝尔文学奖，当时年仅42岁，是迄今为止最年轻的诺贝尔文学奖得主。

此时，在国王的大多数步兵团中，厌倦战争的老兵和"国王的劣质兵员"比比皆是，在他们中间，少年军官可能会激起一定程度的同情心。少年军官不大可能获得能够在一场激烈战斗中立即让部下服从命令的尊重，也无法在他们应该指挥的士兵身上激起一种补偿性恐惧。[1]

普军的高级将领同样损失惨重。什未林和基思都去世了，德绍的莫里茨行将就木。赛德利茨脆弱的健康状况让他难当重任。温特费尔特已经去世，军队的参谋工作再也不可能如同以往了。国王的弟弟、普鲁士的亨利亲王，已经成为一位可以信赖的战场指挥官。齐滕一如既往地坚韧和桀骜不驯。但是，每一场战役打完，战败的指挥官和不够机灵的准将的名单，都会加长一些，多纳、贝沃恩、曼陀菲尔、卡尼茨都名列其中。很多前途无量的团长在身先士卒时倒下了。被俘的军官不再像以前那样理所当然地被交换回来了。一些新面孔逐渐浮出水面。他们是否会继续成长，——如果他们能活下来的话，没人敢打包票，尤其是因为腓特烈的战争模式对他的将军们提出了极端两极分化的要求。一方面，他们被期待成为国王的战争机器上可以随时更换的齿轮，需要按照国王的命令，不折不扣地执行他的意图和指令；另一方面，他们被期待在关键的战况下表现出积极主动性，面对敌军行动造成的被动局面，比如曹恩道夫和霍克奇那样的，要能做出反应、采取行动。一百年后，南方邦联军队的"石墙"杰克逊[2] 将军，也创造了类似的悖论。从谢南多厄河谷到钱瑟勒斯维尔，在历次战事中，北弗吉尼亚军团中情绪高涨的个人主义者对杰克逊的指挥做出的反应，引发了逮捕和争吵。腓特烈的将军们要被动得多，却也无法挣脱自以为是的天才国王强加给他们的双重束缚。

在普鲁士面临的战略形势下，普军的内部素质尤其重要。腓特烈用了1758 年一年时间来到处灭火，从一处危急战场奔赴另一处。在接下来的一年，也看不到局势好转的希望。普鲁士的敌人实力强大，足以使国王不敢冒险集中

---

[1] 腓特烈多次强调，士兵应该惧怕他的长官甚于害怕他的敌人，所以，让士兵害怕的军官才是合格的军官。但是这些少年军官很难让士兵害怕，也就无法获得有利于自己的"补偿性恐惧"了。

[2] 托马斯·乔纳森·杰克逊（1824—1863 年），美国内战期间著名的南军将领，绰号"石墙"。1863 年 5 月 10 日，在战斗中伤重身死。部分历史学家认为，如果以战绩作比较，他是美国内战中的唯一英雄。

兵力。多纳依然是最佳的主帅人选，他手下的 2.8 万军队留在东线监视俄军。另 5000 人驻扎在斯特拉尔松德，监视瑞典人。亨利亲王手握 3 万人左右，任务是确保萨克森免受奥地利军队或帝国军队的入侵。由富凯指挥的 1.3 万人坐镇上西里西亚。为了确保各地的安全，腓特烈组建了一些小股分遣队，这样，他的主力军只有 5 万人马，这支部队也得盯着萨克森和西里西亚，因为无论是亨利，还是富凯，所部人马都只够监视敌军和迟滞各自战区的敌军重大攻势，指望他们承担更艰巨的任务都是不现实的。

腓特烈的处境就像人们常说的"格子衬衫上的变色龙"，冒着自我毁灭的风险努力应对挑战。在这种情况下，外交手段毫无用处。被动挨打似乎注定会导致大难临头。但是，普鲁士应该在哪里采取主动？怎样采取主动呢？在西线，不伦瑞克的斐迪南证明了自己能够独当一面，赢得胜利。也许同样重要的是，西线战场是英国关注的焦点，而英国对欧陆战争的热情永远是不长久的。12 月，英国下议院表示支持普鲁士：在军事和财政两方面都伸出援手。用赌徒的话来讲，现在是该出手豪赌的时候了？

1758 到 1759 年的冬季，根据腓特烈与俄罗斯和奥地利军队作战所总结的经验教训，斐迪南的军队得到了显著加强和改善。炮兵得到加强；轻装部队也有所增加，增加的人手并非像自由营那样的乌合之众，而是接受过专门的散兵和神枪手训练的、纪律严明的正规军。基础设施进行了全面检修，交通运输得到了梳理和重组。1759 年新年伊始，斐迪南拥有了一支由 60 个营、77 个中队组成的强悍军队。他急于发动攻势，即使面对数量占优的法军。[34]

腓特烈很愿意支持这番豪赌。普鲁士的敌人将会发现，协调计划比统一意志还要困难。普鲁士的敌人都认为需要遏制普鲁士并愿意为此参战，但怎么才叫"遏制住了"，各国的理解不同。法国主要关心公海和北美的战争。在这一背景下，法国的主要敌人是斐迪南的军队，主要目标却是汉诺威。奥地利则想夺回西里西亚并"解放"萨克森，后者能让哈布斯堡王朝巩固自己在神圣罗马帝国的霸主地位。俄罗斯希望在东普鲁士获得辽阔领土，——如有可能则是整个东普鲁士省，同时让列强承认自己在该地区的首要地位和霸权。甚至，连瑞典人都期待普属波美拉尼亚，成为他们参加这场游戏的一份适当补偿。

问题在于，如何实现各自的目标。在美国南北战争期间，亚伯拉罕·林肯总统使用了一个朴实无华的比喻：每个北军野战军团都抓住目标的一条腿，然后开始**就地**生吞活剥！法国人打算帮助他们的盟友购置军火。尽管国家财政江河日下，路易十五的政府还是为奥地利和瑞典提供了津贴，金钱带来的甜头有助于证明法国决心集中主要精力对付斐迪南。法国津贴绝不是按时足额支付的，在1758到1759年冬季，给予奥地利的津贴减少了许多。尽管如此，有钱总比没钱强。[35]

库勒斯道夫：俄国成为头号主角

由此，俄罗斯和奥地利人不得不直接面对腓特烈及其军队。至少在理论上，1759年的作战任务似乎没有前两年那么艰巨。俄国人告知奥地利人，当腓特烈的轻率进攻得不到预期结果时，他就会灰心丧气。奥地利人同样聪明地宣布，腓特烈的胜利缘于他身处战略中心地位，使他能够逐个击破敌人。解决方案浅显易懂：制订一个协调一致的作战计划，打击目前分散在各地的普鲁士军队。道恩手握10万多人马，这是奥地利有史以来最庞大的野战军之一，他将集中兵力对付萨克森和西里西亚。基本上由法国出资供养的3.5万帝国和奥地利军队，将集结在道恩的西侧，威胁莱比锡。4万俄军，加上瑞典人可能投入行动的兵马，将入侵勃兰登堡和波美拉尼亚。另有7万俄军从波兰中部出征，渡过奥得河，在西里西亚境内与道恩会师。[36]

这种大规模部队调动，是不可能瞒天过海的，也几乎同样不可能迅速执行。如前文所述，普鲁士遏制敌人的第一个机会，来自西线。在莱茵兰对法国搞了几次佯动之后，3月，斐迪南宣布他打算调头去对付此时集结在班贝格附近的帝国军队。腓特烈催促亨利亲王去支持斐迪南的行动。当御弟亨利表现出不愿从命的迹象时，国王的鼓励变成了命令。最终，这一行动仍是于事无补。斐迪南的行动反而刺激了法国人，4月13日，他在宾根被法军击败。

亨利是一位年轻的王子①、谨慎的将军，不愿意动用自己的兵力去进攻帝国军队，但是在5月6日，他终于挥师进发了。帝国军队在他面前退却了，因

---

① 亨利是腓特烈·威廉一世的小儿子，生于1730年，时年29岁。

逃跑和掉队损失的人数，比他们的指挥官真正冒险发动的几次散兵战损失的还要多。然而，腓特烈和亨利都不打算全力追击。如果敌人回身一战，当然也好，但是，亲王的进攻基本上是旨在摧毁敌军基地和补给系统的袭扰行动。到了6月1日，亨利的人马返回原来的驻地。[37] 他的这场行动不仅仅是一轮具有18世纪特色的加伏特舞步。毫无疑问，这次行动证明了在即将到来的夏季，根本指望不上帝国军队什么；还提高了普鲁士在德意志西部战场上的声威。与混乱不堪的帝国军队和纪律松懈的法军相比，斐迪南和亨利的军队纪律严明，这是腓特烈的战争方式的一个体制性特征。

然而，亨利的成就越来越像癌症患者脸上治愈了的青春痘。6月，法军以几乎压倒性的强大兵力扑向斐迪南。法军没有经过激烈战斗，只利用斐迪南在一年前成功运用的隐蔽和机动手段，就占领了明登地区的重要补给站明斯特城。腓特烈不断从远方向他的部下提出忠告：牢记罗斯巴赫的故事，即使有失败的风险，也要正经打一场会战。[38] 对于斐迪南来说不幸的是，腓特烈只送来金玉良言，没送来兵马和武器，因为他手头也没有富余。腓特烈的主力部队被道恩卓有成效地牵制在原地。即使奥地利主帅不愿采取行动，即便道恩不断从所部奥军中分派兵力出去，随着盛夏降临，腓特烈所能做的，也只是与哈布斯堡军队的前哨和轻装部队进行几个回合的试探性交火而已。

眼下的局面并非完全对腓特烈不利，因为他能够在野战条件下，为他那五彩斑斓的大杂烩军队添加新兵。然而，等待让国王神经紧绷。不伦瑞克的斐迪南并不是唯一一位被持续的建议、警告、指责和命令搞得心烦意乱的下属，有时，国王的命令还自相矛盾。6月下旬，道恩终于行动了，但只是搬到了上西里西亚地形崎岖的地区。道恩这么做，与其说是他自己决定的，不如说源于俄国人的建议。6月25日，俄军开始向奥得河挺进。根据先前的俄奥协议，他们希望奥地利人也如法炮制。但是，道恩并没有让他的全军前往奥得河，只把基甸·劳东元帅① 指挥的2.4万人马派了过去。

尽管道恩是出于一贯对腓特烈的恐惧才做出这个决定的，但客观地说，

---

① 此时，劳东的军衔是副元帅或副帅（lieutenant-field-marshal）。七年战争结束后的1776年，劳东才当上元帅（field-marshal）。

并不是一个坏主意。劳东是奥地利最优秀的新生代指挥官之一，他是一位出生在波罗的海地区的自由枪骑兵，军旅生涯之初，腓特烈拒绝接纳他加入普鲁士军队。他在较为开放的哈布斯堡军官团中谋得了一席之地，但在晋升的道路上，阴沉严肃的性格和直言不讳的习惯让他没什么朋友。他与拉齐尤其不睦，霍克奇之战后，与奥军司令部中的其他人一样，道恩对拉齐言听计从。此外，劳东是一位沙场战士，主要靠指挥中等规模的独立部队赢得声誉。对道恩来说，把劳东派出去是一举两得，既减少了下属之间的摩擦，也打发了一个冷面刺头，此君即使一言不发，也能让人明白感觉到他对上司指挥方式的批评。[39]

在拟定战斗序列方面，道恩不是个小气鬼。劳东得到了一些奥军最优秀的作战兵团：比肯费尔德胸甲骑兵团、符腾堡龙骑兵团和荣格–洛温斯坦轻骑兵团。劳东的步兵包括第35南德意志团、第9低地团、第19匈牙利团，这些部队是民族成分复杂的哈布斯堡帝国及其军队的一个缩影。如果指挥得当的话，这些人会打得不错，而劳东正是能靠这支文化多元的特遣队获取最大战果的人。

道恩的战略是把腓特烈和亨利钉在德意志南部，而劳东和俄军则从普鲁士裸露的后方下刀。就连玛丽亚·特蕾莎女皇都看出了其中的奥妙，普鲁士头重脚轻，东西联系薄弱。道恩不大可能凭借自己灵活多变的个性所产生的迷惑效应，就让普鲁士国王就范。哈布斯堡女皇命令她的主要指挥官们，只要发现有利战机，就冲上去与腓特烈大战一番，即使吃了败仗也提前赦免兵败之罪。[40] 道恩的行动很慢，每天只有几公里到十几公里，一有机会就掘壕自守。腓特烈言辞尖刻地嘲讽他为"那个屁股灌铅的肥胖司令官阁下"。腓特烈希望打一场会战，并且获胜，然而，道恩让他无机可乘。与此同时，普鲁士东方边境已经到了千钧一发、濒临崩溃的地步。

腓特烈派遣多纳去指挥那个战场，无非是因为没有更好的人事安排了。出于同样的考虑，他任命莫里茨·冯·沃贝斯诺将军担任多纳的顾问。即使按普鲁士骠骑兵的标准来衡量，沃贝斯诺的私生活也是放荡混乱的，他似乎把大部分脑力和体力都挥霍在醇酒妇人身上了。6月，他建议奔袭托伦，以威胁漫长而混乱的俄军补给线。腓特烈的反应相当热情。——这个计划本不值当这么热情对待，他认为该计划将为普鲁士赢得战役。然而，实际成果是有限的，部分缘于沃贝斯诺缺乏进取心，更重要的原因是俄军截获了普军的通信，让普军的奔袭失去了突然性。国王气愤地评价道，沃贝斯诺犯下了所有可能犯的错误，他的战役应该成为永远的反面教材。也许国王的说辞过于严厉了，但确实反映了腓特烈对来自东方的威胁越来越忧虑。

到了 7 月中旬，大约 7 万俄军集结在波森①周围，准备挥师西进。他们的指挥官是一位新人。由于在去年的战役中举措失当，费莫尔已经在宫廷圈子里名声扫地，所以彼得·萨尔特科夫取而代之。萨尔特科夫时年 61 岁，作为一位主要战场的指挥官，他的年龄偏大，而且他的行政管理经验比战场指挥经验更加丰富。他平易近人，对部下的日常生活表现出了非同一般的关心。然而，这些在团级军官身上可以称作美德的东西，能否转化为对普军的胜利，就很难说了。

俄罗斯的决策层内部，意见也不一致。伊丽莎白女皇的玉体不佳，除了超重、腹痛、便秘，她的生活方式也很糟糕，在纵欲和禁欲这两个极端之间来回摇摆，这让她的健康状况进一步恶化了。1756 年 6 月，她中风了，医生认为性命堪忧。她此后继续周期性发作的病症，可能是较轻的中风，也可能是失神型癫痫。⁴¹尽管她对腓特烈的憎恨有增无减，但她的外甥兼继承人②，却是普鲁士的铁杆粉丝。在一个特定的时期，一位特定的将军对一个特定的战役计划的投入程度，很大程度上取决于他对自己前途的定位。③

萨尔特科夫是女皇的亲信。1759 年作战季节一开始，这位不讨人喜欢的俄军指挥官就采取了正确的常规行动，让所有人都大吃一惊，多纳的消极怠惰更让俄军事半功倍。俄普兵力对比超过了 2∶1，普军司令多纳似乎被萨尔特科夫的佯动麻痹了，直到大为光火的腓特烈用约翰·冯·魏德尔中将取代多纳，局面才有所改变。腓特烈命令他的新任司令官，要像罗马共和国的独裁官统治罗马一样④指挥他的军队。——对于一位能够执行腓特烈的意图的将军而言，

---

① 波兹南的旧称。

② 伊丽莎白女皇没有子女，于是立死去的姐姐安娜的儿子、彼得大帝的外孙、自己的外甥彼得为继承人，即未来的彼得三世。

③ 大意是萨尔特科夫需要为自己的前途着想，要不要倾尽全力与普鲁士人交锋。

④ 罗马共和国设置两名并列的执政官，互相牵制，任期只有一年。在共和国遇到重大灾难和战争时，为了统一事权，提高效率，会设置一名独裁官。但独裁官的任期只有半年，到期就得卸任。

这是一个不错的比喻。不幸的是，魏德尔是腓特烈军事体制的典型产物。他在战斗中勇猛好斗，但不具备独立领兵的经验，他认为，执行国王命令的最好方式，就是一发现战机就立即开战。

美国读者可能会在1759年的东普鲁士战局与1864年约翰·贝尔·胡德在亚特兰大城下取代约瑟夫·约翰斯顿之间，找到相似之处。① 都是勇猛无畏的将军取代了谨慎持重的前任。萨尔特科夫甚至比威廉·T.谢尔曼更愿意让对手自动把脑袋伸进绞索绳套。他巧妙地调动自己的主力，横穿魏德尔的交通线，随后给普鲁士人上了一堂防御战的课。俄军主力在帕尔茨村附近部署了两道战线，正面有一条浅而多沼泽的河流掩护，在主战场外，这条河基本无法徒涉，萨尔特科夫利用这个便利向左延展阵地，他的右翼部署在帕尔茨以南的一群山岗上及山岗周围。他的火炮布置在挖好的阵地里，火力覆盖区可以交叉重叠。萨尔特科夫心满意足地坐等普军进攻。7月天气炎热，当普军火枪手进入萨尔特科夫布置好的火力杀伤区时，普鲁士人的水壶就像他们的背囊一样空空如也。

魏德尔完美配合了他的对手。除了缘于他的高傲性格，还因为他除了进攻也别无选择。他的兵力太少，不足以把俄军调离阵地，从而重新做出有利于他的选择。魏德尔的军队原本主要由东普鲁士人组成，但是在上一年的冬季，来了大量外国补充兵，他们并不愿意忍饥挨饿。7月23日，他的侦察兵发现了俄军阵地。开小差和掉队使魏德尔的兵力从2.8万人减少到了2.3万人左右。尽管如此，他还是准备沿着行军路线展开攻势。

批评家们事后指出，魏德尔应该保住自己的兵力，在俄军继续向奥得河进军时，作为成建制的部队去威胁和骚扰敌人。魏德尔的军用补给车上，装载着至少够吃十天的基本口粮，在紧急情况下，还可以利用西里西亚格洛高城的库存。魏德尔的回答是，国王期待他不惜一切代价地战斗。他亲自率领步兵发动了第一波进攻，他穿过卡伊村，直扑俄军右翼。一支特遣部队作为奇兵，奉命找出一条路来，渡过河流前往更南边的地方，迂回包抄魏德尔正在正面进攻

---

① 在1864年的亚特兰大战役中，南方解除了约翰斯顿的田纳西军团司令职务，代之以勇猛好斗的胡德。

的俄军的侧翼。魏德尔的小军队的其他部分，都留作预备队，根据战局的变化临机应变。

至少，魏德尔部的战斗力更强。他的前卫部队由他手下最精锐的 2 个团组成，即第 3、7 团，尽管他们在俄军炮火下伤亡惨重，但还是抵达了俄军炮兵阵地，可随后就与普军其他部队失去了联系，继而被俄军击退了，乱糟糟地退了下去。第二波正面进攻是由 6 个营发动的，但也没有取得更多进展。尝试了一次侧翼进攻，也被猛烈炮火打崩了。魏德尔派出他的骑兵，但是，坚固的俄军炮兵阵地以及俄军时机巧妙的一系列反击，让这帮普鲁士骑兵毫无建树。魏德尔调来了援兵，掀起了第一波进攻浪潮，在夏日逐渐黯淡的夕阳照耀下，再一次把普军送到了死伤的战友身边。俄军的火炮再次迫使普军步兵停下脚步，随即将他们打退了。倒霉的沃贝斯诺率领 8 个营，向一段既没有经过炮火准备，也没有因先前的攻击而动摇的俄军战线冲了过去。与战败后面见自己的国王相比，死在自己部下的前面或许确实是一个更好的结果。

到了晚上 7 点钟，会战彻底结束了。挂了彩的魏德尔率领残兵败将从战场上撤了出去，随后渡过了奥得河。他有 8000 名部下战死、负伤或失踪，即使按照普鲁士军队的标准来衡量，其中的逃兵比例也高得吓人。萨尔特科夫的胜利代价不菲。俄军伤亡 4800 人，占参战兵力的 10% 以上，这可以充分解释他为什么会在战后留在战场上按兵不动。萨尔特科夫不愿意追击手下败将，此举反而提高了他在全军将士中间的威望，因为他们可以充分享受胜利的喜悦，随后，俄军拔营启程，追着魏德尔的残兵败将，向奥得河进军。[42]

这场会战，俄罗斯人称之为帕尔茨会战，普鲁士人称之为卡伊会战，它的成败不取决于战术结果。甚至在曹恩道夫会战之前，只有普军中的乐观主义者才认为，在俄军选择并加强的阵地上，普军有可能击败拥有一倍兵力优势的俄军。从这个意义上说，收到魏德尔派人送来的败报，腓特烈感到比较惋惜是合情合理的。国王可能也受到了这样一种感觉的影响：尽管魏德尔有缺点，但他确实是手头最合适的人选，事实上，他正是腓特烈选出来执行抗击俄军任务的那个人。卡伊或帕尔茨会战的结果，反倒只强化了腓特烈的信念，即一次成功的会战就能恢复东方边境上的"秩序"。魏德尔所部在不利局面下打得不错。如果得到适当的增援，他们会打得更好。7 月 29 日晚上，腓特烈把 4 万主力军的指挥权交给亨利亲王。富凯的 1.8 万人马此时集结在兰德舒特^① 周围，亨利的主力军加上富凯部，似乎已经是一支足够牵制道恩的强大军队了。腓特烈亲自率领 21 个营、35 个中队、70 多门重炮，加上新组建的骑马炮兵，前往奥得河战场。这些人马是他身经百战的军队仅存的硕果了。

道恩并没有从亨利身边溜走，也没有沿着劳东的行军路线率领全军前往奥得河，而只是派遣安德烈亚斯·哈迪克将军率领 2.2 万人马向奥得河推进，事实证明，哈迪克的进取心并不比他的上司强。与腓特烈的侧卫部队打的一些散兵战，让哈迪克相信，自己的人马已经疲惫不堪，不能再冒险继续前进了。至于劳东，则在继续前进。8 月 2 日，劳东抵达奥得河畔。俄军已于一天前到达了河对岸。萨尔特科夫原以为出现的会是道恩的全部奥军，因而大失所望，想到腓特烈就在附近某处，萨尔特科夫不愿意冒险渡河。就劳东而言，他想打仗，而且他认为没有必要此时与俄国人发生争执，以免破坏俄奥联盟。8 月 5 日，劳东率军渡过奥得河到了东岸，在位于库勒斯道夫的俄军设防营地中，与俄军会师了。

大多数人都认为，俄奥联军位于奥得河错误的一侧。如果他们击败了腓特烈，理论上，他们就有可能把国王挤压到奥得河畔，全歼他的军队。但在实际操作上，萨尔特科夫并不是发动这种行动的合适人选，而劳东更像一位沙场战士，而非行动艺术方面的大师。此外，俄奥将军们并不和睦。总体而言，萨尔特科夫对外国人心怀疑虑，而且可能认为劳东作秀多于实干。劳东则认为萨尔特科夫不可信赖，尽管"捉摸不定"或许才是更加准确的定性。两军主将及其参谋人员、翻译，继续讨论下一步行动，最后，萨尔特科夫不情愿地做出了让步：渡过奥得河，向西里西亚进军，与道恩会师。⁴³

国王的行动速度，让他的敌人们的意图化作了泡影。8 月 10 日，得到了魏德尔部和另一支规模更小的部队的增援之后，腓特烈拥兵 5 万，用临时搭建的桥梁渡过了奥得河。他打算"向敌人进军，以便在后天一大早发动进攻"。⁴⁴ 腓特烈在奥得河西岸留下了营帐和行囊，留下了 3 个步兵营镇守渡口，这 3 个

---

① 卡缅纳古拉的德语名字。

营在卡伊会战中伤亡惨重，不再适合前线作战。这样，腓特烈手中还有约4.8万人马——53个营、95个中队、140多门重炮，这还不算营级火炮。

俄奥联军共有5.2万名步兵、1.2万名骑兵和超过250门火炮，为了对抗联军，腓特烈需要把手头的全部人马、武器都投入战场。正如七年战争中多次发生的那样，腓特烈的敌人拥有地利。在奥得河畔法兰克福①以东约8公里②的地方，萨尔特科夫的部下掘壕自守，壕沟始于库勒斯道夫村，向西南延伸到了一道沙土山脊上。俄军部署为两条战线，前线每隔一定距离，就用守备坚固的重炮阵地予以加强。劳东的人马集中在阵地的右后方，一部分充当预备队，一部分充当打击力量。联军左翼面对着一片低洼而多沼泽的地面，又得到了能够俯瞰库勒斯道夫村的几座山岗上的防御工事的保障，当地人称这些山岗为磨坊山，在即将打响的会战中，它们将发挥关键作用。

8月11日傍晚，按照惯例，腓特烈亲自侦察了战场，与曹恩道夫会战一样，有当地向导陪同：一位护林员和一位在战前驻扎过法兰克福的军官。所有记载都一致认为，国王严重高估了当地地形的便利性，其实此地并不适合实施复杂的战术机动。即使在一位乐观主义者看来，联军战线的大多数地段，都显然是不可能攻克的。腓特烈认为，他最好的制胜机会在于进攻联军左翼。用自己的望远镜望去，联军左翼的防御似乎比较薄弱。——这是国王有点一厢情愿的想法，也许，位于俄军防御工事外侧的林木繁茂的山丘，进一步迷惑了腓特烈，他认为这些山丘可以隐蔽普军的前进。国王复制了他在洛伊滕的部署，派出一支由8个步兵营和12个骑兵中队组成的牵制部队，来吸引敌人的注意力。普军主力则迂回联军阵地，粉碎其侧翼，并将敌军残余人马赶向奥得河。然而，腓特烈犯下了一个重大错误，居然搞错了敌军阵地的朝向！他计划进攻敌军一个防御比较薄弱的侧翼，甚至可能是防御空虚的后方，但实际上，他瞄准的是防守严密、工事坚固的敌军前线。

8月12日凌晨2点到3点钟，普军拔营启程。极度崎岖的地形，不仅严

---

① 法兰克福本意为法兰克人的渡口，德意志境内有两个著名的法兰克福，人们常说的法兰克福全名为美因河畔法兰克福，文中这个位于奥得河畔，所以叫奥得河畔法兰克福，是一个小城。

② 5英里。

重阻碍了普鲁士步兵的前进，也延误了重炮的部署，而腓特烈正指望重炮为进攻提供火力准备呢。随着天色渐亮，由军靴、马蹄和车轮扬起的滚滚尘土，让萨尔特科夫和劳东早早就确定了普军的主攻方向。当腓特烈看到他计划投放主攻力量的地方是片低洼的沼泽地时，他更加焦躁不安，等到灿烂的阳光把密如蛛网的敌军工事网络展现给他的部队时，他的反应就更不用提了。

自腓特烈开启戎马生涯以来，在库勒斯道夫的这个清晨，国王面临着最严重的战术后果：在行动层面上蒙受概念性和系统性的双重失败。没有任何客观理由可以解释为什么国王不用巡逻队和侦察兵提供的详细资料，来补充他的个人观察，也就是说，腓特烈认为，除了他亲力亲为的事情，其他一切都是不可信的。骠骑兵不断演化为战斗骑兵，意味着普军不再拥有专门承担侦察任务的部队，甚至没有部队把侦察当作重大次要任务来执行。普军也没有任何制度性手段，可以从队伍中选出可靠的、对指挥官中意的进攻区域的地形有一定了解的人。库勒斯道夫会战，始于腓特烈精心策划的一系列行军和机动，结束于腓特烈被迫进攻敌军战线上防御最为坚固的阵地，他面对的是一片只能阻碍延缓进攻的地形，而这场进攻的成功恰恰很大程度上取决于进攻的速度和冲击力，尤其是还得考虑到当天的酷热天气。

至少在会战过程中，普鲁士国王不再是一个被自己的恐惧左右的人了。他临时调整了进攻的战术轴向，以避开最松软的地面。他命令火炮各就各位。大约 11 点 30 分，超过 60 门 12 磅炮和 6 磅炮向磨坊山上的俄军阵地开火。普鲁士火炮拥有数量和阵地方面的优势。在炮击一个小时之后，大部分俄军火炮被打哑了，俄军炮兵要么阵亡，要么被迫躲藏起来。负责守卫堡垒的俄军步兵拥挤得摩肩接踵，饱受普军炮火摧残和干渴炎热之苦。12 点 30 分，腓特烈断定敌军阵地已经遭到了猛烈打击，于是派出两波步兵发动进攻。第一波攻势包括 4 个精锐的掷弹兵营，第二波紧随其后，由 2 个掷弹兵营和 1 个战线步兵团，即第 43 轻燧发枪团组成。

轻燧发枪团是一个比较新的产物，是一支西里西亚部队，腓特烈认为该团兵员不如他的"老普鲁士"老兵那样忠诚和顽强。该团被腓特烈委以重任，清楚表明了两年半的战争对普鲁士步兵的影响。然而在这一天，这些西里西亚人与掷弹兵并驾齐驱，赢得了荣誉。普军充分利用地面上的坑坑洼洼，穿过枪林弹雨，进入齐射射程，随后开枪。一些俄军逃跑了；另一些俄军，由于过于疲惫或者被普军炮火打得死伤惨重而不能移动位置，干脆趴在地上，或者傻呆呆地站在岗位上，被普鲁士人的刺刀杀死。即使在战斗过程中，普军通常也并不特别凶狠暴戾。但是在这里，俄军并不投降，而且他们过于拥挤，构成了普军前进的真正障碍。不断刺死一个毫不抵抗的敌人，变得越来越轻而易举了。[45] 短短几分钟内，磨坊山就落入了普军手中，守军四散奔逃，丢下了 80 到 90 门火炮。

第一阶段胜利干净利索地到手了，前线部队伤亡较少。相比腓特烈做的战前准备工作，能取得这样的胜算是意外之喜。国王的一些侍从劝他休息一下。他们认为，联军无力保住目前的阵地，也不大可能在当天晚些时候发动成功的反扑。让俄奥联军反过头来进攻普军的防御阵地好了。或者让联军脱离战斗，离开战场，也许还能创造一个在开阔战场上打遭遇战的机会，而这正是腓特烈在这一年早些时候谋求的、非常适合发挥普军长处的战机。

国王却决定继续打下去。他命令炮兵把一些 12 磅炮搬出原来的炮位，登上磨坊山。他命令侧动部队向敌军右翼前进，阻止那里的敌军前进，这一行动本身或许成了一场真正的进攻。接着，他让获胜的前卫部队向前直扑守备坚固的敌军阵地。

一道名叫库赫–格伦德的小山谷，把磨坊山与联军主阵地分隔开来。早在俄军的防御体系崩溃之前，劳东就派遣了 12 个掷弹兵连去支援他们，而白衣奥地利人也确实在正确的时间赶到了正确的地点。奥地利掷弹兵并没有穿过库赫–格伦德山谷，与战败的俄军搅在一起，而是在山谷的对面组成了一道火线。在更多俄奥军队的增援下，他们与同样坚定果决的对手近距离交火，并且阻挡住了普鲁士人的前进。

至少有一种说法指出，在会战的这个阶段，萨尔特科夫忙于祈祷上帝保佑，而非实施战术指挥。[46] 他的行为至少与更加正统的指挥方式一样，清楚地反映了前线的危急状况。腓特烈原本打算把步兵排成梯次队形，以更加方便地观察侧翼和薄弱环节。但是到了现在，战场已经被一层浓重的硝烟所笼罩。晕头转向的军官们，倾向于把因干渴和炎热而反应迟缓的部下，带领到战斗声音最响亮的地方。各营一个接一个地挤成一堆，毫无秩序可言，甚至连解救还在前线经受严峻考验的部队，都是不可能做到的。埃瓦尔德·冯·克莱斯特少校是普鲁士军队中最著名的诗人和最英勇的战士之一，在此地受了致命伤。两军骑兵发动了你来我往的进攻和反扑，却都无果而终，主要原因是双方的步兵都密密匝匝地挤作一团，想转身逃跑也不行。

腓特烈最初努力让他那进退维谷的进攻力量继续前进，但没有成功，因为他的预备队和骑兵中队，都被吸引进了库赫-格伦德山谷周围的火力风暴中了。于是，国王乞灵于赛德利茨。在如此狭小的空间内，普鲁士重骑兵不大可能找到突破口，也不大可能发动一场已经成为其专长的迅猛冲锋。普军骑兵主帅成功冲垮了一小队联军骑兵，但是，3个俄罗斯步兵团新加入战团，面对俄军的枪林弹雨，他的部下退却了。随后，赛德利茨自己也负伤了，尽管伤势不重，巨大的疼痛感却迫使他退出了战斗。他的继任者既没有他的旺盛精力，也没有他的临战洞察力。新进入战场的俄奥骑兵，向已经被近距离炮火打乱了秩序的普鲁士骑兵压了过来。第6龙骑兵团绰号"瓷器团"，因为传说该团最初是用餐具从萨克森交换来的。他们跑进了俄军炮火射程之内，几分钟后就丧失了战斗力。其他几个打算脱离战斗继而集结起来的骑兵团，却发现自己被困在湖泊和池塘边，或者被赶到了松软的地面上，在这里，他们的沉重坐骑根本无法与萨尔特科夫手下的哥萨克和鞑靼骑兵胯下的草原小快马相匹敌。

一些普军骑兵被迫退回到步兵战友的队列中。对于那些已经行军和战斗了十六个小时、很长时间没有吃饭的官兵而言，对于那些眼睁睁看着战友惨遭屠戮——尤其是死于不辨射击目标军服颜色的己方炮兵的炮火下——的军人而言，这是最后的狼狈了。[①] 后来，腓特烈把下午5点30分左右始于库赫-格伦德附近的事情，指斥为"自以为会被流放到西伯利亚的荒唐恐惧心理"。[②][47] 也许，无论是有意识的还是无意识的，人们都可能有这样一些感觉，即如果说作为个体的俄罗斯人绝对是肉体凡胎的话，那么，作为群体的他们几乎就是不可战胜的。劳东的部下也以在萨克森和波西米亚战场上罕见的战斗激情，奋勇拼杀。随着各营兵力减少成了连，连减少成了排，他们依然坚守岗位，弹药耗

---

① 大意是，由于两军近距离厮杀，混杂在一起，普鲁士炮兵杀伤了许多战友。

② 大意是，如果他们沦为俄军的俘虏，就会被俄国人流放到荒芜野蛮的西伯利亚。

尽时，便用刺刀。战场上到处是令人作呕的血液和粪便的气味，浓重的硝烟熏瞎了眼睛，舌头也膨胀变粗了，污浊难闻、令人头晕的气息升腾起来。

率先退缩的是普鲁士军队。弹药不足是退下去保命的表面借口。与洛伊滕会战不同的是，普军的弹药运输车根本没有机会穿过松软的地面和俄军炮火，而且俄军炮兵似乎也有意寻找比单个士兵更大、更显眼的目标。短短几分钟内，普军中的动摇情绪就星火燎原，变成了全面的恐慌。无论军官还是士兵，没有一个人愿意成为坚守战场的最后一人。腓特烈的决策是造成这场浩劫的罪魁祸首，眼下他却身先士卒，试图力挽狂澜。他的2匹战马被击毙，他的外套被子弹洞穿，他却抓起一面团旗，高喊着招呼大家集结起来。可是，他的言语淹没在枪炮的轰鸣声中。当一些联军骑兵不去追杀战败的普鲁士骑兵，转而追击步兵时，他的榜样力量就烟消云散了。

眼下聚集在团旗周围的几个营本来就没剩几个人，也溃散了，跑进战场上星罗棋布的小树林和矮树丛。腓特烈纠集了数百人，想要组成一条新战线，却眼睁睁地看着他们在俄军霰弹的轰击下土崩瓦解。在失败的迷雾中，几根信号灯标摇曳不定。向来不把战士的荣誉当回事的普鲁士炮兵，这次却战斗到了最后一刻。一个前一年刚从劳工部队改编过来的西里西亚燧发枪团，起初承担不那么光彩的保卫炮兵阵地的任务，现在却逆流而进。几分钟后，这些后备部队就被联军团团围住，他们组成了方阵，英勇顽抗，直到所有获救的希望都破灭了，残余官兵才放下武器投降。腓特烈的口袋里有个鼻烟盒，正好挡住了一枚射来的子弹，救了他一命。又多亏齐滕手下的一支骠骑兵分队，发动了一场舍生忘死的冲锋，腓特烈才免于落入俄国哥萨克之手。

普鲁士军队并没有被击败，而是被击溃了。当腓特烈离开战场的时候，他手下只剩下3000到4000人，许多人是掉队了，他们觉得自己无处可去。尽管没有下雨，但雷电交加的风暴给偶尔被闪电点亮的漆黑夜晚增加了失败的恐怖气氛。在黎明时分，这片混乱的人群还是一支精锐强悍的战斗部队，眼下却为了抢在克罗地亚人和哥萨克之前夺回奥得河桥头堡而拼命，每个人都断定，那帮家伙在穷追不舍。然而，让普军略感欣慰的是，俄、奥非正规部队没有追杀战败的敌人，而是把精力放在洗劫尸体和割断伤员喉咙上了。[48]

腓特烈陷入了绝望。他把指挥库勒斯道夫的残兵败将的权力，交给了他的下属。——这表明他相信一切都无所谓了。他告诉他的外交大臣，他不会在这样残酷的命运转折局面下苟且偷生，也不打算在他的国家灭亡后苟活人世。[49]事实上，国王有太多值得悲痛的事情。在他投入战场的 5 万人中间，超过 1.9 万人伤亡；172 门火炮，其中包括不下 85 门几乎无法替代的 12 磅炮，被遗弃在了战场上，甚至炮兵的新骄傲——骑马炮兵连，也被俄军歼灭了；不下 28 面旗帜和军旗被敌军缴获，其中一些旗帜是被惊恐万状的旗手抛弃，再被联军捡到的；8 名团长阵亡，对于越来越注重素质的战场军官团来说，是一个不小的损失。

尽管物质损失相当惨重，腓特烈还得面对一个无法逃避的事实，那就是，无论他多么不情愿，他都像他从前的敌人那样打了一场糟糕透顶的会战。无论他多么疏忽大意，毕竟他与敌人打了这样一场会战。国王并没有发现和利用联军的弱点，而是指挥他的部队以斜线战术去攻打敌军的强点。他没有利用普军步兵的战术机动能力，而是生硬地把他们投入了一个杀戮场，在那里，唯一真正问题是哪一方会率先取得突破。骑兵和炮兵没有充当改变战斗性质的力量倍增器，而是仅被当作打击库赫–格伦德山谷的重锤的组成部分而已。即使普军占据了库勒斯道夫战场，40% 的伤亡率也超过了普鲁士军队和国家的承受能力，除非这场会战能够决定战争的结果。即使在腓特烈最乐观的时候，他也不可能指望，奥地利特遣部队与俄罗斯远征军在普鲁士领土上的失败会在某种程度上迫使两位帝国女皇停止敌对行动。

荒唐的是，从敌人角度看来，普鲁士的前途居然光明起来了。库勒斯道夫是团队决心及联军合作的胜利。在一场针锋相对的对抗中，俄罗斯和奥地利人战胜了腓特烈的精锐部队，此战对神经和勇气的考验，与对军事技巧的考验一样艰难。伊丽莎白女皇擢升萨尔特科夫为陆军元帅，并且向每位参战人员颁发奖章。她甚至赠给劳东一柄荣誉宝剑，以表彰奥地利人对胜利的贡献。但是，正如萨尔特科夫禀告他君主的，普鲁士国王让对手付出高昂代价才换取胜利。1.9 万俄罗斯和奥地利人伤亡，胜利者与失败者一样意志严重动摇而且混乱不堪。劳东措辞严厉地要求立即发起战术追击。当萨尔特科夫提出异议时，这位一贯强硬剽悍的奥地利人居然同意了，俄奥联军慢条斯理地联手向奥得河进军。8 月 17 日，在道恩同意保障其盟友的后勤补给的条件下，俄军终于渡过了奥得河。

马克森：江河日下的标志

俄奥联军的行动仅此而已。在接下来的一个月间，俄、奥两军都按兵不动。玛丽亚·特蕾莎认为，下一步应该是联手进攻柏林，即使路上走走停停，不到一个星期联军也能走到了。奥地利战争委员会敦促道恩，不要让腓特烈的新败之军脱离他的视线，但是不要追赶和歼灭敌军。伊丽莎白就没那么乐观了，她要求萨尔特科夫避免采取进一步的全面行动，她认为那样做的代价太高，不值得冒那么大的风险。萨尔特科夫认为，他的军队已经打完了这场战役中最激烈的战斗，如果没有合作的坚实保证，他就不打算采取进一步的决定性行动。没想到，道恩更关心的是普军可能会从波西米亚方向过来威胁他的补给线，而非攻击敌人的政治或军事要冲。[50]

结果就是后来腓特烈所形容的霍亨索伦王朝的第一个奇迹。[51] 俄罗斯和奥地利军队既没有兵合一处，也没有单独行动，既没有去夺取普鲁士首都，也不去歼灭在库勒斯道夫惨败的普军。腓特烈得以不受干扰地恢复元气，他的力量迅速增强。掉队的人马一个一个地，继而成群结队，随后成百上千地前往腓特烈的营寨报到。尽管有不少关于在普鲁士军队中服役的可怕故事，令人吃惊的是，很少有人利用战败的机会投奔奥地利和俄罗斯军队，抑或干脆人间蒸发、逃之夭夭。有些人是无处可去；有些人饥肠辘辘，只得再次当兵吃粮。然而，其他人，包括州区应征兵和雇佣兵，都选择继续为普军效力。到了 8 月 15 日，已经有 2.4 万人站到了从库勒斯道夫捡回来的军旗下。他们精疲力竭，他们士气低落，但确实还存在。

次日，腓特烈接过了兵权。通过搜刮柏林城现有的 12 磅炮，他弥补了部分重炮损失。他派遣骑兵巡逻队下乡，去搜罗失踪的士兵。然而，到了 8 月底，国王麾下的人马依然不过 3.3 万人，他还一直贬损他们的素质和战斗意愿。

拯救普鲁士事业的，很可能是腓特烈的弟弟。获悉库勒斯道夫的噩耗之后，亨利亲王放弃了他一贯的谨慎，挥师东向进军萨克森。9 月 12 日，他抵达了格尔利茨，截断了奥军的主要补给线，把道恩的担忧变成了现实，因为根据俄奥协议，现在道恩也必须为俄军提供补给。8 月 22 日，当道恩与萨尔特科夫会面讨论下一步可能采取的行动时，道恩坚持认为，在迎接西线普军对包岑的新威胁的时候，确保联军后勤供应是相当重要的。萨尔特科夫则认为，道恩的行动是一个政治举措，目的是确保奥地利在萨克森的利益，代价是牺牲所有有切实意义的反腓特烈的联合行动。俄罗斯主力野战军不应该为哈布斯堡王朝火中取栗。于是，俄军向相反的方向行动，脱离道恩前往奥得河。

萨尔特科夫绝没有抛弃道恩或联盟。他原本打算围攻格洛高要塞，希望能把腓特烈吸引到西里西亚，并迫使腓特烈采取行动，他还有个深层考虑：至少为来年的战役占领一个有用的支撑点。当奥地利人无力提供补给品和攻城物资时，萨尔特科夫表示愿意继续与腓特烈死灰复燃的军队打下去，同时由道恩去解决亨利。[52]

然而，事实证明这是一个艰难的选项。起初，形势似乎对奥地利人有利。在这个夏季的大部分日子里，已经剔除了最糟糕的部队和能力最低下的指挥官的"帝国军队"，一直在攫取守备不足的普鲁士要塞和据点。9月4日，德累斯顿城向一直饱受鄙视的帝国军队投降。腓特烈把他所有能抽调出来的援兵都派到亨利帐下，但亲王殿下无意与道恩打一场激烈的会战。到了10月中旬，他已经撤退到了托尔高附近的一个坚固据点。尽管腓特烈一再坚称哈布斯堡军队孱弱不堪，只要再打一场大会战就能打垮它，但是普鲁士亲王与奥地利元帅仅仅搞了历时一个月的佯动而已。接着在10月24日，萨尔特科夫命令他的俄军返回维斯瓦河河畔的托伦，腓特烈的行动变得轻松多了。俄军入驻托伦的冬令营，为来年的战役做准备。垂头丧气又怒气冲冲的劳东，率领他的剩余兵力返回波西米亚，与道恩会师。腓特烈立即亲自前往亨利的营寨，于11月13日抵达。可以说，此前他派过去的1.6万人马更受亨利的欢迎，他们使亨利的兵力增加到了约6万人。

这是一支人多势众的军队，总体而言，他们的士气没有受到卡伊和库勒斯道夫血战的直接影响。然而，在1759年的最后几个月中，腓特烈的身体和精神都没有达到最佳状态。从西方传来了一些好消息。8月1日，不伦瑞克的斐迪南在明登大破法军。获胜之后，他用机动迫使敌人退出威斯特伐利亚，返回春季战役开始时的出发位置。

不伦瑞克亲王的表现既有积极影响，也有消极影响。明登是英、普两国设在德意志西部的最后一个重要基地。如果丢了它，法军入侵普鲁士腹地就会畅通无阻，同时普鲁士中心地带也向俄奥军队敞开，尽管俄奥军的进攻从未成功过。可是，到了 8 月的第三个星期，斐迪南开始认真考虑向莱茵河进军，甚至可能还考虑过入侵法国本土。他的德意志部队，无论血统如何混杂多样，如今都是久经考验的百战老兵，对他们自己和他们的将军信心十足。在明登会战之前的几星期内，英国特遣队可能被视为一个潜在的弱点。英国步兵仅仅靠步枪就在开阔战场上击溃了法国骑兵，做出这一辉煌壮举之后，没有人再怀疑身穿红色军服的英军的战斗素质。需要腓特烈做的只是放手让他们自由发挥，也许还需要腓特烈再派去几支部队，并送去更多物资，之前国王发往西线战场的补给品太少。[53]

可是，斐迪南收到了一封信函，要求他帮忙处理库勒斯道夫会战后续事务。腓特烈打算向东南进军，前往哈雷和莱比锡，以吸引帝国军队和道恩的注意。[54]斐迪南断定，他能够为国王提供的最佳援助，就是把法国人赶回美茵河畔法兰克福，并最终把法国人逐出德意志。在接下来的一个月内，斐迪南缓步前进，渐渐耗光给养，而法军从他们自己的仓库中不断获得补给。腓特烈被他表弟的龟速前进搞得心烦意乱，一再写信催促斐迪南加快节奏，同时恳求斐迪南为自己派来援兵。斐迪南却继续慢条斯理，直到 10 月过去 11 月到来，一切照旧。与此同时，法军筹划发动一场反击，旨在教训一下斐迪南。

法军不是唯一一支策划反击的军队。腓特烈相信他的士气高于道恩，正如他相信自己作为战略家比所有欧洲同行都更胜一筹一样。国王认为，采取屡试不爽的威胁奥军补给线的手段，迫使奥军撤出德累斯顿，是小菜一碟。为此，他组建了一支特遣部队，由弗里德里希·奥古斯特·冯·芬克指挥，绕过道恩的军队前往马克森高地，因为马克森高地可以"控制"从波西米亚过来的主要道路，同时还能避免与更庞大或更好斗的对手发生接触。[55]芬克是一位久经沙场的宿将，他的戎马生涯始于俄罗斯，与此时的所有人一样，他坚定地忠于他的君主。在库勒斯道夫战场上指挥掩护部队时，他的表现相当不错，在腓特烈平复精神状态的过程中，芬克日常负责将惨败的普军恢复秩序，在这项工作中，他表现得更加出色。他还拥有独当一面的经验，于是腓特烈把一些最精锐的部队交给他。芬克的战斗序列包括 4 个掷弹兵营、6 个来自"老普鲁士"省份的可靠步兵团，以及训练有素的第6、7胸甲骑兵团，这两个团近期分别在霍克奇和罗斯巴赫会战中表现突出。必须承认，在这支特遣部队中，各部的战斗力参差不齐。[56]国王下达的命令，让芬克不可能从主力部队获得任何有效支援。尽管如此，18个营、35个中队加上70门火炮，共计1.5万人马，依然对道恩的后勤构成了可怕威胁，如果投身战场的话，他们也理应拥有良好表现。此外，道恩显然乐于通过分兵的形式来打仗，这让腓特烈对挺进马克森高地的行动信心满满。

芬克至少与他的主公一样乐观。尽管他的阵地四面受敌，但他没有利用手头的任何一个骠骑兵团来确保行动的安全，也没有动用他的第3自由营——同类型部队中较出色的一个，作为战术前哨和警戒部队。与此同时，拉齐将军则在催促道恩对这个诱人的目标采取强力行动。查理·约瑟夫·德·利涅在他的回忆录中写道，不仅道恩不愿意，连奥军中的大多数高级将领都不愿意冒险去攻打芬克，因为需要穿过崎岖、林深树密的地域，这简直就是理想的天然屏障。[57]拉齐却坚信，他可以像在霍克奇之战对付腓特烈那样对付芬克：拟定一份详尽的行军计划表，在敌军明白过来之前，奥军就推进到了普军阵地上。最后，他说服了道恩。普鲁士骗子要沦为奥地利骑士的盘中餐了。

11月19日，腓特烈亲自发出的关于奥军进攻的警告，送到了芬克手中，此时，哈布斯堡特遣部队还没有做好威胁芬克营寨的准备，芬克也有足够时间把他的人马从易攻难守的阵地上撤下来。然而，腓特烈既没有以急迫的措辞描述战情，也没有批准芬克撤退。[58]既然没有收到明确命令，芬克就拒绝承担激怒腓特烈的风险。芬克似乎信心十足地认为，如果他守住了自己的阵地，腓特烈就会以某种方式援助他。批评芬克缺乏"国民勇气"的人，往往忽视了腓特烈不断发动类似行动的本事，以及腓特烈对自己的宏伟计划守口如瓶的习惯。芬克不应该因为铭记主公的大胆泼辣，或者相信他只是国王的一枚棋子而遭到抨击。在芬克的心目中，他的任务就是坚持到底，而且他相信自己能够完成任务，直到援兵赶来。[59]

奥地利人让芬克醒悟过来。为了攻打芬克的营寨，道恩已经调派了3.2万人马：在几个奥地利作战单位的支援下，9000人的帝国军队从东南方挺进；6000多人从北方逼近；主力军1.7万人，在道恩的亲自坐镇指挥下，部署在西南方向。三路奥军利用战场上的崎岖地形，在芬克一无所知的情况下迫近普军阵地，随后部署了重炮，把普军置于猛烈的交叉火力覆盖之下。直到下午3点30分，奥军步兵才前进。与在霍克奇一样，奥军主力以营为单位组成纵队，为了追求速度和冲击力而牺牲了火力效果。但是，奥军攻势的效果比霍克奇之战更具毁灭性。普军战线多处崩溃。孤注一掷的骑兵反扑，被数量和士气都占据优势的奥地利骑兵击退了。马克森高地一度成功守住了，但是，芬克的步兵随即开始土崩瓦解。普军中的萨克森应征兵、宁愿改换门庭也不愿意当俘虏的前俄罗斯和奥地利战俘，都认为没有必要再毫无指望地顽抗下去了。他们中越来越多的人扔掉步枪，祈求宽恕。随着天色渐暗，芬克试图撤退，但他发现他选择的退路被截断了，而且是被一直受到鄙视的帝国军队截断的。

芬克的大部分火炮被敌军缴获了，他的一多半步兵从战斗序列中消失了。腓特烈向芬克派出了一支援兵，但积雪耽误了他们的行程。芬克在炮声中焦急等候命令，熬了一个通宵。21日清晨，奥地利人要求他投降，否则就继续进攻。芬克的回应是率领全军投降，包括散兵游勇在内，共有1.3万名军官和士兵。奥军总伤亡不到1000人。当道恩拒绝交换俘虏时，这场灾难的恶果成倍增加了。普通士卒被认为是消耗品，但是，芬克投降交出去的500名军官，眼下几乎是不可替代的。

腓特烈愤懑不已，夸张地问道，为什么他到了萨克森之后，厄运不仅阴魂不散，还落到他那不幸和不愉快的生活上了。尽管国王宣称不打算在不了解事实真相的情况下做出评判，但他还是把"马克森各团"放在了他的晋升名单的最底端。一直到战争结束之际，芬克都被关押在奥地利人手中，回国之后，又被军事法庭判处一年监禁。

从此之后，针对普鲁士历史上首次大规模投降的指责，一直在争论不休。亨利亲王似乎认为，腓特烈应该为"自相矛盾和不确定"的行动方式负责。[60]可以肯定的是，腓特烈夸大了自己现身战场就会震慑奥军的能力，事实是，奥军在普军面前表现出了变形虫般的坚忍不拔。此外，芬克的特遣部队的规模相当尴尬。若是打一场激战，它的规模太小；若是充当一支奔袭部队，它又太庞大了，很可能会引起敌人的注意。另一方面，道恩并不以喜欢冒险著称。腓特烈推断霍克奇会战是一个孤立事件，并非仅仅是沉迷于孤注一掷的豪赌。芬克的一些下属也认为这场会战打得相当拙劣，他们的这个观点是中肯的。

然而，这些批评忽视了奥地利人高超的策划和执行能力。一年之内，拉齐就完成了第二次突袭行动。奥地利纵队指挥官证明了他们在战术上的老练。士卒，包括步兵和炮手，都克服了冰雪和严寒，完成了突袭行动，并赢得了随之而来的心理优势。与1759年末的普鲁士军队平均水平相比，芬克的部下并不差，甚至可以说略胜一筹。但是，他们现在服兵役是契约式的，而非出于爱国主义，甚至在普鲁士本地人中也是如此。在仲冬季节，"马克森人"被团团围住，没有明显迹象表明，他们的上司清晰地了解正在发生的事情，所以，他们很快就认定自己的表现已经对得起普鲁士国王支付的薪饷，也就不足为奇了。

此外，马克森之败并非孤立事件。两个星期之后在胡森，尽管经历了一场激烈战斗，有3个营在执行任务时向奥军投降。到了此时，腓特烈除了硬挺，无计可施，只能指望奥地利人撤退。随着凛冬到来，问题变成了在严寒天气和物资匮乏的困境下谁先熬不住。将来的乔治·华盛顿的军队，也会福吉谷面临同样的局面。饥肠辘辘的普鲁士军队不像以往那样住在小木屋里，而是在帐篷里挤作一团，以躲避来自高地或山区的风雪。传染性疾病、痢疾和呼吸道感染，像野火一样迅速蔓延。士气随之下降。然而，他的主力部队没有在哗变中崩溃或因集体逃亡而减员，这充分体现了腓特烈的个人魅力及其纪律的威力。也许士兵们过于痛苦艰难，而且所有合理的目标都遥不可及，反而使所有难以忍受的事情都成了可以接受的选择。

其他地方的情况也不大乐观。俄军已经退入冬令营，但是毫无疑问，他们会在来年春季返回。无论如何，腓特烈已经把他在东线的兵力减到了最少，除了掩护还没有被俄军占领的省份，东线部队已经无能为力了。在西线，由能干的沙场宿将德布罗伊指挥的法军，利用斐迪南扩张过度，加上获得了法国和帝国军队的增援生力军，发动了一场反攻，几乎把斐迪南的军队逼回了汉诺威。在此之前，由于派出了不少部队去增援腓特烈，斐迪南所部已经大大被削弱了。

腓特烈的处境糟得不能再糟了。在道恩和萨尔特科夫发动的秋季行动无果而终的背景下，维也纳和圣彼得堡都有不少人质疑继续打仗是明智之举。现在看来，要想实现战争的最初目标，必须付出高得离谱的人力和财力代价。马克森之战似乎给出了一个貌似无可辩驳的答案。12月，考尼茨宣布，普鲁士国王马上就要完蛋了。包括伊丽莎白女皇在内的俄罗斯强硬派同意考尼茨的看法。法国人就没那么肯定了。发生在他们战区的欧陆战争，充其量也只是一场僵局而已。德布罗伊并没有与普鲁士主力交战过。[①] 腓特烈向巴黎摆出了友好姿态，他提出普法单独媾和，这个建议并没有立即遭到对方拒绝，但是，路易十五及其大臣们也没有急于采取任何重大的单边行动。也许，如果时间足够长的话，英普联盟反而可能会由于利益不同而自行解体。[61]

腓特烈请求英国派遣一支舰队前往波罗的海，皮特给予了否定的答复，这表明英普分手并非危言耸听。首相继续抗议道，英国皇家海军的任务过于繁重，无力承担这样的风险，这番说辞充其量只是一种并不圆满的借口，英国不愿意激怒波罗的海沿岸列强——丹麦、瑞典和俄罗斯，以免影响自己的波罗的海贸易。这种捍卫英国自身利益的做法，在某种程度上是为了化解法国的战略举措，法国希望刺激英国向波罗的海派遣舰队，英国如果这么做了，反而可能导致俄罗斯向英国宣战。[62]

英国不愿意增加对欧洲的投入，在很大程度上也反映了法国国家战略方针的重大转变。1758 年 12 月，德·舒瓦瑟尔公爵出任外交大臣，事实上也是法国首相。他给他的内阁带来了新鲜的活力和崭新的观点。舒瓦瑟尔认为，英国才是法国的主要敌人，法国必须集中有限的资源去对付英国。1759 年 3 月，《凡尔赛第三条约》大幅削减了法国对欧陆战争的军事和财政投入。

舒瓦瑟尔转而建议把欧陆原则用于不列颠群岛。舒瓦瑟尔没有把法国海军当作为殖民地作战服务的补给和运输力量，鉴于 1745 年的詹姆斯党起义流产之后，他们在巴黎和伦敦都还有些势力，舒瓦瑟尔提议在詹姆斯党复辟运动的支持下，发动对英国本土的入侵。在他的入侵计划的最终版本中，一支来自土伦的舰队和一支来自布雷斯特的舰队将联合起来，护送一支 2 万人马的军队，前往克莱德河河口，随后行驶到奥斯坦德，与另 2 万人马会师，护送他们渡过英吉利海峡，到埃塞克斯海岸。英国不大可能被法国版的西班牙无敌舰队击垮。可是，舒瓦瑟尔相信，登陆部队可以充当一支"随时可战的力量"，迫使皮特

---

① 德布罗伊一直在与普鲁士西线部队交战，主要对手是斐迪南亲王，还没有与腓特烈亲率的普鲁士主力军打过仗。

首相或他的继任者与法国缔结和平条约，并且以比迄今为止法国的战争表现所能取得的更加优惠的条件签约。

由于法国在北美的处境日益艰难，迫使英国缔约的意义就更加突出了。在历时两年的低烈度交手后，法属加拿大和英国北美殖民地在军事资源方面的巨大差异，逐渐产生了效果。即使在 1759 年失去魁北克之前，事态就很清晰明了了：如果没有来自祖国的大量援兵，战局就不可能改观。与其承担横跨大西洋运输和投送大军的固有风险，不如利用这些海军和军事资源去打击英国本土，这似乎是更加高明的战略智慧。[63]

起初，舒瓦瑟尔希望与荷兰、波罗的海强国（瑞典和俄罗斯）合作，这几个国家与腓特烈的战争还没有蔓延到他的岛国盟友身上。英国在波罗的海问题上的怀柔行为，加上英国皇家海军军威的潜在威胁，使饱受战火煎熬的这些国家脱离法国阵营。因此，舒瓦瑟尔策划的行动最终能否取得成功，取决于法国海军能否直接避开英国的封锁舰队，夺取英吉利海峡的制海权。来自土伦的法国地中海舰队成功穿过直布罗陀海峡，但是在 8 月 19 日，在葡萄牙海岸吃了败仗。在 11 月 29 日的基伯龙湾海战中，舒瓦瑟尔对明年抱有的所有希望都破灭了，英国海军上将霍克几乎全歼布雷斯特舰队，取得了 18 世纪最具决定性的海战胜利之一。霍克的目标与其说是阻止法国人的某个具体行动，不如说就是这样歼灭法国舰队。[64]战后统计相关数据，发现共有 7 艘法国风帆战列舰被击沉或被俘。最后又有 3 艘法舰在风暴中沉没。失去了这些舰船，法国改变殖民地和海上战争天平倾向的一切好机会也都消散了。

现在难道不是波旁王朝君主止损的时机吗？皮特曾在议会上吹嘘，他要斐迪南的兵力在 1760 年扩充到 10 万之众，还暗示这只是一个起步而已。虽然穿上制服并不等于自动成为能征善战的士兵，但法国枯竭的国库，想跟上英国的扩军步伐，有些勉强。英国政府愿意与法国人谈谈。11 月 25 日，英国通过荷兰发出了召开和谈会议的邀请。然而，开启正式谈判的尝试性努力无果而终。法国人提议把大陆问题和帝国问题分开谈。由于自己的所作所为日益受到奥地利人关切，舒瓦瑟尔难以坚持己见，所以当英国人拒绝他的提议时，他放弃了努力。[65]战争还得打下去，到目前为止，没人能够赢得战争，也没人愿意结束战争。

本章注释

1. Karl W. Schweitzer, *Frederick the Great, William Pitt, and Lord Bute: The Anglo-Prussian Alliance, 1756 - 1763* (New York, 1991), pp. 78 ff.; Patrick F. Doran, *Andrew Mitchell and Prussian Diplomatic Relations during the Seven Years' War* (New-York, 1986), pp. 161 ff.; Jeremy Black, *Pitt the Elder* (Cambridge, 1992) *passim*.

2. 这个数字还得加上约 6000 名病员，这是 18 世纪中叶的冬季作战行动需要付出的典型代价。Reginald Savory, *His Britannic Majesty's Army in Germany during the Seven Years' War* (Oxford, 1966), pp. 66 - 7.

3. Otto von Beren, 'Der Zorn Friedrichs des Grossen über Ostpreussen', *Altpreussische Monatsschrift*, XXII (1885), 145 - 217.

4. L. J. Oliva, *Misalliance: A Study of French Policy in Russia during the Seven Years' War* (New York, 1964), pp. 73 ff., 95 ff.

5. Lutz Beuten, 'Die Wirkungen des Siebenjährigen Krieges auf die Volkswirtschaft in Preussen', *Vierteljahresschrift für Sozial und Wirtschaftsgeschichte*, XXVI (1933), 209 - 43.

6. Curt Jany, *Geschichte der Preussische Armee*, 2nd edn rev., 4 vols (Osnabrück, 1967), vol. II, pp. 472 *passim*.

7. K. Schmidt, *Die Tätigkeit des preussischen Freibataillone in den beiden ersten Feldzügen des Siebenjährigen Krieges (1757 - 8)* (Leipzig, 1911).

8. Heinrich Köhler, 'Friedrichs mährische Feldzug 1758', PhD dissertation, Marburg, 1916.

9. Heinrich de Catt, *Unterhaltungen mit Friedrich dem Grossen*, ed. R. Koser (Leipzig, 1884), p. 158; C. G. Kalisch, *Erinnerungen an die Schlacht bei Zorndorf* (Berlin, 1828), p. 50.

10. Christopher Duffy, *Frederick the Great: A Military Life* (London, 1985), pp. 164 - 5.

11. Christopher Duffy, *Russia's Military Way to the West: Origins and Nature of Russian Military Power, 1700 - 1800* (London, 1981), pp. 88 - 9.

12. Duffy, *Russia's Military Way*, p. 88; Duffy, *Frederick the Great*, p. 166.

13. C. W. von Prittwitz und Gaffron, *Unter der Fahne des Herzogs von Bevern* (Berlin, 1935), p. 253.

14. 引自 Duffy, *Frederick the Great*, p. 167。

15. Catt, *Unterhaltungen mit Friedrich dem Grossen*, pp. 159 - 60.

16. J. W. Archenholtz, *Geschichte des Siebenjährigen Krieges in Deutschland*, 5th edn, 2 vols (Berlin, 1840), vol. I, p. 169.

17. 同上, p. 167。

18. Prittwitz, *Unter der Fahne des Herzogs von Bevern*, p. 235.

19. Carl von Warnerey, *Campagnes de Frédéric II Roi de Prusse, de 1756 à 1762* (Amsterdam, 1788), p. 275.

20. 关于曹恩道夫战役的一般性史料，请参阅 'Zur Schlacht von Zorndorf', *Forschungen zur brandenburgischen und preussischen Geschichte*, XXIV (1911), 547 - 66; and Kurt von Unger, 'Die Schlacht bei Zorndorf am 25. August 1758', *Militär-Wochenblatt*, 1901, Beiheft IV, 221 - 58; and Stefan Hartmann, 'Eine Unbekannte Quelle zur Schlacht bei Zorndorf', *Zeitschrift für Ostforschung*, XXXV (1985), 176 - 210。

21. F. L. Thadden, *Feldmarschall Daun* (Vienna, 1967), 对传主的性格和才干进行了全面的分析，尽管作者同情传主。

22. E. Kotasek, *Feldmarschall Graf Lacy. Ein Leben für Österreichs Heer* (Horn, 1956)，是一部全面完整的传记。

23. CD. Küster, *Bruchstück seines Campagnelebens im Siebenjährigen Krieg* (Berlin, 1791), pp. 36 *passim.*，是一位随军牧师撰写的史料，活灵活现地记载了霍克奇战斗的第一阶段。Cf. C. F. Barsewisch, *Meine Kriegs-Erlebnisse Während des Siebenjährigen Krieges 1757 - 1763*, ed. J. Olmes (Krefeld, 1959), p. 72.

24. 同上，pp. 73 - 4。

25. Jany, *Preussische Armee*, vol. II, p. 500.

26. Catt, *Unterhaltungen mit Friedrich dem Grossen*, p. 190.

27. Norbert Robitscheck, *Hochkirch* (Vienna, 1905) 和 Curt Jany, 'Hochkirch', *Militär-Wochenblatt*, 1905, *Beiheft* III, 99 - 114，从各方参战者的角度，总结了这场经常遭到忽视的会战。

28. Savory, *His Britannic Majesty's Army*, p. 115.

29. Frederick II, 'Reflections sur la tactique et sur quelques parties de la guerre, ou, Réflexions sur quelques changements dans la façon de faire la guerre', *Œuvres de Frédéric le Grand*, ed. J. D. E. Preuss, 30 vols (Berlin, 1846 - 56), vol. XXVIII, pp. 154 ff.

30. G. A. Büttner, *Denkwürdigkeiten aus dem Leben des Konigl. Preuss. Generals von der Infanterie Frieherrn de la Motte Fouqué*, 2 vols (Berlin, 1788), vol. I, pp. 77 ff.

31. Jany, *Preussische Armee*, vol. II, pp. 511 - 12.

32. Cf. R. von Bonin, 'Über die Errichtung, Formation, und Ausrüstung der preussischen reitenden Artillerie', *Archiv für die Offiziere der Königlich Preussische Artillerie- und Ingenieur-Korps*, IX (1839), 202–37; von Strotha, *Die Königlich Preussische Reitende Artillerie vom Jahre 1759 bis 1816* (Berlin, 1868).

33. J. K. Zobel, *Das preussische Kadettenkorps. Militärische Jugenderziehung als Herrschaftsmittel im preussischen Militärsystem* (Frankfurt, 1978)，是针对这一体制的一份尖锐的批评性考察报告。

34. Savory, *His Britannic Majesty's Army*, p. 117 ff.

35. James C. Riley, *The Seven Years' War and the Old Regime in France: The Economic and Financial Toll* (Princeton, NJ, 1986), pp. 83 ff. and 132 ff. 在阐释法国财政状况对法国野心的限制方面，它是最好的英文著作。

36. Dietrich Bangert, *Die russisch-österreichische militärische Zusammenarbeit im Siebenjährigen Kriege in den Jahren 1758 - 1759* (Boppard, 1971)，依然是针对这种复杂的政治和战略关系的最好的分析性文章，关于1758年战役的计划细节，请参阅第52页及下文。

37. 关于亨利亲王的战役，最好的分析性著作是 Chester Easum, *Prince Henry of Prussia: Brother of Frederick the Great* (Madison, Wis., 1942), pp. 95 ff. 该书依然是最好的亨利亲王传记，但是若想获得一些有用的补充资料，请参阅 Werner Gembruch, 'Prinz Heinrich von Preussen, Bruder Friedrichs des Grossen', in *Persönlichkeiten im Umkreis Friedrichs des Grossen*, ed. J. Kunisch (Cologne, 1988), pp. 89 - 120。

38. Frederick to Ferdinand, 1 July 1759, PC, XVIII, 370 - 1.

39. Franz Pesendorfer, *Feldmarschall Loudon. Der Sieg und seine Preis* (Vienna, 1989)，是最出色的现代研究成果。也请参考 Johannes Kunisch, 'Feldmarschall Loudon oder das Soldatenglück', *Historische Zeitschrift*, 236 (1983), 49 - 72。

40. Maria Theresa to Daun, 24 July 1759, in Johannes Kunisch, *Das Mirakel des Hauses Brandenburg. Studien zum Verhältnes von Kabinettspolitik und Kriegführung im Zeitalter des Siebenjährigen Krieges* (Munich, 1978), pp. 95 - 100. Cf. the general analysis in Bangert, *Die russische-österreichische militärische Zusammenarbeit*, pp. 204 *passim*.

41. Tamara Talbot Rice, *Elizabeth Empress of Russia* (London, 1970), pp. 194 ff.

42. Duffy, *Army of Frederick the Great*, p. 187; and *Russia's Military Way to the West*, pp. 105 ff.，综合使用了各种史料，因而成为最出色的英文总结。

43. Bangert, *Die russische-österreichische militärische Zusammenarbeit*, pp. 224 ff.

44. Frederick to Finckenstein, 10 Aug. 1759, PC, XVIII, 481.

45. Warnerey, *Campagnes*, p. 312.

46. 引自 Duffy, *Russia's Military Way to the West*, p. 110。

47. Frederick to Finckenstein, 16 Aug. 1759, *PC*, XVIII, 487.

48. 出版于新旧世纪之交的关于库勒斯道夫战役的史料包括 Albert Naudé, 'Zur Schlacht bei Kunersdorf', *Forschungen zur brandenburgischen und preussischen Geschichte*, VI (1893), 251‑64；以及 von Eberhardt, 'Die Schlachtbei Kunersdorf', *Militär-Wochenblatt* (1903) *Beiheft* IX, 389‑420。

49. Frederick to Finckenstein, 12 Aug. 1759, *PC*, XVIII, 481.

50. Bangert, *Die russische-österreichische militärische Zusammenarbeit*, pp. 242 ff.; Thadden, *Feldmarschall Daun*, pp. 395 ff.

51. Frederick II to Prince Henry, 1 Sept. 1759, *PC*, XVIII, 510.

52. 萨尔特科夫撰写的关于自己与道恩元帅会晤的报告，见 Bangert, *Die russische-österreichische militärische Zusammenarbeit*, pp. 399‑401；俄奥联盟的动向和分析，见同书第 252 页各处。

53. Piers Mackesy, *The Coward of Minden: The Affair of Lord George Sackville* (New York, 1979)，包含了针对这场战役和会战的扎实分析。

54. Frederick to Ferdinand, 15 Aug. 1759, *PC*, XVIII, 484.

55. Frederick to Finck, 15 Nov. 1759, *PC*, XVIII, 639.

56. Max Immich, 'Die Stärke des Finckschen Armeekorps bei Maxen', *Forschungen zur brandenburgischen und preussischen Geschichte*, VII (1894), 548‑56.

57. 引自 Duffy, *Army of Maria Theresa*, pp. 195‑6。

58. Frederick to Finck, 18 Nov. 1759, *PC*, XVIII, 651.

59. Jany, *Preussische Armee*, vol. II, p. 546，总结了芬克的想法而没有为之辩解。

60. Easum, *Prince Henry of Prussia*, pp. 121‑2.

61. Bangert, *Die russische-österreichische militärische Zusammenarbeit*, pp. 291 ff.; Oliva, *Misalliance*, pp. 92 *passim*.

62. Richard Middleton, *The Bells of Victory: The Pitt-Newcastle Ministry and the Conduct of the Seven Years' War, 1757‑1762* (Cambridge, 1985), pp. 58‑9, 149‑50; Oliva, *Misalliance*, pp. 138 ff.

63. G. Lacour-Gayet, *La Marine militaire de la France sous le régime de Louis XV* (Paris, 1902), pp. 318 ff，概括了舒瓦瑟尔的雄心壮志。着重描写实施计划时遇到的困难的书籍有 James Pritchard, *Louis XV's Navy 1748‑1762: A Study of Organization and Administration* (Kingston, Ont., 1987)。Cf., as well, C. F. G. Stanley, *New France, the Last Phase, 1744‑1760* (London, 1968).

64. Ruddock F. Mackay, *Admiral Hawke* (Oxford, 1965), pp. 200 ff.

65. Middleton, *The Bells of Victory*, pp. 134‑55.

普鲁士单挑全欧洲，1760—1763 年

在腓特烈看来，新年前景黯淡无光。整个冬季，国王都饱受各种疾病的折磨，其中大部分都与压力过大有关。他不断抱怨自己无力改变外交局面，普鲁士的未来，甚至普鲁士的生存，都深受眼下外交形势的威胁。1760 年 1 月 1 日，他写道："我们一无所有了。"在这个一切都由最高统治者乾纲独断的环境中，腓特烈无法从臣子那里获得精神支持。即使他的弟弟，也把战争的开启和久拖不决，统统归咎于他。

伴动与主动：1760 年的夏季战役

然而，腓特烈从未在绝望中屈服。塞缪尔·约翰逊[1]有一句名言：一个人被判处绞刑之后，他的专注力会大为提高。这句话很可能是他在研究普鲁士国王的时候总结出来的。由于外交斡旋失败，腓特烈手头只剩下一件法宝：普鲁士军队。军队越来越明显的缺陷，为他的旺盛精力提供了一个不错的发泄口，否则他的精力就会在焦虑中自行消磨殆尽。腓特烈最关心的事情之一，是重组在马克森和其他地方被敌军俘获的部队。有些兵团，尤其是那些从没有打过仗或遭到侵略的地方征兵的兵团，依然能够招募足够多的州区应征兵来充实员额。其他兵团依靠多种兵源，比如敌军逃兵，——帝国军队中不称职的指挥官

---

[1] 塞缪尔·约翰逊(1709—1784 年)，英国作家、文学评论家和诗人。他是与腓特烈同时代的人。

和糟糕的管理者导致许多憎恶他们的士兵加入了普军，还有萨克森人，以及许多从德意志西部和南部以及低地国家征来的士兵。兵源不单一的团往往是通过最可疑的手段招来兵员的，随之产生了一个著名做法，那就是让几乎相同数量的更可靠的士兵与他们"掺沙子"，以防止他们集体开小差。

以上这些不是全部的人力来源。俄罗斯和奥地利人都不愿意再交换俘虏了。另一方面，许多最优秀的普鲁士部队已经在曹恩道夫、卡伊或库勒斯道夫打过仗了，在医院和疗养院中，也有不少伤病员恢复了健康。不少老兵成功逃离奥地利战俘营，那里并没有特别严格的约束，也谈不上特殊的迫害。普鲁士兵站同样掘地三尺，贡献出一些兵员，其中许多人是最纯粹的后方梯队里的英雄，但是，他们至少拥有可以在战场上发挥作用的技能。

把损失了的军官补足，是更大问题。1759 年，腓特烈发现自己不得不从十几岁的少年中抽调连级军官，他们有的来自军校，有些是团长推荐的，有的是在战场上获得任命的士官，还有些是外国雇佣兵。留守部队和兵站提供了另一些人，他们至少还算军官。有些军官精神饱满，但对于承担战场任务而言年龄太大了，或者由于伤病而体质衰弱。还有一些人，在普军招募和训练未来的战斗英雄的时候，他们却心甘情愿在相对舒适的环境中熬过战争，现在突然发现自己也成了战地指挥官。

当所有花名册都准备妥当，并反复核对之后，腓特烈的战斗序列发生了巨大变化。6 个最疲弱和受创最重的兵团，被分派去驻守要塞。其中有些兵团曾经是普军中最精锐的部队，例如来自柯尼斯堡的第 11 团、来自波美拉尼亚的第 29 团。至少在纸面上，这 6 个团被 9 个守备营取代了，后者基本上是守备部队中最好的，裁撤了最不称职的人员，获得了足够的补给车辆，以跟上其他部队的行军步伐。另外 9 个团各减为 1 个营。6 个掷弹兵营被合编为 3 个，它们原先所在的团现在只能为这些所谓的精锐部队提供 1 个连。

骑兵受到的影响较小。6 个团被压缩为 1 个、2 个或 3 个中队，还有的暂时被撤并。为了弥补损失，腓特烈从斐迪南的军队中，调来了第 9、10 龙骑兵团，自从战争爆发以来，他们就一直在斐迪南麾下服役，有着出色表现。炮兵的问题更大。为了弥补在库勒斯道夫蒙受的损失，腓特烈已经拿出了大量库存火炮。现在，他下令铸造 140 门 12 磅和 6 磅炮。前者是一个新型号，照搬了奥地利人的设计，自罗布西茨会战以来，奥地利火炮对普鲁士军队造成了严重伤亡。它比"布鲁默"火炮更加轻便、灵活，后者其实是一种车载的要塞炮，之前腓特烈一直依靠它提供火力支援。炮兵的组织架构也得到了改善，重炮和榴弹炮编成了旅，每个旅10门炮，由上尉或资深中尉指挥。1760年春季，这些新部队也受益于一本讲述在战斗中使用重武器的手册。

最后还有一点值得注意。普军最初的骑马炮兵旅被丢弃在库勒斯道夫。由亨利亲王组建的第2个旅，又在马克森落入敌手。腓特烈并不认为这些机动火炮值得补充。然而在1760年7月，亨利亲王又组建了1个炮兵连。该连最初隶属于拜罗伊特龙骑兵团，一个月后，随龙骑兵团汇入了腓特烈的大军。由于拜罗伊特团非同一般，腓特烈异乎寻常地宠爱它，于是他也接纳了这个骑马炮兵连。在七年战争的剩余年月中，他一直让该连驻扎在自己的司令部附近，经常把该连的火炮分配给侦察部队和先头部队。[1]

再维持普鲁士军队一年，至少是与重组普军一样复杂的挑战。为了满足战争花销，最初，腓特烈打算动用国家的战争基金，并向占领区征收捐税，再加上英国津贴。通过增加捐税来支付国家花销，是行不通的。原因有二。首先，它挑战了被称为普鲁士"心态"的东西。准确地说，是因为腓特烈在统治臣民，而非管理公民，统治臣民是一种新兴的社会契约关系，意味着国家有责任保护其生产要素，使之免受不正常的负担的干扰。

其次，更具体地说，普鲁士的税收架构很大程度上是建立在间接税基础上的，持续征收间接税需要强劲和稳定的经济基础。到了1760年，情况发生了改变。普鲁士的地理"心腹地带"依然完好无损，但来自边境省份的收入，要么像东普鲁士那样分文皆无，要么像波美拉尼亚那样，由于瑞典人持续不断的威胁和其他各种原因而急剧减少了。此外，即使在七年战争前，普鲁士的贸易就受到了中欧经济普遍衰退的负面影响。1756年的一场歉收，加上大批州区应征兵被召去服役而无法耕种和收割，导致食品和农产品价格在最初阶段急剧上扬。萨克森和西里西亚的繁荣地区变成了战场，干扰了工业生产和商业流通。通货膨胀降低了固定工资和建立在长期谈判基础上的政府合同的价值。[2]

为了迎接财政挑战，腓特烈紧咬牙关，让普鲁士货币贬值。早在1757年

11 月，王宫里的银盘就被送进了铸币厂，每马克白银铸造 21 枚塔勒，而不是平时的 14 枚。到了 1759 年 12 月，官方公布的铸造比例将近 20∶1。萨克森货币贬值到了前所未有的地步。腓特烈的官员，利用波兰与萨克森铸币厂之间签订的长期合同，发行了面额高于官方规定银含量 1/3 多一点的波兰货币。1759 年的英国津贴被铸造成了 530 万枚塔勒。相同银量的 1760 年津贴，又多铸造了 100 万塔勒。即使国王最忠心耿耿的支持者，也无法无视这个财政伎俩。

腓特烈非常清楚他的货币贬值政策带来的长期通胀后果。普鲁士塔勒缺乏英镑那样的长期历史性信用，但是，它依然是中欧较坚挺强势的货币之一。对其可接受性的信心的下降，损耗了普鲁士的公信力，至少与更加显而易见的人力和财力流失一样，令普鲁士国力日衰。[3]

货币"改革"加上严厉而全面的指令，即要求人们接受新货币作为政府采购的全额支付手段，同时却禁止政府部门接受新货币，让腓特烈能在 1760 年战役中投入约 10 万穿制服的人。这些词句的选择反映了一个事实：按照 1756 年的意义来理解，许多人算不上士兵，他们甚至连 1759 年的标准都达不到。

这个手段的缺点，即使在普鲁士本土也日益明显了。腓特烈很清楚他的军队的缺点——人员赤字很可能在战术层面表现得最为明显，而他原本就是希望在战术层面上决定战争走势的。1760 年，普鲁士著名的重商主义经济理论家约翰·雅各布·弗里德里希·比尔费尔德，出版了一套两卷本的政治制度分析著作。在书中，他主张把国家的"真正"和"相对"实力区分开。真正的实力取决于国家的面积加上财富，即它的"繁荣富庶"。如果不能通过"实力与制度"的结合，将面积和财富转化为政治和军事实效，这些实力就毫无意义。只有系统性地动员和使用资源，才能使"真正实力"产生政治效力。比尔费尔德观点的要害在于文章结尾的一个结论：一个国家的"相对实力"，等于它的特定资源产品乘以它邻国的特定资源产品之和，这个乘法公式的乘积，很大程度上取决于公式中的被乘数，即该国的"真正实力"。[4]

比尔费尔德的观点，并没有被欧洲观察家忽视。在他的著作发表一年之后，奥地利官员埃吉迪乌斯·冯·包瑞承认，普鲁士承担了漫长而痛苦的经济负担，把全部资源都集中在备战上，所以实力大大增强，以至于欧洲大陆上的任何一个国家都无法与之匹敌。然而，包瑞认为，法兰西、俄罗斯和奥地利三国联手，根本不必担心普鲁士军队的威力；相反，三国处于压垮侵略者的优势地位，只要三国团结一致，就能坚持到普鲁士在重压下土崩瓦解的那一天。[5]

在两个世纪后的事后诸葛亮看来，包瑞的建议似乎过于肤浅，显得平淡乏味。在18世纪，为了蝇头小利而抛弃盟友和结束战争是家常便饭，在这样的大环境下，包瑞的意见是一大创新，它要求对坚实经济基础进行长期投入。消耗战是司空见惯的，但之前的消耗是战术层面上的：歼灭敌人的军队、蹂躏敌人的领土。包瑞所说的是战略消耗，就是不给普鲁士国王改变战场局势的机会，从而拖垮普鲁士，毕竟腓特烈在战场上依然是公认的大师。

考尼茨认为，这种谨慎的、几近消极的手段并无大用。也许，首相比他的下属更加清楚，旷日持久的战争会把奥地利和普鲁士的资源都消耗殆尽。普、奥两国是截然不同的。如果说，普鲁士就像一部经过精心调试、高效运转的机器，那么，奥地利就像一台老朽陈旧、需要不断维修保养的机器，浑身都是代用零件和临时性的连接件。然而，在长期的重压下，这两台机器都极为脆弱：一台会停机，另一台则会散架。[6]

考尼茨的见解还受到了另一个因素的影响。从一开始，他的外交政策和宏大战略规划，就都受到了一种愿望的影响，那就是让俄罗斯作为一名常规选手出现在欧洲舞台上。1759年后，法国在欧陆的地位就江河日下，导致法国日益依赖俄罗斯来弥补自己的损失——不是弥补金钱损失，就是弥补人力损失。尽管如此，维也纳的人们从未忘记，沙俄帝国对欧洲大陆政治平衡的威胁，甚至超过了腓特烈的普鲁士对欧洲大陆政治平衡的威胁。发生在1760年秋冬季节的事情，似乎证实了考尼茨的担忧。伊丽莎白女皇坚决反对与腓特烈达成任何和平协议。但是，在联盟的背景下，俄罗斯究竟有多大决心去谋求自己的私利呢？圣彼得堡已经开始与波兰谈判，讨论交换领土的可能性，俄罗斯希望借此在战争结束后获得想要的普鲁士领土。俄国对东普鲁士的占领已经呈现出长期化的状态了。自总督以下，俄国官员公开而殷勤地向地方权贵示好。他们煞费苦心地雇用讲德语的员工，慷慨地邀请他们参加官方主办的社会活动。在柯尼斯堡，军官们大张旗鼓地参加伊曼纽尔·康德①主办的讲座。俄国的疆域扩张是建立在非常单薄的善意基础上的。[7]

因此，伊丽莎白政府要求奥地利保证，不反对东普鲁士地位的永久性改变。奥地利驻圣彼得堡大使认为，俄国的要求是合情合理的，尤其是因为占领东普鲁士至少符合通常理解的国际法的七八个要点。此外，伊丽莎白的健康状况依然是个未知数。1759年9月，她昏倒了，几小时后才苏醒过来。随着伊丽莎白的心跳时强时弱，她的外甥彼得距离帝位越来越近了，谁也无法准确预知他会做什么，或者说，他会听谁的话。

维也纳的看法就没那么令人愉快了，尤其是在法国坚持认为，把东普鲁士送给俄罗斯与法国在波罗的海的利益完全相悖的情况下。然而，舒瓦瑟尔不愿意承担直接拒绝俄罗斯的领土主张带来的风险。1760年2月1日，法国的一份照会宣布，俄罗斯的战争目标过于宽泛，因此法国要求俄奥之间举行谈判，签署一份新约。这份照会指出，一旦谈判的初步工作完成，法国将提出自己的意见。[8]

皮球被踢到了奥地利脚下，考尼茨却没有真正的选择权。奥地利急切需要俄国的援手，以至于不能冒疏远俄国的风险，俄罗斯人却表示，在奥地利同意他们的领土主张之前，拒绝探讨未来的俄奥军事合作。1761年春季，经过几个月的谈判，奥地利终于心不甘情不愿地答应了一个秘密协议：俄罗斯保有东普鲁士，交换条件是奥地利收复西里西亚和格拉茨。

与去年相比，俄罗斯政府发出了更广的信号，表示俄军的行动会在很大程度上取决于奥地利军队的表现。俄罗斯不会再为哈布斯堡帝国从腓特烈的火堆中取栗流血了。伊丽莎白女皇及其谋士们在虚张声势。萨尔特科夫建议独立对波罗的海沿岸发动一场战役，起初，他获得了强有力的政治支持，如果他没有把这场行动设定为主要围攻城镇，那么他可能会取得更大的成功。与他的建议相反，女皇及其身边的谋士们决定直接进攻布雷斯劳。这个行动将考验奥地利的善意，同时也将为必要的独立行动打下基础。伊丽莎白行将就木，但是她

---

① 伊曼纽尔·康德（1724—1804年），出生和逝世于德国柯尼斯堡，德国哲学家、作家，德国古典哲学创始人，其学说深深影响近代西方哲学，并开启了德国古典哲学和康德主义等诸多流派。

下定了更大决心，要把她的敌人一同拽下地狱。⁹

在1760年的前几个月中，穷途末路的腓特烈想将土耳其拖入战争，奥地利的反应一定程度上受到了此举的影响。土耳其高门①的军队日渐式微，没有人认真想过他们能够战胜俄罗斯或奥地利军队，更不要提战胜俄奥联军了。尽管如此，病急乱投医的腓特烈还是批准了75万多塔勒的经费，用于行贿。也许，他陷入绝望的另一个更加明显的迹象，是他一直希望奥斯曼苏丹及其官员除了对自己报以微笑、承诺，以及伸出手索要更多贿赂外，还能给点别的反应。

在考尼茨看来，土耳其与其说是一个威胁，不如说是一只嗡嗡乱叫，却无法挥之即去的苍蝇。在有利的军事环境下，得到奥斯曼正规军支持的土耳其突击部队，甚至可能会在这年夏季在奥地利东南边境制造麻烦。考尼茨并不完全相信匈牙利的忠诚，尤其是在帝国又伸手向匈牙利要人要钱的情况下。事实证明，君士坦丁堡的甜言蜜语在外莱塔尼亚②过于管用，用得过于频繁了。如果说引发公开、大规模暴乱的可能性比不上加博尔·拜特伦③时期，那么土耳其的干涉至少也可能制造不满情绪和消极怠工。¹⁰

直到暮春季节，人们才有理由清楚地意识到，奥斯曼帝国对本国的弱点心知肚明，因而不敢冒险卷入一场欧洲大战。这使考尼茨可以放手鼓吹一份出自劳东的战略计划，至少这份计划的大纲是出自劳东之手。尽管出发点不同，劳东元帅与这位外交官一样，也担心再与腓特烈纠缠一年可能产生的后果，担心奥地利会变成谚语里那只围着一盘热汤打转的猫④。劳东的态度受到了他与拉齐之间日益尖锐的个人和职场竞争的影响，他认为拉齐才是奥地利依然在主要战场上采取的尴尬的拖延策略的真正始作俑者。

于是，劳东拿出了一个更加大胆的策略，考尼茨照单全收。奥地利主力

---

① 高门，也叫崇高的波尔特，源于奥斯曼土耳其帝国的宏伟宫门，后来指代奥斯曼帝国及其政府，类似今天用白宫指代美国，爱丽舍宫指代法国。

② 以多瑙河支流莱塔河为界，哈布斯堡帝国分为河西的内莱塔尼亚、河东的外莱塔尼亚，分别对应1867年奥匈帝国成立时的奥地利帝国和匈牙利王国。

③ 加博尔·拜特伦（1580—1629年），特兰西瓦尼亚地区的诸侯，发动了反抗哈布斯堡王朝统治的大起义。

④ 大意是一只猫想喝汤，却又担心汤太热烫着自己，所以踌躇犹豫，围着汤盘打转，等到汤凉了，又出现了新的抢汤者。

军将留在萨克森境内，采取进攻性行动，把普鲁士对手钉死在那里。劳东则在更大范围内重复他1759年的表演：率领4万人马进入西里西亚，与俄军会师，肃清普鲁士东部各省所能集结起来的所有抵抗力量。劳东的计划在战术/行动和政策层面上，都是极端强硬的。它反映了劳东的信念，即普鲁士军队及其国王都不如从前了。

即使库勒斯道夫会战作为开胃菜再上一遍，联军也应该能够在西里西亚战场取得行动自由。从考尼茨的角度看来，鉴于战场态势已经在内阁中引发了严重的不和，拟议中的行动或许能创造机会恢复内阁和睦。如果奥地利在反腓特烈战争中起到了主导作用，如果奥军收复西里西亚，如果劳东在库勒斯道夫大捷的基础上再添光荣，那么，最近对俄罗斯做出的让步也许可以重新谈回来。即使在最糟糕的情况下，在夏季剩余的时日中，军事上的胜利也会成功延缓让奥地利愈益夜不能寐的事情——俄罗斯崛起为中东欧主要强国。普鲁士也许足够危险了，但是，考尼茨不打算前门驱普鲁士狼，后门进俄罗斯熊。[11]

在新作战季节的前几个星期内，除了在萨克森边境上与道恩搞伴动竞赛之外，腓特烈无所作为。西线不可能提供任何援助。尽管在冬季获得了大量援兵，不伦瑞克的斐迪南的兵力依然大大少于面前的法军，他手中有92个营和112个中队，法军有163个营和187个中队。尽管斐迪南才能卓著，但他不是那种能够在巨大劣势下创造奇迹的统帅。

5月，当两支强大的法军开始向德意志中部挺进时，斐迪南的缺点就更加突出了。法军统帅德布罗伊是一位出色的行动策划者，他也极大改善了法军的训练、纪律和管理。整个夏季，他不断智胜斐迪南。后者成功避免了被迫卷入一场大会战，直到7月31日，他终于在瓦尔堡大破德布罗伊的部分人马。然而，这场战术胜利不足以拯救卡塞尔，就在他获胜的当天，法军占领了卡塞尔。占领该城为进军汉诺威提供了一个潜在的跳板，也为在黑森对抗英－普联合行动提供了支撑点，还让腓特烈彻底失去了来自该地区的任何直接或间接的援助。斐迪南需要竭尽全力才能收拾自己的残局。[12]

劳东的西里西亚攻势始于5月的最后一星期。他的第一个目标是一支1.2万人的小部队，这是腓特烈能够派给该省的全部野战部队。指挥官亨利·富凯中将在这片饱受踩躏的战场上，是一个广受欢迎的将领，但他既没有行动上的高瞻远瞩，也不像他的奥地利对手那样有快速移动的本事。在一个月内，两位将军来来往往地佯动，都在寻找战机。富凯的防守首先出现了漏洞。按照国王的命令，富凯于6月17日重新占领了兰德舒特的交叉路口。富凯及其部下试图监控奥军在霍克奇和马克森利用过的那种崎岖地形，所以把他们的部队——17个营和15个中队，部署得过于稀疏了。与以往一样，普军的战术安全保障工作几乎不存在。6月23日，劳东利用普军戒备疏忽，在一个暴风雨之夜截断了富凯的退路，用3.5万人马打击富凯毫无防备的东翼。

普鲁士步兵以决死的勇气奋战，在他们防御的高地上且战且退，把同样英勇的奥军火枪手打得死伤累累。最后，富凯把残余的人马召集起来，试图在敌人的步步紧逼下杀出一条血路来。奥地利骑兵打乱了普鲁士军队的阵形。富凯的坐骑中弹，他本人身中三刀，血流不止，成了奥军的俘虏。活捉他的奥地利人赞扬了他的英勇。就连腓特烈也把兰德舒特比作温泉关。但是，任何华丽的辞藻都无法掩饰将近2000人阵亡，以及不下8000人负伤和被俘。900名普军逃离了劳东的天罗地网，他们搜罗了数百名掉队的普军，撤退到了布雷斯劳。但是，他们只是幸存者而已，算不上野战部队了。[13]

与此同时，腓特烈率领5.5万人马驻扎在萨克森的迈森城，与集结在德累斯顿周围的道恩的8万人马对峙。他企图打击孤立的奥地利部队，但他的努力收效甚微，以至于国王一度宣布他最好还是上吊自杀。[14] 这种情绪反映的是挫折感而非沮丧，但是，富凯覆没的消息让国王陷入绝望。自1756年以来，他很少失去主动权，这一次却陷入了被动。随着劳东在西里西亚为所欲为，加上俄军逐渐出现在萨克森的地平线上，除了摆脱道恩的纠缠和确保西里西亚之外，腓特烈似乎别无选择，因为西里西亚不仅是普鲁士唯一的永久性战利品，还是比萨克森更重要的人力和物资来源。

7月3日，普鲁士主力拔营启程，向东强行军。糟糕的路况和炎热的天气加重了普军的困苦，普军中有太多不合格的兵员和康复老兵。一天之内，就有100余人毫无战略意义地死于劳累过度。针对腓特烈的行动，道恩不仅做出了反应，还压倒了他的对手。事实上，奥军赶到了走去往西里西亚的大路上的腓特烈的前面。7月7日，考虑到"尾随即穷追"这一公理，国王决定率军返回萨克森。腓特烈心中谋划的，不仅仅是漫无目的的奔袭。自从去年秋季以来，德累斯顿就在奥地利人手中，现在似乎到了摘取成熟果实的时候了。该地不仅守军薄弱，而且道恩留在萨克森充当后卫的2万人马和2万帝国军队，距离德累斯顿都很远，难以有效增援。8月13日，腓特烈抵达德累斯顿城下，为七年战争中最具争议性的军事行动之一，做好了准备工作。

对腓特烈而言，德累斯顿是实现作战和战略目的的一个手段。他希望围魏救赵，把道恩从西里西亚吸引过来，按照腓特烈设定的条件打一场大会战——一场1756年布拉格会战的翻版，只是这次可能会获得更好的战果。要想成功引诱奥军，对德累斯顿的威胁必须比正规的攻城战更加直截了当、更加宏大壮观，但是，腓特烈无论如何都没有足够的攻城手段。为此，他拉来了12门重炮，7月19日，对德累斯顿发动全面炮击。与18世纪的常见做法截然不同的是，平民目标，尤其是位于城中心的十字教堂，被明确设定为轰击目标。[15]炮击引发的大火烧毁了大部分城区，却没有危及1.4万奥地利驻军。

因此，道义上的影响也是负面的。即使在腓特烈自己的阵营内，他的行径也被视为邪恶或懊恼的产物。国王的重要现代军事传记作家善意地指出，在经历了布拉格会战之后，腓特烈没有预料到德累斯顿会如此易燃。[16]事实上，腓特烈结束对德累斯顿的封锁，是缘于道恩一直没有上他的当。道恩跟在国王身后返回萨克森，他的阵地距离德累斯顿很近，以至于风把正在燃烧的城中的灰烬吹进了他的营地。然而，尽管他的部下公开批评他的声音越来越大，奥军司令却并不打算满足宿敌的开战想法。德累斯顿令腓特烈如鲠在喉。只要再沉住一点气，再增加一点压力，普鲁士国王就会陷入被动，伴随奥地利的战略笛声起舞了。①

道恩此举是出自思维惯性，还是聪明睿智呢？确实，他的决定对腓特烈念了紧箍咒。7月21日，腓特烈解除了围攻，他严厉斥责了技术兵种、工程部队和炮兵的军官，说是他们造成了失败。当德累斯顿守军发动夜袭，把第3步兵团的2个营打得四散奔逃时，国王的挫折感更加强烈了。该团曾经是"德绍老头"的嫡系部队，在西里西亚战争中声名鹊起。然而，新近加入该团的

---

① 此处化用了印度人用吹笛子的方式引诱眼镜蛇跳舞的表演。

许多补充兵员来自萨克森，并没有多少为国王效力的意愿。在卡伊会战中，第3团有许多人被俘，因此损失惨重。该团的7个连在马克森投降。此次是第3团遭到的第三次打击。这个不幸的团的官兵，被迫去掉了制服上独特的饰绪和其他装饰品，士兵们也不得佩剑了。[17]

此时，除了用于切割军用肉食之外，佩剑很少再有军事用途了，对于当时希望尽可能减轻行军和战斗负荷的士兵而言，失去那几磅重的锻铁，似乎无关紧要。然而，对于腓特烈的惩罚，官兵们普遍感到震惊。与1756年的前辈相比，眼下的普鲁士步兵可能是一个悲催的大杂烩。尽管如此，他们对自己的地位和技能依然保持着自豪感，而无缘无故的羞辱深深伤害了这种自豪感，况且该团的失败可以解释为运气不佳或指挥失当，并非缺乏勇气。毕竟，并不是哪位中士或列兵派遣第3团深入地形崎岖的战场，并且在漆黑的夜间掩护几门攻城炮撤退的，何况，火炮的损失无论如何也不该视而不见。在普鲁士主力部队的士兵中间，大家开始偷偷讨论"下一次"，谈论用奥地利人的鲜血洗刷耻辱。

在萨克森，这样的时机永远不会到来。当腓特烈看着德累斯顿陷入火海时，劳东的部队已经在西里西亚纵横驰骋了。7月29日，奥军用一场突然袭击占领了格拉茨要塞，薄弱的普鲁士守军大部分是由逃兵和从普鲁士战俘营中招来的新兵组成的。利格尼茨①和帕奇维茨②未经一战就陷落了，为俄奥军队会师扫清了道路。奥军抵达布雷斯劳城门前，只是由于劳东没有攻城车队，该城才免于遭到围攻和炮击。劳东用虚张声势替代了炮弹，他呼吁守军投降，煞有介事地威胁要把胎儿从母亲的子宫里面生拉硬拽出来。布雷斯劳守将是一位名叫博吉斯拉夫·冯·陶恩青的难缠对手，他干巴巴地回答道，他和他的士兵们都没有怀孕，还邀请劳东"前来为我们播种"。[18]

尽管如此，7月的最后几天，陶恩青的挑衅还是传达出了一种明显的感觉，就是仿佛在顶风吐口水。③7月26日，6万俄军拔营启程，从波森向西进军，

---

① 莱格尼察的旧称。

② 普罗霍维采的德语名字。

③ 顶风吐口水，口水会被风吹回到身上，引申为徒劳无益，自寻烦恼。

其中的 2.5 万人马作为先头部队，特地被派去与西里西亚的劳东会师。腓特烈再一次决定"在战斗中碰碰运气"，即使这只是意味着"早死或晚死四个星期"。[19] 8 月 29 日[①] 夜间，腓特烈率领 3 万人马离开德累斯顿，向西里西亚进发，开始了把情节剧转变为大战略的进程。

腓特烈并不像他的言辞表达的那样孤单。早在这一年春季，一贯靠得住的亨利亲王被派往东线，使尽浑身解数去抵挡俄罗斯人和瑞典人。到了仲夏季节，亨利手头已经有约 3.7 万普军，其中大多数面向东方，监控俄军的动向。一旦俄军开始转移，亨利便率领所部强行军，奔向西里西亚。亲王殿下清楚得很，西里西亚会再次成为战争的焦点。如果劳东和俄军顺畅会师，那么结果必定是普鲁士大难临头。到了 8 月 5 日，亨利已经抵达布雷斯劳，至少暂时挫败了劳东，并且用他的部队拦在俄军前往该城的去路上。但是，亨利有充分理由向他哥哥诉苦，他眼前的是一个几乎不可能完成的任务，而且没有任何迹象表明难度会有所降低。[20] 他的部队是由州区应征兵、康复老兵和罪犯组成的杂牌军，即使作为一支随时可战的力量，也最多只能拖延联军的行动。

腓特烈的反应是，冷酷无情地驱使他的军队在一个月内进行第二次强行军。尽管由于掉队、逃跑和中暑而损失惨重，普军还是在五天内赶了约 150 公里[②] 路。后来，腓特烈谴责了士兵们在行军途中逃跑的倾向，但是，他忽略了一个事实：他为了应付危局而命令全军发动的行军，超过了士兵的体力限度，毕竟他们已经在营寨中度过了六个月。相当多的人在傍晚掉了队，似乎也在较短的时间内重新归队了。当然，腓特烈麾下的大军在 8 月 8 日休整一天的时候，兵力几乎没有减少。

道恩的军队不仅能够一直跟上普军的行进步伐，而且能赶超普军，哪怕他们得穿过道路更少、更加艰苦的乡野。这个迹象也表明，18 世纪的战士并不是今天神话中描写的被迫从军的武士。最初，腓特烈希望阻止道恩与劳东合流，然而没有成功，现在兵合一处的奥军已有约 9 万人，国王试图避开他们，转而与弟弟会师，最终横亘在俄、奥两军之间，希望能够分别击败——或者至

---

① 原文如此，当为 7 月 29 日。

② 90 英里以上。

少吓住——他的敌人。

此时，道恩在自己阵营中遭受的抨击，比来自普军军营中的抨击还要多。道恩的头号任务，至少按照他的军官们的理解，是紧紧扭住腓特烈不放，以免他躲进布雷斯劳和施韦德尼茨要塞。从腓特烈的真实意图来看，他是想打一仗而非躲藏起来，但认为腓特烈会躲藏起来却是奥地利人的想象力能够达到的最大限度。与此同时，劳东根据自己最近在西里西亚的经历，一再坚持认为，在两支未尝一败的普军依然留在战场上的情况下发动攻城战，是愚蠢和冒险的行为。考尼茨发出警告：对奥地利而言，机不可失，时不再来。最后，在绝望之中，玛丽亚·特蕾莎女皇不仅向道恩下达了具体的作战命令，而且提前免除了他需要对战斗后果承担的责任。[21]

然而，将领、首相和君主统统低估了道恩元帅。任何人都无法把利奥波德·冯·道恩改造为一位伟大统帅，即使改造成他那个时代的伟大统帅，也不行。然而，道恩既不是懦夫，也绝非无能之辈。在夏季战役中，他的自我形象更像一位经验丰富的持刀战士，耐心地围绕敌人转圈子，一旦发现对手的破绽，就立即扑上去快速给出致命一刀。到了8月中旬，他的军队距离腓特烈近在咫尺，一位观察家说，奥军就像普军的第四路人马。[22] 无论国王如何闪展腾挪，白衣奥地利人总会拦住去路。8月10日，拉齐的私人行李被普军缴获，战利品中有几幅非常有用的地图，这给了腓特烈一个摆出高尚姿态的机会，他归还了拉齐将军的物品，但这只是证实普鲁士人身陷绝境而已。

清点完人马数量之后，道恩拥有3∶1的数量优势。若试图通过进一步的行军和反行军来创造一个战术机会，则会相应地带来风险——使人、马都精疲力竭，双方都完全无法投入战斗。关于战役的艰辛困苦的大多数讨论，集中在步兵方面。然而，骑兵的马匹，甚至比它们的19世纪后代更加习惯于按时吃草和休息。在过去一个月的饲养中，战马的体质和精神头下降的速度，比团长们希望看到的快得多，在那些提供了全军主要突击力的重骑兵团中尤其如此。军营中盛传的流言蜚语使奥地利人得意起来，自吹自擂他们已经困住了腓特烈，至少国王的一些下属在私下议论马克森惨败会更大规模地重演。[23]

8月14日晚上，道恩打算把谣言变成现实，他让主力军兵分四路，去对付普鲁士人。与此同时，劳东奉命率领他的2.4万人马北上，在利格尼茨镇附近渡过卡茨巴赫河。奥地利统帅期望，即使不能击败腓特烈本人，也要迫使对手掉头面对劳东——劳东是那种能把普军钉在原地，等道恩到达，最终实现胜利的沙场大将。

要取得胜利，只有一件事是必须做的：牵制住国王，直到奥地利铁锤砸下来。与奥地利人的期待相反，国王实现了自己的计划。腓特烈并不了解道恩的意图，下令连夜向北进军，最后一次努力尝试动摇顽强的奥地利人。在普军转移的途中，一位被奥地利军队开除的爱尔兰军官为了报仇雪恨，向国王透露了道恩的意图。由于此人烂醉如泥，国王没有立即相信他的情报。被强行弄醒之后，这只爱尔兰野鹅①滔滔不绝，证明自己的说法千真万确。[24] 腓特烈信以为真。在戎马生涯中，他难得因纯粹的好运光临而受益匪浅。普军的转移采取了常用的安全保障措施，即把小分队留在后方让军营篝火继续燃烧，并制造类似的证据，让敌人相信军营中还有人。除非奥军的各个指挥层级都具备非凡的进取心和高度的灵活性，否则道恩只会扑空，并且让他的全军陷入被动。

腓特烈没有继续执行原定的行军计划，而是在利格尼茨东北的一块低矮台地上扎下阵脚，这块台地本身就控制着它的西、南两侧更加低矮的开阔地带。对于被困在道恩、劳东两支大军之间腹背受敌的风险，腓特烈心知肚明，于是他让两个侧翼面朝相反的方向展开，随时准备对先抵达战场的那支奥军采取行动。

正是此时无处不在的齐滕骠骑兵的支队——声名显赫的"红色第2团"，打响了会战。他们偶然碰上了劳东的部队，后者正沿着卡茨巴赫河"腓特烈的"那侧河岸行军。那位剽悍强硬的奥地利将领毫不迟疑地率领所部渡过卡茨巴赫河，并且没有引起混乱，但是由于仓促行动，他没有像平时那样留意掩护他的行军。齐滕的红色骠骑兵勒住缰绳，驰返腓特烈的营寨，向腓特烈发出警报。骠骑兵指挥官置指挥链于不顾，直接向总司令汇报，对于打了四年仗的普鲁士军队的指挥架构来说，无论效果是正面的还是负面的，都是很有意义的事情。

腓特烈于是派出3个步兵旅去对付劳东。在清晨的朦胧天色之中，普军

---

① 如前注，流浪在外的爱尔兰人自称野鹅。

才完成复杂的夜行军，这次机动耗时过长，导致普军无法完全掌控局面。劳东的骑兵先锋扑了过来，击退了 2 个正在仓促排兵布阵的普军步兵团，但紧接着就遭到亨利亲王的第 2 胸甲骑兵团的冲击，攻势受阻。当奥地利掷弹兵率先发动一系列猛攻，试图利用晨雾和战术突然性将普军逐出战场时，普鲁士重骑兵为他们的步兵战友展开战线，争取到了充足时间。

然而，更令人吃惊的事情，发生在劳东那一侧。他没有料到普军会出现在如此偏北的地方，自然谈不上为会战排兵布阵了。在战术层面上，也是奥地利人面临着出乎预料的挑战。在组织军队向西里西亚进军的过程中，腓特烈给每个步兵旅都配属了 1 个炮兵连，每个炮兵连有 10 门 12 磅炮，更确切地说，这些 12 磅炮是比"奥地利"模板更轻便的版本。关于分散配备火炮的原因，最经常被引用的说法是，国王认为他的步兵素质下降得很厉害，需要比团属火炮更重的炮提供直接火力支援。[25] 在库勒斯道夫发生的事情揭示了另一种可能性。在激烈的战场上，普鲁士重炮是"没娘的孩子"。为了执行分配下来的任务——为决定性步兵进攻提供火力准备，重炮不得不部署到近乎敌人眼皮子底下。如果形势不利，那些配备了平民车夫的笨拙火炮就会沦为听天由命的倒霉蛋。因为吃了败仗而士气低落的步兵，不大可能冒着失去生命和肢体的危险，护送这些火炮安然离开。把两个兵种混编在一起，至少提供了产生集体认同感及合作精神的可能性。

到这时为止，战役的结果正好与预期相反。12 磅炮堵塞了行军路线。它们扬起滚滚烟尘，或者陷入泥泞寸步难行，步兵不得不再次让它们自己步履蹒跚地行进。前夜的行军特别混乱，由于 12 磅炮给行军带来不便，它们似乎特别招人烦。此时，随着晨雾消散，清晨的阳光照亮了台地，重炮证明了自己作为旅级武器的价值。近距离发射的霰弹在奥军进攻阵形中撕开了巨大缺口，因为普鲁士炮手几乎顶着故军的枪口奋力开火。在普军右翼，一场局部反攻被奥军炮兵阻挡住了，此时萨尔登提出悬赏，打哑故军炮阵的人会得到 10 个塔勒银币。几分钟后，一枚榴弹落在一辆奥地利火药车上。[26] 这一炮也许是运气使然，但它也意味着普军能够继续前进。

劳东的回应是对普军左翼发动进攻。有那么几分钟，战线就像一扇旋转门，本场会战的胜负似乎取决于哪支军队能够率先攻到故军后方。以掷弹兵为首的奥军步兵，又做了一次孤注一掷的努力。随后，普军预备队从本方前线的后面压了上来，包括一个下辖第3步兵团的旅，该团是德累斯顿耻辱以来普军的代名词。没有人下达冲锋的命令，但有足够多的军官、士官和上等兵想要洗刷自己的恶名，于是第3团自发冲了出去，团里不大愿意冲锋的战斗英雄们则被裹挟着前进。[①] 指挥这片战区的将军对第3团所在旅的旅长高喊，让他把他的部下收拢起来。但是，他的命令被第3团的呐喊声——"非荣誉即死亡"盖过去了。他们像"怒火和魔鬼"一样，猛烈进攻奥地利人，在一场用枪托和刺刀短兵相接的肉搏战中，他们取得了突破。[27] 另一个步兵团和第2胸甲骑兵团紧随第3步兵团，杀向突破口，当奥军溃败时，胸甲骑兵像收割麦子一样横扫敌军。

第3步兵团，即安哈尔特–贝恩堡团的冲锋，作为最高战斗精神的典范，被写入了普鲁士和德国军事史。然而，冲锋的直接结果与巴拉克拉瓦战场上的轻骑兵旅的命运颇为相似。[②] 当普鲁士火枪手向前挺进时，冲锋的势头加上沿途地形崎岖，使他们的队列大乱。奥地利骑兵发动的一场反攻击溃了1个掷弹兵营，重创了1个步兵团，缴获了10面军旗，之后才被几个比较坚定的步兵营的步枪火力拦住去路，接着被仓促奉命驰往现场的2个普军骑兵团赶了回去。

对于劳东而言，他已经尽力了。他的部下遭到了意外的重创。更加要命的是，他既没有看到也没有听到关于道恩所部的动向。劳东是那种富于侵略性的将领，他愿意在极其不利的情况下，为自己的责任奋战到底。但是，他讨厌拉齐，不信任道恩，加上对眼前的局势感到心灰意冷，于是在早晨6点钟左右，命令他已严重动摇的部队撤退。奥军的损失为，1400人阵亡，2200多人负伤，4800人被俘，许多人是由于英勇地、自发地向普军炮口进攻而被俘的。80门火炮、23面军旗和旗帜，是这场苦战胜利的实物标志。腓特烈，按照他越来越明确的习惯，没有在战斗高潮阶段下令追击。相反，传说他策马前往第3步

---

① 尽管第3团多次吃败仗，但也不乏战斗英雄。想雪耻的官兵主动出击，把没有雪耻必要的战斗英雄也裹走了。

② 1854年，在克里米亚战争中发生了巴拉克拉瓦战役。英军的1个轻骑兵旅迎着俄军的既设阵地发动了一场大规模骑兵冲锋，在俄军火枪大炮的迎头痛击下，英军死伤惨重，败下阵来。

兵团，在那里，一些幸存的老兵恳求他恩准恢复第3团的荣誉。据说国王答道："好的，孩子们，一切都会还给你们。我已经忘记了那些不愉快的事情。"[28] 这是一件即使没有发生，却也应该发生的事情。当然，军队相信这个故事；诚然，腓特烈也不愿意否认它。确实，国王花了比平时更多的时间和精力，来赞扬他的步兵的纪律性和战斗精神。就在当天晚上，腓特烈检阅了军队，宣读了长得超出常规的晋升和嘉奖名单。最后，他做了总结发言，不仅第3团恢复了往日荣誉，而且国王自掏腰包，为士兵们购置新的帽子的发辫[①]。

腓特烈之所以如此异乎寻常地慷慨大方，在很大程度上得归功于一个消极事件：道恩的人马没有迫近任何一片战场。当腓特烈面对劳东时，他把约一半人马给了齐滕，命令齐滕竭尽全力拖住道恩。从某种意义上说，这位老牌骠骑兵是执行牵制任务的最佳人选。一位对激烈战斗习以为常的步兵将领，可能无法抵挡硬碰硬的战斗的诱惑。由于齐滕的兵力最多只有1.5万人，却要对抗道恩的6万人，硬碰硬的结果是显而易见的。所以，普军需要的不是斗牛士的利剑，而是他的斗篷[②]。

结果没想到，齐滕的大部分任务是由奥地利人替他完成的。与奥地利人在霍克奇付出的努力截然不同的是，奥军参谋人员这次的工作做得很糟糕，这可能是拉齐工作调动引起的连锁反应。——拉齐得到晋升，承担起了战场指挥任务。道恩的部下慢吞吞地开始行军，而且难以维持部队的秩序。腓特烈抛弃原有营寨的情报来得太晚了，道恩已经来不及对进军轴向做出任何调整了。起初，奥军先头部队无法在卡茨巴赫河及其小支流施瓦茨瓦瑟河上找到涉渡点，而齐滕的火炮在所有可能的渡口上不断喷射骚扰火力，令奥军的工作更加步履维艰。偶有几个骑兵中队恰好渡河，也被普鲁士骑兵轻松拦住去路。凌晨5点钟，道恩的大部分人马依然没有进入一个类似进攻阵地的位置，于是他犹豫彷徨，决定坐等劳东战区取得进展。到了7点30分，腓特烈占据上风的迹象愈益明显。尽管依然对腓特烈拥有超过2∶1的兵力优势，道恩并没有试图力挽狂澜，而是率领自己的人马返回了原来的营寨。[29]

---

① 这时期的欧洲男人戴假发。
② 此处意为腓特烈需要与道恩周旋，而非与之大战一场。

利格尼茨是一场典型的不分胜负的会战，此战更加清楚地表明，战略和行动最终是由战术决定的。道恩的计划不仅仅是合理的，还是出色的。计划的实施也在奥军及其指挥官的能力范围之内。至少，奥军在霍克奇执行了差不多难度的行动。但是，奥地利人成了自己制造的迷雾和混乱的受害者。无论如何，利格尼茨都是道恩戎马生涯中表现最差劲的一战。在此役中，他的所有优点都被凸显成了缺点。起初，他过于谨慎，导致主力军行动迟缓，接着，战役打响后，道恩拒绝承担哪怕很小的风险，这使后果更加严重。普鲁士国王对他的宿敌的心理优势，在8月15日清晨结出了最为丰硕的果实。

劳东同样感到痛苦。后来腓特烈引用了逃兵的说辞：劳东满地打滚，为损失火炮哀号，用最恶毒的言辞咒骂道恩。[30] 或许可以说，这些故事越传越夸张了，但毫无疑问的是，劳东至少最初相信他被嫉妒自己声名渐起的长官蓄意抛弃了。

事实上，劳东对于此役结果也得承担不少责任。除了没能在前进线路上实施有效侦察之外，劳东还让他的部队对敌人发动了一系列正面进攻，尽管敌军兵力不详，但其危险性早已显而易见。劳东野心勃勃，而且瞧不起道恩。他受命担任阻截部队的指挥官，只不过是一个为道恩打下手的机会。在一场充满英雄气概的遭遇战中打垮普军，将为劳东提供多种可能性。如果他按兵不动，甚至后退一步，根据自己的选择构筑防御阵地，那么，腓特烈可能就无路可逃了。普鲁士军队将腹背受敌，被迫同时两线作战。简而言之，在利格尼茨，劳东和道恩都扮演了配合敌人行动的角色，尽管二人这么做的原因截然不同。

利格尼茨也是普鲁士军队急需的兴奋剂。腓特烈在指挥这场会战中起到的实际作用，依然很难说得清。国王自己认为一切都是命运的垂青：他起初决定在夜间行军，后来他又及时抵达了战场。[31] 与他同时代和后世的许多分析文章都认为，这一份谦虚的免责声明，表达的要么是典型的羞愧，要么是虚伪的谦逊，具体是哪一种，取决于文章作者本人的选择。事实上，腓特烈的评价似乎相当精准。利格尼茨是一场军人的战斗，——或者充其量也只是一场准将级别的战斗，哪怕齐滕由于成功阻止了道恩去做他自己从一开始就不愿意做的事情，而被晋升为上将。恢复军队的自信是一种集体行为，这一行为集中投射到了腓特烈的身上，因为在七年战争的这一绝望阶段，由一位英雄人物全面掌控一切就是振奋公众士气所主要要求的。腓特烈对米切尔说过，如果他在利格尼茨战败，那么一切都结束了。[32] 这一次国王没有夸大其词。这是普鲁士历史上最具辩证性讽刺意味的事件之一：相比于其他所有国家的统治者，这位普鲁士君主更能根据自己的内在动力，自上而下地进行统治，这反而让他越来越成为自下而上创造的传奇人物。

此时，随着他的敌人们陷入完全分裂，即使没有在实体上，也已经在心理上陷入分裂，腓特烈向布雷斯劳挺进。他还命令亨利亲王留下 1.4 万人马监视俄军，率其余的人马与自己兵合一处。8 月 29 日，亲王率领 26 个营和 40 个中队抵达布雷斯劳。把在利格尼茨伤亡惨重的几支部队更替出去之后，腓特烈手握约 5 万人马。他付出的代价是他的弟弟退出了战场。亨利病累交加，又因为失去独立指挥权而沮丧。腓特烈似乎拥有一种不可思议的能力，总能在灾难的边缘转危为安，并且重塑英雄形象，对此，亨利十分嫉妒。当国王重新开始寻找与奥地利人决战的机会时，亨利留在了布雷斯劳。[33]

凭借一整年来所拥有的最多兵力，腓特烈打算在年底之前战胜道恩。然而，追踪道恩容易，咬住他就难了。这位奥地利元帅拥有一种非凡的能力，总能从自己犯下的错误中解脱出来。利格尼茨会战似乎再次被他抛到脑后，他又一次转移阵地，以应对国王一再发动的侧翼行动。随着道恩驻扎在腓特烈恰好触不到的地方，腓特烈常患的与精神压力有关的疾病复发了：抽搐、发烧和痔疮。奥地利统帅也绝非一位完全消极被动的对手。道恩的机动会时不时地迫使腓特烈转移阵地。9 月 17 日，道恩的炮兵甚至轰击了腓特烈的行军纵队，在 18 世纪，这是一个非同寻常的举动。相形之下，国王策划的攻势却是竹篮打水一场空，他发动的强行军仅仅是把普鲁士军队带领到林深树密、地形崎岖的原野上，而这种地方正是道恩闪展腾挪的理想场地，但是，也因此不适合进行已经成为腓特烈招牌的那种硬碰硬的会战。

托尔高战役：最后的杀戮场

腓特烈在西里西亚高地上捕捉他的"猎物"，亨利亲王则在布雷斯劳恢复健康和发泄不满，联军重新考虑他们的选择。萨尔特科夫的病情终于发作了。9 月，萨尔特科夫辞职，接替他的不是别人，正是他的前任费莫尔，眼下俄罗斯帝国手上最合适的人选。两年前，费莫尔被赶下了台，现在他也并不指望能在任多长时间。但是，一场足以引起维也纳和圣彼得堡注意的巨大胜利，可能会极大地改变费莫尔的处境。当法国观察员及其军队提议俄奥联军直插柏林时，他已经准备予以采纳了。普鲁士首都几乎无兵可用，一支快速行动的奇兵完全有机会占领柏林。在行动层面上，占领柏林，可能会把腓特烈吸引回北方，让他彻底暴露在联军的兵锋之下。在政治层面上，首都沦陷，可能足以使国王身上的魔力光环黯淡无光。即使无法取得更辉煌的战果，针对柏林的进攻至少也是值得的，以此结束在联盟各国看来完全被挥霍了的一年，还是说得过去的。

道恩承担着考尼茨和女皇施加的沉重压力，除了与腓特烈斗智斗勇之外，他还有更多的事情要做。9月28日，作为给予朝廷的回应，道恩派遣拉齐率领约1.5万人马北上柏林。费莫尔则派遣由切尔内绍夫指挥的1.8万俄军，去执行这个任务。俄军的动作快得异乎寻常，10月2日，由5600名精锐轻骑兵、哥萨克和掷弹兵组成的先头部队，抵达了柏林城郊，次日就出现在柏林城下。

柏林守军是一支由新兵、康复老兵和民兵组成的杂牌军，即使得到了在柏林附近活动的独立部队的增援，他们也几乎无力长时间抵抗。柏林守军司令冯·罗乔中将成功击退了俄军最初发动的试探性进攻，但是随着切尔内绍夫的主力军和拉齐兵团在10月5日到7日相继抵达，柏林的命运就注定了。战争委员会认定，普鲁士无力承受在毫无指望的防御战中损失另一支部队。8日夜间，1.6万普军从俄军前哨部队的眼皮子底下溜出城，向斯潘道方向进发。罗乔留在城中准备投降，把柏林拱手献给联军，而联军正急不可耐地想猛攻和洗劫柏林。

投降条件被描绘为慷慨到了愚蠢的程度。至少，俄军的占领被认为是柔和的，甚至到了无所谓的程度。然而，从俄国的角度看来，这样的做法是合情合理的。在东普鲁士，秋毫无犯政策取得了巨大成功。此外，如果占领只是战略突袭造成的短期后果，那么，与肆意掠夺政策相比，来自城市富裕阶层的某种程度的合作，更可能迅速地产生成效，何况掠夺政策还会带来不少浪费损耗。

至少，柏林商人约翰·格茨科夫斯基就秉持这种立场。或许是出于对未来的考虑，他做了许多工作改善曹恩道夫会战之后，作为战俘羁押在柏林的俄罗斯军官的生活条件。现在，他认为，在任何可能的、合理的条件下，俄军最初要求的 400 万塔勒的保护费都不可能得到满足。如果俄军指挥官迅速把保护费减少一多半，降低到 150 万塔勒，则可能表明他缺乏经济头脑，或者缺乏讨价还价的技巧。这个决定可以作为常识的证明。① 当柏林商界忙于向市民征收赎金以防更糟糕的情况发生时，联军转而清点物质财产。奥地利骠骑兵和萨克森骑兵洗劫了腓特烈建在夏洛腾堡的宫殿。俄国轻骑兵洗劫了柏林周围的乡村。

在柏林城内，情况有所好转，——至少在普鲁士人看来如此。对于战争至关重要的设施，如施普利特格贝尔与道恩铸造厂，作为私人财产得到了保全。甚至连公共建筑，如军火库和金银币铸造厂，都免于被毁。俄军尝试销毁存放在柏林的火药，但失败了，一场提前起爆的爆破行动夺去了十多个俄军的性命。一些军事装备被掩埋了，一些步枪被扔进了施普雷河。大量马匹易主了。——马匹并非全部属于国有资产。但是，位于波茨坦的火枪工厂只受到轻微破坏。一个由康复老兵组成的步兵营奋起抵抗俄军，守住了斯潘道区的城门。由于战俘管控徒有其表，许多被俘的柏林守军逃之夭夭。也许，占领期间最惨痛的人间悲剧，是大约 100 名 11 到 12 岁的军官候补生在极端严酷的条件下被押解到柯尼斯堡；作为全面和平条约的组成部分，直到 1762 年这些孩子才获释。[34]

柏林遭到的破坏比较轻微，不能完全归咎于联军低能。破坏比毁灭容易。拆除机器，摧毁坚固的工厂和公共建筑，需要一些在俄军中并不多见的技能。联军也没有充足时间使柏林完全丧失为腓特烈的战争提供帮助的能力。即使在秋收季节之后，坐吃山空也是不行的。②

此外，腓特烈也没有闲着没事干。在萨克森，一支 3 万人的帝国军队恢复了元气，并得到了大量奥地利正规军的增援，他们对一支实力孱弱的普鲁士掩护部队发动了一场成功的机动战役。随后，国王的侦察兵和特工告诉他，拉齐的部队分兵了。起初，奥军是要进军萨克森还是指向柏林，还不能完全确定。腓特烈别无选择，只能放弃与道恩对垒的阵地，退入西里西亚平原，坐观局势

---

① 俄国人同意降低保护费的金额，证实了普鲁士人的常识，即俄国人缺乏经济头脑。

② 此时是 10 月份，城中物资比较充足，但毕竟也有吃光的一天，所以联军不能无限期地待在柏林城。

发展。但是，1760 年的俄罗斯帝国的安全状况，与 1914 年的情况一样糟糕[①]，俄军的下级军官却在向所有人吹嘘他们要在勃兰登堡大展拳脚。关于敌人动向的深入报告，使国王相信他的首都危机四伏。

普鲁士人迅速行动起来。10 月 11 日，当联军撤离柏林时，腓特烈距离柏林还有五天行程。联军的撤离，凸显了占领柏林任务的荒诞性。它是一次真正的突袭，而非作战机动。如果有某种类似协调计划的东西存在的话，联军可能还会多占领柏林几天，作为吸引腓特烈进一步北上的策略，这样奥军就可以畅通无阻地开进萨克森和西里西亚了。此时的情况却是，国王获悉柏林已经恢复自由，而且遭破坏较轻，他完全可以停下回师柏林的脚步。

俄军的打击力量大摇大摆地重新与主力军会师。在这个作战季节余下的时日中，就减少柏林同意支付的保护费问题，费莫尔与格茨科夫斯基讨价还价。——原来，大部分保护费都尚未支付！[35] 这件事很能体现 18 世纪战争的大环境，因为本次谈判的主要各方都认为，这样的谈判很不寻常，因为在没有占领军存在的情况下，保护费义务毫无意义可言。除了财物方面的收获，俄国人还至少羞辱了他们的主要敌人——普鲁士人数天，足以为此弹冠相庆一番，而且由于在这场战役中表现得谨小慎微，俄罗斯野战军在年底时兵力充足。第二个事实也令人不安地凸显了俄罗斯在后勤和管理方面的重大和普遍的改善。俄国蛮夷确实学会不少东西了。

批评人士可能会注意到，整个夏季各方都在虚度光阴，大家都在活动，却都没有取得实质性成果。然而，俄罗斯的终极目标是区域性的，而非局部性的，如果过于贪婪，一只猫也可能被奶油噎死。他们在柏林的温和、宽大举动，令人信服地复制了他们正在东普鲁士奉行的政策。如果俄罗斯人能够让勃兰登堡的商人和官员意识到，就战争成本而言，这场战争已经不值得继续打下去了，那么他们或许能给予已经因为过度扩张而损失惨重的普鲁士王国最后的致命一击。公然挑战腓特烈的权威，既无必要，也不可取。让普鲁士人感到俄罗斯是一位好邻居，至少是一位可以接受的新主子，那就足够了。

此外，在某些方面，普鲁士也不再是女皇及其谋士们的主要目标了。俄

罗斯取得长期领土和政治收益的真正机会，在普鲁士东南方的波兰。法国和俄国之间最初的紧张关系，在很大程度上反映了法国对自己在波兰君主国内的影响力的担忧。在英国手中惨遭一系列失败和遏制，为法国带来的一个讨厌的副作用，是可以用于维护法国在维斯瓦河两岸利益的外交和财政资源大大减少了。早在1758年，舒瓦瑟尔就曾经私下宣称，波兰不再被视为受到法国庇护的国家，——至少，法国不能为了波兰而与俄罗斯反目。自从七年战争爆发以来，俄军就把波兰当作往返中转站。随着越来越多的波兰贵族着手测试圣彼得堡的风向，波兰人对柏林实行外柔内刚政策，是为了研判俄国政策而付出的较低代价。研究结果表明，俄罗斯对波兰的霸权，甚至是俄罗斯对波兰的直接统治，即使不是一个轻松的负担，也是可以接受的命运。[36]

当俄罗斯谋求宏图大业时，奥地利则在行动层面上继续打仗。腓特烈脱离了道恩的直接打击范围，道恩的军队或多或少地从夏季的疲乏中恢复过来，再度投身沙场，攻入萨克森。奥地利总司令计划先与帝国军团联手，然后与从柏林南下的拉齐部会师。尽管给劳东留下了3万人马，用于监视腓特烈留在西里西亚的1万"零星人马"，道恩仍然能在10月底之前集结8.5万到9万人马。道恩认为，这支大军的兵力足以创造一个有利战机。他可以在严寒到来之前，占领大半个萨克森，或者迫使腓特烈在极端不利的情况下，再打一场会战。可以肯定的是，国王的战术运气不可能永远好下去。[37]

10月23日，道恩的镶嵌画完成了一部分：拉齐的人马与他们的战友会师了，还带来了柏林疯狂之夜的故事，大量战利品让柏林之行的故事变得真实可信。然而，帝国军队在普军的佯动面前越过莱比锡撤退了，士气爆棚带来的一些好处也随之烟消云散了。这支帝国军队的司令官茨韦布吕肯亲王，非常清楚他的杂牌军的缺点，不敢冒险让部下以卵击石。

也许有人会说，尽管在帝国军队中的1.1万奥军会成为一支有用的增援力量，但是如果没有这帮德意志乌合之众的话，道恩的处境会更好。然而，在旗鼓相当的战场，道恩从来没有出色表现。到了10月28日，腓特烈从柏林周围网罗了足够多的部队，使他的兵力达到约5万之众，外加250门火炮。道恩的兵力比腓特烈多数千人，但不足以让他在战场上占据明显优势。但是，他正背负着必须打一场会战的压力。10月23日，玛丽亚·特蕾莎女皇命令他保卫萨克森，即使那意味着在未必有利的条件下作战，否则他就应该取得别的决定性战果。[38] 作为回应，道恩占领了易北河河畔托尔高镇附近的一片原普军阵地。

道恩选择这个地点不是随意为之。在行动方面，托尔高是易北河中游最重要的渡口，因此作为一个咽喉要道是相当有用的。从战术上说，当地的地形非常适合防守，——确实非常易守难攻，事实上，今年上半年，亨利亲王就用这片战场吓住了道恩手下的奥军。奥军的主要阵地坐北朝南，沿着托尔高西面的一道低矮山脊展开。阵地左侧以托尔高要塞为依托，右侧是一串林木茂密的山岗。山脊的前坡主要是葡萄园，山坡底部是沼泽、池塘和形形色色的湿地，可以迟滞敌人的前进。

托尔高的防御工事谈不上完美无缺，但是，只要有一支军队的支持，工事就能有效阻止敌军攻入奥军侧翼。奥军右翼似乎也相当安全，但是，腓特烈是一位令道恩肃然起敬的战术大师，能够穿过崎岖不平的原野实施战术性侧翼机动，于是道恩派去了大部分骑兵掩护右翼。道恩在正面部署了一个由堡垒和炮台组成的防御网络，尽管相对于部署的兵力而言，阵地狭小得令人不安，但道恩依然信心十足。山脊十分狭窄局促，导致奥军的各条战线几乎是一条叠一条，没有多少用于调度人马的余地。由于地形崎岖，土壤多沙，不利于守军实施快速机动，前述缺点也不算什么了。在某种程度上，道恩已经从自己和俄罗斯人的经历中汲取了教训。最近的几次会战，从洛伊滕到库勒斯道夫，都证明了在战术博弈中击败腓特烈是难度很大的事情。另一方面，曹恩道夫会战，尤其是库勒斯道夫会战，表明普军在势均力敌的战斗中是相对脆弱的。道恩的部下可能没有俄军一贯具备的冷酷沉毅的耐受力。但是，道恩的大部分手下一整年都没真正打过仗。鉴于自己的阵地坚固，道恩有理由等着普军先进攻，然后奥军沿着整条山脊线大量杀伤敌军。此外，这一仗会让道恩的主公及道恩在宫廷、军营中的敌人们，失去贬低他对于会战的态度的直接理由。

腓特烈也在找机会打上一仗，他宣称，自己在从斯多噶派[①]的视角看待在

---

① 斯多噶派认为世界理性决定事物的发展变化。所谓"世界理性"，就是神性，它是世界的主宰，个人只不过是神的整体中的一分子。在社会生活中，斯多噶派强调顺从天命，要安于自己在社会中所处的地位，要恬淡寡欲，只有这样才能得到幸福。

会战中死亡的可能性，而且自己永远不会缔结一份对普鲁士不利的和平条约。相反，他宣称自己已经做好了冒任何风险的准备，哪怕是最绝望的风险，要以一场胜利或光荣的死亡结束这场战役。[39]在政策方面，他的言辞是有道理的。如果打了四年仗的普鲁士国王不能保住自己的首都，如果商界认为有必要与国王的敌人进行长期谈判，鉴于普鲁士商界的善意对国王至关重要，那么现在就是结束战争的时间点和成熟时机了。然而，在战术层面上，情况似乎有所不同。亨利亲王不能理解，为什么他哥哥要再次冒险，与人数和阵地都明显占优势的敌人作战。在腓特烈的军队中，高级和低级军官都质疑打这一仗是明智的，因为现在是年终岁末了，恶劣天气会把最好的作战计划化为乌有。决定性因素是萨克森。只要道恩还在托尔高坚守阵地，腓特烈就无法有效征集该国的剩余资源。如果没有萨克森的新兵、给养和金钱，普鲁士要想再打一年仗，同时又不使自己的根基遭到永久性破坏，几乎是不可能完成的任务。

到了11月2日，普军已经进入了道恩阵地的打击范围之内。腓特烈手握约4.9万人马、250门火炮；道恩有5.3万人马、275门火炮。腓特烈的主要物质优势是他拥有180门12磅炮和重型榴弹炮，是奥军重火器的三倍。因此，国王并不担心自己处于火力劣势，也不担心他的步兵遭到互相支援的敌军炮火的屠杀。

正如七年战争中其他几次主要会战一样，腓特烈对战场地形十分了解，占据了先机。此前，亨利亲王在该地区进行过机动，这意味着一些兵团曾经占据过他们此次要攻打的阵地，普军也不大可能缺少可靠的向导。经过最后阶段的行军，普军抵达了位于奥军以南约10公里的地方，但是，腓特烈并不打算采用最显而易见的进攻路线，去攻打拥有最大地利的奥军左翼。相反，11月2日下午晚些时候，腓特烈在侦察阵地时，构思出了通过侧翼行军穿过奥军阵地的主意。这一次，他打算利用距离敌军前线3到8公里[①]的密林。他认为，这些密林不仅可以像在洛伊滕那样，隐蔽普军向奥军右翼发动大规模进攻的行

---

① 2到5英里。

迹，还可以让普军绕过奥军不被发现，从后方打击敌军阵地。敌军沿着山脊猬集一团，周转不灵，也让这一机动具有更加诱人的前景。如果奥地利人要阻挠普军实施机动，就得冒让奥军陷入无法挽回的混乱的危险。

他的计划遇到了一个严重问题。到目前为止，腓特烈对战术侧翼机动的偏爱，在整个欧洲都尽人皆知了。在布拉格和科林，他可以不担心奥地利人，因为他知道自己的行军不大可能遇到阻挠。在洛伊滕，他要弄军事上的花招来吸引和转移对手的注意力。此时在托尔高，仅仅搞佯动是不够的。为了把道恩部钉在原地，他需要发动一次较大规模的次要进攻，交由知道如何咬紧牙关坚持到底的将领来指挥。

腓特烈早就有了心仪的人选——齐滕。这位老牌骠骑兵雄风犹在，尽管他并非一位老到熟练的战术家。然而，齐滕的任务并不需要复杂的技巧。腓特烈给了齐滕1.8万人马，命令后者进攻奥军左翼。腓特烈的详细指示是口头下达的，因此，这次进攻究竟是仅仅作为一个压制性行动，还是作为一个钳形攻势的最终组成部分，旨在把道恩钉在易北河畔，依然是一个颇有争议的问题。各种证据都倾向于前者，尤其是鉴于齐滕的能力局限性尽人皆知，他指挥这类会战的能力还有待考验，所以国王不愿意与齐滕建立任何系统性的联系。兵力的分布也有利于我们了解真相。齐滕拥有1.1万名步兵和7000名骑兵，这样构成的特遣部队既能够吸引敌军骑兵的进攻，也能完成战术上的胜利。腓特烈率领2.4万名步兵行动，但只带了6500名骑兵在他的侧翼行进。此举至少说明，他预计在自己负责的地段上决定会战的胜负，至于齐滕，则随时准备着利用一切可能手段，扩大腓特烈制造的决定性胜果。

11月3日，冬季太阳升起较晚，当晨曦的微光刚刚照亮地平线时，普军就拔营动身了，到了早晨6点30分，普军踏上了征程。腓特烈的行动目标可能依然不够明朗，但他的战术意图是明确无误的。他的主力军分为四路纵队行进。第1纵队由国王亲自指挥，对奥军右翼发动主要打击。该纵队的25个步兵营中，包括10个掷弹兵营和普军中最精锐的几个战线步兵营。伴随第1纵队前进的还有不下50门12磅炮。第2纵队有74门12磅炮和10门榴弹炮，步兵力量不到第1纵队的一半，但有5个掷弹兵营，火枪兵营却只有7个。由荷尔施泰因亲王指挥的第3纵队，有38个骑兵中队，但只有4个步兵营。第

4纵队，是炮兵车队和若干辎重车辆，承担着掩护普军后方的额外责任，以防遭到奥军轻骑兵的突袭。与此同时，齐滕的特遣部队踏上征程，他们沿着腓特烈的行军路线走了一会，随即在通往托尔高的大路上向右转，前面开路的是由骠骑兵和德意志自由兵团[①]组成的混编部队。

这是一个阴冷潮湿的清晨，普军主力需要走上20公里[②]的路程才能进入阵地。这意味着，即使一切顺利，也得走六个小时。如果天气不好、地形崎岖或者奥军实施干扰，普军就得走八小时甚至更久。上述三个因素都起到了负面影响。身体上的不适加剧了大战前的紧张情绪，足以降低全军的警惕性。腓特烈的向导是一名当地的护林员，他把国王的第1纵队带错了路，继而迫使第2纵队改变了行军路线。第3骑兵纵队出发较迟，加上地面松软、道路狭窄，行军一再延迟。奥地利人也不完全相信地利可以保护他们，所以道恩的前线布置得十分严密，中午将近的时候，腓特烈意外撞上了道恩部署的一个小分队，发生了短暂的交火。在第一份关于普军动向的全面报告送到道恩的司令部之前，交火的枪声就已经为奥军拉响了警报。

奥军统帅并不像腓特烈所希望的那样大吃一惊。道恩已经意识到齐滕出现在他的左翼，后者的先头部队在稍早一点的时候，偶然发现了一小股克罗地亚边防兵和骠骑兵。尽管克罗地亚人很快就被普军的刺刀赶出了他们临时构筑的野战工事，但他们作为示警部队的表现还是令人钦佩的。负责指挥这一段奥军战线的拉齐，表现出了一如既往的冷静和高效，付出最小的努力就抵挡住了齐滕。

道恩得以放手去对付腓特烈了。他的对策是略微调整了一下前线部署，于是12个步兵营面向北，同时6个营组成了一条面向西的战线。这番机动完成，奥军主力便组成了一个三条边的近似长方形的战阵，一条长边面向北，另一条长边面向南，短边向西。从地图上看，奥军似乎是背靠背部署的。在战场上，阵地相当拥挤，一些团只要全体向后转就能完成他们领受的转移任务。这

---

① 德意志自由兵团是由德意志各地的地方部队、雇佣兵组成的杂牌轻装部队。按照编制和规模的大小，可以分为自由营和自由连。

② 12英里。

样一来，撤退就极其困难了。道恩觉得没有理由认为此役会失利。然而，为了以防万一，他把奥军的辎重车辆打发到易北河对岸的安全地带。这样，如果发生意外，战斗部队就不会受到大小车辆及其平民车夫的妨碍了。

腓特烈的进展比他自己希望或预期的慢得多。直到下午1点钟左右，他才足够靠近奥军阵地，进行详尽侦察。对于观察结果，国王根本高兴不起来。现在，他策划的进攻轴向正对着已经部署完毕的奥军步兵战线。在道恩的主阵地左翼与托尔高镇外围之间有一些空地，但如果进攻这个地段，腓特烈就会身处道恩部和拉齐部之间，鉴于无法保证齐滕能把拉齐部钉死在原地，腓特烈可能腹背受敌；此外，这个地段本身就位于几个奥军炮台的火力覆盖之下：这实在是一片让腓特烈喜欢不起来的杀戮场。

国王决定把他的兵力向更西方转移，进攻道恩的新战线的顶端。这意味着他手下那些已经展开的步兵营要收拢战线，重新组成行军纵队。更严重的是，第2纵队和骑兵纵队还没跟上腓特烈的主力军。因此，新作战计划意味着，普军不是分为两部分，而是至少一分为三，这是一个千钧一发的时刻。

尽管危机四伏，腓特烈还是认为时不我待。满打满算，距离太阳落山也只剩下四个小时了。天气随时可能发生变化。这时，齐滕与拉齐大打出手的声音已经被一阵大风送了过来，清晰入耳。大约下午2点，腓特烈命令他的步兵前进：整整10个掷弹兵营，这是全军最精锐的部队。他们需要发挥全部战斗力才行。浓密的灌木加上突如其来的风暴，阻碍了行动，打乱了阵形。掷弹兵只有到了开阔地才能组成战线，而这样正好把自己置于道恩的火炮的正前方。

奥地利炮兵几乎没有受到普军反击炮火的干扰，可以不断开炮喷射火舌。腓特烈最初寄予厚望的重炮，依然远远落在了前线的后面。只有几门营属火炮在阵地上支援普军挺进。道恩的阵地狭小，意味着普军同时遭受几乎来自四面八方的火力打击。一位参战人员提到："这是火药发明以来，所有陆地战争中最猛烈的火力。"[40]尽管如此，普鲁士掷弹兵还在挺进，凭借高度纪律性的勇气和到此时为止"一直流畅射击的技术"，赢得了敌人的赞誉。[41]普军的步枪战术与在布拉格和科林展示的肩扛火枪前进战术大相径庭，但在暴风骤雨般的炮弹面前，都只是徒劳无用的样子货而已。连置身于前进部队中的腓特烈本人，都注意到了"可怕的炮声"，他询问左右，是否有人听过类似的猛烈炮声。[42] 在短短数分钟内，就有一多半掷弹兵倒了下去，幸存者蜷缩在树丛中保命。

腓特烈想要中止行动的所有想法，都被奥军发动的局部反击打消了。挫败奥军反击轻而易举，但是奥军冲锋说明，道恩，——至少是道恩的部将，不大可能在普军撤退时按兵不动。于是，国王发动了第二轮进攻，用他的第 1 纵队的预备队，以及从刚刚抵达战场的第 2 纵队抽调的 6 个营。这些人几乎完全靠英雄气概才把会战撑了下去。他们穿过依然遍布死伤的掷弹兵的炮火杀伤区，猛攻奥军驻守的高地，由于奥军步兵向后撤退，奥军火炮被自己人挡住而无法射击，冲上去的普军开始破坏火炮。道恩的应对是亲自率部发动了一场反击。一开始，普军坚守阵地，与奥地利人进行面对面的火枪齐射。随后，敌军骑兵从正面和侧翼猛扑普军火枪兵的战线。普军退了回来，至于撤退是秩序井然还是四散逃命，取决于讲述故事的那个人。

与此同时，国王派出了一个又一个传令兵，催促他的骑兵前进。大约下午 3 点 30 分，普军骑兵终于赶到了现场，以 5 个胸甲骑兵团为首，他们快步冲了上来。一位御前侍卫央求一位团长支援承受着巨大压力的步兵，这些步兵已经重整旗鼓，准备发动第三次进攻了。由于刚刚打退普军的进攻，奥军步兵自身也陷入了混乱，其余的普鲁士骑兵跟在胸甲骑兵战友的身后，冲进奥军步兵阵地，把对手踩成了肉酱。由于没有局部预备队来阻止他们，冲在前面的几个普鲁士骑兵中队突破奥军攻上了高地，奥军依靠展开了战线的 3 个掷弹兵营的射击，才挡住了普军的攻势。

普鲁士骑兵没有立即攻击这批新出现的敌人，而是把注意力转移到别处：收拢俘虏，把火炮拖离敌军阵地。他们为自己犯下的错误付出了代价，奥军的 4 个胸甲骑兵团冲进他们的队列，把他们赶出了高地。到了下午 4 点 30 分，腓特烈的会战似乎结束了。他的掷弹兵死伤惨重；他的火枪手秩序全无；骑兵的坐骑疲惫不堪；腓特烈本人被一枚差点就打进身体的子弹吓呆了，焦急万分的侍卫把他带离了战场。

国王脱离战场期间，普鲁士军队扭转了托尔高会战的走势。这主要得归功于齐滕，或者更恰如其分地说，得归功于齐滕麾下的军官和士兵。下午 4 点左右，局势开始扭转。齐滕一直不愿意把拉齐压迫得太紧。崎岖不平、林木茂密的地形不是他熟悉的战斗场地，在开阔战场上进行骑兵战斗，他有丰富经验。相反，齐藤选择了等待，直到腓特烈指挥的那部分战斗进入高潮——这是一种文雅的委婉说法，他似乎希望国王果断地解决战斗，让他的忠心耿耿的部下摆脱眼前困境。但是，随着时光流逝，他期待的事情没有发生。齐藤越来越焦躁。对于这位老牌骠骑兵而言，化解紧张情绪的最好办法是采取行动。暮色逐渐降临，他决定向北进军，与腓特烈会师。

尽管许多骑兵和火炮已经从原来的奥军阵地上撤了下来，依然有不少骑兵和火炮留在那里，因此齐藤非常担心自己的侧翼安全。他把手下4个面对拉齐的骑兵旅中的2个留了下来，让另外2个旅挨个绕过他的后方，向北转移，然后让之前的2个旅也向北移动。这番机动说起来容易做起来难。尽管如此，普军骑兵还是成功与拉齐脱离了接触。随后，指挥第15近卫步兵团的中校从一名勤务兵口中获悉，有一条没有奥军驻守的堤道，通往道恩设置在山脊上的阵地的西翼。他认为这是个制胜良机，便报告了他的旅长。——这个旅长也许就是腓特烈军中最适合抓住这种机会的人。弗里德里希·冯·萨尔登自作主张，率领5个营穿过了那条堤道。当他们被猛烈的奥军炮火拦住去路时，齐藤把预备队调上去实施支援。奥地利人只能从正面对战腓特烈的部队中，抽调来几个营加强己方阵地，这些营中不少已经死伤累累。此外，奥军在人数上的优势，也由于掉队者、轻伤者和自以为今天已经干得够多了的人不断增加，而被削弱了，这帮人挤过早已拥挤不堪的奥军后方阵地，向托尔高和易北河蜂拥而去。

事到如今，奥军最高统帅已经失去了对战局的控制。坚信胜券在握的道恩，在反击中负了伤。就在腓特烈显然决心把手下最精锐的部队投入正面进攻，而且不惜打个精光时，道恩说："难道他不知道这样做对他毫无好处吗？"[43]傍晚6点30分，道恩的伤口在冷风中凝结了，他命令拉齐去支援奥军主力的左翼，继而把自己的指挥权移交给一位次级部将，之后，道恩脱离了战场，或者说，被带离了战场。

由于齐藤发动的骑兵进攻，加上自己的消极怠惰，拉齐依然被钉在原地，无所作为。腓特烈，或者更可能是他的一位参谋人员，决心做最后的努力，让战局转向有利于普鲁士的方向。原先跟着骑兵纵队在后面行进的2个步兵团，至今都没有参战。夜色渐深，齐藤战线上的喊杀声却越来越响亮，从苏普利茨村升腾起来的火焰表明，奥军的战线不是向北展开面对腓特烈，反而是向南展开面向齐滕。鼓手们敲起集结鼓声。少校营长和上尉连长们高声呼喊着兵团的名称、下达命令。逃跑和掉队的士兵回到了自己的旗帜下。与早晨相比，这些步兵营可能只剩下个空架子，但依然留在队伍里面的人还会奋战到底，战场环境会为他们造就一位领袖。

约翰·冯·许尔森并不是本书中的陌生面孔，他是那种世纪之交以来就已经过时了的将军。他没受过多少教育，也谈不上光彩照人，他当少尉当了十五年之久。他现在的中将军衔来自英勇和服从，而非由于他有什么高深奥妙的才干。在托尔高会战中，许尔森负责指挥腓特烈的第2纵队，与其说特遣部队的指挥权是给予他的礼物，不如说这反映了普军越来越缺少高级军官。但是，许尔森拥有一种无可置疑的勇气，完全不把敌人的枪林弹雨当回事。他的粗鲁举止和满口脏话，让他麾下各团中的普鲁士本土士兵想起了家乡的地主和父亲，同时雇佣兵则对他在炮火下的冷静敬佩不已。现在，许尔森把残存的官兵集结在一起，又发动了一次进攻。他的战马都在之前的战斗中死亡或挂彩了。早些时候，他的脚受伤了，即使伤口已经不疼了，他也不可能再像从前那样徒步率部冲锋了。于是，他架起了一门火炮，向身边的人大喊一声："拉！" 44① 每个鼓手，只要他还有两把鼓槌和一面完整的鼓皮，都敲起冲锋鼓点，普鲁士人就跟在许尔森的后面，登上了山坡；几乎与此同时，齐滕手下筋疲力尽的官兵们，也在自己的作战地域发动了一波进攻。

奥地利人觉得打够了。在黑暗的掩护下，奥军离开了战场。与其说奥军是在恐慌中离去，不如说是在因极度疲惫而产生的混乱中撤走的。普鲁士人同样茫然不知所措。步兵与炮兵混杂在一起，形成了一条类似战线的东西，他们设法挫败了奥军所能发动的所有三心二意的局部反击。拉齐的部队几乎全天都没有参战，鉴于天色太晚，局面又过于混乱，作为一位不愿冒险的将军，拉齐不敢擅自行动去改变战局。相反，他用他的部队掩护全军渡过易北河撤退。

掉队的奥地利人与失去建制的普鲁士人混杂在一起，在战场上东游西荡，

---

① 从当时到现在，多数火炮还使用拉绳式击发，许尔森喊"拉！"是命令炮手拉拽火绳，击发火炮。

一名倒霉的普军中校成了四名不知所措的奥地利人的战利品，同时，一名向一个普鲁士步兵营下达命令的奥地利将军，做了俘虏。甚至连腓特烈都差点落入徘徊游荡的哈布斯堡骑兵之手。冬夜寒冷，水壶和背包都空空如也。逃兵、随军平民和当地村民，对两军都没有兴趣，他们一视同仁地洗劫死伤的两军士兵。

腓特烈的心境是这场会战的缩影。国王因又一次在决定会战胜负的关键时刻脱离战场而蒙羞。好在这一次他有了充分理由。关于他在许尔森发动进攻前泪流满面的故事，与他负伤离场的托词并无本质区别。[45] 腓特烈挨了一颗力道衰竭的子弹，即使他自诩拥有强大自制力，面对差点结果自己性命的意外，也不可能完全无动于衷。[①] 康复之后，腓特烈依然情绪低落。他没有理睬会战次日呈献给他的缴获的奥地利旗帜和军旗。相反，他以大得离谱的精力去确定普军的伤亡数字，然后秘而不宣。

伤亡数字大大超过了他的最坏预期。约有 1.7 万普军死亡、负伤和失踪，占全军的 40% 以上，比奥军损失还多 1000 人，奥军的损失包括 7000 人被俘，他们可以交换回去，再次参战。此外，伤亡官兵再次不成比例地集中在最精锐的部队中：来自"老普鲁士"各省的掷弹兵和员额不足的步兵团。参战的 15 个掷弹兵营后来被缩编为 6 个营。大多数步兵团的剩余兵员仅相当于 1 个营。其中的 2 个团蒙受了毁灭性损失，因此暂时被合并为 1 个营，而不是条令规定的 4 个营。普鲁士人可以展示他们的战利品——奥军的 50 门火炮和 30 面旗帜；但是，道恩的部下夺去了不下 45 面普军旗帜，其中大多数来自腓特烈的主力军。即使在撤退途中，奥军也缴获了 8 门火炮，抓了 3000 名战俘。[46]

可以说，比洛伊滕会战更加重要的是，托尔高会战是七年战争中一场典型的"腓特烈式"会战。国王决心歼灭道恩大军的念头，被 19 世纪总参谋部的军事历史学家夸大了，他们力求证明腓特烈是歼灭战战略的支持者。尽管如此，几乎毫无疑问的是，腓特烈希望并期待通过一场足以令奥地利的盟友刻骨铭心的、一边倒的战术胜利，来扭转不利的政治和战略形势，同时迫使玛丽亚·特蕾莎重新考虑她的策略。但是，他占领的只是一片价值很小甚至毫无价

---

① 大意是腓特烈挨了一枚子弹，虽然没有危及生命，却也让腓特烈信心动摇，即使他一贯自称拥有强大的自制力。

值的战场，并且在这个过程中让自己的军队死伤累累。俄军依然占据着东普鲁士和波美拉尼亚大部；奥军还在威胁萨克森和西里西亚。不伦瑞克的斐迪南的杂牌军还在继续与法国和帝国军队周旋，连派遣一支象征性部队去增援斐迪南算不上重大的行动，腓特烈也都无力顾及了。

1761 年：油尽灯枯之年

在反普联盟一方，战略形势似乎也并不明朗。托尔高会战本身的意义不大。哈布斯堡军队之前就吃过败仗，以后还会再输。如果说，拉齐在会战中表现消极，那么，作为道恩的暂时替补，他再一次证明了自己是一个行政调度方面的大师。拉齐把托尔高的生还者井井有条地安置在惊诧不已的普军周围，随后安然无恙地退回德累斯顿。

奥地利的问题有增无减。与四年半之前战争爆发时相比，奥地利距离击败普鲁士的目标依然很遥远。随着德累斯顿落入奥地利人的严密掌控之中，普、奥两军都入驻了冬令营。但是，哈布斯堡帝国在来年春季的前景如何呢？在军事上，没有脱颖而出的新面孔。劳东树敌过多，在独当一面期间并没有展现出什么统帅才干。托尔高会战无情地暴露了拉齐的短板：若遇上计划赶不上变化的情况，这意味着国王腓特烈在随机应变，则拉齐会束手无策。道恩承担了战败的责任，并且拒绝以他的伤势作为推卸责任的借口，他依然是最高统帅。然而，没人指望他会在下一场会战中令人耳目一新。

利格尼茨和托尔高会战，也让法国重新投入欧陆战争的希望，实际上化为了泡影。俄罗斯军队依然可能发动一场决定性战役，但是迄今为止，他们展现出的仅仅是赢得会战的能力。奥地利自己的财政状况，从糟糕变成了令人绝望，几乎马上就要崩盘。这场战争的持续时间、人员物资需求，比 1755 至 1756 年岁月静好时期所有人能够预见的都要漫长、沉重，因此，奥地利行政管理系统已经被战争的需要压迫到了极致。

奥地利面临的局势迫使该国采取和平、紧缩和改革政策。后两个马上就落实了。1761 年，玛丽亚·特蕾莎女皇发起了一场运动，它被恰如其分地称为"行政革命"，旨在让奥地利转型成一个拥有井井有条的财政体系的现代化官僚国家。筹备和创建新规则甚至减少了可以用于后续战争的人力资源。失去西里西亚四分之一个世纪之后，尽管奥地利人对此耿耿于怀，却也习以为常了。考尼茨开始考虑与他的宿敌开展谈判的可能性。玛丽亚·特蕾莎在盘算，为了挽回西里西亚而冒失去一切的风险是否明智。然而，尽管左右为难，在1760至1761年冬季停战期间，奥地利提出的和平倡议却又少又无力。无论奥地利有什么问题，玛丽亚·特蕾莎、考尼茨及其谋士们都相信，腓特烈已经濒临山穷水尽、黔驴技穷的地步，不大可能再维持一年的僵局了。奥地利人越看越觉得这种看法是正确的。[47]在德意志战场，斐迪南采取了不同凡响的措施，他发动了一场冬季战役，打击几乎已经进入冬眠状态的法国军队。亲王用手下军队的战斗力、战斗经验和对统帅的充分信任，证明了自己的决策是正确的。但是，到了3月底，冰雪提前解冻和法军发动的出乎意料的反攻，把斐迪南赶回了他的出发位置，并且为士气低落的法军注入了很大信心，导致法军打算以普军不喜欢或不利于普军的方式，发动一场夏季行动。

1760年也是英法殖民地战争的最后一年。在春、夏两季，法国为增援加拿大而做出的所有努力，都被英国皇家海军粉碎了。9月，蒙特利尔落入英国特遣部队之手。西部前哨城镇底特律、米奇利麦基诺，都在这年末、次年初开门向英军投降了。在地球的另一端，英军及其印度盟友和辅助部队，攻克了一个又一个法国的坚固据点。英军对本地治里的围攻和该城在1761年1月投降，标志着法国在印度次大陆的政治野心画上了句号。矛盾的是，英国的节节胜利反而刺激了奥地利决策者打下去的决心。皮特的一切花言巧语都无法说服英国议会继续支持一贯代价高昂，而且眼下看起来日益无关紧要的欧陆战争。英国也迎来了一位新首脑。1760年，乔治二世驾崩了，在他的君主生涯中，他有时候更像汉诺威选帝侯，而非大不列颠与爱尔兰国王。[①]他的孙子兼继承人乔治三世，[②]决心为他的家族注入英国特色。他得到了比特伯爵的支持，此君是皮特首相的坚定政敌之一。[48]

---

① 当时英国拥有整个爱尔兰，全名为大不列颠与爱尔兰联合王国。20世纪南爱尔兰独立之后，才改名为大不列颠与北爱尔兰联合王国。

② 乔治三世的父亲是乔治二世之子、威尔士亲王腓特烈。1751年，腓特烈去世，王孙乔治三世成为王位继承人。1760年10月25日，乔治二世驾崩，乔治三世继位，时年22岁。

在维也纳，不需要多少洞察力就能得出结论：英国对腓特烈的投入，取决于皮特能连任首相，或者说，无论斐迪南在 1761 年是输是赢，投入的规模都有可能被削减。在一场赌注如此之高的赌局中坚持下去，直到抓到一张王牌，这样的诱惑是难以抵挡的。毕竟，考尼茨不是作为内政改革者上台掌权的。他的执政重点在于果断，甚至是革命性的外交策略。主张奥地利现在应该摊牌停手，接受战前格局，就等于让奥地利放弃赢得大国地位的所有希望，那样，奥地利只能屈居失败者的位置上，任人宰割。

俄国对与腓特烈媾和也毫无兴趣。俄军主力以异常良好的状态退入了冬令营。在奔袭柏林之后，萨尔特科夫长舒了一口气。他的继任者亚历山大·布图尔林是伊丽莎白女皇的宠臣，也是第一流的管理者。他充分利用职务方便，全面调整了自己新司令部的后勤安排。在某种程度上，在不放弃东普鲁士的前提下，他调整了与当地的关系，采取了怀柔政策。征用日益成为购买的补充，无论征用政策会产生什么样的长期政治结果，布图尔林声称，到了 1760 年年底，这一政策已经节省了 40 万卢布。一旦冬去春来，1761 年的作战季节开始，布图尔林的 8.5 万人马就能以最饱满的状态投身沙场了。

关键问题在于，这支兵强马壮的军队该做什么。此时，伊丽莎白女皇及其大臣们，已经对腓特烈的普鲁士王国的复原能力，产生了敬畏之情。因此，俄国有更加充分的理由在国王实力处于最低谷的时候推翻他。俄国人打算如法炮制过去两年采用的策略：向奥得河进军，与奥军联手，迫使腓特烈投入会战。与此同时，一支特遣部队经波美拉尼亚前进，占领波罗的海港口和要塞科尔贝格，巩固俄罗斯在至关重要的北方战场的作战位置和政治地位。

尽管奥地利人做出了继续打下去的抽象决定，但在具体的行动策划方面，非常被动。道恩依然拥有指挥权，但在维也纳，人们公认他只是一个傀儡，——充其量也只是派系斗争日益激烈的高级将领之间的缓冲人物。他要求奥地利把兵力和资源集中在萨克森，准备发动一场决定战争胜负的春季战役。考尼茨与女皇却不这么认为，他们再次对劳东寄予厚望。劳东获得了 7 万多人马，奉命经西里西亚前去与布图尔林合作，联手保卫该省，并击败普鲁士人。相比之下，道恩的"主力军"只有 5.5 万人马，他的任务只是吸引腓特烈的注意力。——按道恩自己的说法，维也纳认为在这个任务中，希望的成分多于期待。[49]

腓特烈同样度过了一个坐立不安的冬季。他的杯子里面只有半杯水，算半满还是半空，取决于观察者的立场。[①]从积极的方面说，托尔高战役及其余波为国王赢得了急需的四到六个月时间，来筹集人员、马匹、给养和金钱。除了我们早已熟知的萨克森和梅克伦堡，连表面上独立的小国图林根，都受到了普鲁士征兵官和筹粮队的关照。腓特烈的部下与执行类似任务的法军之间，也时有武装冲突。

人力资源如此捉襟见肘，导致至少有一次战俘在被俘地点直接编入普鲁士军队。尽管如此，到了3月，普军主力只比额定编制少1600人。60%的补充兵来自各团的兵站，尽管他们不一定全都是严格意义上的州区应征兵。其他40%是外国人，大多来自德意志中部和北部。一个团的所属地区是否在敌人手中，依然有很大区别。此时，波美拉尼亚和东普鲁士军队，已经把他们能抓到的壮丁都抓去了，依靠各种正式和非正式的、越来越严厉苛刻的惩罚来约束他们，用来管理他们的军队干部反而越来越少了。即使腓特烈本人，也不愿意用他的暴力征兵队在1760到1761年冬季搜捕来的补充兵员，过多地稀释他的老兵部队。于是，他把自由营的数量增加了一倍多。

1761年，普军花名册上有将近24支临时组建的部队，包括步兵和骑兵。他们的素质从尚可一用到惨不忍睹，参差不齐。他们的指挥官是一群冒险家。其中有些人如果穿越到美国南北战争期间，会与威廉·昆特里尔或詹姆斯·詹尼森等游击队头领一样如鱼得水。[②]其他人，如查理·吉夏尔，拥有知识分子和军人的自命不凡。他写了一本关于古代战争艺术的著作，腓特烈给他起了个绰号"奎因图斯·伊西流斯"。[③]按照国王的性格，没有迹象表明这个绰号暗

① 此处化用了一个西方典故。半杯水是事实，乐观者认为杯子半满，悲观者认为它是半空，引申为即使针对同一个事实，具体评价也取决于个人的立场和视角。

② 昆特里尔与詹尼森都是南北战争期间的游击队头目。昆特里尔亲南方，率领手下的"昆特里尔突袭者"与北军作战，1865年在肯塔基州被北军击毙。詹姆斯·詹尼森似乎应为查尔斯·雷恩斯福德·詹尼森，他亲北方联邦政府，美国内战期间当上了北军的民兵上校。

③ 吉夏尔是法国移民的后裔。在一次与国王谈论罗马内战的时候，腓特烈把一位名叫奎因图斯·凯西利乌斯的罗马百夫长，说成了奎因图斯·伊西流斯，吉夏尔当场予以纠正，国王说："你才应该是奎因图斯·伊西流斯。"从此，"奎因图斯·伊西流斯"就成了吉夏尔的绰号。尽管吉夏尔不是普鲁士人，却一直是国王的宠臣。七年战争后的1775年，吉夏尔死于普鲁士波茨坦。

含讥讽。吉夏尔却以它为战场上的诨名，而且得意地称他搜罗来的党羽为"罗马自由兵团"。

无论自由营有什么缺点，他们都不能再去执行次要任务或充当战斗部队的补充力量了。6个遭到重创的正规兵团被分配去执行守备任务。另6个兵员严重不足的团继续承担野战任务。腓特烈的突击部队——掷弹兵，只有1756年大踏步走出各自驻防城镇的骄傲部队的外表而已。骑兵的状态要好一些。他们的损失较轻，在骑兵的补充兵员中，州区应征兵的数量远远多于步兵的。而且，非正规骑兵部队似乎能吸引素质更高的志愿兵，包括那些仍然迷恋魅力和追求冒险的青少年。然而，任何人都不能把这支部队，与洛伊滕、曹恩道夫乃至托尔高战场上的骑兵相提并论。

腓特烈的冬季训练计划比战争前几年更加严格和实用。人们很容易夸大战斗前沿的普军纪律的严酷性。抛开国王日益悲观厌世的言论，他的连营长们都清楚，士兵们如果被逼迫到墙角，有很多方式可以逃避责任，逃避战斗。现在，普鲁士的战场军官很清楚，遇到像库勒斯道夫和托尔高那样的战斗，单凭恐惧是无法让士卒前进的。与此同时，新加入队伍的人，尽管有些是被征兵官强行从犁杖和马车后面拖过来的，有些是被征兵官的花言巧语骗来的，但他们并非仅仅是受害者。他们也是以各自的方式保住性命的幸存者。有些人是6次穿上军装，参加过6次战役的沙场老兵。其他人是普鲁士人、萨克森人或梅克伦堡人，他们依然与家乡的村庄有着千丝万缕的联系，但是他们已经打了太多的仗，知道自己应该做什么。我们可以把他们与美国独立战争最后几年间的殖民地民兵做比较：生活在完美世界里的男人，也许不会选择为普鲁士国王或其他任何人而战，但是，他们早就不再天真无邪，知道枪声响起时他们应该干什么。在参加战斗时，他们可能不再吟唱赞美诗，但只要条件合适，他们就会战斗，就会奋勇前进。[50]

普军的最高统帅打算让自己的战略符合军队现状。供养他的军队比重建军队更难一些。英国不再是战争初期的摇钱树了。皮特成功使普鲁士的津贴条约在议会获得通过，通过前，他们就这个问题进行了漫长、激烈和充满敌意的辩论。皮特私下的断言也许是真诚的，他说，如果英国与法国缔结和约，普鲁士依然能够筹集到足够资金来供养4万军队。但是，皮特的说法也是空洞无物的。腓特烈和考尼茨就算没有与议会打交道的丰富经验，也能意识到，皮特的首相任期很可能在英国单独媾和前就结束了，英国津贴也将随着皮特下台而不复存在。[51]

腓特烈的对策是货币贬值，这次共计600万塔勒。他加强了对萨克森的压榨，从这个倒霉的国度榨出了将近2000万塔勒。他向莱比锡征收了一大笔税赋，由于负担过重，50名富商巨贾宁愿坐牢也不交钱。被普军占领的梅克伦堡也成了搜刮粮食和牲畜的猎场。甚至私人财产也不再安全。在腓特烈的指令下，萨克森的流亡首相的豪宅遭到"奎因图斯·伊西流斯"洗劫。凡是没有落入抢劫者口袋和背囊的东西，要么被卖掉，要么被扣押，为腓特烈带来了一笔可观的收入。

国王的政策在欧陆和英国都招来了广泛的批评，在英国舆论中，1756年的那位新教圣骑士，到了1761年却成了普鲁士抢劫犯。[52]然而，必须指出的是，腓特烈仍然在努力把苛捐杂税控制在百姓可以忍受的限度内。他对萨克森的压榨程度——即使仅仅略微低一点——依然是低于萨克森的货物和铸币生产能力的，不会导致经济崩溃。在普鲁士本土，还是可以通过与军队签订供货合同来赚钱的，合同范围之大，在中欧是前所未有的。施普利特格贝尔与道恩公司利用自己在武器制造方面的本事，将业务扩展到贸易、银行和其他工业企业，成了现代企业集团的雏形。以法莲父子公司是王家铸币厂的承租商，国王让它将银锭铸造成贬值了的萨克森塔勒，依靠将每磅银锭铸造出比国王要求的数量还要多的塔勒，该公司发家致富了。那些站在时代潮头的人获利甚丰，至于其他人，依然信奉格言"祈祷和服从"，希望和平早日降临。

和平的希望并非只是一厢情愿的念头。在很多方面，腓特烈处于巨大劣势，于是他的初始战略只能是纯粹的见招拆招：坐看他的敌人作何打算，再后发制人，如果必要的话才与敌人开战。不过，他尤为关注劳东在西里西亚的兵力的增长，如果普鲁士不想亡国的话，就必须拥有西里西亚省，这是保住这个省的最充分理由。3月底，国王亲率3万人马前往西里西亚，与已经驻扎在那里的普军会师。此前已经为了这场战役而与腓特烈会师的亨利亲王，奉命率领3万人马留在萨克森"监视"道恩，这3万人马是腓特烈最不信任的部队，其中包括普军中的大多数自由营。

国王早年具有的战术攻击性以及他的战略主动性，此时都大不如前了。库勒斯道夫和托尔高战役都让国王懂得，即使进攻设防坚固的战场据点也是冒险之举。[53] 当劳东得到增援，布图尔林的俄军在缓慢而谨慎地向奥得河进军时，腓特烈让他的大军静观其变。

在此期间，腓特烈确实从卓有成效的情报工作中受益匪浅。派往科尔贝格的俄军由 G. K. 托德勒本将军指挥，他曾小心翼翼地向柏林进军。一位名叫艾萨克·萨巴齐的普鲁士商人扮演了中间人角色，他通过为特工提供资金和事发后的避难所，换取了关于俄军战争计划以及对占领区实行宽大政策的情报。直到 6 月末，这一情报接触才东窗事发。俄国人又花了两个月的时间，来重启他们的波罗的海战役。[54]

西线战场上的行动就没那么走运了。一次井井有条的法军反攻令斐迪南陷入了窘境，同时也暴露出了由金钱和指挥官个人魅力维系起来的多国杂牌军的固有缺点。后勤补给糟糕到了普通士卒开始直接从乡村获取口粮的程度，在18 世纪，这是一个危险的信号。即使斐迪南成功撤离了法军的直接打击范围，普军的士气依然不断下滑。法国集结了共计 16 万人的两支军队，准备迫使普军在德意志中部某地决战，此时，斐迪南的部将却在互相争吵，而且批评起他们的长官来了。

尽管法国经济日益凋敝，但动用如此庞大得不成比例的兵力，依然具有坚实、巨大的战略意义。若斐迪南的军队被歼灭和击溃，英国可能会更加愿意通过谈判来结束这场战争，何况这场战争也早就不会为法国带来哪怕一丝一毫的经济和外交利益了。法国在 1761 年夏季奉行的进攻性军事策略，也与自己的西班牙政策密切相关。西班牙与英国的关系，由于英国的经济和海军政策而日益紧张，至少在马德里看来，英国是在使用过分的高压手段来执行这些政策的。另一方面，法国认为，西班牙是通过谈判实现英法和平的理想筹码。即使加上法国的残余海军，西班牙海军也不大可能威胁英国的海上霸权。事实上，鉴于英国已经为了实现它的大部分显而易见的扩张目标元气大伤，西班牙的殖民地为这个岛屿帝国提供了新的发财机会。但是，把战争无限期地延续到海上的可能性，很可能会促使厌战的英国议会重新考虑它的承诺，——尤其是如果不伦瑞克的斐迪南手中的欧陆军团可能遭到削弱或歼灭的话。[55]

直到 8 月，舒瓦瑟尔才抚平了马德里的不满情绪，正式缔结了法西联盟。与此同时，7 月 19 日，劳东突破边境地区，闯入西里西亚平原。腓特烈的反制手段，是把他的主力军楔入劳东部与俄军之间。尽管拥有明显的兵力优势，劳东还是拒绝在国王选择的战场上一决雌雄，他率部西撤了。腓特烈的军队前锋就像一位用脚尖保持平衡的拳击手，小心翼翼地退往东方。但是，最终赢得这场机动游戏的是联军。腓特烈一直把注意力集中在劳东身上，认为这位奥地利将领是他的头号大敌。然而在 8 月 12 日，布图尔林率领俄军，畅通无阻地渡过了奥得河。15 日，他与劳东麾下的一支强大骑兵会合了。腓特烈清楚看到了新形势下的危机，转而去对付俄军，却只发现俄军在深沟高垒中准备固守，所以，任何发动严肃认真的进攻的念头，都被曹恩道夫的惨痛记忆打消了。于是，腓特烈留在原地按兵不动，当布图尔林就在国王的眼皮子底下，率领所部人马成功与劳东的主力军会师时，腓特烈再次被敌人的佯动逼出了阵地。

此举证实了俄军的素质不可小觑，更迫使腓特烈面对由 7 万多奥军和约 5 万俄军组成的联军。腓特烈拥兵 5.5 万，即便普军拥有在布拉格、库勒斯道夫或托尔高战役中被歼灭的兵团的战斗力，兵力也实在太少了，无法在开阔战场上冒险一战。面对自己的处境，国王的对策是实施了一场 18 世纪的传统机动，它的复杂程度足以用来对付道恩本人。腓特烈把军队转移到设在邦泽维茨的营寨，它位于小要塞施韦德尼茨的西北部，随即开始加强他的阵地，准备迎接联军的进攻。

野战工程能力是普鲁士军队的一个重要长处，却常常受到忽视。鉴于腓特烈对工程军官的态度一贯糟糕，他的工程军官们比他所期待的更加称职，而且腓特烈本人也擅长观察地形。尤其重要的是，普军有一项优势，就是普军士卒愿意从事掘壕、伐木之类的体力劳动，法国和奥地利军队就不是这样，法、奥士兵倾向于认为，从事体力劳动会让他们想起曾经在封建庄园中卑躬屈膝地劳动过，而他们至少在表面上已经离开了庄园，加入了军队。普鲁士人分为两班，昼夜不停劳作，三天之内，他们就利用崎岖不平、沼泽遍地的地形，构筑好了坚固的阵地，

邦泽维茨本来不是设防城镇，它的外围工事不是连贯的。于是，腓特烈构筑了一系列炮兵阵地、堡垒和彼此有间隔的设防村庄，既便于发动反击，也

可引诱进攻者落入由 450 门火炮的交叉火力覆盖的杀戮场，其中的部分重炮是从施韦德尼茨拆来的。普军营寨这么大，意味着大部分步兵得沿着营寨外围部署。反攻是骑兵的工作，营寨相对开放的格局正是为了便于骑兵行动。由于施韦德尼茨是一个重要的补给站，所以普军没有断粮挨饿之虞，也不必担心由于体力不足而无法继续构筑一个完备的防御体系，几十年来，普鲁士防御体系一直是野战防御系统的典范。普鲁士全军没有遵守扎营惯例，而是在黎明之前拆卸了帐篷，每天都准备再打一场霍克奇之战。国王本人每晚都换一个主要炮台作为就寝之地。普鲁士人对战术安全的态度，与战争早期多多少少漫不经心的态度，形成了鲜明对比，他们始终保证野战工事有强大兵力负责值守，以抵抗敌军发动的第一轮攻势，腓特烈预计，到了敌人恍然大悟的时候，他们的首轮攻势至少会损失 3 万人。

腓特烈的准备工作并没有唬住劳东。至少在最初阶段，这位火爆脾气的奥地利人决心发动进攻。布图尔林却没那么乐观。他的俄军远离家乡，因此弥补伤亡绝非易事。此外，这个夏天是战争爆发以来最炎热的。身穿厚重军服的俄罗斯人饱受暑热之苦。无论多么肮脏的水，干渴的俄军都会喝下去，由此引发的军营疾疫让俄军大吃苦头。然而，劳东固执己见。终于，他说服了他的俄国盟友，约定两军在 9 月 1 日联手发动进攻。大部分战斗任务将由奥军完成，劳东的计划应该能取得初步成功，即至少会取得突破。但是在实施过程中，布图尔林在最后一刻拒绝参战，计划破产了。也许，布图尔林对猎熊有着足够的了解，所以他知道真正危险的不是进入熊穴的时候，而是试图离开熊穴的时候。

接下来是虎头蛇尾的十天。劳东再次尝试迫使布图尔林就范，具体办法是，宣称日益严重的给养短缺很快就会迫使联军分兵。布图尔林真诚地同意了，9 月 9 日，他拔营启程，前往奥得河！作为友好的表示，两军交换了部队：2 万俄军留给了劳东，其中多是步兵；40 个哈布斯堡骑兵中队与布图尔林一起向东北方向转移。至于这些人是盟军还是人质，尚需观察。[56]

可以说，所谓邦泽维茨之围，是普军的一场战术胜利，足以与洛伊滕和利格尼茨会战媲美。在这个作战季节的大部分时日中，腓特烈吸引了两支敌方主力军的注意，而他自己的军队几乎兵不血刃。此外，一年的喘息之机和一个夏季的休整，大大提高了普鲁士主力军的素质。邦泽维茨的堑壕不仅没有培养出后世所说的"掩体精神病",反而让步兵重拾了信心。尽管与1756和1757年的普军相比,这支普军素养还差得很远,但其中的大多数步兵营,在9月的表现要比5月稳健得多。

在次要战场上,道恩与亨利亲王在萨克森陷入了预料之中的僵局。不伦瑞克的斐迪南再次证明,他的军事生命比据说有九条命的猫还要长。7月15到16日,他在维林豪森战胜了两支互不统属的法国军队,取得了重大的战术胜利。吃了败仗的法国将军争吵不休,同意从此以后各行其是,因此,在不伦瑞克的反击天才面前,他们都成了孱弱无力的牺牲品。具体工作是由斐迪南的老兵部队来完成的,此时,他们已经完全恢复了斗志和对领兵统帅的信任。

与18世纪军队的脆弱性相比,18世纪军队的软弱性更容易被夸大。与斐迪南一起行进的各路人马,通常是由应征兵员和职业军人组成的,但是,无论他们是什么出身,现在都是铁血战士了,他们对待战争的态度更适合用短期合同工作类比。违反合同协议的话,无论由于补给不足还是惨败次数太多,都会产生相当于军事罢工的后果。但是,只要让补给车队和军饷出纳员再来一趟,让这个"老相识"传达出一种感觉,即在大多数日子里这个士兵是个能够明辨是非的人;那么,上个月还是一群强盗和牢骚鬼的士兵,可能会在下个月变成能够战胜两倍于己的敌人,并愿意为了争取这个机会而行军的硬汉,即使双脚磨破,血流不止。德意志中部的情况证实了这一点。到了10月,斐迪南累病了,他的部下也筋疲力尽了。但是他们斗志昂扬,因此,斐迪南计划再发动一场大规模冬季战役,去进攻几乎被亲王的佯动和突袭搞得晕头转向的敌人。[57]

到目前为止,似乎万事如意,事实上也的确不错,腓特烈觉得自己可以冒险了。从长期看来,他设在邦泽维茨的阵地是守不住的。在这个相对局促的空间内,聚集着5万人马,营地疾疫、腹泻和呼吸系统问题,让普军付出了越来越沉重的代价。尽管死亡人数不多,但是许多人身体虚弱。此外,施韦德尼茨的库存并非取之不尽、用之不竭。他们只有最多够用一个月的基本给养,而联军的轻装和突击部队迅速提高了在贫瘠的乡村中筹集粮秣的风险和代价。腓特烈顺理成章地决定,把行动基地转移到西里西亚南部的另一个普军主要基地。9月26日,普军撤出了邦泽维茨的防御工事,向尼斯河挺进,作为入驻萨克森冬令营的第一步。腓特烈告诉亨利:"这场战役结束了,奥地利人和我们都没有能力采取任何主动行动。"[58]

腓特烈的想法恰好为劳东提供了整个夏天都在寻觅的战机。在国王军队的保护下，施韦德尼茨的守将消极懒散、防御松懈下来。它的驻军主要是 4 个西里西亚步兵营，到目前为止，这 4 个营的战绩充其量也是起伏不定的。就劳东的本性来说，与其说他是一位沙场统帅，不如说是一名突击队员，他具有美国南军的内森·贝德福德·福里斯特将军身上的特点。[59]见腓特烈远在无法支援施韦德尼茨的位置，劳东向施韦德尼茨移动。10 月 1 日拂晓，他率领一支由俄国掷弹兵和奥地利步兵组成的混编部队，向要塞发动猛攻。尽管遭到了顽强的局部抵抗，但到了天光大亮时，施韦德尼茨升起了奥地利双头鹰旗。200多门火炮、约 4000 名普军和数百吨给养，成了体现奥军胜利的物质战利品。腓特烈的军队受到了不小的震动。国王本人起初不相信这个消息。从将军到士兵，普鲁士全军士气低落，开小差的比例剧增。腓特烈的麻烦才刚刚开始。

9 月，波罗的海港口科尔贝格再次遭到围攻，负责这次围攻的，是一位一丝不苟的俄军指挥官。彼得·亚历山德罗维奇·鲁缅采夫中将是俄军中一颗冉冉升起的新星，他的父亲是彼得大帝最信任的谋士之一。鲁缅采夫中将博览群书，又英勇无畏、雄心勃勃。他曾在普鲁士军队中短暂效力——与其说这是严肃的职场选择，不如说是展示年轻人独立性的姿态。他非常欣赏普鲁士的战争方式，对它的优点和缺点都了然于胸。他参加过大耶格斯多夫和库勒斯道夫会战，这次是他首次独立指挥作战，也是争取真正荣誉的首次良机。

起初，腓特烈并没有过度慌乱。在托德勒本事件之后，他增加了驻军，强化了要塞。9 月，他还从主力军中抽调了 1 万骑兵和轻装部队，去突袭位于波森的俄军兵站，他们的次要任务是挥师北上，通过骚扰围城的俄军，来支援科尔贝格的防御。尤其是考虑到先前波罗的海沿岸的战事都杂乱无章，加上当地的瑞典和俄罗斯军队进取心不足，这些举措似乎已经够用了。

鲁缅采夫的情况就截然不同了。他的骑兵和俄军中的新兵种——轻步兵，压制住了腓特烈的突击部队，俄军主力（在天气允许的情况下，还得到了瑞典和俄罗斯战舰的支持）则牢牢困住了科尔贝格，并且逐渐收紧了包围圈。起初，要塞守将企图与俄军会战，但遭到国王的否决，腓特烈怀疑守军没有能力在开阔战场上击败俄军。[60]

尽管俄军未能完全孤立科尔贝格，但该城的补给情况在持续恶化。11 月中旬，大多数守军突围而出，沿着海岸前往梅克伦堡。还有 4 个营留了下来，让普鲁士军旗继续飘扬，直到一个月后，俄军炮兵才终于真正打开了突破口。12 月 16 日，科尔贝格终于投降了，俄军完全掌控了东波美拉尼亚。

1762 年：收官之年

在外交和军事领域，1761 年的最后几个星期为普鲁士及其国王带来的只有痛苦。尽管法国发动的德意志战役失败了，8 月，西班牙还是与法国缔结了一份条约，相当于法、西联手对抗英国。皮特主张对西班牙宣战。英国议会早已厌倦了没完没了的战争，拒绝了皮特的建议，于是他辞职了。皮特的继任者是比特伯爵，此君不是和平主义者，而是有着和平思想的政治家。比特一上任，便重新斟酌英国与普鲁士的关系。

1 月，比特全力避免的英西战争还是爆发了，他改弦更张的步伐也加快了。此前，随着法属加拿大落入英国之手，海上和殖民地斗争似乎已经结束了。英西战争不仅让这场斗争复活了，还为英国直接干预伊比利亚半岛制造了机会。从威廉三世时代开始，英国战略的一个特点就是，在海军基地附近或者看上去有不满迹象的地区，发动被称为"奔袭"的小规模登陆行动。[61] 西班牙为英国采取类似行动提供了大量显然会结出丰硕成果的机会。

12 月，比特通知腓特烈，他将在"适当的"时刻——最好是永远不要发生——向议会申请一笔专门的补助金，而非要求议会延长津贴条约。比特的下一个步骤是敦促腓特烈与奥地利达成协议，要求腓特烈量力而为，根据自己的军事资源制定战略方针，即使这涉及大量的领土让步。事实上，比特是在宣布，英国的财力和耐心都不是无限的。[62]

对于腓特烈而言，比特的言行意味着最后的灾难。由于科尔贝格落入俄罗斯人的股掌之中，俄军第二年的战役后勤工作会比以往任何时候都要简单容易。本已强大的俄军几乎可以随心所欲地扩充，人员和物资补给可以通过海运越过波罗的海，在普鲁士看来，波罗的海现在已经成为俄罗斯的内湖了。把已经到手的普鲁士东部领土在行政和经济上与沙皇俄国本土融为一体的进程，也很可能由于向俄国和瑞典商人开放海岸，而得到大幅度的加速。

普鲁士在南线的处境似乎也看不到什么指望。随着施韦德尼茨落入奥地利人之手，哈布斯堡军队得以把大部分冬令营建在西里西亚边境的普鲁士一侧，影响了腓特烈利用西里西亚资源为未来的战役做准备。由于俄军几乎就驻扎在勃兰登堡边境上，因此从波兰购买粮食和战马来弥补缺口的机会非常有限。

在普鲁士面临的战略困境中，或许最具灾难性的一个方面，是联军只付出了少许军事代价就取得了优势。在过去的四年间，腓特烈通过自己的战术技巧和普军的战斗力，弥补了普鲁士的地缘战略劣势。然而，科尔贝格和施韦德尼茨以各自的方式证明，连战场上的天平也开始倒向反普联军。无论是发动一场精彩的突袭，还是搞一场复杂的多兵种协同的围城战，俄罗斯和奥地利军队的表现提高了几个档次，这本身就是不小的威胁，加之普鲁士军队结构在不断变化，威胁又重一层。

在战争初期，除了一支主力军之外，腓特烈还能供养几支辅助性部队，交替充当打击和救援力量。这些"战场军队"包括大量二线部队，从未想过要依靠自己去赢得胜利。它们的任务是观战和驻守，直到腓特烈赶来打破僵局。然而，到了1761年，次要战场上的部队素质已经每况愈下，因此，腓特烈手头上唯一一种指挥官——平庸的将领，得到了最好不要过于冒险的指示。科尔贝格和施韦德尼茨的灾难表明，腓特烈再也无力把富余部队分派到这些地区。若削减或稀释主力军去承担次要任务，则铁定是自取灭亡。

随着年关将至，腓特烈的个人行为和军事举措，都在重压之下表现出了新迹象。无论是梦想着来年春季土耳其人会进攻匈牙利，还是打算把全部普军集中起来，尽快进攻他的一个敌人，腓特烈都还面临着一个比特用简单粗暴的措辞提出的问题。普鲁士再也不能像开战以来那样，继续维持原状了。它的民政和军政都陷入了混乱，混乱到了军队的管理核心，即连队管理系统都濒临崩溃的地步。连长们没有拿到购置明年的服装和装备的经费。此时，腓特烈的军队与斐迪南所部并无不同，不大可能长期平静地忍受日复一日的匮乏贫困。

从更加宏观的视角看来，腓特烈无法逃避这样一个事实，即他的核心领地——勃兰登堡和波美拉尼亚两省，眼下不断遭到掠袭和入侵。正如前文所述，腓特烈与他的人民之间的"社会契约"，包含了以服役换取保护的条款。即使敌人无力占领普鲁士的剩余领土，抢匪和突击队也能够让这个国家陷入无法治理的程度。

　　普鲁士濒临的绝境，由于一个事件得到了扭转，没有一位历史小说评论家会认为这是合理的小说情节。长期以来，伊丽莎白女皇就凤体欠安。12 月初，她遭受了可能是平生最后一波小中风。事实证明，中风是逐渐加重的，1762年 1 月 6 日，女皇驾崩了。两个星期后，腓特烈才获悉她的死讯，但最初也没对此抱有太多期待。[63] 事实上，伊丽莎白最后一场病成了普鲁士国家命运的转折点。她的继任者彼得三世，是一位石勒苏益格-荷尔施泰因王子，对于普鲁士的一切，包括最最重要的普鲁士国王，都怀有高山仰止之情。

　　俄罗斯民族主义历史学家对彼得三世身为一个凡人和皇帝的缺点，做了许多的——也许过多的——批判。对于腓特烈送上的阿谀吹捧，彼得三世的确十分受用。彼得三世获得黑鹰骑士团团员身份，并成为普鲁士军队荣誉将军时吐出的谀辞，甚至令从沙皇的鬼迷心窍中获益的普鲁士人都感到恶心。尽管如此，彼得至少比一个嫉妒自己老婆的低能儿强一点。他的亲普鲁士立场和皇位继承人身份，使他成为宫廷中一个派系的象征，——如果他算不上这个派系的首脑的话，从一开始，这个派系就批评与普鲁士的战争，认为这场战争最终会对俄罗斯的利益造成损害。

　　这些人认为，普鲁士对俄罗斯的安全并不构成严重的长期威胁。如果俄罗斯不在 1756 年参战的话，即使在最糟糕的情况下，腓特烈也只能直接挑战俄罗斯在库尔兰①的影响力，但这也算不上重大问题。至于波兰，普鲁士在这个摇摇欲坠的国家的西部边境上取得的任何收益，都很容易被俄罗斯兼并波兰东部土地和俄国在华沙的影响力抵消，后者获得的优势甚至比吞并东普鲁士所取得的好处还要大。在后一种情况下，现实肯定是一场噩梦，在普鲁士或奥地利的领导下，德意志各国会组成一个永久性的反俄联盟，甚至可能会鼓舞这些敌国抱团取暖，对抗来自东方的、新兴的更大威胁。

　　批评者们认为，抛开领土方面的臆测不谈，反普战争让俄罗斯获得了世界一流军事强国的身份，付出的代价是数万俄军的生命和 3000 万卢布的开支。

---

　　① 当时库尔兰是波罗的海东岸的一个小公国，隶属于波兰-立陶宛联邦，1795 年被俄罗斯帝国吞并；今属拉脱维亚共和国。

对于不够发达的俄国经济而言，后者是比前者更加严重的损失。从圣彼得堡的角度看来，这场战争并不比五年前更接近结束，损失的俄军和卢布都是重新斟酌这场战争的充分理由。即使在伊丽莎白女皇驾崩之前，俄法联盟就已经由于各种实际操作方面的原因而被废除了。至于奥地利，从奥军指挥官们的所作所为中，只能看出哈布斯堡帝国把俄罗斯视为实现考尼茨策划的欧洲蓝图的工具而已。当然，即使是俄奥联盟的最坚定捍卫者劳东，从库勒斯道夫到邦泽维茨战役，一直表现出一种让俄国人愤恨的情绪：把最后一个俄国人都打光耗尽的渴望。[64]

把彼得三世求与腓特烈握手言和简化为"大叛卖"，只在一种情况下才是站得住脚的：把18世纪的普鲁士与威廉二世或希特勒的德国画等号，统统视为对欧洲其他国家永久性的、客观存在的威胁。[65]到了1762年，即使不是明白无误地，我们也可以这样说：普鲁士仅仅对奥地利构成了真正威胁。此外，无论伊丽莎白当初打算把普鲁士降为德意志中等国家的初衷，在战略层面上有多大合理性，自1756年以来发生的事情都明白无误地表明，伊丽莎白的政策已经破产了。普鲁士也许能够被毁灭，但是在毁灭普鲁士基础上建立的和平，很可能反过来加强奥地利在德意志的地位，使之成为让俄罗斯坐立不安的强邻。这样的和平局面，很可能需要俄罗斯在普鲁士东部边境上永久驻军才能维持下去，而这样的局面肯定又会产生各种各样无法预测的外交后果。

如果说，彼得三世的普鲁士政策值得我们付出比往常更多的精力去认真审视的话，那么它的执行只能被形容为颠顸无能。彼得派遣了一位私人特使去与国王会晤，以求开启和谈，国王则派遣伯恩哈德·冯·德·戈尔茨男爵回访圣彼得堡。戈尔茨的主要任务是恢复与俄罗斯的和平，并且让俄国与法国和奥地利划清界限。尽管在边界问题上，腓特烈公开表示绝不退让妥协，但如果要结束战争就必须割地的话，国王愿意考虑割让东普鲁士。唯一条件是普鲁士在别的地方得到领土补偿——比如在波兰。[66]如果沙皇不是非常愿意放弃外交利益的话，前述让步也还是可以商讨的。彼得热情接待了戈尔茨，用豪华的宅邸、多彩的娱乐盛情款待他，声称腓特烈是他的主公。一贯把辞藻视为必需工具的普鲁士国王，热情洋溢地赞美彼得的智慧和远见。作为回应，彼得称腓特烈为历史上最伟大的英雄之一。

俄罗斯驻伦敦大使发来的报告直接打断了这场示爱盛宴。报告说，比特希望俄罗斯尽可能久地继续打下去，以此强迫腓特烈结束战争。这份文件继续说，必须明白的是，英国不希望普鲁士遭到毁灭。与此同时，英国也不愿意为了支持腓特烈在欧陆上的任何一丁点野心而继续战争。据说，比特总结道，国王会做出合理牺牲的。听到这个要求的确切含义之后，至少按照大使的报告，东普鲁士成了谈话内容。[67]

彼得的回应完全出乎意料。他把这份外交文件的摘要送交腓特烈，并宣布他愿意立刻收到具体的和平建议。[68]可以想见彼得三世的态度对一个精神濒临崩溃的人会产生多大影响。腓特烈说，应该把英国首相五马分尸，他当众发泄不满，失态到了连他身边的侍从都前所未见的程度。[69]

腓特烈得到的，不仅仅是一份二手的让他火冒三丈的大使报告。比特还通知他，普鲁士再也拿不到用以延长战争的英国津贴了；然而，如果这笔钱用于维护和平的话，英国国王（实际上是比特）会"立即"向议会申请这笔钱。

从比特的角度看来，这个提议既反映了1762年发生了变化的外交形势，也反映了一个事实：英普联盟的作用一直不大，仅仅体现了合作双方在特定时期的各自需要而已。由于英西战争迫在眉睫，比特希望至少重新分配与英国安全日益无关的德意志战争的资金。他并非有意抛弃腓特烈。事实上，在与法国开展的最终和平谈判中，为了保住长期被法国占领的普鲁士的莱茵兰领土，比特付出了巨大努力。但是，比特同样认为，如果说英国是狗，则普鲁士是狗尾巴，狗可以摇尾巴，但尾巴不能摇狗。比特的说辞也许很有说服力，但是，回顾腓特烈先前的国王生涯，没有任何迹象表明，腓特烈容易受到更加微妙的说服手段的影响。[70]

比特施加的压力本身并不是英普关系破裂的必要条件。纽卡斯尔同时进行的一个秘密外交活动，至少产生了同样严重的影响。在皮特倒台的时候，纽卡斯尔公爵留任了，他依然相信与奥地利人建立联系具有可能性。在比特的默许下，他向考尼茨发出了一个措辞严谨的照会，暗示英国政府可能出面斡旋，就西里西亚问题达成一项让维也纳宫廷"满意"的解决方案。此时，考尼茨对英国的不信任不亚于对普鲁士的憎恶，他拒绝了这个提议，考尼茨认为，只要彼得三世还是俄罗斯沙皇，接受英国方案就可能会危及对奥地利日益重要的法奥同盟关系。

但是，驻伦敦的普鲁士公使知道了这个行动新方针，并且告知了腓特烈。具有讽刺性又巧合的是，这封信的落款日期是 3 月 23 日，也正是腓特烈获悉戈利岑出使的日子。[①] 一件事情为另一件事增加了可信度。尤其是考虑到他自己过去在类似情况下的朝三暮四之举，腓特烈认为他即将被自己表面上的盟友出卖，也不是完全没有道理的。即使关于英国意图的混乱信息澄清到了让腓特烈感到满意的程度，只要国王还有别的可行选择，他都不会愿意接受比特最初提出的条件，何况彼得三世的慷慨提议已经带来光明前景了。[71]

腓特烈授权他的大使在彼得起草的所有文件上签字。事实证明，在这件事情上，高尚品德是不必要的。彼得首先同意停战，随后同意归还普鲁士失去的领土，两国缔结和约，最后同意建立一个防御同盟，让 2 万俄军在西里西亚听从腓特烈的指挥！作为回报，腓特烈向彼得三世承诺给予外交和军事支持，让俄国从丹麦获得石勒苏益格公国——彼得作为荷尔施泰因王子应得的遗产。也许更重要的是，国王承诺在波兰问题上奉行与俄国一致的政策，他同样表示，愿意敦促土耳其人和克里米亚鞑靼人集中力量去对付奥地利，而非针对俄罗斯。这两国转移进攻目标在军事上无关紧要。然而，在俄罗斯帝国因扩张过度而陷入巨大麻烦时，此举确实解决了俄国南方边境上的问题。[72]

有时被忽视，但值得多加注意的是，6 月，瑞典通过缔结和约退出了战争。条约基本上维持了战前的格局。瑞典对波美拉尼亚的威胁一直是潜在的，而非实在的。腓特烈时不时地就会问"瑞典还参战吗"之类的问题，来自娱自乐。尽管如此，再减少一个讨厌的对手还是值得开心的；再说了，一直在战争中负责监视瑞典人的二线部队，此时在其他普军部队眼中，简直就是尤里乌斯·恺撒的精锐兵团。

至少这一点很快就变得显而易见了。由于俄国问题似乎已经解决，腓特烈再次为战役做准备，他希望这是对奥地利的最后一战。亨利亲王再次被派往次要战场，这次是率领约 3 万人马前往萨克森。驻扎在西里西亚的腓特烈主力

---

① 此处应该是作者的行文有疏漏。戈利岑应该是著名的俄国外交官德米特里·阿历克谢耶维奇·戈利岑，先后担任俄罗斯驻奥地利和法国大使。

军大约有 7 万人；现在确切数字取决于连长的诚实程度和士兵能不能跟上行军的脚步。骑兵依然强大，依然能够从农民子弟中招募和替换兵员。相比之下，步兵则是曾经声名卓著的兵团留下的残渣废料：掷弹兵营的兵源五花八门；地方部队除了他们的旗帜还能让人想起他们的初始身份之外，其他的都变了；至于"自由营"中的乌合之众，国王曾嘲笑他们在激烈会战中只能做炮灰而已。

腓特烈为这支杂牌军派去来自波美拉尼亚的若干更精锐的部队，加强了他们的战斗力。他还以极快的——可以说不成体统的——速度，在收复的领土上重新实行兵役制度。早在 3 月 6 日，国王就下令征募区在东普鲁士的各团选派军官返回家乡。4 月 10 日，他下达指示，一旦俄普实现和平，就立即征召5800 名新兵。他宣称，应该用这些新兵去替换东普鲁士各团中最不可靠的兵员，但又规定，被替换下来的人不能简单地放走，而应该分配去承担驻防任务。5 月底，征兵官开启他们的工作。直到 10 月中旬，第一支部队才到位，这主要是因为东普鲁士的社会各阶层都顽强地消极抵制国王。从柯尼斯堡的沙龙到偏远村庄的教堂和酒馆，人们都对专制和严酷的统治怨声载道，相形之下，普鲁士政权还不如俄罗斯政权可爱，因为后者在统治过程中，既有仁慈的政策，又兼具一团和气的低效率。[73]

除了常见的政治后果之外，解散俄国占领期间建立的军事管理机关意味着，征召的大多数新兵没有受到多少训练就被派往野战部队了。在这种情况下，起初腓特烈对他的新盟友俄国寄予了厚望。但是，俄军司令扎哈尔·切尔内绍夫及其麾下的大多数高级将领，远不如他们的沙皇陛下那样渴望为腓特烈对抗奥地利而拿起武器。俄军既没有迅速行动起来，也没有去支持国王最初采取的行动。

与前几年的做法相比，这些机动的目标都是有限的。腓特烈宣称，他的目标是收复施韦德尼茨，并且重新占据西里西亚南部。道恩的意图与国王的截然相反：控制施韦德尼茨，让奥地利成为半个西里西亚的主人。此外，这时候，哈布斯堡政府在战争条件下所能动用的财政资源，已经达到了极限。自 1756年开战以来，玛丽亚·特蕾莎女皇及其财政顾问们，就出于道义和务实的原因，抵挡住了腓特烈的武力进攻和阴谋诡计。奥地利还没有那种强有力的中央集权的官僚机构，因此无力在任何时期都有效贯彻严厉政策。

1748 年，帝国政府与地方领主达成了协议。领主提供现金，这些钱主要是通过一个复杂的财产税机构来征收的，代价是领主们被免除了直接供养和安置军队的责任。国家直接征收的税费加上来自国家垄断企业的收入，为上述财源提供了补充。尽管这套制度在本质上是为了维持和平时期的国家稳定而设计的，但在战争早期，它运转良好，颇有成效。然而，自考尼茨以下，奥地利政府官员都没有料到，这场战争会如此旷日持久、难解难分。

女皇一再呼吁庄园主发扬爱国主义，不要自私自利。为了开发和征收新税，奥地利政府开动脑筋，奋力工作。政府借钱，借钱，再借钱。1762 年，国家银行发行了中欧第一批名义货币：以哈布斯堡王朝土地信用为担保的票据。虽然这些票据一开始还算值钱，但它们其实是暴风中的稻草或废纸而已。除非得到有效控制，否则再过一年或一年半，整个奥地利金融体系就可能会濒临崩溃，甚至更糟糕。

1761 年末到 1762 年初的冬季，哈布斯堡帝国政府开始实施一个宏大的经济计划。与战争关系最密切的举措，是向每一位军衔高于上尉的军官支付纸钞薪饷，纸钞只能在战争结束后兑现，同时，把大部分团削减掉 2 个连。后一个举措并不会削减大量兵力，因为士兵们被重新分配到该团的其他连里面去了，那些连总是不满员。尽管如此，这次重组确实裁撤了 15% 的"连队管理层"，他们侵吞公帑、渎职低效的机会也随之减少了。[74]

人们常说，由于国家财政危机的恶化，1762 年的奥地利军队直接、立即受到了严重削弱，但是这种说法很难站得住脚。真正情况是，削减军费向战场指挥官发出了一个明确信号：战争快要结束了。道恩的反应在预料之中。如果腓特烈决心夺回施韦德尼茨，道恩也同样坚决地要守住它。5 月中旬，道恩让他的主力前进，去掩护施韦德尼茨要塞，要塞本身就由他手中 1.2 万最精锐的部队驻守。考虑到腓特烈军队具有的弱点，更具进攻性的战略可能会取得更大战果。毫无疑问，在团级层面上，奥地利步兵明显优于普鲁士步兵。奥军炮兵至少也稍具优势。如果说腓特烈还有什么优势的话，那就是他的骑兵，然而到目前为止，骑兵在优秀步兵面前表现出来的局限性已经显而易见了。

俄军到来时，局面也没有得到多大改善。这支俄军由 1.8 万人组成，具体到某一天，俄军兵力可能多 2000 人或少 2000 人，这反映了俄军中哥萨克和其他非正规部队占有很高比例。为了赢得俄军指挥官们的好感，腓特烈煞费苦心。他还努力地既来之则安之。如果说俄普联军不是进行激烈会战的理想工具的话，那么其中的大量轻装部队和非正规军就成了骚扰道恩的前哨、筹粮队和补给线的好帮手，并取得了显著战果。

与此同时，腓特烈想方设法要实施机动，把道恩调离施韦德尼茨。历时六个星期的闪展腾挪让普鲁士人蒙羞：道恩在瓦尔登堡山岗上占据了一处阵地，这里恰好尚能维持与施韦德尼茨的联系，而且这处阵地极其坚固，无论腓特烈集中多少现有兵力，都不可能拿下来。当国王勘察"布克斯多夫营寨"的防御工事时，他又得到了一个令他震惊的消息。7月18日，他获悉沙皇彼得三世被他的妻子叶卡捷琳娜废黜了，后者是个反普分子，因此，腓特烈的俄国盟友也无法参加今后的行动了。

在腓特烈的外交生涯中，最伟大的成就也许就是说服了俄军主帅切尔内绍夫，让后者不仅再与自己待上三天，而且还把俄军部署在战场上，尽管俄军不会真正参加战斗。此举反过来又促使腓特烈进行自己一直不擅长的临机行动。他只有不到七十二小时的时间来策划和执行对布克斯多夫的进攻。尽管此役湮没在历史长河中，但它的成果依然具有战术启发性和外交意义。在俄军的帮助下，国王搞了一系列佯动来吸引道恩的注意。真正的进攻，不是由一个人自上而下指挥作为一个整体的普军发起的，而是由三股独立的打击力量来实施的，即按照指定的行动方案和时间安排来执行各自的进攻任务，面对这样复杂的工作，即使在洛伊滕和罗斯巴赫获胜的将士们也会犯难。在这次会战中，腓特烈的部下以优异的成绩通过了期末考试，他们的挺进协调一致，最大限度地利用崎岖地形，迫使奥军撤出他们的部分防线。惊恐不已的道恩放弃了其余的阵地，他与施韦德尼茨的联系也因此被切断了。[75]

就伤亡人数而言，布克斯多夫仅仅是一场散兵战而已：普军伤亡1600人，奥军伤亡2100人。如果战争打下去的话，此役会不会成为一种预兆，腓特烈会不会继续尝试多路人马协同进攻，肯定会成为议论纷纭的话题。道恩的新阵地设在一片地形过于崎岖破碎的原野上，腓特烈不可能再主动进攻。国王也许在内心深处感到，他把一整年的运气都用了。针对施韦德尼茨的围攻——确切地说是封锁，一直持续到10月9日，要塞终于投降了。

三个星期之后，在萨克森的弗赖堡，"出色的平庸将领"亨利亲王又把一根短扎枪刺进了奥地利的牛皮。^①与往常一样，腓特烈先前把他不想要的部队送给了亲王殿下。一个夏季的战役让亨利所部更加强悍，但代价是消耗了大量马肉和补给品。9月，人多势众的奥地利和帝国军队进入萨克森，亨利撤退了，并且在弗赖堡周围掘壕固守。10月中旬发动的一系列不具有决定性的战役，让亲王相信自己已对敌人的那点本事了然于胸，进而确信自己能够对敌人发动一场成功的攻势。

　　由于腓特烈发来了亨利熟悉的威吓性批评和建议，所以亨利做出的进攻决定很可能受到了王兄的影响。与布克斯多夫战场上的腓特烈一样，亨利策划由四个独立纵队发动协同攻势。——这是一次复杂的行动，如果面对的是更强悍的部队的话，此举也许会过于冒险，但是奥军早已厌倦了战争，而帝国军队一如既往地一塌糊涂。10月29日拂晓时分，普军出发挺进。距离中午还很早的时候，普军就完全控制了联军的阵地，开始清点俘虏的人数——将近4500名。

　　另有2800名奥地利和帝国军人死伤。普军的损失不到1500人。⁷⁶

　　如果亨利亲王知道他的胜利在维也纳产生的影响，他的自豪感一定会倍增。随着奥地利失去施韦德尼茨，萨克森战局充其量也是个僵局，奥地利政府前途黯淡。俄国依然是个未知数。把叶卡捷琳娜拖入反普鲁士战争的可能性依然相当大。但是，谁会成为反普联盟的盟主呢？自3月以来，英法一直在为和平问题讨价还价，没有哪位理智的外交官会指望路易十五政府把仅剩的资源投入中欧大战。奥地利处在油尽灯枯的边缘。最初的战争目标，即收复西里西亚，已经消耗了帝国的大量资源，战争夺去了大量人命，消耗的金钱也太多了，以至于连战争的最初目标都被遗忘了。随着普鲁士突击队开始袭扰法兰克尼亚的诸城邦，神圣罗马帝国议会要求维也纳采取行动，玛丽亚·特蕾莎却决定止损。一番初步讨论之后，12月30日，普奥展开和谈。

　　顺理成章地，双方代表在胡贝图斯堡的萨克森王家狩猎别墅中见面了，这所建筑曾经赏心悦目，却惨遭匪帮洗劫。甚至连谈判条件都简单明了。奥地

---

　　① 在斗牛过程中，斗牛士的助手会在斗牛的后背上刺入6到8根短扎枪，让斗牛不断流血而迅速流失体力，为斗牛士给斗牛最后致命一剑创造条件。

利依然控制着格拉茨要塞，它是进攻西里西亚的咽喉要道。作为放弃格拉茨的补偿，腓特烈提出恢复萨克森的独立。鉴于普鲁士不大可能在停止战争的情况下，继续保住这个选帝侯国或该国的任何领土，腓特烈摆出的姿态并不像第一眼看去的那么慷慨豪爽。当开始讨论对萨克森人蒙受的损失和苦难进行赔偿的时候，腓特烈暗示，把熟饭变成生米是不可能的。国王的使节们争辩道，和平本身就能重建萨克森。1763 年 2 月 18 日，奥地利、普鲁士和萨克森同意恢复1756 年的边界，维持战前状态。[77] 3 月 30 日，国王返回柏林。他不打算阅兵，不打算炫耀。传说腓特烈次日就上班了，他确实是他父亲的好儿子。

本章注释

1. Curt Jany, *Geschichte der preussische Armee*, 2nd edn, rev., 4 vols (Osnabrück, 1967), vol. II, pp. 550 ff.; and Christopher Duffy, *The Army of Frederick the Great*, (New York, 1974), pp. 189 ff.，总结了普鲁士军队为了发动 1760 年战役而进行的改造工作。

2. Cf. *inter alia* Lutz Beutin, 'Die Wirkungen des Siebenjährigen Krieges auf die Volkswirtschaft in Preussen', *Vierteljahresschrift für Sozial- und Wirtschaftsgeschichte*, XXVI (1933), 209 - 43; Hubert C. Johnson, *Frederick the Great and His Officials* (New Haven, Conn., 1973), pp. 156 *passim*; and Karl Born, *Wirtschaft und Gesellschaft im Denken Friedrichs des Grossen* (Wiesbaden,1979).

3. Cf. Jörg K. Hoensch, 'Friedrichs II. Währungsmanipulationen im Siebenjährigen Krieg und ihre Auswirkung auf die polnische Münzreform von 1765/1766', *Jahrbuch für die Geschichte Mittel- und Ostdeutschlands*, XXII(1973), 110 - 75; and Reinhold Koser, 'Die preussische Finanzen im Siebenjährigen Krieg', *Forschungen zur brandenburgisch-preussischen Geschichte*,XIII (1900), 340 - 51.

4. Jacob Friedrich Bielfeld, *Institutions Politiques*, 2 vols (The Hague, 1760).

5. E. V. Baron Bové 'Staatsbetrachtungen über gegenwärtigen preussischen Krieg in Teutschland ···', in Johannes Kunisch, *Das Mirakel des Hauses Brandenburg. Studiem zum Veriältnes von Kabhnettspolitik und Kriegführung im Zeitalter des Siebenjährigen Krieges* (Munich, 1978), pp. 101 - 41.

6. A point highlighted in Bernhard R. Kroener, 'Die materiellen Grundlagen österreichischen und preussischen Kriegsanstrengungen 1756 - 1763', in *Europa im Zeitalter Friedrichs des Grossen. Wirtschaft, Gesellschaft, Kriege*, ed. B. Kroener (Munich, 1989), pp. 47 - 78.

7. William C. Fuller, *Strategy and Power in Russia, 1600 - 1914* (New York, 1992),p. 134 *passim*，对 18 世纪中期俄国的战略问题，进行了扎实而广泛的探讨。E. C. Thaden, *Russia's Western Borderlands, 1710 - 1870* (Princeton, NJ, 1984), pp. 5 *passim*，强调了在这一时期扩大俄国影响力中起到的正面作用。

8. L. J. Oliva, *Misalliance: A Study of French Policy in Russia during the Seven Years' War* (New York, 1964), p. 150. Cf. also Grégoire Wolkonsky, 'La France et la menace d'expansion nine pendant la guerre de Sept-Ans (1756 - 1763). Pendule Est-Ouest', *Revue d'Histoire Diplomatique*, LXX (1956), 193 - 9.

9. Christopher Duffy, *Russia's Military Way to the West: Origins and Nature of Russian Military Power, 1700 - 1800* (London, 1981), p. 113; Tamara Talbot Rice, *Elizabeth Empress of Russia* (London, 1970), p. 206.

10. Cf. Rudolf Porsch, 'Die Beziehungen Friedrichs des Grossen zur Türkei vor Beginn und während des siebenjährigen Krieges', PhD dissertation, Marburg, 1897; and Karl A. Roider, *Austria's Eastern Question 1700 - 1790* (Princeton, NJ, 1982), pp. 104 ff.

11. F. Jihn, *Der Feldzug 1760 in Sachsen und Schlesien mit besonderer Berücksichtigung der Schlacht bei Torgau* (Vienna, 1882).

12. Reginald Savory, *His Britannic Majesty's Army in Germany during the Seven Years' War* (Oxford, 1966), pp. 201 ff.

13. A. von Sodenstern, *Der Feldzug des Königlich preussischen Generals der Infanterie Heinrich August de la Motte Fouque in Schlesien 1760*, 2nd edn. rev. (Kassel, 1817)，对富凯的立场和问题，进行了详细和具有同情心的分析。。

14. Heinrich Catt, *Unterhaltungen mit Friedrich dem Grossen*, ed. J. Koser (Leipzig, 1884), p. 426.

15. J. W. Archenholtz, *Geschichte des Siebenjährigen Krieges in Deutschland,1757 - 1763*, 5th edn, 2 vols (Berlin, 1840), vol. I, pp. 327 - 8.

16. Christopher Duffy, *Frederick the Great: A Military Life* (London, 1985), p. 199.

17. Jany, *Preussische Armee*, vol. II, p. 560; *Geschichte des Infanterie-Regiments von Anhalt-Bernburg*, reprinted with introduction by H. Bleckwenn (Osnabrück, 1974), pp. 81 - 2.

18. Jany, *Preussische Armee*, vol. I, p. 334.

19. Frederick to Finckenstein, 27 July 1760, PC, XIX, 524 - 5.

20. Prince Henry to Frederick II, 5 Aug. 1760; and Frederick's reply of 9 Aug., PC, XIX, 540 - 1.

21. Alfred Ritter von Arneth, *Geschichte Maria Theresias*, 10 vols (Vienna,1863 - 79), vol. VI, p. 139. Cf. von Webem, 'Die Operationen welcher der Schlacht von Liegnitz am 15. August 1760 vorangingen', *Militär-Wochenblatt*, 1897, *Beiheft* IV, 205 - 20.

22. Mitchell to Holdernesse, Aug. 16, 1760, note for Aug. 10, Andrew Mitchell, *Memoirs and Papers of Sir Andrew Mitchell, KB*, 2 vols, ed. A. Bisset (London, 1850), vol 11, p. 192.

23. Note for Aug. 12, *ibid.*, 194.

24. Duffy, *Frederick the Great*, p. 202.

25. As in Duffy, *Army of Frederick the Great*, p. 120.

26. C. F. Barsewisch, *Meine Kriegs-Erlebnisse während des Siebenjährigen Krieges 1757 - 1763*, ed. J. Olmes (Krefeld, 1959), p. 115.

27. Jany, *Preussische Armee*, vol. II, p. 566; *Der Siebenjähinge Krieg*, vol. XII, 210.

28. J. W. Archenholtz, *Geschichte des Siebenjährigen Krieges*, vol. II, p. 68.

29. Baerecke, 'Die Schlacht von Liegnitz am 15. August 1760', *Militär-Wochenblatt*, 1906, *Beiheft*, IV, 187 - 204.

30. Frederick to Prince Henry, 21 Aug. 1760, PC XIX, 554 - 5.

31. Mitchell to Newcastle, 17 Aug. 1760, Mitchell, *Memoirs and Papers*, vol. II, 201 ff.

32. Mitchell to Holdernesse, 17 Aug. 1760, *ibid.*, 203 - 4.

33. Chester Easum, *Prince Henry of Prussia: Brother of Frederick the Great* (Madison, Wis., 1942), pp. 147 ff.

34. 关于对柏林的这场突袭，最最出色的总结见 Duffy, *Russia's Military Way to the West*, pp. 114 ff. 也可以参考 Herman Granier, 'Die Russen und Österreicher in Berlin im Oktober 1760', *Hohenzollern-Jahrbuch*, II (1898), 113 - 45。J. C. Gotzkowsky's *Geschichte eines patriotischen Kaufmann*, 2 vols (Augsburg, 1768 - 69), vol. 1, *passim*, 在细节方面很出色，在自我辩护方面不算过分。A. F. Crousaz, *Geschichte des Königlich- Preussischen Kadetten-Corps* (Berlin, 1857), pp. 123 ff., 讲述了这些少年军官的故事。

35. Gotzkowsky, *Geschichte eines patriotischen Kaufmanns*, vol. I, pp. 63 ff.

36. L. J. Oliva, *Misalliance: A Study of French Policy in Russia during the Seven Years' War* (New York, 1964), pp. 156 ff.; Cf. H. H. Kaplan, *The First Partition of Poland* (New York, 1962).

37. F. L. Thadden, *Feldmarschall Daun* (Vienna, 1967), pp. 424 ff.

38. Arneth, *Geschichte Maria Theresias*, vol. VI, p. 174.

39. Frederick to Prince Henry, 7 Oct. 1760, PC, XX, 141.

40. Archenholtz, *Geschichte des Siebenjährigen Krieges*, vol. II, pp. 106 - 7.

41. 这段由身处奥地利军队的瑞典军官做出的评价，引自 Jany, *Preussische Armee*, vol. II, p. 587。

42. Archenholtz, *Geschichte des Siebenjährigen Krieges*, vol. II, p. 107.

43. Quoted in Duffy, *Frederick the Great*, pp. 213 - 14.

44. Archenholtz, *Geschichte des Siebenjähigen Krieges*, vol. II, p. 110.

45. Carl von Warnerey, *Campagnes de Frédéric II Roi de Prusse, de 1756 à 1762* (Amsterdam, 1788), p. 439.

46. 托尔高会战已经成为几篇非常扎实可靠的次要文章的主题：Emil Daniels, *Zur Schlacht von Torgau am 3. November 1760* (Berlin, 1886); Eberhard Kessel, 'Friedrich der Grosse am Abend der Schlacht bei Torgau', *Forschungen zur brandenburgischen und preussischen Geschichte*, XLVI (1934), 179‑88; *Quellen und Untersucbungen zur Geschichte der Schlacht bei Torgau* (Berlin, 1937); and Helmuth Schnitter, 'Die Schlacht bei Torgau 1760', *Militärgeschichte*, XVIII (1979), 216‑24。

47. Reginald Savory, *His Britannic Majesty's Army in Germany during the Seven Years' War* (Oxford, 1966), pp. 283 ff.

48. Richard Middleton, *The Bells of Victory: The Pitt‑Newcastle Ministry and the Conduct of the Seven Years' War, 1757‑1762* (Cambridge, 1985), pp. 171 ff.; Karl W. Schweizer, *Frederick the Great, William Pitt and Lord Bute: The Anglo‑Prussian Alliance, 1756‑1763* (New York, 1991), pp. 99 *passim*.

49. Eberhard Kessel, 'Der russisch‑österreichische Feldzugsplan 1761', *Forschungen zur brandenburgischen und preussischen Geschichte*, XLIX (1937), 142‑60; and F. Jihn, *Der Feldzug 1761 in Schlesien und Sachsen* (Vienna, 1884).

50. Jany, *Preussische Armee*, vol. II, pp. 598 *passim*.

51. Schweizer, *Frederick the Great, William Pitt and Lord Bute*, pp. 106 ff.

52. 即使身为国王最热切的崇拜者之一，米切尔也对战争的转折震惊不已。参阅他在 1 月 7 日和 16 日发出的信函，*Memoirs and Papers*, vol. II, pp. 214, 217‑18。

53. Frederick II to Prince Henry, 24 May 1761, PC, XX, 412.

54. Eberhard Kessel, 'Totlebens Verrat', *Forschungen zur brandenburgischen und preussischen Geschichte*, LXIX (1937), 371‑8.

55. Cf. Alfred Bourguet, 'Le duc de Choiseul et l'Angleterre, mission de Bussy á Londres. Le duc de Choiseul et l'alliance espagnole'. Revue Historique, LXXI (1899), 3‑32; and Allan Christelow, 'Economic Background of the Anglo‑ Spanish War of 1762', *Journal of Modern History*, XVIII (1946), 22‑36.

56. Eberhard Kessel, 'Friedrich der Grosse im Lager von Bunzelwitz', *Die Welt als Geschichte*, III (1937), 38‑57; Duffy, *Frederick the Great*, pp. 221 ff.

57. Savory, *His Britannic Majesty's Army*, pp. 312 ff. H. Little, 'The British Army Commissaries in Germany during the Seven Years' War', PhD dissertation,London University, 1981，进一步研究了管理与士气之间的关系。

58. Frederick to Prince Henry, 27 Sept. 1761, PC, XX, 630.

59. Johannes Kunisch, 'Feldmarschall Loudon und der Kleine Krieg', in *Formen des Krieges. Vom Mittelalter zum 'Low‑Intensity Conflict'*, ed. M. Rauchensteiner and E. A. Schmedl (Graz, 1991), pp. 45‑70，指出了这一点，同时也表明，劳东本人认为自己在这一领域的才干是一种职业责任。

60. Jany, *Preussische Armee*, vol. II, p. 609.

61. Cf. W. K. Hackman, 'English Military Expeditions to the Coast of France, 1757‑1761', PhD dissertation, University of Michigan, 1969; and Robert Mc Jimsey, 'England's Descent on France and the Origins of the Blue Water Strategy, 1690‑1693', unpublished manuscript.

62. Schweizer, *Frederick the Great, William Pitt and Lord Bute*, pp. 142 ff. 按照国王自己的说法，某些军官通过向自由营出售步枪来让收支平衡，自由营想必有更多机会"获得"可转让资产。Letter of 15 May 1762, PC, XXI, 439‑40.

63. Frederick to Benôt, Prussian secretary at Warsaw, and to Prince Henry, 19 Jan. 1762, PC, XXI, 189, 190‑1.

64. Carol S. Leonard, *Reform and Regicide: The Reign of Peter III of Russia* (Bloomington, Ind., 1993), pp. 122 *passim*，有一篇扎实可靠、不同凡响的文章，分析了沙皇彼得三世短暂统治时期外交政策的根源。Cf. also Georg Küntzel, 'Friedrich den Grossen am Ausgang des Siebenjährigen Krieges und sein Bündnis mit Russland', *Forschungen zur brandenburgischen und preussischen Geschichte*, XIII (1900), 75‑122.

65. 这些措辞和概念来自达菲，见 *Russia's Military Way to the West*, p. 122。

66. Frederick to Goltz, 7 Feb. 1762, PC, XXI, 234 ff.

67. Karl Schweizer and Carol Leonard, 'Britain, Prussia and the Galitzin Letter: A Reassessment', *Historical Journal*, XXVI (1974), 531‑56. 在针对这个问题的最新分析文章中，这篇是最容易搞到手的。

68. Goltz to Frederick II, 13 March 1762, PC, XXI, 311‑12.

69. Frederick II to Knyphausen, 9 April 1762, PC, XXI, 355.

70. Karl Schweizer, 'The Termination of the Prussian Subsidy', and 'Britain, Prussia, and the Prussian Territories on the Rhine 1762‑1763', in *England, Prussia, and the Seven Years' War* (Lewiston, NY, 1989), pp. 240‑60, 261‑78; Patrick Doran, *Andrew Mitchell and Prussian Diplomatic Relations during the Seven Years' War* (New York, 1986), pp. 318 *passim*.

71. Karl Schweizer, 'Lord Bute, Newcastle, Prussia, and the Hague Overtures: A Re-Examination', in *England, Prussia, and the Seven Years' War*, pp. 129‑74，令人信服地修正了已经成为通说的历史记载，后者强调纽卡斯尔的行为是自作自受，而考尼茨把信息泄露给了普鲁士。

72. Frederick II to Peter III, 23 March 1762, PC, XXI, 314.

73. Jany, *Preussische Armee*, vol. II, p. 617; Stefan Hartmann, 'Die Rückgabe Ostpreussens durch die Russen, 1762', *Zeitschrift für Ostforschung*, XXXVI (1987), 405‑33.

74. P. G. M. Dickson, *Finance and Government under Maria Theresia 1740‑1780*, 2 vols (Oxford, 1987), vol. II, pp. 8 ff.; Christopher Duffy, *The Army of Maria Theresa*, (Newton Abbot, 1977), pp. 123 *passim*.

75. Achim Kloppert, *Der Schlesische Feldzug von 1762* (Bonn, 1988)，是一篇完备的行动分析文章。Cf. also Curt Jany, 'Das Treffen bei Burkersdorf am 21. Juli 1762', *Militär-Wochenblatt*, 1907, *Beiheft* IV, 77‑91.

76. Easum, *Prince Henry of Prussia*, pp. 210 ff.，是关于这次被忽视的行动的绝佳讲述。

77. Carl Freiherr von Beaulieu-Marconnay, *Der Hubertusberger Friede. Nach archivalischen Quellen* (Leipzig, 1871)，依然是关于这场谈判的最详细记载。

尾声：
1763—1786 年

腓特烈迅速恢复常态，既不仅仅是摆出一个伟大的姿态，也不仅仅是他的个人怪癖。他比他的敌人和与日俱增的崇拜者都更真切地意识到，普鲁士的经历是多么凶险。《胡贝图斯堡和约》使普鲁士崛起为不容置疑的强国，但是并非没有人敢挑战。与腓特烈同时代的人公认，任何一个能够在七年中同时抵御三大强敌、保住自己的国家，都必然属于一流强国行列。但是，鉴于普鲁士四面受敌、无险可守，加上资源贫乏，这一壮举本身就难以解释。即使不是偶然的产物，在未来某个日子里，情况也很可能发生逆转，尤其是国王自己都已经垂垂老矣。[①] 令当时的人震惊的是，自 1756 年以来，他的身体每况愈下。疲惫加速了他的脆弱感和他对自己毕生成就的忧惧。

普鲁士恢复元气

普鲁士国王年轻时并未意识到机会对他的生存的重要性，现在他意识到了。尤其是伊丽莎白女皇之死，似乎是上帝显灵。腓特烈也承认敌人犯错的重要性：反普联盟各国政府并没有制定和实施一个共同战略，联军的战场指挥官也有许多缺点。但是，就算前者冥顽不灵，后者容易犯下腓特烈所说的"业余选手的错误"，这些依然不能保证普鲁士的未来。如果普鲁士的昔日敌人努

---

① 1763 年，七年战争结束时，腓特烈二世 51 岁了，以当时的卫生条件，已经是个老人了。长期、艰苦的战争又让他百病缠身，未老先衰。

力自我提高，普鲁士对此也无能为力。腓特烈尤其畏惧俄罗斯：一旦俄国动员起自身海量的资源，"就会成为欧洲最危险的强国"。[1] 这意味着腓特烈直接改变了他在七年战争前的论断——俄罗斯和俄军是野蛮暴徒，并且此后他孜孜不倦地谋求与俄罗斯结盟。但是为了在平等条件下谈判，普鲁士需要尽快恢复元气。

也许，七年战争不是 20 世纪意义上的全面战争。尽管如此，普鲁士还是通过向近代军国主义国家模式发展，生存下来了，它的军队、经济和社会形成了一种共生关系，方方面面都致力于建立和维持普鲁士的强国地位。在这个模式下，即使在和平时期，军队的需求也是最优先的。为了满足军队的要求，需要建立一套综合税收体系。反过来说，这个体系不仅需要健全的经济体系，还需要驯服顺从的纳税人。

在 1763 年，上述两者都不是理所当然存在的。腓特烈回到了一个物质和精神基础都被严重动摇了的国家。在他的臣民中，有 16 万到 18 万人阵亡或死于伤、病。一个贵族家族的 23 名符合兵役年龄的成员中，有 20 人死于战争，而整个王国的农民家庭也蒙受了同等比例的损失。[2] 总体而言，与其 17 世纪的前辈或 19 和 20 世纪的后继者相比，18 世纪的欧洲各国军队的破坏性都要小一些。一方面，军队的纪律性更强；另一方面，军队的规模更小，对周围环境的物理破坏力也更小。通常的破坏模式是条带状的，而非成片的。但是，在同一片战场上年复一年地作战，留下了仿佛遭到反复鞭打的伤痕。[3]

勃兰登堡、西里西亚、东普鲁士和波美拉尼亚，为它们君主的勃勃野心付出了高昂代价。尤其是俄军，他们在漫长、薄弱的补给线的末端作战，俄军中又包括大量哥萨克和类似的非正规部队，所过之处都留下了他们的痕迹。燃烧的村庄和农场产生的烟尘飘过原野，普鲁士人也看见或闻到了，俄军造成的破坏使曹恩道夫和库勒斯道夫战场上的普军义愤填膺，让他们产生了绝不饶恕敌人的心理反应。奥地利军队中的边防军人，在为自己搜寻战利品和热衷破坏方面，丝毫不亚于他们的俄罗斯同行。

随着战争的推进，连正规军都肆无忌惮了。奥地利人在曾属于他们的西里西亚省炮击设防和不设防的城镇。例如，早在 1758 年，除了防御工事之外，施韦德尼茨就不剩什么了。在通往曹恩道夫的道路上，俄军几乎彻底夷平了屈斯特林镇，为了把普鲁士守军熏出来，他们焚毁了大部分房屋。

有些结果可以用数字来诠释。到了战争结束时，普鲁士损失了6万匹马和1.3万所房屋。从1756到1763年，波美拉尼亚人口的20%，即7万人死于疾病和匮乏。在诺伊马克-勃兰登堡，25%的平民，即将近6万人死亡或失踪。东普鲁士，尽管受益于俄国仁慈的占领政策，还是受到了侵略者和守军的踩蹋。尤其是许多在1756年前兴建的农业殖民地被破坏殆尽，因为移民跑到更加太平的地方讨生活去了，毕竟这些移民迁移至此不久，没有在这片土地上扎根几代人。算作死亡或被驱逐的有9万人。[4]

与物质破坏一样重的，是对普鲁士道德架构的破坏。按照俄罗斯、奥地利，乃至法国的标准，腓特烈的政府都是一个模范政府。对臣民的命运，腓特烈绝非漠不关心，在战争步履维艰之际，他接济了已经民穷财尽的波美拉尼亚，使之能维持一支抵抗瑞典人的地方守卫部队。普鲁士政府从未在没有咨询重要纳税人、商人和贵族的情况下，就征收新税或提高旧税。——这些人经常会提出降低税率或完全豁免税赋的理由。至于官僚，他们最初即使不够热情，也忠诚地接受了政府的决定：1757年和1762年暂时停发工资和退休金。[5]

这些具体情况反映了普鲁士王国普遍接受前文提到的一种隐含的社会契约，即政府为臣民提供保护和稳定，臣民则为政府提供服务和效忠。[6]可以说，与货币贬值、管理低效，以及腓特烈的政府普遍缺乏控制力相比，敌人的侵略对这份契约的破坏要小得多，在战争的最后几年尤其如此，当时国王及其谋士们只关心国家的生死存亡问题。田园惨遭焚毁的农夫，失去了库存和资本的商人，工资用本票充数的官员，都不是建设一个伟大强国的合适人选。

奥地利在七年战争中的经历，以及法国在18世纪60和70年代反复发作的金融危机，都只凸显了一件事：面对臣民对上述进程的抵抗，哪怕是消极抵抗，腓特烈也不可能有条不紊地筹措资金。普鲁士军队之所以存在，是为了对抗普鲁士的敌人，而不是从普鲁士人民身上搜刮钱财。因此，恢复和稳定普鲁士的军事力量的第一步，是重建被长达四分之一个世纪的战争和备战严重动摇的社会契约。

在很大程度上，这个过程涉及重塑腓特烈作为政治家和大家长的形象。

国王声称自己对公共舆论淡然处之——这种在他最后二十五年的国王生涯①中表现出来的冷漠，忽而古怪忽而荒诞——此举产生了矛盾的结果，他身上出现了一种吸引力，招来了不少被后世学者称为"政治朝圣者"的人，他们出于各自的原因来膜拜他们心目中的大师。腓特烈对理性时代的各种理念明显地表示不以为意，令上一代知识分子大失所望，但这些人正在让位于看法新颖的一代新人。

腓特烈拒人于千里之外，反而让他成为前浪漫主义者感兴趣的对象，同时，德国启蒙主义者有意识地把国王视为能够挑战来自巴黎的思潮的潜在中心人物。尽管腓特烈对学术自由和公开讨论持宽容态度，——至少在思想领域中如此，但是他继续偏爱用法语写作，并一直漠视约翰·温克勒曼这样的德意志学者和戈特霍尔德·莱辛这样的德意志文人的著作，这让他的宽容黯然失色。[7]在18世纪60年代，柏林逐渐发展为一个自成体系的知识文化中心，官僚和军官在那里与柏林学院成员和蒸蒸日上的犹太资产阶级的子女交流思想。对于在承担国家和社会责任的传统氛围中长大的男男女女来说，对评论公共事务方面的官方和非官方限制，并不是特别大的负担。

在这种情况下，腓特烈作为某种象征物的作用远远超过了他的实际作为和态度。这个过程甚至在他的战友中间也表现出来了。战争结束后，对腓特烈作为军事天才的赞誉，在某些群体中并不普遍，例如那些记得他们的主公在莫尔维茨和罗布西茨的所作所为的军官，那些记得科林和库勒斯道夫视线朦胧的血腥战场的军官，还有那些所犯过错只是在错误时间出现在错误地点上，却成了国王专横的报复性火爆脾气发泄口的军官。老兵们聚在一起，端着烟斗和白兰地谈天说地。各种回忆录以手稿的形式被秘密撰写和传播——类似后来的苏联地下出版物。[8]然而在国王在位期间，他的军官们都缄默不语。

对后果的恐惧可能影响了他们的行为。同样重要的是，人们的怀旧感越来越重，觉得自己是世界历史事件的组成部分。那时候，腓特烈的战争已经成为日常工作的组成部分，人们考虑的问题充其量也只是在下一场会战前能否活

---

① 从七年战争结束到去世，腓特烈又在位二十三年，原文中的二十五年只是个约数。

着。1763年之后，在普鲁士军官中间，七年战争成了生活中不可轻视的转折点，杰拉尔德·林德曼笔下的《四面楚歌的勇气》(*Embattled Courage*)中的美国内战老兵也出现了这种情况。也许，七年战争确实是显赫胜利，就像歌曲、故事和雕塑加以纪念的那样。也许，对于战争的回忆并不像在深夜梦境中看起来的那么糟糕。[9]

随着腓特烈在精神层面上的领导地位日益稳固，他转而开始物质方面的重建。首先，他亲自视察了那些饱受蹂躏的省份，这件事与帕奇维茨演讲一样，都被远在千里之外的成千上万的人铭记了很久。他打开了仓库和马厩。眼下没有下一次战役需要粮食了；现在超过军队需要的马匹，可以免费发放给有需要的平民。战争结束后的第一年，600万塔勒注入了嗷嗷待哺的普鲁士经济，——这次都是足额银币。与之前和之后的许多战胜国政府不同的是，腓特烈通过回收和重铸战争期间发行的贬值货币，来努力抑制通货膨胀。到了1764年，普鲁士塔勒才再次流入整个中欧市场。[10]

直接的金融改革只是国王制订的宏大战后计划的组成部分而已，这份计划旨在把银行业和制造业集中起来，置于国家监管之下，而非由国家控制。这个方案依然不够完整，很大程度上是因为官僚和商人的敌意，他们不愿意认可这样的观点：国家垄断是提高国际竞争力的必要因素。然而，值得一提的是，腓特烈取得了一系列胜利。1763年之后，腓特烈鼓励外来移民的政策，为普鲁士引进了多达25万的新臣民。他们并非一文不名的难民。许多人有技术有财力，普鲁士特工们费了不少力气才把他们请来。另一些移民则是受到了工作保障和土地承诺的诱惑。——通常普鲁士当局能够兑现这些承诺。王室土地被分割为许多农民份地。纺织工人、裁缝、日工，在普鲁士和西里西亚最偏远的角落找到了工作和住房。其中大多数人对让他们获得新生的国王感恩戴德。[11]

当移民劳动力也不够用了的时候，腓特烈转向了军队。在较大的驻防城镇中，民宅里的军人宿舍被兵营取代，士兵及其家人被分配到国营企业工作。孤儿院、救济所和监狱中的劳力也加入了他们的行列。——这是一种早期模式的"工作福利"，对此，20世纪末期的人或许比此前更加漫长的时代的人更加习以为常。在腓特烈统治的最后几年间，如果包括军人家属的话，普鲁士军队对国家劳动力的贡献估计会高达75万人。这些工作并非完全没有前途可言的低薪、无趣的体力劳动。腓特烈鼓励培育一个技术工人阶级，其中不乏军人子弟。到了1786年，普鲁士有多达16.5万这样的人，工业直接为高达全国9%的人口提供了生计。[12]

大部分工业企业是国有的：从埃伯斯瓦尔德的铁矿和小型钢厂到柏林的钟表制造厂，都是国企。烟草、木材和咖啡都是国家垄断行业。国家从这些和那些垄断行当中获得的直接收入，由一个全面的间接税系统加以补充。腓特烈认为，这些税收是增加国库收入的最不痛苦的手段，在轻松的征收过程中，它们由于金额较少而容易被人忽视。[13]与它们的现代后继者——增值税和销售税一样，它们对富人的影响较小，较为贫困的阶层却要付出较高的税。另一方面，前工业时代的普鲁士在很大程度上依然是自给自足的经济体系。即使在城镇中，早已成为市民的家庭也能自给自足，一个世纪之后，他们自给自足的程度就搞不太清楚了，部分市民是通过直接生产来实现自给自足的，部分市民则是通过范围广泛的非正式的货物和服务交换来做到的。由于他们的生意有越来越多的部分从未出现在正式记载之中，所以，20世纪末期各个大西洋发达经济体所做的研究工作，不过是从腓特烈时代普鲁士王国的著作中寻找只言片语。

腓特烈的经济政策，遭到了法国重农主义者和德意志重商主义者越来越激烈的抨击，这些人主张实行直接税制度，认为它比普鲁士征收小钱的税收制度更容易预估、更有利可图。但是，正如浅显易懂的德意志谚语所云："再小的奶牛也能产奶。"此外，腓特烈对学院派知识分子的不屑一顾，此时已经达到顶点了。在他看来，大多数人对于自己熟悉的模式感到最舒服，这个念头是在他统率大军行军打仗的岁月中形成的。即使是为了改革而改革，也不仅会滋生不愉快，还会增加猜忌，因为每一个人、每一阶级都在酸溜溜地紧盯着周围，看谁会从变革中获益。本书第一章提到的痛苦平衡对18世纪的普鲁士十分有用。国王认为，没有理由冒险进行彻底改革，尤其是在金融领域。[14]

改造军队

整个经济体系运转良好。到了1786年，即腓特烈驾崩的那一年，普鲁士的公共收入是1740年他继位时的三倍。大部分收入用在供养普鲁士军队上了，当时养兵已经成为税收的传统用途。腓特烈对军队作为战略威慑力量的重要性的坚定认识，塑造了 1763 年之后的军事政策。也许国王学习新事物的速度比较慢，但是，七年战争的后半程让他坚信，对于普鲁士的国家安全来说，发动战争的能力和备战状况远比打仗本身重要得多。因此，对于以他的胜利和失败为中心的神话，腓特烈是喜闻乐见的。任何将普鲁士打扮成一个强大对手的举动，包括库勒斯道夫和洛伊滕战役，都只能让普鲁士的邻国更加不愿意冒险拿起武器，再尝试与老弗里茨及其忠勇的掷弹兵较量一番。

没有现实基础的神话是不可能长久存在下去的。1763 年后，如果说大部分欧洲列强都解散了军队，那么普鲁士就是重组了军队。像自由营这样的战时编制被解散了。各团回到了他们所在的军区。战后的调整期结束之后，腓特烈的军队共有 15 万野战和驻防部队，而国王在位期间，这个数字还在稳步增加。除了深秋的训练和演习季节之外，只有不到一半普军可以随叫随到，但到目前为止，没有人质疑普鲁士州区应征兵的素质。当然，也没有人把他们视为身穿军服的农民。

在腓特烈的心目中，普鲁士军队的庞大规模与优秀素质必须并行一致。同样，1763 年后，在军事领域中，国王也只是遵循了他在西里西亚战争期间和之后制定的军事模式：坚持注重创建一个前重后轻的军事体系，能够首先吓阻敌人，接着赢取决定性胜利。——老普军尽管素质优秀，却也没能赢取这种决定性胜利。[15]

要达成腓特烈的目标，有两条可行的道路。一是利用 1763 年开始出现的战争艺术的发展。在法国，最初照搬照抄普鲁士体制的倾向开始让位于一种新思想：用多兵种混编的师，来对抗腓特烈军队所特有的、行动和战术方面的顽固僵化。战术家们探讨了使用机动能力强的小纵队，依靠速度和冲击力去对抗腓特烈式的三行纵深的战线。后勤学家们评估了减少对仓库和补给车队的依赖、以战养战的前景。库勒斯道夫和托尔高战役表明，这些平淡无奇的理念与精确的战场地图一样重要。还有，难道轻装部队真像腓特烈所认为的那样一无是处吗？[16]

这些以及与它们类似的理念，在 18 世纪 70 年代传播到了易北河以东。随着理念的传播，至少在普军的下级军官中间，人们还对后世所谓的"人力政策"越来越关心。绍姆堡-利珀-比克堡伯爵弗里德里希·威廉，在这一发展过程中发挥了关键作用。他作为一位世界主义者开始了职场生涯：1743 年，他在代廷根为英国–汉诺威军队服役；1745 年在意大利为奥地利人效力；七年战争期间，他在不伦瑞克的斐迪南麾下担任炮兵指挥官；最后在 1762 到 1763 年间，组织葡萄牙人抵挡住了西班牙人的入侵。返回故乡之后，他引入了全民兵役制，作为全面军事改革的组成部分，旨在把臣民转化为公民，再把公民转化为士兵。他还成立了一所军事学院，招收来自德意志各地的生源。[17]

伯爵绝不是一位纯粹的理想主义者。他坚信，小国——比如他的伯国，在国际体系内也有自己的权利和价值。他主张动员物质和精神资源，因为他相信，这样组织起来的国家可以采取行动，去阻止那些更加贪婪、更具野心的邻国。有人可能认为他的措施是在"贬低普鲁士"，但是在普鲁士的经验中，这些措施确实不乏先例。"德绍老头"呼吁善待普通士卒，在战前的新兵训练过程中更加人性化，都是七年战争期间建立真正的同袍之情的基础。一些驻扎在柏林和柯尼斯堡的大学城的普鲁士连队军官和野战军官，被启蒙运动中的人道主义倾向感动。其他人在业余时间阅读卢梭的著作。这些人认为，如果把普通士卒当作至少有推理和感知能力的人来看待，士卒的表现可能会更好。

腓特烈采取了截然不同的路线方针。1752 年，他宣称，军队的效力取决于严格的纪律、无条件服从以及迅速执行命令。[18] 在此后的几年间，他的思想纹丝不变。腓特烈依旧认为，普鲁士要想取得迅速、决定性的胜利，上述原则至关重要。国王认为，战争的结果依赖于一个自上而下严格控制每个可能的细节的军事体系。[19]

我们可以把腓特烈在 1763 年后进行的改革，与 1894 到 1914 年间"施利芬计划"①的演变过程，进行一番比较。在这两个事例中，两位军事规划师都面临着众寡悬殊的劣势，他们都试图编制出阿登·布霍尔茨所称的"伟大交响乐"，他们建立的体系，都是依靠无穷无尽地承受痛苦的努力来实现他们的目

---

① "施利芬计划"为第一次世界大战前，由德国元帅阿尔弗雷德·冯·施利芬担任总参谋长期间（1891—1906 年）提出，德国总参谋部所制订的一套作战方法。其主要目标为在未来的战争中应付来自德国东西两面的两个敌国——俄国与法国的夹攻，主要办法是利用法俄动员速度的差异，在东线的俄国动员起来之前，首先集中全力打垮法国，再掉头向东战胜俄国，从而胜利结束战争。

的，都综合使用了最先进的技术手段和体系中的高超意志力。[20] 在腓特烈的事例中，技术手段涉及人力。在前工业时代，并没有真正意义上的其他选择：所有军队的力量倍增器，都是军队中的士卒。

1763 年之后，普鲁士动用了一切可用的手段，把普通士卒改造为军用肉身机器人。腓特烈有句格言——普通士卒应该畏惧长官甚于害怕敌人，这句话往往被视为反映了他在七年战争中汲取的经验，也与他愈益悲观厌世的情绪相一致。另一种解释是，腓特烈试图用他的士卒，去实现总参谋部在未来的一个世纪中企图通过动员计划来实现的目标。国王是面向未来的，而非向后看的怀旧派，他在军队中看到了普鲁士的救赎和普鲁士的荣耀，这支军队的训练是如此全面，如此完善，以至于克劳塞维茨口中的"迷雾与摩擦"① 都无孔可入。

这种做法牺牲了灵活性，似乎会导致它走进死胡同，进而遭到摒弃，尤其是在此时，其他国家的军队正在探讨和试验事件流处理的技术，而非在不可预测的流程中强行采用预定目标的模式。② 然而，腓特烈意识到了后一种思维模式的缺陷。自从他上台以来，指挥和控制系统并没有得到显著改善。和平时期组建团以上的永久性编制会带来风险——削弱国王的直接影响力，而在腓特烈看来，国王的影响力对于维持士气和进取心而言是至关重要的。[21] 此外，在不造成重大社会和经济破坏的情况下，能够供养长期驻军的普鲁士领土相对较少。柏林、柯尼斯堡、马格德堡还可以，这几个中心城市之外的地方，供养 1 到 2 个团就是上限了。

另一个促使腓特烈战后对他的军队采取措施的因素，是存在特色鲜明的普鲁士军事文化。武装力量，尤其是军队，并不是具有无限可塑性的机构，并不能听凭国王、总统和将领按自己的意志进行改造。在军队随着胜利和失败而发展变化的模式中，有些事情做得棒，有些就比较差强人意，还有些糟糕透顶。普鲁士军队在七年战争中暴露出来的缺点，并不是使法军在 1940 年崩溃、美

---

① 克劳塞维茨所说的"迷雾和摩擦"（fog and friction），分别指战争中的不确定性（uncertainty）和意外（the unexpected）。

② 事件流是现代信息技术领域的一个概念。事件流处理，需要随时监控随时发生的事件，当特定事件发生时触发某些行动和措施，予以应对和处理。总体上有随机应变的意味。预定目标的模式与之相反，无论发生什么变故，都需要按照预定计划强行实现既定目标，所以相对僵化呆板。

军在越南受挫的那种结构性问题。相反，它们似乎只涉及军事理论方面的具体缺陷，比如最初对火力的忽视。或者，它们反映了科林、曹恩道夫和托尔高等战役中伤亡惨重所产生的后果。——可以说，如果普军及其最高统帅能够承担起最初的责任，从一开始就解决战争，那么这些战役根本不需要打。

身为战争领袖和战场统帅，腓特烈非常清楚自己犯下的错误。——由于对所犯错误了如指掌，所以能够尽其所能地避免重蹈覆辙。普军的纪律标准更加严厉苛刻、更加细致全面了。从前针对不愿打仗、能力不足的人施加的选择性惩罚，现在成了各团的惯例，团长们在检阅和演习时，越来越热衷于吸引国王的注意力。操练动作永远是高标准严要求，即使是有战斗经验的人也不可能达到。腓特烈最关心的事情是尽可能迅速、完美地变换部队阵形，就是从行军纵队部署成实施斜线战术所需要的复杂攻击线。在这方面，弗里德里希·冯·萨尔登发挥了重要作用。他在七年战争中的经历使他坚信精确的重要性。1763年后，他取代了"德绍老头"，成为普鲁士步兵的新榜样。时钟般的规律性是当时的要求，这一原则和实践的任何批评者，都会为此感到悲哀。[22]

再次强调一下腓特烈的信条，即纪律和训练本身不是目的，而是进行战斗的手段。国王的最终愿景，在一件人工制品身上得到了完美的表达：1782年配发给步兵的重新设计的步枪。格哈德·冯·沙恩霍斯特[①] 和卡尔·冯·克劳塞维茨，都认为它是全欧洲最差劲的武器。一位对这款枪支拥有更直接经验的下级军官说，它既非火器，也非长矛，更不是棍棒。[23] M1782 式步枪的公差之大，以至于几乎不可能搞标准化。每支步枪的口径都不同，从 18 毫米到 20.4 毫米都存在。枪身长度的差异高达 7.5 厘米[②]。游隙，即子弹与枪管之间的间距，大得离谱，如果火枪手把上了膛的火枪指向地面，那么子弹就有可能自己滚落出去。除了弹道缺陷之外，M1782 式步枪的构造也一塌糊涂，使之几乎无法瞄准。它的平衡性糟糕透顶；重量超过 4.5 公斤[③]。枪托几乎与枪管处在一条直

---

① 格哈德·约翰·达维德·冯·沙恩霍斯特（1755—1813 年），普鲁士将军、伯爵和军事改革家，普鲁士总参谋部的奠基人之一。

② 3 英寸。

③ 10 磅。作为参考，二战名枪日本的三八大盖重约 4 公斤，以粗重著称的二战后名枪 AK47 重约 4.3 公斤。

线上。然而，就时代背景而言，M1782 式步枪是一个世纪的工艺顶峰。即使这款滑膛火枪的最热诚的拥护者，也不认为它是一款适合造就神射手的精密武器。相反，它是沿着现代突击步枪的发展路线改进和发展起来的武器。

火枪设计师和实战士兵都没有试图改善其弹道性能，而是在谋求提高射速。它的通条是铁质的，比欧洲其他地方盛行的木质通条更加耐用，也不大可能受热膨胀，粘在因迅速开火而变热的枪管上。通条也是圆柱体，这样就不需要为了把装药捅出枪管而上下倒转它。与同时代的其他军用火枪不同，M1782有一个圆锥形的火门，它可以直接把火花推送到装药上。巨大的枪管游隙让子弹装填容易了许多。

最终版的腓特烈步枪设计成那样，不是为了提高射击精准度，而是为了最大限度地发挥它作为一款速射武器的优点。瞄准不仅不受鼓励，反而遭到了禁止。火枪手接到的命令很简单，就是把枪口大致指向敌人上身的交叉带①，一接到开火的命令就开枪，然后尽快重新装弹。这款火枪的平衡性很差，尤其是装配了铁质通条和沉重的刺刀，导致枪口较重，不过在战斗中兴奋异常的士兵往往有抬高枪口的倾向，所以它的不平衡性在抑制这个倾向方面更为高效。24

尽管腓特烈煞费苦心地消除军队中的"摩擦"，但"摩擦"无孔不入。国王自己做出的一些决策，对军队的表现产生了严重的消极影响。配发给普通士卒的军服质量每况愈下，这是影响士气的一个重要因素，士兵需要从军饷中拿出钱来补上军服缺少和损坏的部分，给士兵增加了不小的经济负担。给予骑兵的粮食补贴遭到了削减，以至于到了春夏两季，战马的大部分营养要靠吃草来获得。腓特烈继续在王家军火库和仓库中囤积物资。到了 1776 年，在布雷斯劳与柏林两地之间，共储存了 7.2 万蒲式耳谷物，足够 6 万人吃上两年。②武器、军服和装备的储备库存也维持在很高水平。只是在日常生活中，国王的举动就像谚语中所说的那个人：为了省钱，每天喂牛都会减少半杯燕麦。到了这头牛

---

① 当时的欧洲步兵上身都有两条从腰部斜跨到肩膀的交叉带，鉴于当时滑膛枪没有膛线，准确性很低，基本上没有瞄准的必要，所以对交叉带的交点进行概略瞄准就足够了。

② 蒲式耳是英制容积单位，1 蒲式耳折合公制 36.37 升，如果装小麦，折合 60 磅，约 27.2 公斤。若腓特烈的存粮是 7.2 万蒲式耳小麦，则约折合 1960 吨，算到 6 万人头上，每人每年只分得 0.6 蒲式耳，约 16.33 公斤，无论如何都不够吃，所以怀疑原文有误。

没有饲料可吃的时候，它就悲催地死掉了。[①][25]

这种吝啬，对军中的一个非常重要的元素造成了非常不幸的影响。腓特烈一贯希望军队中有大量职业军人，无论他是外国人，还是脱离了家乡的普鲁士人。在七年战争期间，他对州区应征兵的广泛依赖，是无奈之举。写于1768年的"政治遗嘱"写道，即使在战争期间，"只有在最迫切的需要下"，才应该在自己的国家招募新兵。[26]这些正规军人的军事作用早就得到了认可：愿意完全依赖本国义务兵的团长寥寥无几。因此，不足为奇的是，战争刚刚停息，普鲁士征兵官就开始扫荡中欧了。

可以说，结果还算不错。外国兵员的数量节节高升。到了1786年，19万普鲁士军人中，有11万外国人。这些数字本身就意味着普军素质的相对下降，在1756年之前，普鲁士国王麾下只有5万外国人。腓特烈经常轻蔑地表示这些人仅仅是炮灰而已，19世纪的民族主义历史学家和20世纪的军事史作家同样嗤之以鼻；然而，这种轻蔑态度掩盖了雇佣军在和平时期奠定普军各兵团发展基调方面的持续重要性，这些兵团中的州区应征兵在和平时期，大部分时间在休假，除了阅兵之外，他们几乎从来不穿军装。所有史学权威都一致认为，在1763到1786年间，在普鲁士军队中服役的外国人与他们从前的样子大相径庭。大多数解释都强调了日益严酷的军纪，而在任何情况下，严酷的军纪都会让人对参军敬而远之。另一些人则关注若干细节，比如用全民征兵制度取代各团分头征兵的办法，前者让团长、连长丧失了招揽最好兵员的主动性。

个人经济状况也发挥了一定作用。七年战争期间肆虐的通货膨胀或许得到了平抑，但是，主食价格再也没重返1756年的水平，更不要说1740年的了。相反，随着普鲁士的发展，物价节节高升。由于薪饷与开支的差距越来越大，外国士兵属于最早体会到生活压力的那批人，越来越多的外国士兵被迫在平民经济体系中寻找工作机会。在这里他们发现，与号称忠于家乡、认同家乡的州区应征兵相比，自己处于明显不利地位，须知，即使是一名普鲁士列兵，

---

① 此处用到了一个西方故事：一个吝啬鬼希望减少牛的食量，每次喂食都减少一点饲料，以为牛会逐渐适应，最终不用吃饲料。结果，眼看目标即将实现时，牛死了，吝啬鬼认为牛死于意外，却不认为它是饿死的。

也能够获得法律和社会保护，然而外国士兵在与可以全年投入工作、缺乏法律和社会保护的普鲁士平民雇工的竞争中，也同样劣势明显。

显而易见的结果是，他们总是囊空如洗，不停地寻找任何可能出现的临时工机会。由于外国人越来越不愿意建立长期关系，即使是非正式的长期关系，开小差就是一个合情合理的结果了。一个无法养活的女人，一个无力抚养的孩子，是任何一个理性的男人都无法承受的负担。如果没有这些联系，开小差似乎是更加合理的选择。在普鲁士军队中，对"擅自离开"①采取的预防性和惩罚性措施中，大多数最恐怖的事例发生在 1756 年之后，就不值得大惊小怪了。[27]

普鲁士征兵官同样面临着心态改变的后果。在某种程度上，启蒙运动因其反对战争——因为战争是暴力和非自然的，开始逐渐渗透到乡村讲坛上。牧师和校长们可能没有像 1918 年后的众多法国同行那样，转变为和平主义者，然而，他们比他们的前辈更有可能强调安详平静地恪尽职守的美德。在实践中，七年战争产生的直接经验已经基本上泯灭了一个流行的信念，即可以在军服下面找到身份变化和冒险生涯。直到 18 世纪 80 年代，新一代的年轻人才又开始听信征兵官的甜言蜜语。1763 年后，中欧经济全面好转，吸引了一些潜在的志愿从军者。另一些人加入了或被征入了正在扩充的祖国军队，如黑森--卡塞尔、萨克森和巴伐利亚。对于真正的流氓浪子来说，相比于在矛盾重重的普鲁士军队中效力，在法国政府供养的某个德意志兵团中服役，薪饷和待遇会更加优厚。[28]

国王对检阅和演习的品头论足越来越多，这让普鲁士军队更加混淆目的和手段。战后的普鲁士军队规模过于庞大，国王又高高在上，无法维持早年建立的非正式接触网络，这个网络即使不能彻底消除，也能够减小腓特烈的心血来潮产生的不良后果。现在，一个兵团可能今年受到表扬，下一年就遭到批评。野战军官和将军们的职场生涯，以及他们在军队中的地位，都没有任何可供遵循的固定模式。他们也不可能通过改善来年的表现来调整国王对自己的看法，因为没人知道腓特烈想要什么。在这种情况下，集中精力**严格按规定**把每一件

---

① 此处原文为 French leave，直译是"法国式休假"，意为不告而别或未获允许就离开。

事都认真贯彻下去，才是顺理成章的做法。如果有人遭遇了职业生涯中的灾难，至少他还有达到了官方标准的满足感。[29]

这样的环境很难培养出新一代军官的独立思考能力。1763 年后，腓特烈对资产阶级出身的军官进行了无情的清洗，但这方面的意义并不像人们通常断定的那么大。一个人并不会仅仅因为姓氏之前没有"冯"，就自动获得贵族所没有的洞察力和智慧。事实往往恰恰相反。由于意识到自己在军队中身处边缘性地位，极少有非贵族军官冒着断送本已岌岌可危的职业前途的风险，采取不明智的非常手段。来自没有什么军事传统的环境的资产阶级军官，通常是通过直接经验来学习本领的，而且往往小心翼翼地守护着他们以极高代价获得的有限知识。我们可以把他们与内战后的美国军队做个合理的对比，后者的军官团中充斥着因在讨伐南军的战场上英勇奋战而获得任命和晋升的人，但是除了勇气之外，他们往往缺乏其他能与自己军衔相称的品质，这一局面在内战后的美军中持续了二十年光景。

在扼杀腓特烈的军官团的才智发展方面，环境比出身影响更大。在战争后期出现了一种逐渐为人所熟知的模式，就是军官候补生、下级军官与招募来的士兵之间界限不清，腓特烈认为这套模式并不妥当，所以在 1763 年后的几年间，坚决废止了这个模式。他并不鼓励在更广阔的背景下对军事问题进行系统性的研究。随着参加过七年战争的将军或死或退休，取而代之的是曾经的团长、营长，如何指挥一个团，他们了如指掌，除此之外，他们依然一无所知。至于连长、排长，如果他们热衷纯文学，那只是一个可以容忍的个人爱好；如果他们专注于自己的职业技能，往往被视为是要让前辈和上司尴尬。——在晋升缓慢且严重依赖裙带关系和个人印象的普鲁士军队中，很少有人愿意冒这个风险。[30]

尽管有着上述缺点，晚期的腓特烈军队几乎完美地完成了它的缔造者期望它完成的任务。这本身就是很大的威慑力。在很大程度上，普军的威慑力是检阅和演习的产物。七年战争后，检阅和演习都成了向外国观察者开放的公共活动。见识了普鲁士步兵的严密的精确性和快速开火的本事，以及骑兵展现的速度和控制力，无论观察者是军人还是百姓，几乎都会肃然起敬。当然也有批评声音，但多是"只要我们愿意，我们可以做得更出色"之类的。从训练条令到军服款式，法国、英国和俄罗斯都在效仿。弗里德里希·冯·施托伊本[1]领导下的美国大陆军的复兴，很大程度上得归功于这位男爵不仅引进了经过适当改进的普鲁士训练模式，还引进了早期版的普鲁士新兵训练手段，而且把重点放在了耐心和重复上。[31]

当然，在欧洲各国决策圈中拥有一定影响力的人，在离开普鲁士演兵场时，似乎全都会感到，最好不要与普鲁士军队为敌，——尤其是在战争开始阶段。

威慑力测试

有效军事威慑产生的一个风险，是把它的威胁夸大到产生相反效果的程度。拥有强大武装力量的国家会利用这些力量充当讹诈的工具，而这会引发一个越来越大的风险，就是会让他的谈判对手相信，即使胜算渺茫，打上一仗总比在谈判桌上步步后退强。这一点至关重要，因为腓特烈与一个世纪后的奥托·冯·俾斯麦[2]不同，腓特烈还拥有一些领土野心。波兰越来越快地式微，让西普鲁士成了特别诱人的扩张目标。

即使普鲁士国王有意暂时退出外交棋局，客观环境也不允许。在叶卡捷琳娜女皇的统治下，俄罗斯加强了对波兰的压力；反观波兰，1763 年奥古斯特三世驾崩之后，波兰的王位就一直悬虚。在永远四分五裂的波兰国会中，无论是缘于精神激励还是物质诱惑，都有相当多的议员赞同选举出一位能与俄罗斯建立更加密切关系的君王。其他党派则不赞同。他们之间的长期斗争，为俄、普达成瓜分协议奠定了共同基础。[32]

七年战争后，叶卡捷琳娜女皇对腓特烈的敌意，反映了她对已故丈夫彼得三世的亲普鲁士立场的憎恨，而不是缘于她确实相信普鲁士对俄罗斯构成了实质性威胁。腓特烈在欧洲形单影只。他刚刚修完了一门为期七年的课程——"盟友的重要性"，尽管结交这些盟友不过是权宜之计。从积极的一面说，俄

---

① 弗里德里希·威廉·冯·施托伊本（1730—1794 年），自称施托伊本男爵，德意志军官，将美国革命军改造成一支训练有素的战斗力量，为美国独立战争做出了贡献。

② 奥托·爱德华·利奥波德·冯·俾斯麦（1815—1898 年），德意志帝国首任宰相（1871—1890年），人称"铁血宰相""德国的建筑师"及"德国的领航员"。通过三次王朝战争，实现了德意志的统一，1871 年，在他的主持下，德意志第二帝国正式成立。

罗斯与普鲁士拥有共同目标，就是不让波兰王冠落入法国、奥地利或萨克森之手，这三国都有人出任过波兰国王。1764 年 4 月 11 日，腓特烈与叶卡捷琳娜缔结了一份条约。[33] 对于腓特烈来说，与俄罗斯的联系既是一个安全保障，也是一块垫脚石。1768 年，当叶卡捷琳娜与奥斯曼帝国开战时，腓特烈起初进行斡旋，一个重要原因是条约要求普鲁士向俄罗斯支付津贴！鉴于普鲁士的历史和腓特烈的小气，这个条款似乎违反了腓特烈的天性。事实上，**拿到钱**的是普鲁士，它没有向俄国付钱！[34]

奥地利同样渴望在中东欧实现和平。玛丽亚·特蕾莎女皇明确表示自己无意改变该地区权力关系格局，也无意挑战波兰王位的现任主人。考尼茨同样小心翼翼；腓特烈更是如此。长久以来，腓特烈都想兼并西普鲁士——当时的信函中称之为"波属普鲁士"，以便把东普鲁士与勃兰登堡连为一体，并且在他的王国与俄罗斯之间制造一个缓冲区。然而，鉴于自己的国家还在重建，西普鲁士也不如当年西里西亚的价值高，国王并不打算拿他的国家做赌注，为了西普鲁士去冒险。相反，由于俄罗斯与奥地利政府都日益疑虑对方的企图，腓特烈试图充当俄奥的中间人。[35]

对于腓特烈而言，俄土战争打得越久，普鲁士意外卷入其中的风险就越大。俄军取得了一系列胜利，直至占领摩尔达维亚①和瓦拉几亚公国的领地，这使腓特烈更加坐立不安。——尤其是在 1770 年夏季，波兰的反叶卡捷琳娜势力将这个倒霉的国家推向内战边缘，甚至更糟。10 月，亨利亲王前往圣彼得堡，转达了他哥哥的意思，敦促俄国允许普奥两国协助结束奥斯曼战争和恢复波兰秩序，并在此基础上制定一项温和政策。叶卡捷琳娜给予亨利亲王的答复十分简单：非"是"，也非"否"。腓特烈的反应是对俄国女皇兼调解人大加吹捧；最后他嘟囔道，他不会成为俄罗斯野心的奴仆。[36]

与此同时，奥地利政府采取了具体行动。哈布斯堡帝国在自己的东部边境上建立了一个安全区，它既可以抵御来自敌对军队的突击队和散兵游勇，还能阻止流行于东南欧、可能在战争期间爆发的瘟疫蔓延到奥地利腹地。尽管没有

---

① 摩尔多瓦的旧称。

官方承认，这道"警戒线"却越来越深地延伸到波兰西南部境内。1770 年 12 月，齐普斯伯爵领地正式并入匈牙利王国，而哈布斯堡家族进一步宣称，自己拥有与奥属西里西亚残余领土接壤的波兰领土的主权。[37]

起初，腓特烈并不在意这种蚕食行动。俄罗斯的反应要激烈得多。叶卡捷琳娜的谋士们推断，奥地利已经启动了一个最终将无法阻止的进程：肢解无力维持其边界的波兰。随波逐流总比无所作为强。1771 年 1 月，腓特烈驻圣彼得堡大使向腓特烈呈报了俄罗斯提出的一个建议，即俄普联盟通过攫取各自边界外侧的波兰领土，来对冲奥地利的领土收益。腓特烈既满腹狐疑，又跃跃欲试。他宣称，即使不包括但泽在内，"'波属普鲁士'也值得以身犯险"。[38]2 月，亨利亲王回国，他成功地说服了王兄改变既定政策。当普鲁士外交官们着手罗织合法理由时，国王用行动催促圣彼得堡和维也纳采取决定性行动。经过十八个月的繁复的讨价还价，普鲁士军队攫取了 5.18 万平方公里①土地和超过 50 万臣民。

统治波兰人并不完全是个新问题。东普鲁士东部地区也有大量波兰人，以至于该省的部分行政管理工作，是用波兰语来完成的。腓特烈手下的若干将领可能会把波兰人比作类人猿，但是，国王命令他的继承人②学习波兰语，并且鼓励被派往新领土的官员使用德、波双语。总体而言，对于这个至少是意料之中的制度，贵族和农民的反应是积极的，因为这个制度受到了法律约束，不受当地最有权势的大贵族的随意摆布。他们缴纳了税赋。腓特烈的收益是 175 万塔勒的岁入，其中超过 2/3 被用于供养在新领土上招募的 5 个步兵团以及支撑他们的辅助部队。[39]

以兼并西普鲁士为代表的东进政策，对普鲁士的未来发展产生了许多重大影响。然而，直到腓特烈去世之后，大部分影响才变得明显起来。与眼前的扩张目标关系更密切的，是普鲁士军队在普鲁士扩张进程中扮演的角色。尽管腓特烈小心翼翼地避免公开叫嚣战争，可在瓜分波兰危机期间，俄罗斯和奥地利的外交信函指出，在局势不明朗的情况下，不要与普鲁士为敌，即使普鲁士

---

① 2 万平方英里。

② 腓特烈无子，所以立侄子为继承人，即未来的腓特烈·威廉二世。

国王要价很高，也值得与这位君主商讨和平，——尤其是在他率领普鲁士军队奔赴沙场的情况下。

六年后，普鲁士又搞了一次威慑力测试。1777 年 12 月 30 日，巴伐利亚选帝侯马克西米连·约瑟夫去世，留下了一个没有直系继承人的空虚王位。这种局面并不令人意外。多年以来，神圣罗马帝国的律师和外交官们，一直在为巴伐利亚的前途命运而喋喋不休。几乎是同样多年以来，奥地利外交部一直在考虑，如何在不引发德意志战争和欧洲战争的前提下，拿到巴伐利亚的大部分遗产。约瑟夫最近的亲戚——尽管也是远亲——普法尔茨选帝侯，也有自己的小算盘。早在 1776 年，他就向维也纳建议，作为近代史上最大的领土交易之一的前提条件，由帝国保证支持他对巴伐利亚的主张，以对抗普鲁士和萨克森的异议。奥地利将接手巴伐利亚，而奥属尼德兰将交给选帝侯。考尼茨也有意实现这次兼并。

在这个问题上，玛丽亚·特蕾莎与她的儿子、共治皇帝约瑟夫[①] 发生了意见分歧。玛丽亚·特蕾莎不愿意牺牲尼德兰省，几十年来，它一直是哈布斯堡家族遗产的一部分。约瑟夫试图理顺帝国边境，因为对于他所赞成的中央集权改革方案来说，哈布斯堡帝国是支离破碎的。他认为，奥属尼德兰是一个显而易见的，而且日益沉重的战略负担：它四面受敌，距离奥地利的权力中心又过于遥远，只要发生严重危机，它都难以获得救援和保障。帝位继承人和首相获得了胜利。巴伐利亚君主去世后数日，双方就达成了协议。奥地利军队开进下巴伐利亚。[40]

卡尔·马克思有句格言：历史重演首先是悲剧，而后是闹剧。这句话很可能就是为了点评这个局面而说的。奥地利对巴伐利亚的主张，几乎与四十年前普鲁士对西里西亚的主张一样模棱两可。欧洲其他地方对皇帝约瑟夫的行径也并非完全视而不见。腓特烈特别敏锐地意识到，奥地利在巴伐利亚的大规模扩张，大有益于恢复他即位以来一直在努力改变的局面。奥地利加上巴伐利亚，

---

① 玛丽亚·特蕾莎毕竟是女性，理论上不能担任神圣罗马帝国皇帝，所以在她执政初期，由她的老公弗朗茨一世做皇帝，夫妻共治帝国。在七年战争结束后的 1765 年，弗朗茨一世驾崩，他们的儿子约瑟夫二世继承帝位，实权依然掌握在其母手中。

会再次让普鲁士在德意志的权位序列中屈居第二。

与此同时，国王并不急于开战。相反，他打出了花样百出的外交牌。——这一次，玛丽亚·特蕾莎对整个交易日益增长的敌意，让腓特烈受益匪浅。1778 年 3 月，女皇宣布，奥军比普军少 4 万人。如果想要以旗鼓相当的兵力与腓特烈开战，就意味着帝国的大部分领土无兵可守。即使奥军赢得了初步胜利，歼灭或削弱腓特烈军队的可能性依然微乎其微。结果很可能是发生一场全面欧洲战争，奥地利将扮演普鲁士在 1756 年扮演的角色。由于孤立无援，得不到任何国家的援手，奥地利只能坐以待毙。[41]

尽管——也许是因为，他的母亲支持和解政策，约瑟夫依然在以旺盛精力追求巴伐利亚继承权，而他的这份精力本可以用在更加务实的目标上。在这个问题上，他得到了考尼茨的支持，当时考尼茨依然是奥地利外交政策的幕后决策人，依旧希望扭转 1740 年西里西亚战争的结果，照样鄙视作为政治家的腓特烈。

与此同时，普鲁士国王及其外交官们没有闲着。二十年来一直保持稳定的权力均衡似乎要发生重大变化，一流强国和德意志诸侯都在为此感到惴惴不安。奥地利在瓜分波兰的过程中扮演那样的角色，可以解释为孤立事件，实际上奥地利是借着削弱波兰作为"产生纠纷的金苹果"[①] 的潜力，来维护欧洲秩序。巴伐利亚完全是另一回事，它恰好位于欧洲中心。在巴黎、伦敦和圣彼得堡，腓特烈都坚持自己的说辞，声称自己只是充当卢梭口中的"大国公意"的执行者，负责恢复现状而已。在德意志，国王强调自己是神圣罗马帝国的权利和完整的捍卫者，而这个角色受到了一个头脑简单的青年[②] 和蛇蝎心肠的首

---

① "产生纠纷的金苹果"典出希腊神话。人类英雄琉斯和海洋女神忒提斯结婚，众神均受邀参加婚礼，唯有不和女神厄里斯没有受到邀请。厄里斯怀恨在心，悄悄在婚礼宴席上放下一个金苹果，上面写着"送给最美的女神"。女神中地位最高，同时也是最美丽的三位女神——赫拉、雅典娜、阿佛洛狄忒为了这个金苹果争执不下，其他神祇害怕得罪女神都不敢发言，天神宙斯让山上牧羊的漂亮小伙子帕里斯做评判。三位女神为了获得金苹果，分别开出诱人的条件，其中，阿佛洛狄忒答应让世界上最漂亮的女子爱上他，并做他的妻子。帕里斯接受了阿佛洛狄忒的开价，把金苹果判给她。事后，为了履行承诺，阿佛洛狄忒帮助帕里斯拐走了斯巴达的王后——世界头号美女海伦，由此引发了特洛伊战争。

② 约瑟夫二世生于 1741 年，时年 37 岁，已经不算年轻了。

相的野心的威胁。

上了年纪的国王并没变成一个利他主义者。普鲁士对拜罗伊特和安斯巴赫这两个小诸侯国的领土主张由来已久，而且这次理由颇为充分，在眼前的新形势下，腓特烈重申了这一主张。尽管如此，在争夺道德和政治制高点的两场斗争中，腓特烈都是斗争第一阶段的胜利者。即使二十年前沦为腓特烈的牺牲品的萨克森，现在也站到了昔日侵略者一边，承诺萨克森军队会为普军让路。

针对普奥对抗的第二个阶段，即军事阶段，腓特烈所做的准备工作绝不是临时抱佛脚。早在1775年，腓特烈就制订了一个针对奥地利的战争计划纲要，这一计划的基础是，普军兵分两路、互相支援进攻捷克王国领土。还需要做的只是确定精确的兵力构成。6.5万普军，将或多或少地得到2万萨克森军队的增援，他们将从德累斯顿出发，进入波西米亚。他们的司令官将是亨利亲王，现在亨利在奥地利军队中的威望完全不亚于腓特烈本人的。一旦奥地利人的注意力集中在波西米亚，腓特烈就会率领他最精锐的8.7万人马，从西里西亚攻入摩拉维亚。国王的设想是，在一场重大会战之后，抑或是奥地利人在普军钳形攻势面前退却之后，普军将横扫波西米亚。

战争的下一步将是政治上的。波西米亚将成为谈判筹码，如果谈判失败，波西米亚会成为攻向奥地利腹地的跳板。无论国王的个人梦想是什么，没有充分证据表明，腓特烈拥有任何具体的吞并波西米亚计划。这样的行为只会导致他苦心经营的局面发生逆转，届时，由于对欧洲外交平衡产生了威胁，普鲁士会孤立无助，四面楚歌。[42]

国王相信他的军队有能力赢得战争初期的会战，也能让奥地利人对普军望而生畏，奥军为了面子上过得去，会在抛弃战场落荒而逃之前，与普军打几场散兵战。甚至在敌对行动爆发之前，发生的各个事件就开始暗示未来走向与他的设想不同。奥地利炮兵在七年战争中的表现，令腓特烈印象十分深刻，于是他针对性地集结了800多门火炮，用于支持他的军事行动。即使在旱季，这支庞大的炮兵车队在没有硬化路面的道路上都寸步难行，导致普军只能使用手头的武器提供火力支援。在沉重的战场压力下，补给安排捉襟见肘，甚至崩溃，因为后勤部门需要供养的人、马超过了普军以往任何一场战役中集结的数量。营养不良、防护过重的战马，成百上千地倒下、跛足或染上疾疫。没有战斗经验、军服破烂的步兵，不习惯露宿野外和艰苦生活，染上了五花八门的疾病，从水泡到肺炎不一而足，于是成群结队地开了小差。[43]

直到 1778 年 7 月 4 日，腓特烈的主力军才跨过边境。大约与此同时，亨利的人马也开进了波西米亚。亲王殿下不是太乐观，他认为双方的参战兵力都过于庞大了，除了互相怒目而视之外，什么都做不成。[44]奥地利最高统帅部也有同感。1778 年年初，双方都开始动员，到了开火的时候，已经有约 16 万白衣奥军集中在波西米亚。他们的角色纯粹是防御性的。在政治上，帝国不能承担被各方视为侵略者的风险。在军事上，在腓特烈面前，坚强的防守是最好的进攻。由拉齐指挥的约 8 万人马，被派去对抗国王。劳东率领约 6.5 万人马，奉命去与亨利交锋。

起初，亨利干得很出色，未开一枪就开进了波西米亚。但是，即使亨利拥有他已多次展现的机动作战技能，也无法弥补困扰他的补给问题。如果不依靠补给车队的运输，他的军队就没有足够粮秣来支撑他们的行动，然而事实证明，补给车队越来越无力把后方仓库中的物资送进士兵背囊了，至于战马的饲料袋，更是不说也罢。除非普军不断转移就粮，否则就不能在乡野中生存。如果亨利继续前进，只会让面前的劳东与他打一场正面战，亨利相信那会让 1/3 普军无谓牺牲。同时，普鲁士亲王是一位货真价实的 18 世纪将领，所以他不会用一场激战来考验敌军的士气。[45]

腓特烈也没好到哪里去。他精心计算过战争风险，包括在前线维持一支威慑力量需要面临的挑战，这导致他相对轻视后勤工作。腓特烈并不打算把补给问题当作一个长期问题来解决。他希望把奥地利人拖入他亲自选择的战场，继而速战速决。然而，拉齐退到了易北河畔，掘壕自守。腓特烈紧追不放。他花了一个多月的时间来侦察拉齐的阵地，寻找薄弱环节，结果一无所获。此时，这位奥地利将领手握约 10 万人马，让他们猬集一团。面对一支庞大得无法绕过又强固得无法正面进攻的军队，腓特烈的对策是去集结更多人马：从普鲁士兵站和驻防部队中抽调兵力，增强自己的兵力。由于补给车辆跟不上部队的集结步伐，饥肠辘辘的士兵开始寻找新的食物来源。自 17 世纪以来，土豆就在欧洲广为人知，但人们普遍对它疑虑重重，认为它会引发多种疾病。直到 1774 年，即使在饥荒期间，科尔贝格的市民也拒绝食用土豆。[46]但是，在没有更多传统食材的乡村，土豆提供了一个果腹的选择。筹粮队把手中的镰刀换成了干草叉子，于是这场战争以"土豆战争"之名载入史册。双方的普通士卒都认为，这种新作物不仅营养丰富，而且可口：可以说，土豆在中欧成为一种主食，很大程度上得归功于巴伐利亚继承权问题。

僵持的战局在很大程度上反映了一件事：国王失去了作为将领应当具备的健壮体魄和灵活头脑。然而，身为一位政治家，腓特烈也回应了奥地利发出的一系列提议。奥地利人愿意修改哈布斯堡王朝对巴伐利亚的领土主张，同时承认腓特烈对安斯巴赫和拜罗伊特公国的长期主张。腓特烈想要赢得战争，而不是使战争升级。调集更多人马既是外交态度，也是军事姿态：在不摊牌的前提下，与奥地利搞增兵竞赛。玛丽亚·特蕾莎已经老迈年高，她的儿子兼继承人却野心勃勃，因此，母子各自的执政团队也分道扬镳了。[47] 几个星期过去了，僵局依然继续，腓特烈宣称，有必要"击败这些混蛋，以便让他们更加理智地考虑问题"。[48]

由于国王已经与对手形成了僵局，击败混蛋的任务就落到了亨利的肩膀上。亨利亲王打破自己的既定作战模式，巩固了他作为腓特烈麾下最卓越将军的威望。从 7 月末到 8 月初，依然在批评王兄发动战争的亨利，利用通常视为大部队无法使用的次要道路和山口，实施了佯动，把劳东诱骗出了既设阵地。劳东率部后撤，退到了伊萨尔河，当亨利停下脚步并请求增援的时候，劳东准备进一步后撤。亲王疲惫不堪，在过重的压力下身体垮了。他把更多精力花费在安排己方的撤退路线上，而非考虑如何完美地把自己的计划和意志强加到已经严重动摇的敌人头上。这时候，腓特烈那些早已耳熟能详的冷嘲热讽，已无法让亨利改变决定了。亨利决心按兵不动，通过巧取豪夺来蹂躏伊萨尔河与波西米亚边境之间的土地。此举既可以警告奥地利，继续打一场徒劳无益的战争会产生什么样的后果，又可以保护普鲁士，来年免受来自这个地区的侵扰。[49]

1778 年 8 月 16 日，愤恨不已的腓特烈把他的大军转移到数公里外，在索尔战役的故战场上构筑了新的深沟高垒，国王企图以此改变战役的态势。当国王发现奥军不仅亦步亦趋地跟了上来，而且就在他面前掘壕固守的时候，他会想起更多索尔之战的幸运日。腓特烈一度考虑强攻哈布斯堡军队的新阵地，但随即放弃了这个念头，转而模仿他弟弟的做法，一路蹂躏所经之地，撤退到了本国境内，就像亨利打算在波西米亚做的那样，把摩拉维亚的补给物资洗劫一空。[50]

与1744年一样，腓特烈被糟糕天气搞得身心俱疲。8月31日，天气转冷并且开始下雨。已经不堪重负的补给系统彻底瘫痪了。他的军队规模已经过于庞大，脚下的土地远远无法满足其粮秣需要，为了充饥果腹，全军只能食用能找到的一切食物，包括已经腐烂的、命名了这场战争的土豆。痢疾和开小差一直困扰着普军营寨，以至于腓特烈称之为"巨大的"损失。[51]马匹的处境甚至比人类的还要恶劣，因为曾经不可一世的骑兵团的军官们卖掉了坐骑的干草，并把收益据为己有。[52]至于炮兵部队，他们的马匹排在普军马料优先级的末端，除了在某些易于通行的路段上，还能用两倍甚至三倍于正常数量的车队来拖曳火炮之外，炮兵完全无法移动他们的火炮。奥地利轻装部队不断骚扰腓特烈的撤退大军，取得了自两场西里西亚战争以来还没有取得过的辉煌战果。

尽管如此，腓特烈依旧锲而不舍。10月中旬，率领普军主力安然返回西里西亚之后，国王就着手制订明年的战役计划。他不得不在没有王弟配合的情况下作战。在相对井然有序地把自己的人马撤出险境之后，亨利辞职不干了。接替亨利的是不伦瑞克的查理亲王，此君是一位完全能够胜任机动作战的将领。问题在于手头可用的工具——或者更加准确地说，在于奥地利人手头可用的军事工具的素质。一旦天气转好，哈布斯堡军队就沿着边境，继续用"小规模战争"来对付普鲁士人。

1763年后发展起来的普鲁士军队的构架和使命，几乎没有为任何类型的轻装部队留下生存空间。腓特烈坚持认为，骠骑兵的主要用途是充当战斗骑兵，只有在没有更重要的任务时，骠骑兵才去执行侦察和突袭任务。他尝试按照七年战争期间"自由营"的路子，组建他的大部分临时轻装步兵。正如本章前文所述，这类作战单位需要具有冒险精神的自由择业者，而中欧的社会和政治气候相当不适合招募所需兵员。少数几支参加了行动的部队，除了丢人现眼，一无所获，——假定这几支部队的长官或士兵明白什么叫丢人现眼的话。将二线驻防部队改编为自由作战的散兵部队，达到了预期的效果。至于"猎兵"，腓特烈带上战场的最多只有6个连，而且一开始就把他们手中75%的线膛枪换成了标配的滑膛枪。这么做的目的似乎是降低他们面对骑兵时的脆弱性：随着欧洲战场的地形变得日益开阔，这一点至关重要。① 结果却是大规模的士气低迷和开小差。[53]

在行动方面，普鲁士军队发现自己陷入了遭到不断蚕食的窘迫境地。奥军的战斗群——现在经常包括正规轻步兵和早已为人熟知的克罗地亚边防兵及骠骑兵，发现对付普军筹粮队、巡逻队和分遣队是小菜一碟。并不是腓特烈的轻装部队技不如人，——其实是根本就没有可用之兵。重装部队，包括重步兵和重骑兵，面对的情况都完全超出了他们的训练范围，除了少数最高级别的军官之外，大多数普鲁士军官也没有应对这种局面的经验。

随着新一年的到来，穿白衣的奥军胆子越来越大了。1779 年 1 月 18 日，2 个营的普鲁士步兵被奥军分割包围在偏僻凄凉的西里西亚小村庄哈贝施韦特。这支普军早已由于开小差而人数减少，由于染病而身体虚弱。其中一些人进行了艰苦的战斗，直到被奥军的火炮赶出临时构筑的碉堡才举手投降。其他人四散奔逃或丢弃了他们的步枪。救兵赶到为时已晚，追击奥军也来不及了，奥军早已押着 200 多名俘虏消失得无影无踪。

类似的战事，尽管规模更小，但在 1779 年的前几个星期内，在各处战场上都有发生。在某种程度上，这类战事在所有人的意料之中。在前哨战中，普鲁士军队往往无所适从。如果腓特烈期待在暮春季节发生的大规模会战确实发生了的话，那么哈贝施韦特战斗或与之类似的战事，将来不过是总参谋部编纂的史书上的小小注脚而已。事实却是，由于没有更加重大的战事来削弱这类战事的重要性，因此显得格外突出，——很像 1993 年秋季美国游骑兵部队在摩加迪沙遭到的伏击。② 然而，当腓特烈麾下骄傲的正规军发现了他们的军事缺陷时，腓特烈的军队正在为他赢得平生最后一场战争，——这次是通过威慑功能来赢得的。[54]

---

① 当时的线膛枪射速太低，无法提供连续的火力输出，所以在开阔地上面对骑兵集体冲锋时相当脆弱，只适于在崎岖地形上机动作战。

② 美军在这场战斗中失去了 2 架黑鹰直升机，所以此战往往被简称为"黑鹰坠落"，2001 年拍摄了同名电影。

最后的胜利

为了与普鲁士和萨克森的兵力旗鼓相当，奥地利又一次让它的财政资源和行政体系紧张到了自我毁灭的地步。至少在纸面上，哈布斯堡军旗下有30万人马，时刻准备着在1779年交战季节投身沙场。真正的武装人员数量要少一些。在任何一个合理的时间段内都能得到有效支持的兵力就更少了。从一开始，玛丽亚·特蕾莎就对这场战争兴致阙如。约瑟夫追求武功的美梦，即使没有完全破灭，至少也冷却下来了，原因在于，上一个交战季节里，他在战场上打交道的人和事都让他灰心丧气，理性和开明原则塑造了这位未来皇帝的思想，而他在战场上面对的这帮人却顽固抵制这些原则。[55]

就行动而言，哈布斯堡将军们信心十足，只要他们能够选择战场，即使是在激烈会战中，也有把握击败普鲁士人。进攻行动则是另一码事了。腓特烈的体力大不如前，他的精神力量也在衰退，但是在奥地利最高统帅部中，没有人对入侵萨克森或西里西亚的前景真正抱有乐观情绪。拉齐一贯小心谨慎；劳东病倒了。即使没有腹泻这个借口，劳东也不再是1759年的那个强悍无畏的战场统帅了。简而言之，从哈布斯堡帝国的角度看来，对眼前局势最恰当的描述是"情景再现"，即道恩元帅当年面临的局面。[①]

自18世纪60年代以来，外交模式同样发生了变化。粉碎普鲁士的权势，使之重归二流国家的席位，不再是可行的选择了，——尤其是腓特烈已经花费了十五年时光向世人展示，他如今更加偏爱合作而非对抗。从总的欧洲视角看来，奥地利在巴伐利亚谋求实现的目标，与四十年前普鲁士在西里西亚渴求的目标，都可以合情合理地形容为：永久改变欧洲权力平衡，使之向有利于自己的方向倾斜。[56]

因此，列强越来越警惕地关注着普奥之间的紧张局势，就不足为奇了。起初，俄国女皇叶卡捷琳娜拒绝履行俄普盟约的规定，拒绝为普鲁士出钱出兵。然而，从圣彼得堡的角度看来，年轻气盛的约瑟夫似乎逐渐成了比普鲁士国王更大的长期威胁，何况，腓特烈坚称自己的唯一愿望是在和平中了却余生。

---

① 道恩元帅已经死于1766年。

腓特烈绝非徒逞口舌之辈。法国外交部面临着重重困难：国库空虚，税收体系崩溃，针对软弱君主①的与日俱增的内部挑战。尽管问题丛生，法国还是积极投身于支持美国独立运动的进程。为了集中精力介入殖民地战争，并且防止英国利用欧陆战争为自己谋利，法国政府几乎不惜一切代价来维护欧洲和平，但又不准备出钱出兵。腓特烈怂恿法国动用它的外交威望——具体而言，就是法国对土耳其高门的影响力。在促成俄、土两国达成协议方面，法国的斡旋活动发挥了重要作用，至少让双方同意暂时搁置1774年《小凯纳尔贾和约》②没有解决的一系列分歧。[57]

叶卡捷琳娜女皇的谋士们受到了普鲁士人的想法和金钱的影响，他们怂恿女皇于11月做出回应，通知维也纳，如果战争不能令人满意地得到解决，俄罗斯将履行俄普条约，派遣一支远征军去力挺腓特烈。言辞固然廉价，1.5万俄军向奥地利边境进军，却是绝对不能忽视的事情。他们的存在若隐若现，让玛丽亚·特蕾莎坚持公开谈判的决定更有分量。法国和俄罗斯都愿意和平，腓特烈则是渴望和平，——尤其是在叶卡捷琳娜女皇宣布她打算反对神圣罗马帝国发生任何重大变故的时候。[58]

历时两个月的激烈争吵之后，两大强国达成了协议。3月份停火，5月份签署了《泰申③和约》。巴伐利亚落入普法尔茨选帝侯及其继承人之手，只有一小块土地例外，因河地区被割让给了奥地利。普鲁士保住了安斯巴赫和拜罗伊特的权利：十二年后，这两个小公国正式归入黑鹰旗下。④[59]

同样重要的是，普鲁士在德意志众多小国中间的地位发生了天翻地覆的变化。腓特烈的王国从神圣罗马帝国和平的搅局者，变成了德意志各国对抗奥地利扩张的主权原则的捍卫者，这项主权原则是1648年签署的《威斯特伐利亚和约》确立的。奥地利在中欧的地位，并不像许多同代人认为的那样稳固。哈布斯堡帝国的财政和行政结构，不是霸权国家的那种类型。然而，从德

① 1774年，路易十五驾崩，他的孙子、断头国王路易十六继位，时年20岁，1779年也才25岁。

② 1768到1774年间，发生了第五次俄土战争。1774年，俄土两国在今保加利亚东北部的小凯纳尔贾村签订和约，和约确认俄罗斯在这次战争中的胜利，保障俄国自由进入黑海。

③ 捷克捷欣的旧称。

④ 普鲁士国旗上有一只黑鹰，故而得名黑鹰旗。

累斯顿到汉诺威，各国都城都在仔细记录着约瑟夫和玛丽亚·特蕾莎能够投入战场的军队规模。如果没有一个大国的全力支持，任何设想中的德意志各国联盟都绝不可能与哈布斯堡帝国分庭抗礼。法国和俄罗斯或许会以某个可以接受的价码，扮演德意志小国的保护者，从而获得外交优势。然而，两国是否会干预德意志事务，以保护这些小国的自由，依然值得怀疑。英国在外交方面，比一百多年来任何时候都远离德意志事务。至于其余的竞争者，腓特烈已经年迈，而他的继承人无足轻重。在可以预见的将来，普鲁士几乎不可能承担它曾在1740年贸然承担的风险。这个暴发户王国还没有完成从山羊到园丁的转变[1]；尽管如此，普鲁士国王似乎成了比约瑟夫皇帝更讨人喜欢的选择，尤其是在1780年玛丽亚·特蕾莎女皇驾崩之后。[2] 60

简而言之，土豆战争绝不是题材狭隘的军事史著作中经常出现的崩溃式或闹剧式战争。相反，它为腓特烈提供了他一直企盼的那种外交 / 政治胜利，他耗费了毕生心血建立军队，要达成的效果正是如此。相比于收益，这场战争的代价还是可以接受的。3万死亡或开小差的士兵中间，包括大量外国人，然而征召他们入伍的目的就是让他们当炮灰。相关费用已经由国库支出，战争基金还分文未动。而且，对于他的军队暴露出来的缺点，腓特烈绝非无动于衷，而是全力以赴地去清除十五年的打磨和锤炼在这部战争机器身上留下的最严重锈迹。

这一类举措中最重要的是，国王开始重视发展一支有效的轻装部队。尽管猎兵的表现拙劣，但他们还是被扩充为齐装满员的团，下辖10个连。关于如何使用轻装部队，国王还颁布了一系列指示和敕令，并且从1786年开始为3个特别组建的轻步兵团培养干部。他为这些战斗单位起的名字——"自由兵团"，令人联想起早年战争中的非正规部队"自由营"。腓特烈绝没有让轻装部队充当一种新战术的核心力量，他认为轻装部队的主要用途是执行前哨和侦

---

① 典出德国谚语："让壮山羊作园丁，必然毁坏花园。"山羊贪吃还不挑食，是花园的破坏者，引申为秩序的破坏者，园丁则是秩序的维护者。大致类似小偷与警察的关系。

② 1780年11月29日，玛丽亚·特蕾莎女皇驾崩，终年63岁。腓特烈时年68岁，还有六年阳寿。奥地利皇帝约瑟夫二世时年39岁。

察任务，次要任务是在激烈会战中充当进攻的第一线部队。

以松散队形跑步前进——至少以战线步兵团的标准是松散的，猎兵和自由兵团至少会吸引敌人的火力反击，最好是敌人靠近他们与之近身肉搏，从而为战线步兵团肃清前进障碍。因此，他们的枪法远不如锐气重要，国王期待他的轻装部队使用与正规部队完全一样的火枪齐射体制，也是理所当然的事。[61]

要把腓特烈的指示解读为未来法国大革命中出现的轻步兵战术的雏形，是一件很困难的事情。腓特烈依然相信，散兵在近代战争中只能起次要作用。国王的注意力集中在行动层面上：奥地利轻装部队用事实证明，他们对他的主力军的行动和补给构成了巨大障碍，因此他需要有效的反制手段。另一方面，从实验性质的自由兵团发展起来的燧发枪兵，被证明与18世纪90年代最精锐的法国尖兵[①] 不相上下，而猎兵团则成了普鲁士军队中最精锐的部队之一。[62]

可以说，对普鲁士军队的未来最重要的是，腓特烈依然不愿意修改普军的中央指挥构架和临时性特遣部队 / 战斗群组织体系。土豆战争的主要特点是行动上的笨拙不灵，这缘于野战军过于庞大，以至于无法像七年战争中那样加以控制。奥地利人也面临过类似的问题，只不过他们采取的防御态势使他们的缺点暴露得不那么明显而已。法国没有忽视这些经验教训，法国似乎认可了把常备步兵旅分配给成立于1776年的、以地区为基础的步兵师的体制。[63] 然而，普鲁士故步自封，在二十年后为此付出了代价。[②]

腓特烈日益年迈，精神和肉体活力都江河日下，无论如何，在他剩余的六年阳寿中，他都不可能启动进一步的军事改革了。国王日益沉湎于过去，看着他的兵团从眼前走过时，他会回想起霍亨弗里德堡、洛伊滕和托尔高战役。1786年1月，齐滕去世了，他是普鲁士军队黄金时代的最后一位伟大将领。腓特烈的反应广为人知："作战时，他总是指挥先头部队，我则一直率领主力

---

① 尖兵，也译作狙击兵、腾跃兵。对尖兵的要求是英勇、矮个子、健壮、敏捷。尖兵配备短步枪和短剑，背包较轻。当敌军出现时，各团的尖兵连就会集中起来组成一支独立部队率先发起攻击，他们通常用于攀登山地、尝试突击难以通行的隘口（如果存在的话），掷弹兵紧随其后，但打开胜利之路的特权依然属于尖兵。

② 1806年10月，即腓特烈二世去世的二十年后，拿破仑率领的法军只用了耶拿战役、奥尔施泰特战役两场大战，就轻松打垮了普鲁士。

军。现在他又先走一步了，我也应该像在战场上一样随他而去。"[64] 七个月后，1786 年 8 月 17 日，腓特烈大帝逝世。

本章注释

1. 'Politisches Testament Friedrichs des Grossen (1768)', in *Politisches Testamente des Hohenzollern*, ed. R. Dietrich, (Munich, 1981), p. 353.

2. Christopher Duffy, *The Army of Frederick the Great* (New York, 1974), p. 199.

3. Horst Carl, *Okkupation und Regionalismus. Die preussischen Westprovinzen im Siebenjährigen Krieg* (Mainz, 1993)，是一部精彩而详尽的著作，它分析了普鲁士的一个经常被忽视的地区所发生的历史进程。

4. Walther Hubatsch, *Frederick the Great*, trans. P. Doran (London, 1973), p. 148.

5. Hubert C. Johnson, *Frederick the Great and his Officials* (New Haven, Conn., 1975), pp. 177 ff.，考察了普鲁士核心省份的战时管理性质。

6. T. C. W. Blanning, '*Frederick the Great* and Enlightened Absolutism', in *Enlightened Absolutism, Reform and Reformers in Later 18th-century Europe*, ed. H. M. Scott (Ann Arbor, Mich., 1990), pp. 265‐88，令人信服地确立了一个事实：按照当时的标准，普鲁士在心理和现实上都是一个开明的国家。Cf. Theodor Schieder, *Friederich der Grosse. Ein Königtum der Widersprüche* (Frankfurt, 1983) pp. 264 ff.; and H. B. Nisbet, "Was ist Aufklärung?" The Concept of Enlightenment in 18th-Century Germany', *Journal of European Studies*, XII (1982), 77‐95.

7. G. B. Volz, *Friedrich der Grosse im Spiegel seiner Zeit, vol. II, Der Siebenjährige Krieg und die Folgezeit bis 1778* (Berlin, 1926)，囊括了当时对普鲁士君主的形形色色的看法。

8. Christopher Duffy, *Frederick the Great: A Military Life*, (London, 1985), pp. 257‐8.

9. Gerald Linderman, *Embattled Courage: The Experience of Combat in the American Civil War* (New York, 1987).

10. Reinhold Koser, 'Die preussischen Finanzen von 1763‐1786', *Forschungen zur brandenburgischen und preussischen Geschichte*, XVI (1903), 445‐76.

11. Cf. Heinrich Beeger, *Friedrich der Grosse als Kolonisator* (Giessen, 1896); and August Skalweit, 'Wieviel Kolonisten hat Friedrich der Grosse angesiedelt?' *Forschungen zur brandenburgischen und preussischen Geschichte*, XXIV (1911), 243‐8

12. C. B. A. Behrens, *Society, Government, and the Enlightenment: The Experiences of 18th-Century France and Prussia* (New York, 1985), p. 177.

13. 'Politisches Testament Friedrichs des Grossen (1768)', Dietrich, p. 263.

14. Ingrid Mittenzwei, *Preussen nach dent Siebenjährigen Krieg. Auseinandersetzungen zwischen Bürgertum und Staat urn die Wirtschaftspolitik* (East Berlin, 1979); and Stephan Skalweit, *Die Berliner Wirtschaftskrise von 1763 und ihre Hintergründe* (Berlin, 1937).

15. Frederick II, 'Das Militärische Testament von 1768', in *Die Werke, Friedrichsdes Grossen*, ed. G. B. Volz, 10 vols (Berlin, 1912‐14), VII, pp.246 ff. W. Lorz, *Kriegsgerichtsprozesse des Siebenjährigen Krieges in Preussen* (Frankfurt, 1981)，关于腓特烈对手下军官的期许，这部著作提供了一个颇有价值的视角。

16. Cf. Robert Quimby, *The Background of Napoleonic Warfare* (New York, 1957), pp. 106 *passim*; and Jean Colin, *L'Infanterie au XVIII siècle. La tactique* (Paris, 1907), pp. 86 *passim*.

17. 这位伯爵的文章见于 C. Ochwadt (ed.), *Wilhelm Graf zu Schaumburg-Lippe: Schriften und Briefe*, 3 vols (Frankfurt, 1977‐83)。尽管侧重点不够突出，但对于他的生涯的最佳评价依然是 Christa Banaschik-Ehl, *Scharnhorsts Lehrer, Graf Wilhelm von Schaumburg-Lippe, in Portugal, Die Heeresreform*

1761 – 1777 (Osnabrück, 1974)。

    18. Cf.'Über die Aufklürung des Militärs', *Militärische Monatsschrift*, I (1785),590 – 601; Col. J. von Scholten, *Was muss ein Offizier wissen?* (Dessau andLeipzig, 1782); and the summary in Max Jähns, *Geschichte der Kriegswissenschaft, vornehmlich in Deutschland*, 3 vols (Munich and Leipzig,1889 – 91), vol. III, pp. 2439 ff.

    19. 'Politische Testament Friedrichs des Grossen (1752)', Dietrich, p. 229; and 'Politische Testament Friedrichs des Grossen (1768)', Dietrich, p. 287 *passim*.

    20. Arden Bucholz, *Moltke, Schlieffen and Prussian War Planning* (New York,1991).

    21. 'Politische Testament Friedrichs des Grossen (1768)', Dietrich, p. 299.

    22. Curt Jany, *Geschichte der Preussische Armee*, edn rev., 4 vols (Osnabrück,1967), vol. III, pp. 81 ff.; R. von Priesdorff, *Saldern. Der Exerziermeister des Königs* (Hamburg, 1943).

    23. F Meinecke (ed.), 'Aus den Akten der Militärreorganisationskommission von 1808', *Forschungen zur brandenburgischen und preussischen Geschichte*, V (1892),139.

    24. W. Eckardt Morawietz and O. Morawietz, *Die Handwaffen des brandenburgisch–preussisch–deutschen Heeres, 1640 - 1945* (Hamburg, 1957), pp.43 ff. 对 M1782 的评估在技术上是准确的，但依然对这款枪秉持着典型的批评态度。

    25. Duffy, *Army of Frederick the Great*, pp. 199 ff.，着重指出了经济紊乱的性质及其产生的后果。

    26. 'Politisches Testament Friedrichs des Grossen (1768)', Dietrich, p. 289.

    27. Cf. Jany, *Preussische Armee*, vol. III, pp. 447 – 8; and Kurt Schützle, 'Übcr das Rekrutierungssystem in Preussen vor und nach 1806/07 und seine Auswirkung auf die geistig–moralische Haltung der Soldaten', *Militärgeschichte*, XVII (1977), 28 - 35.

    28. Cf. Henri Brunschwig, *Enlightenment and Romanticism in 18th–century Prussia*, trans. F. Jellinek (Chicago, 1974); Geoffrey Best, *Humanity in Warfare* (New–York, 1980), pp. 31 ff.; and as case studies, Charles Ingrao, *The Hessian Mercenary State: Ideas, Institutions and Reform under Frederick II, 1760 – 1785* (Cambridge, 1987); and James A. Vann, *The Making of a State: Württemberg, 1593 – 1793* (Ithaca, NY, 1984), pp. 270 *passim*.

    29. Jany, *Preussische Armee*, vol. III, pp. 99 ff.，以多多少少带有同情的角度，描绘了这个过程。Cf. Hyppolitc J. R. de Toulengeon, *Une Mission militaire en Prusse in 1786*, ed. J. Finot and R. Galmiche–Bourer (Paris, 1881), and J. A. Guibert, *Journal d'un Voyage en Allemagne, fait en 1773*, 2 vols (Paris, 1803), vol, I, pp. 170 ff.

    30. Gottlieb Friedländer, *Die Königliche Allgemeine Kriegs–Schule und das höhere Militär–Bildungswesen 1765–1813* (Berlin, 1854); F. K. Tharau, *Die geistige Kultur des preussischen Offiziers von 1640 bis 1806* (Mainz, 1968). Cf. also U. Waltzoldt, *Preussischen Offiziere im geistigen Leben des 18. Jahrhunderts* (Halle, 1937).

    31. Charles Royster, *A Revolutionary People at War: The Continental Army and American Character, 1775 – 1783* (Chapel Hill, NC, 1979), pp.213 ff.，是最出色的现代讨论。

    32. Cf. Tadeusz Cegielski, 'Preussische "Deutschland– und Polenpolitik" in dem Zeitraum 1740 – 1792', *Jahrbuch für die Geschichte Mittel– und Ostdeutschlands*, XXX (1981), 21 - 7; and G. T. Lukowski, 'The Szlachta and the Conference of Radom, 1764 – 1767/68: A Study of the Polish Nobility', PhD dissertation, Cambridge, 1976.

    33. Cf. Georg Küntzel, 'Friedrich der Grosse am Ausgang des siebenjährigen Krieges und sein Bündnis mit Russland', *Forschungen zur brandenburgischen und preussischen Geschichte*, XIII (1900), 75 – 122; and H. M. Scott, Frederick II, the Ottoman Empire, and the Origins of the Russo–Prussian Alliance of

1764 ', *European Studies Review*, VII (1977), 153 - 75.

34. W. Stribrny, *Die Russlandpolitik Friedrichs des Grossen 1764 - 1786* (Würzburg, 1966)，是关于这个联盟的扎实可靠的史料。

35. E. Reimann, 'Friedrich der Grosse und Kaunitz im Jahre 1768 ', *Historische Zeitschrift*, XLII (1879), 193 - 212.

36. Frederick to Henry, 30 Oct. and 2 Nov. 1770; and 11 Jan. 1771, PC, XXX, 239, 234 - 5, and 384 - 5. Chester Easum, *Prince Henry of Prussia: Brother of Frederick the Great* (Madison, Wis., 1942), pp. 259 ff.，是关于亲王使命的最出色概述。

37. Derek Beales, *Joseph I*, vol. I, *In the Shadow of Maria Theresa 1741 - 1780* (Cambridge, 1987)，总结了这个复杂的过程。

38. Solms to Frederick, 8 Jan. 1771; Frederick to Henry, 31 Jan. 1771, PC, XXX,405, 417 - 18.

39. Iselin Gundermann, 'Westpreussen im Staatshaushalt Friedrichs desGrossen: Ein Finanztaschenbuch für die Jahre 1775/76 bis 1777/78 ', *Zeitschrift für Ostforschung*, XXXIV (1985), 421 - 48, 探究了国王对新省的初步计划。Helmuth Fechner, 'Westpreussen unter friderizianischen Verwaltung ', in *Deutschland und Polen 1772-1945*, ed. H. Fechner (Würzburg, 1964), pp. 30 - 46; and Walther Hubatsch, 'Friedrich der Grosse und Westpreussen ', *Westpreussen-Jahrbuch*, XXII (1972), 5 - 14, 对新部队做出了正面的总体评价。

40. Paul Bernard, *Joseph II and Bavaria* (The Hague, 1965)，是最详尽的英文分析。Beales, *Joseph I*, pp. 386 ff.，是最新的研究成果，而且包含了对早期研究著作的严厉批判。

41. Maria Theresa to Joseph, 14 March 1778, in *Maria Theresia und Joseph II: Ihre Correspondenz sammt Briefen Josephs an seinen Bruder Leopold*, ed. A. Ritter vonArneth, 3 vols (Vienna, 1867 - 1868), vol. II, pp. 186 ff.

42. 参考 Gustav Berchold Volz, Friedrich der Grosse und der bayerische Erbfolgekrieg ', *Forschungen zur brandenburgischen und preussischen Geschichte*, XLIV (1932), 264 - 302，基本站在普鲁士角度叙述；以及 Karl von Aretin, *Heiliges Römisches Reich 1776 - 1806: Reichsverfassung und Souveranität*, 2 vols (Wiesbaden, 1967), vol. I, pp. 110 ff, 这资料时间更近。国王的基本行动计划已经拟定了，写进了 'Projet de campagne ' in PC, XXX, 270 ff.

43. Jany, *Preussische Armee*, vol. III, p. 114; Duffy, *Army of Frederick the Great*, p. 204.

44. Prince Henry to Frederick, 10 March 1778, PC, XL, 231.

45. Easum, *Prince Henry of Prussia*, pp. 304 ff.

46. W. H. Bruford, *Germany in the 18th Century: The Social Background of the Literary Revival* (Cambridge, 1935), p. 117.

47. Beales, *Joseph I*, pp. 410 ff.，是对奥地利自相矛盾的外交的扎实分析。

48. Frederick to Prince Henry, 11 Aug. 1778, PC, XL1, 349.

49. Joseph to Maria Theresa, 14 and 24 Aug. 1778, in Arneth, *Maria Theresia und Joseph II*, vol. III, pp. 48 - 9, 63 ff.; Prince Henry to Frederick, 22 and 27 Aug. 1778, PC, XL, 384 - 5, 393 - 4.

50. Frederick to Prince Henry, 26 Aug. 1778, PC, XLI, 387 ff.

51. 通常他指的是亨利亲王的损失，而非自己的。Frederick to Prince Henry, 3 Oct. 1778, PC, XLI, 453 - 94.

52. Duffy, *Army of Frederick the Great*, p. 205.

53. Peter Paret, *Yorck and the Era of Prussian Reform* (Princeton, NJ, 1966), pp. 226 *passim*; and generally Johannes Kunisch, *Der kleine Krieg. Studien zum Heerwesen des Absolutismus* (Wiesbaden, 1973), *passim*.

54. Frederick Wilhelm Carl Graf von Schmettau, *Über Jen Feldzug der preussischen Armee in Böhmen im Jahre 1778* (Berlin, 1789)，依然是从普鲁士人的作战行动角度出发的，有关这场战争的最详尽的史料。奥地利方面的史料被载入了官方历史：Oscar Criste, *Kriege unter Kaiser Josef II* (Vienna, 1904).

55. Cf., for example, Joseph to Leopold, 18 July 1778, and to Maria Theresa, 27(?) Aug. 1778, in Arneth, *Maria Theresia und Joseph*, vol. II, pp. 351‑3; and vol. III, pp. 68‑9.

56. See Paul W. Schroeder, *The Transformation of European Politics 1763‑1848* (Oxford, 1994), pp.5 ff. and 28‑9，以土豆战争为背景，对国际体系进行了总体分析。

57. Cf. M. S. Anderson, *The Eastern Question 1774‑1923* (London, 1966), pp.6‑7; and more generally, A. Fisher, *The Russian Annexation of the Crimea 1772‑1783* (Cambridge, 1970).

58. Stribrny, *Russlandpolitik*, pp. 98 ff.; and Wiliam C. Fuller, *Strategy and Power in Russia, 1600‑1914* (New York, 1992) p. 122 *passim*，考察了俄国的外交和战略形势。

59. Adolf Unzer, *Der Friede von Teschen. Ein Beitrag zur Geschichte des bayerischen Erbfolgestreites* (Kiel, 1903)，在条约的细节及其外交背景方面，依然是颇有裨益的史料。

60. Schroeder, *Transformation of European Politics*, pp. 29 ff; Aretin, *Heiliges Römisches Reich*, vol. I, pp. 117 ff.; and H. M. Scott, *British Foreign Policy in the Age of the American Revolution* (Oxford, 1990).

61. Frederick II, instruction für die Frei‑Regimenter, oder leichten Infanterie‑ Regimenter '，5 Dec. 1783, *Œuvres de Frédéric le Grand*, ed. J. D. E. Preuss, 30 vols (Berlin, 1846‑56), vol. XXX, pp.431 *passim*; Jany, *Preussische Armee*, vol. III, p. 131.

62. Dennis E. Showalter, 'Hubertusberg to Auerstadt: The Prussian Army in Decline? ' *German History*, XII (1994), 308‑33.

63. Steven T. Ross, 'The Development of the Combat Division in 18th‑Century French Armies '，*French Historical Studies*, IV (1965), pp. 84‑94.

64. 引自 Duffy, *Army of Frederick the Great*, p. 207。

回顾

  1937 年，《步兵杂志》为当时最先进的陆军部队登载了一篇《跨越时代的最佳指挥团队》。作者选择了腓特烈大帝作为最高统帅，盛赞他是一位能在优劣建议中慧眼识珠的战略家，一位坚强有力的纪律主义者，而且成功维持了国内的政治支持。[1] 这个由寂寂无闻的野战军官搞出来的智力小游戏，或许过于极端了，但绝非只此一份。腓特烈作为军人和政治家的声望，在 20 世纪依然历久弥新。最近的一项研究甚至把他描绘为近代早期世界"所向无敌的统帅"之一。[2] 然而，新近的学术研究领域也出现了一些异议人士。在他们的著作中，身为大军统帅的腓特烈贪恋决定性战役的虚幻前景。作为一位政治家，他被列到一长串普鲁士 / 德意志统治者和统帅名单的第一名，他们的成就都超出了能力范围，为了实现雄心壮志，为了达成自己的目标，他们都采用了自己不愿承认、不愿采取的手段。按照这些解读者的说法，普鲁士王国和德意志帝国的安危取决于以特定方式运用军事力量这一信念的基础，正是由腓特烈确立的。即使相反的事例不少，腓特烈的国王生涯以及笼罩其上的神话，让一代又一代的外交官和军人都坚信，德国不仅能靠短期战争战胜力量远强于己的对手，而且能说服昔日敌人接受这些战争的结果，不要进一步挑战德国。[3]

  要理解腓特烈的战争得先理解两个要点。首先，在行动层面上，僵局是战场的常态。各国的武装力量都愿意互相取长补短，抄袭和模仿别国的行为和技术，以适应自己的发展变化。拿破仑从马伦戈到阿斯佩恩战役①取得的成就，德国装甲兵在 1939 到 1941 年间赢得的一连串胜绩，乃至北越军队在越南战场

---

 ① 两者都是拿破仑的生平战役。前者发生在 1800 年的意大利，后者发生在 1809 年的奥地利。

上对美国远征军取得的胜利，其实都是例外情况，鉴于机会窗口都会或快或慢地迅速关闭，上述胜利反映了参战各方对机会窗口的利用程度，取决于那场冲突的利害关系对于参战者的重要性。

腓特烈的战争方式，本质上并非普鲁士的独家专利。从 1740 年到 1763 年，奥地利人、俄罗斯人乃至法国人，都有能力彻底改造自己的军事体系，使腓特烈作为战略家和指挥官的高超本领也只能把战争勉强维持到最后阶段。各国和各国政治家都在玩掷骰子的游戏，会战就是骰子；这既是为了提高谈判地位，也是为了游戏本身。从前线到国务委员会，战争在各个层面上都令人着迷。至少，胜利带来了斩断由共识、期望和前提交织而成的戈耳狄俄斯死结的希望，而正是这个死结在维系着涉及主权国家的所有体系。然而，竞相提高的精通程度，往往会在更高水平上停滞不前，——七年战争就凸显了这一点。普鲁士最终免于战败，或许也免于亡国，不是缘于它的统治者的军事天才，而是缘于俄国女皇伊丽莎白驾崩，加上她的临时接班人是一个极端的亲普鲁士分子。俄罗斯一退出七年战争，还在交锋的普、奥斗士就都累趴下了，鉴于两国都对战争的结果感到厌倦了，于是都找到了停战的理由。

战争趋于停滞，政治作为解决冲突手段的重要性就提高了。——靠政治来解决冲突并非次优的解决方案，而是一种不错的规范。在 1740 年之前和 1763 年之后，欧洲持续面临着一系列外交危机和小规模战争，它们都有可能恶化到失控的地步。[4] 18 世纪的政治家和军队都真诚地渴望实现权力均衡，这个概念是腓特烈战争背后的第二号关键问题。"均衡"一词的意义远比列强之间的关系更为广泛，它涉及目的和手段、风险和收益、愿望和可能性之间的对立统一关系。[5] 均衡的根源之一是智慧方面的。由几何学精神支撑起来的理性时代，并不提倡任何类型的英雄主义。第二个根源是历史方面的。两个世纪的苦难历史表明，即使最强大的国家，也既没有掌控足够多的剩余资源，又没有足够的能力来调动可支配资源，以维持作为主要强国的地位，更不要说维持霸权地位了。承担了过大压力的内政结构，造成了国内各方势力僵持不下的局面，就像膨胀的野心往往会促成组成敌对的国际联盟，反而妨碍了野心的实现一样。

这样的局面并没有排除某些国家大规模扩张的可能性，但是它确实意味着这样的扩张最好是在现行国际体制范围内进行。从继位之初，腓特烈就没有谋求破坏欧洲的权力均衡，而是谋求调整这种均衡，使之对普鲁士有利。但是，如何才能最妥善地确保这一结果呢？国家就像桥牌玩家，都倾向于通过动用自身力量或感受别国力量来主导牌局。普鲁士的历史就是一个小国的历史。普鲁士的经济完美地阐明了用最低成本实现目标的能力。按照 20 世纪的标准，18世纪欧洲的日常生活几乎完全是自由主义的，彼时普鲁士社会却是严格管控的。简而言之，让普鲁士跟风的可能性几乎不存在。相反，把普鲁士发展成其他野心勃勃的国家的楷模，意味着面临双重风险：一方面，可能会出现一个对抗典型威胁的敌对联盟；另一方面，可能破坏腓特烈希望作为正式成员加入的那个异常强大的国际体系的稳定。

因此，普鲁士国王面临的挑战是推陈出新：在承认欧洲框架原则的前提下，调整这个构架。在这种情况下，腓特烈所表现出的对创建崭新军事模式兴致阙如，与其说是缺乏远见，不如说是一个有意识的决定。他的军队旨在最大限度地使用普鲁士契约体制的战争潜力。普鲁士王国的政府、经济和社会，都是为军事机器服务的，其目的是压榨王国的资源，而非使之枯竭。如此构造军队，是为了在现有战争条件下，把军队的效率提高到最高程度。军队的训练、纪律和战术，都在改善而非创新。在一个战斗由横线阵形的火力决定，胜利由骑兵冲锋实现的时代，普鲁士步兵的射击速度比其他所有欧洲同行都要快。相比于其他所有欧陆国家的骑兵，普鲁士骑兵能发动更猛烈的攻势，集结得更加紧密，能够更迅速地出现在急需的地方。在一个面对敌军实施的机动很可能被对方的反攻打乱的时代，腓特烈的部下可以迅速改变阵形，从行军纵队转变为横向的战线，整个过程几乎像魔术一样神奇。著名的斜线战术——大幅加强一个侧翼的兵力，继而梯次前进以侧面席卷敌人，既依赖战斗前的策划，也依靠战场上的快速部署。

权力均衡是为了防止哈布斯堡帝国坐大，而非维护和平，权力均衡也无法保证小国的地位。结盟既是为了扩张和攫取，也是为了国家安全。普鲁士的领土支离破碎，零零星星地点缀在从莱茵河到梅默尔①的中欧大地上。到了 1740

---

① 波罗的海东南部港城，第一次世界大战后划归立陶宛共和国，更名为克莱佩达。

年时，国际体系正饱受多重紧张局势的折磨，并且在不久的将来，这种紧张局势很可能会破坏国际体系的稳定，因此，普鲁士就成了国际体系中一个显而易见的打击目标。[6]

对于腓特烈而言，奥地利皇帝查理六世驾崩是一份催化剂。普鲁士国王理所当然地认为，现在由一个年纪轻轻、毫无经验的女子统治的哈布斯堡帝国，会在各条边界上都受到邻国的挑战。在这样的形势下，普鲁士不为刀俎即为鱼肉。袖手旁观会为勃兰登堡招来它在三十年战争期间的命运：惨遭蹂躏、饱受鄙视。除此之外，战争为普鲁士提供了一个诱人的奖赏。奥地利的西里西亚省拥有大量人力和物质资源，如果加以妥善利用，将使普鲁士成为欧洲一流强国。在腓特烈通过谈判手段使新秩序合法化的同时，普鲁士军队整装待发，他们应该能够保卫西里西亚，抵御所有不速之客。

腓特烈的算计注定了未来二十多年普鲁士的政策走向，因为这是一个非常严重的误判。从 1741 年的莫尔维茨到 1745 年的霍亨弗里德堡战役，普鲁士军队成了欧洲战场的新主宰。腓特烈拿出了游船赌徒[①]般的外交手腕，以惊人的胆量气魄签订和废除条约，组建和背弃联盟。然而，奥地利及其女皇玛丽亚·特蕾莎不甘心承认既成事实，同时，国王的行径在他的诸多邻国中间制造了足够浓郁的不信任气氛，因此，到了 1756 年，法兰西、俄罗斯和奥地利组成了一个大联盟，主要目标是即使不能彻底灭亡普鲁士，也要彻底、永久地把普鲁士打压到德意志中等国家的行列中。到了 1756 年，强敌环伺，腓特烈四面受敌，他的唯一支持者是英国，但英普之间一直仅仅是互相利用的权宜关系而已。

腓特烈发动七年战争的设想，与决定了他在 1740 年所作所为的设想是完全相同的。都是希望先发制敌，以赢得决定性会战的方式，促使对手们与自己谈判，从而实现持久和平。七年战争史本身就是这一战略的失败史。从 1757 年的科林到 1760 年的托尔高，普鲁士军队没有一次表现得比对手优秀。尽管反普联盟内部冲突日益激化，可是，普军吃的多次败仗足以让联盟各国继续留在战场上。同时，普鲁士军队也多次获胜，足以让腓特烈继续谋取他能取得的

---

① 典出 1953 年的美国电影《密西西比赌徒》。1854 年，密西西比河轮船上的赌徒马克·法伦赢得了年轻女郎劳伦特·杜罗的传家宝——一串钻石项链，最终它为马克·法伦带来了幸福和悲剧。

最好和谈条件。用赌徒的话说，军队是腓特烈的底牌，即使国王输掉了几把，也依然有底气再赌上一轮。由此导致的赌注积累，又让他不可能退出牌局：这是典型的骑虎难下局面。

然而，从长远看来，普鲁士发动七年战争是很成功的。腓特烈保住了他的王国在欧洲大陆上的大国身份。1763年的普鲁士远远不是一个志得意满的国家，但是在他统治的后半程，腓特烈谋求在1763年《胡贝图斯堡和约》奠定的大国关系框架下，寻找扩张的机会。事实上，到了1778到1779年间的巴伐利亚继承危机，普鲁士统治者作为欧陆上的老牌政治家，出面维护德意志和欧洲秩序。——年轻的奥地利皇帝约瑟夫二世日益膨胀的野心，显然正在威胁这一秩序。

对腓特烈而言，普鲁士军队既是威慑力量，也是战争工具。军队存在的目的，首先是赢得胜利，其次是展示普鲁士捍卫自身利益的准备和能力。阅兵、演习，乃至围绕罗斯巴赫、洛伊滕和曹恩道夫发展起来的神话，都是为了突出与一个危险的敌人交锋会产生的风险。腓特烈花费了二十五年时间，为普军的威慑力建立了可信性。在这种可信性的缔造者去世后，它又延续了二十年。——在把战争视为司空见惯的正常外交后果的大环境中，二十年是一段很长的时间了。即便二十年后，要系统性地挑战腓特烈留下的遗产，也得有拿破仑那样的雄心壮志和天纵英才才能完成。

无论作为军人还是政治家，腓特烈大帝都没有超越他所处的环境。尽管如此，通过把普鲁士确立为欧洲强国，并且诱导各国将普鲁士定位成主要是军事方面的强国，他决定性地塑造了未来两百年的欧洲历史。本篇评论开头引用的文章中①有这样一段话："说出你所在的部队番号和阵地名字。如果在战争结束时，我的政客没有告诉你的政客该在条约上的何处签字画押，我就请大家都喝一杯。"关于他作为一名指挥官的地位，除了重复引用这句话中提出的挑衅之外，人们不会有更好的形容之词。[7]即使在胜算很小的情况下，当发令枪声响起时，把赌注压在老弗里茨身上也是不错的选择。

---

① 指上文提到的《跨越时代的最佳指挥团队》。

本章注释

1. Lt.-Col. George L. Simpson, 'An All-Time Command Team', reprinted in *The Infantry Journal Reader*, ed. Col. J. L. Greene (Garden City, NY, 1943), pp. 338 - 41.

2. Philip Haythornthwaite, *Invincible Generals* (Bloomington, Ind., 1992).

3. Cf. the discussion of this issue in Dennis E. Showalter, 'German Grand Strategy: A Contradiction in Terms?' *Militärgeschichtliche Mitteilungen*, XLVIII (1990), 65 - 102.

4. Cf. the essays in Jeremy Black, 'Mid-18th-Century Conflicts with Particular Reference to the War of the Polish and Austrian Successions', in *the Origins of War in Early Modern Europe*, ed. J. Black (Edinburgh, 1987); and the discussion in Paul W. Schroeder, The *Transformation of European Politics, 1763 - 1848*, (Oxford, 1994), pp. 5 ff.

5. 最初，这个概念是在不同的背景下提出的，见 Walter A. McDougall, 'Oh Henry! Kissinger and His Critics', *Orbis*, XXXVIII (1994), 665。

6. Schroeder, The *Transformation of European Politics*, p. 7.

7. Simpson, 'An All-Time Command Team', p. 340.

扩展阅读

1996 年，本书首次付梓出版，当时它名为《腓特烈大帝的战争》（*The Wars of Frederick the Great*）。从那时起，对腓特烈时代的普鲁士和 18 世纪战争史的研究，都取得了重大进展。本章介绍的是那些在正文中没有考虑到的著作，它们都即将出版或已经出版了，笔者认为，对于寻觅新书的读者来说，它们相当重要。

在这份书目中，有两部书名列前茅。约翰内斯·库尼施是一位著述甚丰而且富有洞察力的学者，代表作《腓特烈大帝：国君及其时代》（*Friedrich der Grosse: Der König und seine Zeit*）（慕尼黑，2004 年）。这是一部学术和解析方面的杰作，它确立了腓特烈作为战争大师和理性明智、高瞻远瞩的君主的地位。克里斯托弗·克拉克的《钢铁王国：普鲁士兴衰史，1600—1947 年》（*The Iron Kingdom: The Rise and Downfall of Prussia, 1600‑1947*）（伦敦，2006 年），通过展现 18 世纪对战争和政治的客观限制，对库尼施的著作进行了补充，书中指出，在老弗里茨时代，命令和条例都得不到顺畅的落实。

腓特烈本人依然是一个富有争议的人物。英国陆军盛产博学的高级军官，大卫·弗雷泽爵士正是其中的一员，他通过自己的经历体会到了高级指挥层的活力。他撰写了《腓特烈大帝：普鲁士国王》（*Frederick the Great: King of Prussia*）（伦敦，2000 年），用书中弗雷泽经过充分斟酌的话说，腓特烈是"有史以来最非凡的君王和统帅之一"。在批判腓特烈传奇的人中间，弗朗兹·绍博是近来最出色的一位。其优秀著作《欧洲七年战争，1756—1763 年》（*The Seven Years War in Europe, 1756‑1763*）（伦敦，2007 年）的中心思想是，普鲁士没有赢得这场战争，但挺了过来，并且，尽管腓特烈时任国王，但让普鲁士熬过来的不是他。

在军事方面，伊丽莎白·克里默和帕特里夏·安妮·辛普森，编纂了《启蒙时代的战争：从腓特烈大帝到克劳塞维茨的德国战争理论和文化》（*Enlightened War: German Theories and Cultures of Warfare from Frederick the Great to Clausewitz*）（伍德布里奇，萨福克，2011 年）。这部优秀的文章选辑，展示了即使在边远地区，腓特烈战争也产生了悠久影响。约翰内斯·库尼施把同一时代不同作者的文章结集成上千页的《战争的启示与经验：七年战争的经典见证》（*Aufklärung und Kriegserfahrung: Klassische Zeiteugen zum Siebenjährigen Krieg*）（法兰克福，1996 年），为读者提供了更加丰富的史料。

在作战行动层面，克里斯托弗·达菲依靠《普鲁士的荣耀：1757 年的罗斯巴赫与洛伊滕会战》（*Prussia's Glory: Rossbach and Leuthen 1757*）（芝加哥，2003 年）一书，理所当然地名列首席，他把这两场紧密关联的会战的起因、经过和后果，都流畅地整合起来。西蒙·米勒稳居第二，他为鱼鹰社的《战役》（*Campaign*）系列贡献了三篇雄文。《科林，1757》（牛津，2001 年）、《罗斯巴赫与洛伊滕，1757》（牛津，2002 年）和《曹恩道夫，1758》（牛津，2003 年），分别用 100 页左右的篇幅，汇聚了扎实的史料、可读性强的文字和漂亮的插图。托马斯·林德纳的《七年战争的转折点：萨克森的 1760 年秋季战役和黑森的 1760/61 年冬季战役》（*Die Peripetie des Siebenjährigen Krieges: Der Herbstfeldzug 1760 in Sachsen und der Winterfeldzug 1760/61 in Hessen*）（伯尔尼，1993 年），是很好的对照补充材料，关注次要战场上的次要行动。

至于战争细节，埃瓦·安克拉姆在《见闻录：七年战争中的军事观察与报道》（*Wissen Nach Augenmass: Militärische Beobachtung und Berichterstattung im Sieben Jährigen Krieg*）（明斯特，2007 年）中，呼吁人们关注电子时代之前第一手观察资料的重要性。马丁·林克的《从"游击队长"到游击队：普鲁士小规模战争的构想》（*Vom 'Partheygänger' zum Partisanen: die Konzeption des Kleinen Krieges in Preussen, 1740‑1813*）（法兰克福，1999 年），是对这一主题的优秀概述，并且为弗兰克·魏尔尼茨的《七年战争中的普鲁士自由军：起源、部署、效果》（*Die Preussischen Freitruppen im Siebenjährigen Krieg*

1756 - 1763: Entstehung, Einsatz, Wirkung）（沃尔夫斯海姆–贝尔斯塔特，1994年）一书提供了背景资料，魏尔尼茨的书较为均衡地介绍了腓特烈的"自由营"。在《畏惧长官甚于害怕敌人？》（*Mehr Angst vor dem Offizier alsvor dem Feind?*）（萨尔布吕肯，2007年）中，萨沙·莫比乌斯为普鲁士军队的战术灵活性出具了一个令人信服的理由：普鲁士士兵不是神话和传说中凶恶残暴的肉体机器；对上帝和体系的信仰，才是他们的积极动力的源泉。

在更加宏观的问题上，由菲利普·G.德怀尔主编的文章选辑《普鲁士的崛起，1700—1830》（*The Rise of Prussia, 1700 - 1830*）（哈洛，2000年）中，收录了H.M.斯科特的《1740—1763年，普鲁士崛起为新兴强国》（'*Prussia's Emergence as a Great Power 1740 - 1763*）。马丁·温特的《通过服兵役臣服？18世纪勃兰登堡的城市里的普鲁士州区制》（*Untertanengeist durch Militäpflicht? Das Preussische Kantonsystem in Brandenburgischen Städten im 18. Jahrhunder*）（比勒费尔德，2005年），是关于州区制复杂动态的优秀作品；彼得·威尔逊的《18世纪的德意志征兵政策》（*The Politics of Military Recruitment in Eighteenth–Century Germany*）[载于《英国历史评论》（*English Historical Review*）117期，2007年，第536—558页]涵盖了更加宽泛的内容。荣格·穆特的《逃离日常军旅生活：腓特烈大帝军中逃兵出逃的原因和个人特点》（*Flucht aus dem Militärischen Alltag: Ursachen und individuelle Ausprägung der Desertion in der Armee Friedrichs des Grossen*）（弗赖堡，2008年），阐述了普鲁士兵的日常生活，他们既不卑躬屈膝，也没有受到压迫。军旅生涯是艰苦的，但大多数其他职业也是如此。开小差更可能是出于不满或厌倦，而非反抗残暴和压迫。

米夏埃尔·西科拉的《纪律与逃兵：18世纪军事组织的结构问题》（*Disziplin und Desertion: Strukturprobleme Militärischer Organisation im 18. Jahrhundert*）（柏林，1996年），把防止和惩罚开小差的努力，与各国对其臣民的控制力增长联系起来了。对这个时期的军民关系所做的越来越多的分析和案例研究中，海因里希·卡克撰写的《村里招来的兵、待在村里的兵、破坏村子的兵：1725—1780年勃兰登堡村民眼中的军队》（*Soldaten aus dem Dorf, Soldaten im Dorf, Soldaten gegen das Dorf. Militär in den Augen der*

Brandenburgischen Landbevölkerung 1725‐1780），收录在斯特凡·克罗尔和 K. 克吕格尔编辑的《近代早期的军事和农村社会》（Militär und Ländliche Gesellschaft in der Frühen Neuzeit）（汉堡，2000 年）中第 297—326 页；贝亚特·恩格伦的《你为何带一名士兵来这里？18 世纪勃兰登堡–普鲁士的农村社会》（Warum hieratet man einen Soldaten? Ländlichen Gesellschaft Brandenburg–Preussen im 18. Jahrhundert），收录在前书第 251—274 页；T. 格拉夫的《城市军事化，还是军队城市化？》（Militärisierung der Stadt oder Urbanisierung des Militärs?），收录在 P. 普洛夫主编的《穿着制服的克利俄？近代早期军事史的问题与展望》（Klio in Uniform? Probleme und Perspektive einer modernen, militärgeschichte der frühen Neuzei）（科隆，1997 年）第 89—108 页；于尔根·克鲁斯特胡伊斯的《在动荡与接受之间，关于州区制在普鲁士威斯特伐利亚的经济和社会结构中的形成和嵌入》（Zwischen Aufruhr und Akzeptanz. Zur Ausformung und Einbettung des Kantonsystem in die Wirtschafts–und Sozialstrukturen des preussischen Westfalen），收录在 B. 克尔纳、R. 普洛夫主编的《战争与和平：近代早期的军事和社会》（Krieg und Frieden. Militär und Gesellschaft in der frühen Neuzeit）（帕德伯恩，1996 年）第 167—190 页。

　　在更加广泛的背景下，罗尔夫·施特劳贝尔的《商人和制造商》（Kaufleute und Manufakturer）（斯图加特，1995 年）阐述了在普鲁士中部各省，战争与资本主义的关系。沃尔夫冈·亚当和霍尔格·达纳特的《战争是我的歌：当代媒体中的七年战争》（Krieg ist mein Lied: Der Siebenjährigen Krieg in den zeitgenössischen Medien）（哥廷根，2007 年）、曼弗雷德·肖特的《政治与宣传：当代小册子中的七年战争》（Politik und Propaganda: der Siebenjährige Krieg in den zeitgenössischen Flugschriften）（法兰克福，2006 年），从流行文化方面阐述了这场战争。

　　至于腓特烈的对手们，彼得·威尔逊的《符腾堡的战争、国家和社会，1677—1793》（War, State and Society in Württemberg, 1677‐1793）（剑桥，1995 年），出色地概述了一个相对偏僻的小国。斯特凡·克罗尔的《和平时期日常生活与战争经验之间的 18 世纪士兵：1728—1796 年萨克森军队的生活世界与文化》（Soldaten im 18. Jahrhundert zwischen Friedensalltag und Kriegserfahrung:

Lebenswelten und Kultur in der Kursächischen Armee 1728 - 1796）（帕德博恩，2006 年），令人钦佩地描写了平时和战斗中的萨克森人。马库斯·冯·萨利希的《忠实的逃兵：萨克森选帝侯国的军队和七年战争》（*Treue Deserteure: Das kursächsische Militär und der Siebenjährige Krieg*）（慕尼黑，2009 年）表明，普鲁士以外的德意志诸侯国的士兵们中间，会产生一种身份认同感。但是，这方面的最棒著作当属克里斯托弗·达菲的《战争工具》（*Instrument of War*）（芝加哥，2000 年）和《武力的运用》（*By Force of Arms*）（芝加哥，2008 年）；两卷本的《七年战争中的奥地利军队》（*The Austrian Army in the Seven Years War*），在详细介绍和深入研究方面都是无与伦比的著作。

在重新定义战争和社会的关系方面，各国学者做出的贡献都不如彼得·威尔逊所做的大。《德意志各国军队：1648 到 1806 年的战争与德意志社会》（*German Armies: War and German Society 1648 - 1806*）（伦敦，1998 年）是一个真正的开端。他的《18 世纪德意志的社会军事化》（*Social Militarization in Eighteenth-Century Germany*）[刊载于《德意志历史》（*German History*）第 8 期，2000 年，第 1—39 页] 和《约 1680 年到 1806 年的帝国军事文化》（*Military Culture in the Reich, c.1680 - 1806*）[刊载于 H. 斯科特主编的《漫长的 18 世纪的欧洲权力文化》（*Cultures of Power in Europe during the Long Eighteenth Century*），第 36—57 页]，也是可供参考的文章。于尔根·卢的《欧洲战争艺术，1650—1800 年》（*Kriegskunst in Europa, 1650 - 1800*）（科隆，2004 年）更关注战争的发动，并且很好地将战争置于时代背景下进行阐释。弗雷德里克·J. 鲍姆加特纳的《在近代初期的欧洲宣战》（*Declaring War in Early Modern Europe*）（纽约，2011 年），把近代初期欧洲外交的一个核心问题的理论与实践，结合了起来。

至于具体的冲突，里德·布朗宁的《关于西里西亚战争的新观点》（*New Views on the Silesian Wars*）[刊载于《军事史杂志》（*The Journal of Military History*），第 69 期，2005 年]，令人钦佩地分析了最近关于那些冲突的研究成果，并且指出，在腓特烈的戎马生涯初期，他可能是比公认的良将还要出色的将领。上文提到的绍博的著作聚焦欧洲，是眼下对七年战争的看法中的一个反常现象。这些看法日益强调这场战争的全球性。斯文·埃克斯滕布林克的《七年战争 (1756–1763)：启蒙时代的全欧大战》[*Der Siebenjährigen Krieg (1756‑1763): Eine Europäischer Weltkrieg im Zeitalter der Aufklärung*]（奥登堡，2010 年），是一个经济学上的例证。马特·舒曼和卡尔·W. 施魏策尔拿出了《七年战争：大西洋两岸史》（*The Seven Years War: A Transatlantic History*）（伦敦，2008 年）。丹尼尔·A. 鲍的《1754 到 1763 年的寰球七年战争：英法大角逐》（*The Global Seven Years War 1754‑1763: France and Britain in a Great Power Contest*）（纽约，2011 年），是一篇权威性的宏观分析；弗雷德·安德森的《战争熔炉：1754 到 1766 年的七年战争和英属北美帝国的命运》（*Crucible of War: The Seven Years' War and the Fate of Empire in British North America 1754‑1766*）（纽约，2000 年），依然是这方面无出其右的优秀著作。

在学术前沿，一本不可或缺的著作即将出版:《全球视角下的七年战争》（*The Seven Years' War: A Global View*）。这部由马克·达恩利和帕特里克·J. 斯皮尔曼主编的文集，包括一群杰出的年轻学者的 18 篇文章，从印度到波罗的海，从宗教方面到军事侦察，这些文章按地理区划和战争主题涵盖了各个领域。与目前的学术背景关系特别密切的作品有于尔根·卢的富有洞察力的文章《腓特烈大帝和第一次世界大战》（*Frederick the Great and the First World War*）、马特·舒曼的学术分析《七年战争在德意志的结局》（*The End of the SevenYears' War in German*）。让我们把焦点从集体创作转移到个人作品。杰里米·布莱克即将出版的《18 世纪的战争》（*War in the Eighteenth Century World*），为探讨腓特烈时代的战争的全球性背景，带来了丰硕的学术和分析价值，而且它也适于成为这篇参考文献书目的最后一本。

译后记

经过三个月的努力，终于把本书翻译完交稿了。搁笔之余，感受良多。

美国耶鲁大学历史学教授保罗·肯尼迪写了一部《大国的兴衰》（*The Rise and Fall of the Great Powers*），陈述和总结了一千五百年来大国（Great Power）的起落、荣辱。拜读此书之后，我对"大国"的概念有了更加深刻的了解。有些国家几乎自古以来就是大国，如亚洲的中国、欧洲的法国；有些曾经是大国，却由于种种原因沦为了小国，如奥地利，从盛极一时的哈布斯堡帝国沦为今日的内陆小国；也有的国家，从不名一文的蕞尔小国崛起为新兴大国，并且直到今天依然举足轻重，如普鲁士。

腓特烈大帝即位之前，普鲁士是神圣罗马帝国诸国中的一员，虽然是七大选帝侯之一，但离英、法、奥、俄这样的一流强国，依然有着很大差距。普鲁士与同属神圣罗马帝国的汉诺威、萨克森、巴伐利亚一样，都是大国棋局上的棋子，随时可能被大国吞并或沦为交换的筹码。20世纪30年代，号称世界第七强国的捷克斯洛伐克，就被英、法作为棋子出卖给了纳粹德国。可以说，以普鲁士当时的地位和国力，不要说发展，连生存都不能得到保障。

腓特烈的出现改变了普鲁士乃至德国的命运。他利用奥地利帝位之争，以及英法争夺欧洲和世界霸权的天赐良机，果断入侵奥地利，吞并了西里西亚，一举将版图扩大了将近一半，史称第一次西里西亚战争。二三流国家主动入侵一流强国，即使在今天看来，也是疯狂甚至愚蠢的举动，或者说，腓特烈在豪赌国运。腓特烈赌赢了，但也为此背上了沉重的包袱。奥地利新任女皇玛丽亚·特蕾莎是一位明君，为了保住奥地利的大国地位，决不能就这么放弃西里西亚。腓特烈为了保住战果，必须打下去，这就是第二次西里西亚战争和七年战争。

如果说第二次西里西亚战争还是普奥之间的大国地位之争，那么七年战争就是几乎所有欧洲旧有大国联手打压普鲁士了。七年战争前期，腓特烈和普鲁士取得过辉煌的胜利，随着战局的推进，普鲁士国力不足的缺点暴露无遗，到了战争后期就只能苦熬了，终于，1762年俄国女沙皇伊丽莎白驾崩，新沙皇彼得三世是个狂热的亲普分子，腓特烈才熬出头来。他保住了二十三年前吞并的西里西亚，进而让普鲁士跻身欧洲一流强国的行列。尽管普鲁士只是欧洲强国中最弱的一个，毕竟加入了大国俱乐部，从此，普鲁士成了大棋局上的棋手，而不再是棋子。七年战争之后不久，普鲁士便伙同俄奥两个大国三次瓜分波兰。如果没有腓特烈的豪赌和赌赢，被瓜分的很可能是普鲁士。

腓特烈几乎是以一己之力让普鲁士和后来的德国成为大国、强国的，他的历史地位无论怎样赞誉都不为过。他的出现、存在和影响，贯穿了后世普鲁士和德国的历史。

腓特烈继承的国家体制在他的手上发展到了新阶段。为了给军队提供优质武器、被服并节省外汇，普鲁士政府利用国家意志和财力兴办了军事工业，并为之发展外围产业，从养羊到铁矿，包罗万象，从而形成了具有普鲁士特色的军国主义政治、经济体制，既把普鲁士发展成了工业强国，也形成了以军工为主轴的受国家指导甚至控制经济的产业发展方向。普鲁士的崛起道路为许多渴望崛起的后发国家提供了启示和榜样。

腓特烈继承发展的斜线战术，同样影响了后世普鲁士—德国的军事思想。未来赫赫有名的"施利芬计划"就是战略级别的斜线战术，即加强、伸展右翼，削弱和收回左翼，甚至施利芬伯爵临终时，还念念不忘"千万不要削弱我的右翼"。

腓特烈的生平，可以说就是普鲁士的崛起历程，我相信，研读本书会给广大读者带来难得的反思和启示。

翻译对照表

原文	译文
Aachen	亚琛
Adam, Wolfgang	亚当，沃尔夫冈
Agincourt	阿金库尔
aide-de-camp	行营副官
Aix-la-Chapelle, Peace of	亚琛和约
Albion	阿尔比翁
allotment system	分配制度
Anderson, Fred	安德森，弗雷德
Anhalt-Dessau	安哈尔特-德绍
Anklam, Ewa	安克拉姆，埃瓦
Anomie	失范
Ansbach-Bayreuth	安斯巴赫-拜罗伊特
Antietam	安提塔姆
Anti-Machiave	驳马基雅维利
Apraksin, Stepan	阿普拉克辛，斯捷潘
Ares	阿瑞斯
Army of the Potomac	波托马克军团
Ashley, Susan	阿什利，苏珊
Aspern	阿斯佩恩
Auftragstaktik	以任务为导向的战术体制
Austrian Netherlands	奥属尼德兰
baccarat	百家乐纸牌游戏

原文	译文
Balaclava	巴拉克拉瓦
Bamberg	班贝格
Batzlov	巴茨洛夫
Baugh, Daniel A.	鲍, Daniel A.
Baumgartner, Frederic J.	鲍姆加特纳, 弗雷德里克·J
Bautzen	包岑
Bavaria	巴伐利亚
Bayreuth	拜罗伊特
Bedfords	贝德福德
Belle Isle	贝尔岛
Belle-Isle, Count	贝尔岛伯爵
Bellona	贝娄娜
Berg	伯格
Bern	伯尔尼
Bernis, Cardinal de	贝尼斯红衣主教
Bestuzhev, A. P.	别斯图热夫, A. P.
Bevern	贝沃恩
Bezuhov, Pierre	别祖霍夫, 皮埃尔
Bielefeld	比勒费尔德
Bielfeld, Johann Jakob Friedrich	比尔费尔德, 约翰·雅各布·弗里德里希
Bingen	宾根
Birkenfeld	比肯费尔德
Bismarck, Otto von	俾斯麦, 奥托·冯
bite and run	打一枪换个地方
Black, Jeremy	布莱克, 杰里米
Bleckwenn, Hans	布莱克文, 汉斯
Blenheim	布伦海姆
Bohemia	波西米亚
Borie, Egidius von	包瑞, 埃吉迪乌斯·冯
Borne	博恩
Bourbon	波旁王朝
Boyne	博伊奈
Braddock, Edward	布雷多克, 爱德华

原文	译文
Bräker, Ulrich	布雷克，乌尔里希
Brandy Station	白兰地车站
Breitenfeld	布赖滕费尔德
Bremen	不来梅
Breslau	布雷斯劳
Brest	布雷斯特
Brieg	布里格
Brno	布尔诺
Browne, Maxmilian von	布劳恩，马克西米连·冯
Browning, Reed	布朗宁，里德
Brummer	布鲁默炮
Brünn	布吕恩
Brunswick	不伦瑞克
Bucholz, Arden	布霍尔茨，阿登
Budapest	布达佩斯
Buddenbrock, Wilhelm Dietrich Freiherr von	巴登布罗克，威廉·迪特里希·冯
Bülow	比洛
Bunzelwitz	邦泽维茨
Bute, Earl of	比特伯爵
Buturlin, Alexander	布图尔林，亚历山大
Cadmean crop	卡德摩斯军团
Cadmus	卡德摩斯
Caesar, Julius	恺撒，尤里乌斯
Calais	加来
Calvinists	加尔文主义者
Camp of Marschowitz	马绍维茨营垒
cantonal system	州区制度
cantonists	州区应征兵
Cato Maior	老加图
Chancellorsville	钱瑟勒斯维尔
Chandler, David	钱德勒，大卫
Charles Albert	查理·阿尔伯特
Charles Emmanuel III	查理·埃马努埃尔三世

原文	译文
Charles Stuart	查理·斯图亚特
Charles XII	查理十二
Charlottenburg	夏洛腾堡
Chernyshev, Zakhar	切尔内绍夫，扎哈尔
Choiseul	舒瓦瑟尔
Chotusitz	查图西茨
Chozenitz	乔泽尼茨
Clark, Christopher	克拉克，克里斯托弗
Clausewitz, Carl von	克劳塞维茨，卡尔·冯
Clausewitz, Karl Philip Gottfried von	克劳塞维茨，卡尔·菲利普·戈特弗里德
Clermont, Louis de	克莱蒙，路易·德
Cleves	克里夫斯
Clyde	克莱德河
Coehoorn, Baron van	库霍恩男爵
Cornwallis, Charles	康华里，查尔斯
Coromandel	科罗曼德尔
Corps of Cadets	军官候补生队伍
Corvisier, André	科尔维西耶，安德烈
coup de main	突然袭击
Courland	库尔兰
Court War Council	御前战争委员会
crack-the-whip	打响鞭
Creveld, Martin van	克里费德，马丁·范
Croats	克罗地亚人
Culloden	卡洛登
Cumberland, Duke of	坎伯兰公爵
Danat, Holger	达纳特，霍尔格
Danzig	但泽
Darnley, Mark	达恩利，马克
Daun, Leopold	道恩，利奥波德
d'Auvergne, Henri de La Tour	奥弗涅，亨利·德·拉图尔
Defensionalordnung	国防条例
Delbrück, Hans Gottlieb Leopold	德尔布吕克，汉斯·戈特利布·利奥波德

原文	译文
Detroit	底特律
Dettingen	代廷根
Diderot	狄德罗
Imperial Diet	帝国议会
Dohna, von	多纳，冯
Dresden	德累斯顿
Driesen, Wilhelm von	德里森，威廉·冯
Due de Broglie	德布罗伊
Duffy, Christopher	达菲，克里斯托弗
Dunne, Finley Peter	邓恩，芬利·彼得
Dwyer, Philip G.	德怀尔，菲利普·G
Eberswald	埃伯斯瓦尔德
Eger	埃格河
élan	魄力
Elbe	易北河
Engelen, Beate	恩格伦，贝亚特
Epaminodes	伊巴密浓达
Ephraim and Sons	法莲父子公司
Essex	埃塞克斯
Estrées, Comte d'	埃斯特雷伯爵
Eugene	欧根
Execution army	执行军团
Extenbrink, Sven	埃克斯滕布林克，斯文
fait accompli	既成事实
Fann, Willerd	范恩，魏乐德
Fehrbellin	费赫贝林
Ferdinand	斐迪南
Fermor, William	费莫尔，威廉
Feuquières, Marquis de	弗基埃侯爵
fidus Achates	忠实战友
Field Service Regulations	野战条令
Finck, Friedrich August von	芬克，弗里德里希·奥古斯特·冯
Flanders	佛兰德尔

原文	译文
Fleming, Henry	弗莱明，亨利
florins	弗洛林
Folard, Chevalier de	福拉尔骑士
Fontenoy	丰特努瓦
Forrest, Nathan Bedford	福里斯特，内森·贝德福德
Fortuna	福尔图娜
Fouquet, Charles Louis Auguste	富凯，夏尔·路易·奥古斯特
Francis	弗朗茨
Franconian	法兰克尼亚
Frankfurt an der Oder	奥得河畔法兰克福
Frankfurt, Union of	法兰克福联盟
Fraser, David	弗雷泽，大卫
Frederick III	腓特烈三世
Frederick William	腓特烈·威廉
Freiberg	弗赖堡
Friedrich Wilhelm zur Schaumburg-Lippe-Bückeburg	绍姆堡-利珀-比克堡伯爵弗里德里希·威廉
Frisian	弗里斯兰
Frobelwitz	弗罗贝尔维茨
Fronde	投石党
fusiliers	燧发枪手
Gabor Bethlen	加博尔·拜特伦
Galitzin	戈利岑
gavottes	加伏特舞曲
Gefolgeschaft	随军人员
General Directory	最高总部
General Finance Administration	财务管理总部
General Superior Finance, War, and Domains Directory	最高财政、战争和领地总部
General War Commissary	最高军备委员会
General War Commission	最高统帅委员会
Generaldirektor	炮兵总监
George William	乔治·威廉

原文	译文
gladius	短剑
Glatz	格拉茨
Glogau	格洛高
Goltz, Bernhard von der	戈尔茨，伯恩哈德·冯·德
Good Old Duke of York	善良的老约克公爵
Gorlitz	格尔利茨
Gotzkowsky, Johann	格茨科夫斯基，约翰
Graf, T.	格拉夫，T.
Grand Cross	大十字勋章
Graner-Koppe	格兰纳-科佩
Great Elector	大选帝侯
Great Northern War	大北方战争
Grenzer	克罗地亚边防兵
Grimmelshausen, Hans Jakob Christoffel von	格里美豪森，汉斯·雅各布·克里斯托夫·冯
Gross-Jägersdorf	大耶格斯多夫
Grosswig	格罗斯维希
Guichard, Charles	吉夏尔，查理
Gustavus Adolphus	古斯塔夫·阿道夫
Habelschwert	哈贝施韦特
Habsburg	哈布斯堡
Hadik, Andreas	哈迪克，安德烈亚斯
Halle	哈雷
Hamburg	汉堡
Hanover	汉诺威
Harlow	哈罗
Hastenbeck	哈斯滕贝克
Haudegen	莽夫
Haugwitz, Friedrich Wilhelm von	豪格维茨，弗里德里希·威廉·冯
Hawke	霍克
Hershey, Lewis Blaine	赫尔希，刘易斯·布莱恩
Hesse-Kassel	黑森-卡塞尔
hobereaux	地方土豪
Hochkirch	霍克奇

原文	译文
Höchstädt	赫希施泰特
Hofkriegsrath	奥地利战争委员会
Hohenfriedberg	霍亨弗里德堡
Hohenzollern	霍亨索伦
Holstein	荷尔斯泰因
Honorable East India Company	光荣的东印度公司
Hood, John Bell	胡德，约翰·贝尔
hors de combat	作战能力
Hubertusburg	胡贝图斯堡
Huguenot	胡格诺派
Huguenot Wars	胡格诺战争
Hülsen, Johann von	许尔森，约翰·冯
hundredweight	英担
Husarenstücke	骠骑兵突击
hussars	骠骑兵
Hussen	胡森
Iberian Peninsula	伊比利亚半岛
ICBMs	洲际弹道导弹
Icilius, Quintus	伊西流斯，奎因图斯
information loop	信息回路
Ingrao, Charles	因格拉奥，查理
Innviertel	因河地区
Isar River	伊萨尔河
Israelis	以色列人
Italian trace	意大利棱堡
Jackson, Stonewall	"石墙"杰克逊
Jacobite	雅各宾派
Jäger	猎兵
Jansenists	扬森派
Jean−Charles	让-夏尔
Jennison, James	詹尼森，詹姆斯
Jesuits	耶稣会
Johnson, Samuel	约翰逊，塞缪尔

原文	译文
Johnston, Joseph	约翰斯顿，约瑟夫
Jülich	于利希
Jung−Bunzlau	永本茨劳
Jung−Löwenstern	荣格−洛温斯坦德
junker	容克贵族
Kaak, Heinrich	卡克，海因里希
Kalkreuth, F. A. von	卡尔克鲁斯，F. A. 冯
Kanitz, H. W. von	卡尼茨，H. W. 冯
Kant, Immanuel	康德，伊曼纽尔
Kapitulanten	自愿超期服役的老兵
Katte, Hans Hermann von	卡特，汉斯·赫尔曼·冯
Katzbach River	卡茨巴赫河
Kaunitz, Wenzel Anton von	考尼茨，文策尔·安东·冯
Kay	卡伊
Keegan, John	基根，约翰
Keith, James	基思，詹姆斯
Kennett, Lee	肯尼特，李
Kesselsdorf	凯瑟尔斯多夫
Kipling	吉卜林
Klein−Schnellendorf, Convention of	克林−施耐伦多夫公约
Kleist	克莱斯特
Kleist, Ewald von	克莱斯特，埃瓦尔德·冯
Kloosterhuis, Jürgen	克鲁斯特胡伊斯，于尔根
Klosterzeven, Convention of	克洛斯特泽文公约
Koerner, B.	克尔纳，B.
Kolberg	科尔贝格
Königgrätz	柯尼希格雷茨
Königsberg	柯尼斯堡
Krautjunker	顽固守旧的容克
Kreistruppen	"圈子"部队
Kreuz−Kirche	十字教堂
Krimmer, Elisabeth	克里默，伊丽莎白
Kroener, Bernhard	克罗纳，伯恩哈德

原文	译文
Kroll, Stefan	克罗尔，斯特凡
Krosigk, Siegfried von	克罗西克，西格弗里德·冯
Krüger, K.	克吕格尔，K.
Krzeczhorz	克列日霍兹
Kuh-Grunde	库赫-格伦德
Kuhn, Thomas	库恩，托马斯
Kunersdorf	库勒斯道夫
Kunisch, Johannes	库尼施，约翰内斯
Küstrin	屈斯特林
Kutchuk Kainardji, Peace of	小凯纳尔贾和约
Kuttenberg	库滕贝格
l'esprit géometrique	几何精神
Lacy, Franz Moritz	拉齐，弗朗茨·莫里茨
Landeshut	兰德舒特
Landser	普鲁士士兵
Langen, Simon von	朗根，西蒙·冯
Latin	拉丁人
Laudon, Gideon	劳东，基甸
Lauffeld	劳费尔德
law of unintended consequences	意外后果定律
Lehmann, Max	莱曼，马克斯
Lehwaldt, Hans von	莱瓦尔德，汉斯·冯
Leipzig	莱比锡
Leitmeritz	利托梅日采
Leopold Maximilian	利奥波德·马克西米连
l'esprit de finesse	敏感性精神
l'esprit géometrique	几何学精神
Lessing, Gotthold	莱辛，戈特霍尔德
Leuthen	洛伊滕
Leuthen Chorale	洛伊滕赞美诗
Liechtenstein, Josef Wenzel	列支敦士登，约瑟夫·文策尔
Liège	列日
Liegnitz	利格尼茨

原文	译文
Ligne	利涅
Ligne, Charles Joseph de	利涅，查理·约瑟夫·德
Lincoln, Abraham	林肯，亚伯拉罕
Linderman, Gerald	林德曼，杰拉尔德
Lindner, Thomas	林德纳，托马斯
Lissa	利萨
Lithuania	立陶宛
livres	利弗
Lobosch hill	罗布斯赫山
Lobositz	罗布西茨
loop of initiative	主动性回路
Louis XIV	路易十四
Low Countries	低地国家
Löwen	洛文
Lower Silesia	下西里西亚
Lübeck	吕贝克
Luh, Jürgen	卢，于尔根
Luise Ulrike	路易丝·乌尔利克
Lusatia	卢萨蒂亚
Lutheran	路德宗
Lützen	吕岑
Lynn, John	林恩，约翰
Macaulay, Thomas Babington	麦考利，托马斯·巴宾顿
Macedonia	马其顿
Machiavelli, Niccolò	马基雅维利，尼科洛
Magyar	马扎儿人
Mailly	马伊
Main River	美因河
Manstein, C. H. von	曼施泰因，C. H. 冯
Manteuffel	曼陀菲尔
Marengo	马伦哥
Maria Theresa, Military Order of	玛丽亚·特蕾莎军事骑士团
Mark	马克

原文	译文
Marlborough	马尔伯勒
Mars	马尔斯
Marx, Karl	马克思，卡尔
Maurice of Nassau	拿骚的莫里斯
mauvais numéro	错误的数字
Maxen	马克森
Maxmilian Joseph	马克西米连·约瑟夫
Mazarin	马扎然
McClellan, George	麦克莱伦，乔治
Mecklenburg	梅克伦堡
Meissen	迈森
Memel	梅默尔
mentalité	心态
Metternich, Klemens von	梅特涅，克莱门斯
Micawber	米考伯
Michillimackinac	米奇利麦基诺
military−industrial complexes	军工复合体
Millar, Simon	米勒，西蒙
Minden	明登
Minorca	梅诺卡岛
Mitchell, Andrew	米切尔，安德鲁
mixture of carrot and stick	胡萝卜加大棒
Möbius, Sascha	莫比乌斯，萨沙
Mogadishu	摩加迪沙
Moldau River	莫尔道河
Moldavia	摩尔达维亚
Molière	莫里哀
Mollwitz	莫尔维茨
Moltke the Elder	老毛奇
Monongahela	莫农格希拉
Montecuccoli, Raimondo	蒙泰库科利，雷蒙多
Montreal	蒙特利尔
Moravia	摩拉维亚

原文	译文
Moritz	莫里茨
Motte—Fouqué, Henri de la	莫特—富凯，亨利·德·拉
Mücheln	米谢尔恩
Mühl—Berge	磨坊山
Münster	明斯特
Murat	缪拉
Muscovite	莫斯科人
Muth, Jörg	穆特，荣格
Mutiny Act	兵变法案
Mysore	迈索尔
Nadasdy, Franz	纳道什迪，弗朗茨
Napoleon I	拿破仑一世
Neipperg, Wilhelm	奈伯格，威廉
Neisse	尼斯河
Neu—Kolin	新科林
Neumark	诺伊马克
Neva River	涅瓦河
Newcastles	纽卡斯尔
Nietzschean	尼采式的
Nippern	尼彭
Noh drama	能剧
Nosworthy, Brent	诺斯沃西，布伦特
Nystad, Treaty of	尼斯塔德条约
oblique order of battle	斜线战术
Oblomov	奥勃洛莫夫
Oder	奥得河
officer corps	军官团
Old Fritz	老弗里茨
Oldenbourg	奥登堡
Oliva, Peace of	奥利维亚和约
Olivier, Laurence	奥利弗，劳伦斯
Olmütz	奥尔米茨
Operation Goodwood	古德伍德行动

原文	译文
Oppeln	奥佩恩
Osprey Publishing	鱼鹰社
Ostend	奥斯坦德
Paderborn	帕德博恩
Palatinate	普法尔茨
Paltzig	帕尔茨
Parchwitz	帕奇维茨
Parker, Geoffrey	帕克，杰弗里
parlements	最高法院
Pascal	帕斯卡
Pechett	佩切特
Pelham-Holles, Thomas	佩勒姆-霍利斯，托马斯
Penavaire, P. E.	佩纳瓦雷，P. E.
Peninsular War	半岛战争
Peter the Great	彼得大帝
Pharsalia	罗马内战
Philadelphia Brigade	费城旅
Philip V	费利佩五世
Piedmont	皮埃蒙特
pilum	标枪
Pirna	皮尔纳
Pisa	比萨
Pitt, William	皮特，威廉
Podewils, Heinrich von	波德维尔斯，海因里希·冯
point d'appui	支撑点
Pomerania	波美拉尼亚
Pompadour, Madame de	蓬巴杜夫人
Pondicherry	本地治里
Posen	波森
Potsdam	波茨坦
Pragmatic Army	实用军团
Present Political Condition of Europe	对欧洲当前政治格局的反思
Prove, R.	普洛夫，R.

原文	译文
Przerovsky hill	普泽罗斯基山
Pskov	普斯科夫
Quantrill, William	昆特里尔，威廉
Quebec	魁北克
Quiberon Bay	基伯龙湾
Regensburg	雷根斯堡
Reichsarmee	帝国军队
Rheinsberg	莱茵斯贝格
Rhineland	莱茵兰
Richelieu, Armand Jean du Plessis de	黎塞留，阿尔芒·让·迪普莱西·德
Richelieu, Due de	黎塞留公爵
Riesengebirge	巨人山脉
riflemen	线膛枪手
Rink, Martin	林克，马丁
Ritter, Gerhard	里特尔，格哈德
Rittergut	贵族骑士
Rochow	罗乔
Rocroi	罗克鲁瓦
Römer	罗摩
Rosch's Method	罗施机动
Rossbach	罗斯巴赫
Rothschloss	罗斯克劳斯
roubles	卢布
Rousseau	卢梭
Rumyantsev, Peter Alexandrovich	鲁缅采夫，彼得·亚历山德罗维奇
Saale River	萨勒河
Saarbrücken	萨尔布吕肯
Sabatky, Isaac	萨巴齐，以撒
Sachsen−Hildburghausen, Joseph von	萨克森−希尔德堡豪森，约瑟夫·冯
Sagschütz	萨格施茨
Saldern, Friedrich von	萨尔登，弗里德里希·冯
Salisch, Marcus von	萨利希，马可·冯
Saltykov, Peter	萨尔特科夫，彼得

原文	译文
samurai	日本武士
Savoy	萨伏伊
Saxe, Maurice de	萨克斯，莫里斯·德
Saxony	萨克森
Scharnhorst, Gerhard von	沙恩霍斯特，格哈德·冯
Schiller, Johann Christoph Friedrich von	席勒，约翰·克里斯托弗·弗里德里希·冯
Schleswig	石勒苏益格
Schlieffen Plan	施利芬计划
Schort, Manfred	肖特，曼弗雷德
Schriegwitz	施里格维茨
Schulenberg	舒伦贝格
Schumann, Matt	舒曼，马特
Schwarzwasser	施瓦茨瓦瑟河
Schwednitz, Schweidnetz, Schweidnitz	施韦德尼茨
Schweizer, Karl W.	施魏策尔，卡尔·W.
Schwerin, Kurt von	什末林，库尔特·冯
Schwerpunkt	攻击重点
Scots Highlanders	苏格兰高地人
Scott, H. M.	斯科特，H. M.
Ségur Ordinance	塞居尔条例
Sejm	波兰国会（瑟姆）
Selective Service system	选择性服役体制
Serbians	塞尔维亚人
Seven Years War	七年战争
Seydlitz, Friedrich Wilhelm von	赛德利茨，腓特烈·威廉·冯
Shaw, George Bernard	萧伯纳，乔治
Sherman, William T	谢尔曼，威廉·T
Showalter, Dennis	肖沃尔特，丹尼斯
Sikora, Michael	西科拉，米夏埃尔
Silesia	西里西亚
Simpson, Patricia Anne	辛普森，帕特里夏·安妮
Skalitz	斯卡利茨
Slavic	斯拉夫人

原文	译文
Smolensk	斯摩棱斯克
Soldier King	士兵国王
Soor	索尔
Soubise, Charles de	苏比斯，查理·德
Spain	西班牙
Spandau	斯潘道
Speelman, Patrick J.	斯皮尔曼，帕特里克·J
Splittgerber and Daun	施普利特格贝尔与道恩公司
Spree River	施普雷河
Starhemberg	施塔尔亨贝格
Steenkerke/Steenkirk/Steenkerque	斯滕凯尔克
Steinmetz, Karl von	施泰因梅茨，卡尔·冯
Stettin	斯德丁
Steuben, Friedrich Wilhelm von	施托伊本，弗里德里希·威廉·冯
Stockholm	斯德哥尔摩
stoic	斯多噶派
Stralsund	斯特拉尔松德
Straubel, Rolf	施特劳贝尔，罗尔夫
Streigau River	斯特雷高河
Sublime Porte	高门
Suffolk	萨福克
Sun King	太阳王
Suplitz	苏普利茨
Szabo, Franz	绍博，弗朗兹
Szczecin	什切青
Tabakskollegium	烟草聚会
Talavera	塔拉韦拉
Tartars	鞑靼人
task force	特遣部队
Tauentzien, Bogislaw von	陶恩青，博吉斯拉夫·冯
Teschen	特森
Teutonic Knights	条顿骑士
thaler	银币、塔勒

原文	译文
The Face of Battle	战斗的面貌
Thermopylae	温泉关
Thirty Years War	三十年战争
Thorn	托伦
Tilly, Charles	蒂利，查尔斯
Todleben, G. K.	托德勒本，G. K.
Torgau	托尔高
Transleithania	外莱塔尼亚
Traun, O. F. von	特劳恩，O. F. 冯
Tresckow, Joachim von	特雷斯科，约阿希姆·冯
Tugwell, Maurice	特格韦尔，莫里斯
Turenne, Vicomte de	蒂雷纳子爵
United Netherlands	尼德兰联邦
United Provinces	联合省
Utrecht, Treaty of	乌得勒支条约
Valhalla	瓦尔哈拉
Valley Forge	福吉谷
Valois	瓦卢瓦王朝
Vauban, Sébastien Le Prestre de	沃邦，塞巴斯蒂安·勒普雷斯特雷·德
Vellinghausen	维林豪森
Versailles	凡尔赛宫
Villa, Pancho	比利亚，潘乔
Vimeiro	维米埃鲁
Vistula River	维斯瓦河
Vltava	伏尔塔瓦河
Voltaire	伏尔泰
Voronozov	沃罗诺佐夫
Waldenburg	瓦尔登堡
War and Domain Chamber	战争和领地总部
Wilkersdorf	沃克斯多夫
Wallachia	瓦拉几亚
Wallenstein, Albrecht von	华伦斯坦，阿尔布雷希特·冯
Wallenstein's Camp	华伦斯坦的阵营

原文	译文
Warburg	瓦尔堡
Wedell, Johann von	魏德尔，约翰·冯
Wehrmacht	德国国防军
Weigley, Russell	威格利，罗素
Wends	文德人
Wernitz, Frank	魏尔尼茨，弗朗克
Weser River	威悉河
Westminster, Convention of	西敏寺公约
Westphalia, Peace of	威斯特伐利亚和约
Whigs	辉格党
White Hall	白厅
Wiener Neustadt MilitaryAcademy	维也纳新城军事学院
Wilhelm, August	威廉，奥古斯特
Wilhelmina	威廉明娜
William Augustus	威廉·奥古斯塔斯
Wilson, Peter	威尔逊，彼得
Wincklemann, Johann	温克尔曼，约翰
Windischgrätz Dragoons	温迪施格雷茨龙骑兵团
Winter, Martin	温特，马丁
Winterfeldt, Hans Karl von	温特费尔特，汉斯·卡尔·冯
Wistritz	维斯特里茨河
Wittelsbach	维特尔斯巴赫
Wobersnow, Moritz von	沃贝斯诺，莫里茨·冯
Wolfersheim‐Berstat	沃尔夫斯海姆–贝尔斯塔特
Woodbridge	伍德布里奇
Worms, Treaty of	沃尔姆斯条约
Wurttemberg	符腾堡
Würzburg	维尔茨堡
Zagorin, Perez	扎戈林，佩雷斯
Ziethen, Hans Joachim von	齐滕，汉斯·约阿希姆·冯
Zinna	齐纳
Zips, County of	齐普斯伯爵领地
Zorndorf	曹恩道夫

原文	译文
Zweibrücken	茨韦布吕肯
Zwickau–Chemnitz	茨维考–开姆尼茨

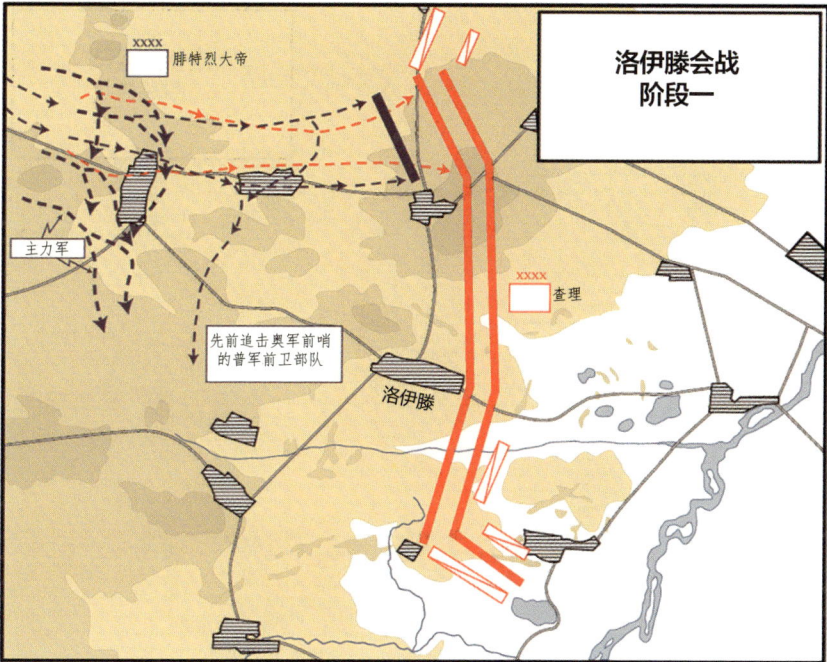

◎ 洛伊滕战役阶段一，1757 年 12 月 5 日

主要地图标注：

腓特烈大帝
主力军
先前追击奥军前哨
的普军前卫部队
洛伊滕
查理

洛伊滕会战
阶段一

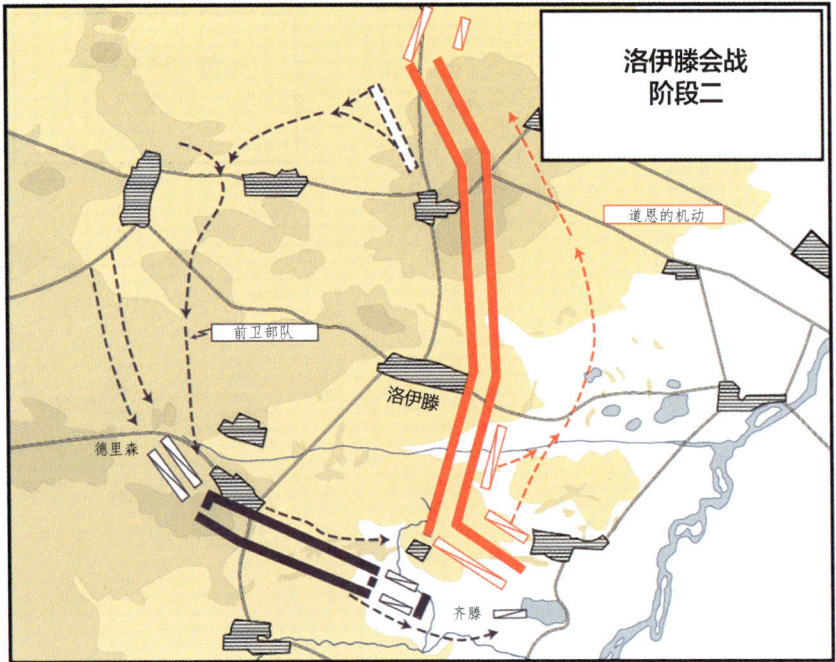

洛伊滕会战
阶段二

道恩的机动

前卫部队

洛伊滕

德里森

齐滕

◎ 洛伊滕战役阶段二，1757 年 12 月 5 日

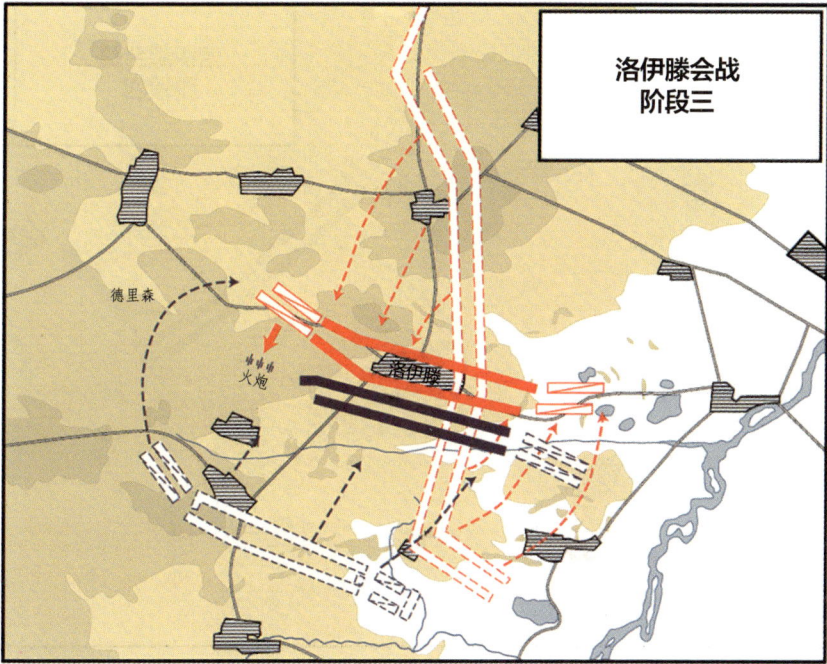

洛伊滕会战
阶段三

德里森

火炮

洛伊滕

◎ 洛伊滕会战阶段三，1757 年 12 月 5 日

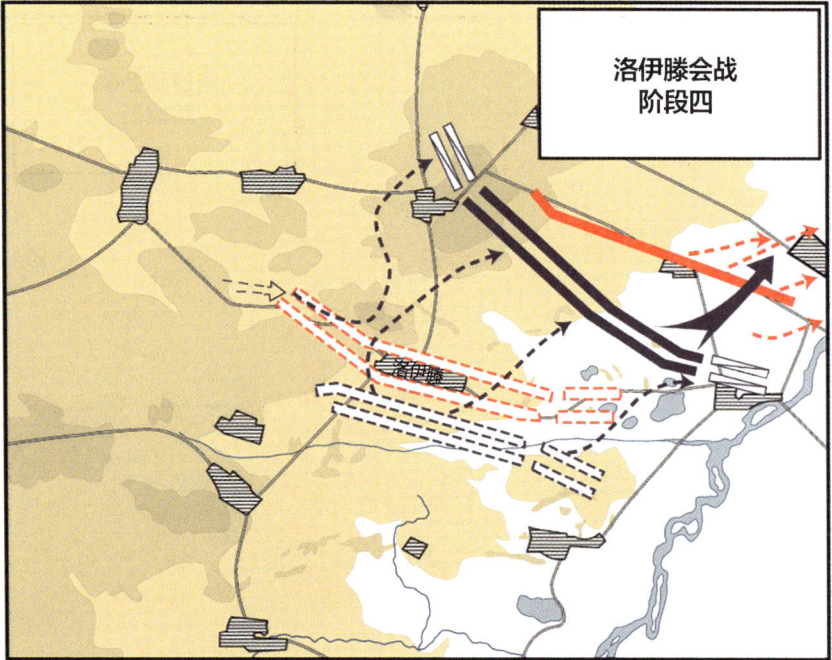

洛伊滕会战
阶段四

◎ 洛伊滕战役阶段四，1757 年 12 月 5 日

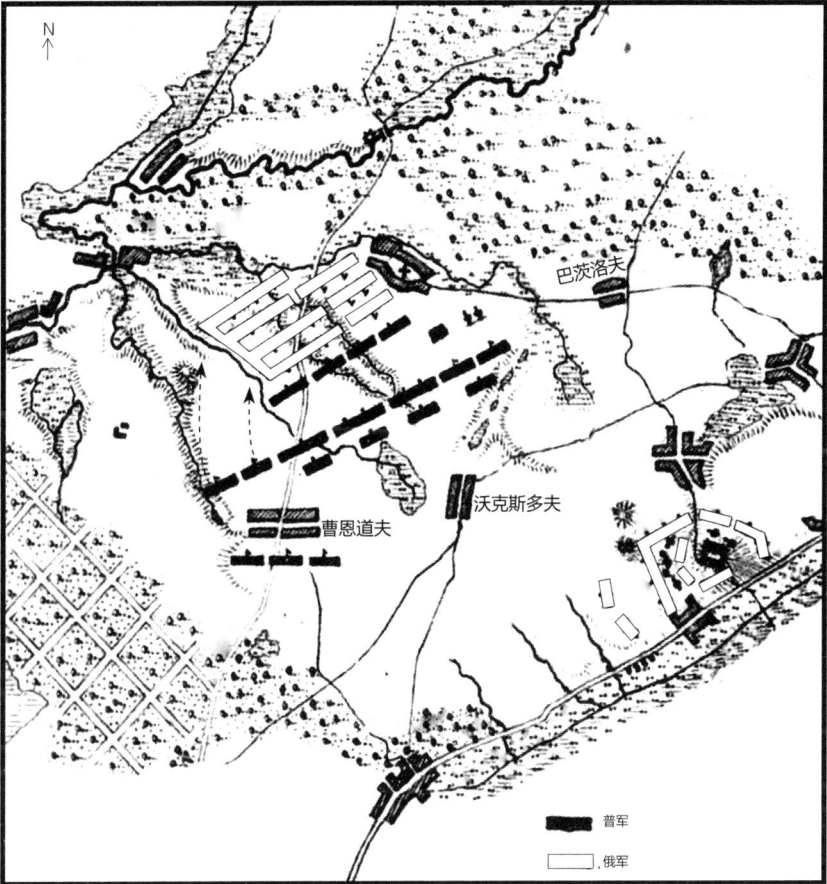

◎ 曹恩道夫战役示意图

© 普鲁士龙骑兵 by Adolph Menzel

◎ 普鲁士骠骑兵 by Adolph Menzel

◎ 普鲁士胸甲骑兵 by Adolph Menzel

◎ 普鲁士掷弹兵 by Adolph Menzel

20.25 英寸

17 英寸

◎ 普鲁士掷弹兵笛手 by Adolph Menzel

◎ 普鲁士掷弹兵鼓手 by Adolph Menzel

◎ 普鲁士步兵鼓手 by Adolph Menzel

◎ 普鲁士燧发枪兵 by Adolph Menzel

◎ 普鲁士胸甲骑兵冲锋

◎ 霍亨弗里德堡战役中普军掷弹兵发起进攻 by Carl Röchling (1855—1920)